Les 2. livres contenus dans ce Volume le 11.eme est encore de Jacques Gohory et repond à la 1.ere partie du 12eme Tome Espagnol.

Le Second qui repond à la Seconde Partie du 12.eme Tome Espagnol est de la Tradon de Guillaume Aubert de Poitiers qui vivoit encore en 1586. et étoit Art. du Roy des Tresoriers de France. Nous avons de luy une hist.re des Croisades.

Les Livres d'Amadis posterieurs à celuy cy n'existent plus in F.o

ce 5.em volume in folio, contient les 11 et 12 livres d'amadis de gaule il est en tout semblable pour le stile et pour les evenemens, aux 11 et 12.em livres imprimés in 4.to, et in 16, l'edition infolio, ne contient que les 12 premiers livres d'amadis de gaule, celle in 4.to, en contient 15, et celle in 16, en contient 21, sans compter, les volumes doubles traduits ou imaginés par differens auteurs, c'est donc la traduction in 16 qui est preferable pour les extraits puisqu'elle conduit le roman plus loin que les autres editions, et que tous les faits raportés dans l'edition en in 16, contiennent bien l'intregal de cet ouvrage, et ont entre eux, une liaison bien suivie,

pour les 22 23 et 24 em livre de la Continuation d'amadis de gaule il ne meritent pas que l'on en extrayent, puisqu'ils n'offrent qu'une repetition des evenemens que l'on a deja vu dans le roman d'amadis, le Continuateur n'a fait qu'introduire de nouveaux heros sur la Scene, qu'il fait fils des anciens, et leur fait arriver les memes avantures qu'à leurs peres, sans prendre la peine de rien y changer, d'ailleurs le stile de la Continuation, est mauvais, et grossier, voyez ce que j'ai dit de ces trois volumes, dans les notes plus detaillées que j'en ay fait a la fin des 22, 23 et 24 em livres de cette Continuation,

L'ONZIEME LIVRE

D'AMADIS DE GAVLE, TRA-
DVIT D'ESPAGNOL EN FRANCOYS, CON-
TINVANT LES ENTREPRISES CHEVALEREVSES ET AVENTV-
res estrànges, tant de luy que des Princes de son sang: ou reluy-
sent principalement les hautz faitz d'armes de Rogel
de Grece, & ceux d'Agesilan de Colchos, au
long pourchas de l'amour de Diane,
la plus belle Princesse
du monde.

ENVIE D'ENVIE EN VIE.

Auec priuilege du Roy.

A PARIS,

Pour Vincent Sertenas, Libraire tenant sa boutique au Palais, en la galerie
par ou on va en la Chancellerie, & en la rue Neuue nostre Dame à
l'enseigne saint Iean l'Euangeliste.

1559.

EXTRAICT DV PRIVILEGE DV ROY.

IL eſt permis à Vincent Sertenas, marchant Libraire à Paris, imprimer ou faire imprimer & mettre en vente l'Onzieme liure d'Amadis de Gaule, traduit d'Heſpagnol en François. Et deffendu à tous Imprimeurs, Libraires & autres marchandz, quelz qu'ilz ſoient, imprimer ou faire imprimer, n'expoſer en vente iceluy liure, iuſques à dix ans prochainement venantz, à conter du iour & date qu'ilz ſeront acheuez d'imprimer, ſur peine d'amende arbitraire applicable au Roy, & confiſcation des liures qui ſe trouueront imprimez par autre que par ledit Sertenas, & à ſon aueu : comme il eſt plus à plein contenu par lettres & priuilege du Roy, donné à Paris l'onzieme iour de Ianuier, l'an de grace mil cinq cens cinquante deux. Et de noſtre regne le ſixieſme.   Signé par le conſeil, de Launay : & ſcellé ſouz ſimple queuë de cire iaune.

Et fut acheué d'imprimer le xx. iour de Iuin. 1 5 5 4.

A TRESILLVSTRE DAME
DIANE DE POITIERS DVCHES-
SE DE VALENTINOIS.

Ombien (ma dame) que voſtre bonté & liberalité (nourrice des artz & ſciences) attire les meilleurs eſperitz à voſtre ſeruice (par la faueur que voſtre deïté de Lucine preſte à l'enfantement de leur fruit ſpirituel) ceſte hiſtoire de Diane m'adreſſe ſpecialement à voſtre grandeur, comme proprement deſtinée par la conformité de ſon nom. Laquelle figure vne Idée de toute perfection de beauté & grace, repreſentant voſtre ſemblable excellence : qui eſt vne forme imaginaire d'armonie, de proportion, de couleur, & lineature : rauiſſant le cueur d'admiration naturelle, & y attizant vn ardent deſir de iouïſſance, qu'on dit Amour. Ceſte Idée exprimée naïuement par Pigmalion en ſa ſtatue, & par Praxiteles en ſa Venus, eut puiſſance d'allumer realement ce feu par le froid marbre : & depeinte en noſtre Diane du pinceau de nature, attira par douce violence les cheualiers de ſon temps à luy immoler leurs ames ſanglantes (comme iadis à la déeſſe Diane de Theranné. Elle fut longuement gardée en vn chaſteau de ſinguliere architecture retrayant à voſtre Anet : par lequel gaignez a bon droit le tiltre d'Anetis attribué en Perſe à Diane : baſtiment certes non moins admirable que ſon temple d'Epheſe, conſtruit par l'eſpace de cc. xx. ans aux deſpens communs de toute l'Aſie. Or le brula Heroſtratus pour acquerir renommée : & ie deſire au contraire honorer & celebrer le voſtre, en eſperance de louange eternelle à mes eſcritz par l'immortalité de voſtre nom. Auquel i'adreſſe mes veux purs & netz d'adulation & auarice, ſçachant qu'autres ne ſeroient receuz ny acceptez de vous : nomplus que l'eau de la fonteine de Diane en Sicile ſe meſloit au vin, eſtant puiſée de main impudique. Si eſt ce que ie cognois bien voſtre pouuoir infiny (compris au nom d'Hecate) par lequel pouez d'vne ſeule parolle chaſſer des hommes la miſere de poureté (ennemie capitale de vertu) auſſi bien que Diane deliura Candie de peſtilence, en luy edifiant vn temple. Mais à autre but ie ne tends qu'a vous faire ſeruice agreable : deliberé d'enſuyure les Phocenſes, qui aſſ'iegez par les Theſſaliens dreſſerent vn haut bucher de boys pour y ietter & conſumer tous leurs biens (en cas de meſchef de guerre) toutesfois leur ſuccedant à ſouhait, celebrerent vn anniuerſaire à Diane. Dequoy i'ay trop plus d'eſpoir, que crainte du contraire à raiſon de voſtre humanité accouſtumée : me confiant de trouuer encore meilleur viſage à l'iſſuë, qu'à l'entrée : comme ſembloit que la Diane de Chios monſtraſt à ſes adorateurs. Pas ne me ſera (ie croy) mon

ä ii

aſtre

aftre fi contraire que ie rapporte iugement de defaueur, tel que l'ymager
Agoracrit fur fa ftatuë de Diane : dont il la furnomma Nemefis par vengence, la condennant à n'eftre iamais portée à Athenes. Marchez donc
hardiment belle Diane de Guindaye, & vous prefentez à l'illuftre Diane
de France, vous affeurant de ne trouuer en elle que courtoyfie & gracieufeté debonnaire. Saluëz-la accompagnée de voftre Agefilan deguifé en
damoyfelle, comme iadis en quelque contrée les hommes facrifioient à
la déeffe de fon nom en habit de femmes, & elles d'hommes. Ne craignez
point les fauffes langues des calumniateurs, eftant dediée à fi haute dame,
qui les peut punir d'aufsi griefz tourmens que Diane d'Elide les facrile-
gues Sambic & Anthioc Epiphanez.
A tant maintienne Dieu en profperité la magnifique Ducheffe : de laquelle feule deformais i'inuoqueray la grace: d'autant que d'autres dieux
ou déeffes on peult obtenir fecours en aucun lieu, mais d'elle par tout, e-
ftant Lune au ciel, Diane fur terre, & Iuno au centre du monde.

Voftre treshumble feruiteur
I. G. P.

I. A. V. R A T I.
ad I. G. P.

Ennius in somnis magnum sibi visus Homerum
  Concipere, & mentem mente replere noua.
Spiritus in vatem rapto de vate relictum
  Fluxit, ab ignitis lapsus in ima, rotis.
Quis neget & complesse tuum facunde Gobori
  Pectus ab historico numen Amadisio?
Temporibus tamen ille, vt te prior extitit, illo
  Sic tu laude licet sis prior ingenij.

ALLA DIANA.
CELESTE.

Sonetto.

O' tu celeste, inferna Dea, e siluana,
Del gran pianeta sperchio rilucente:
Non t'adirar s'vn altra dea eccellente
Ti fa qua giu vergongna in carne humana.
  Stati in inferno, od in cielo, Diana,
Fredda, instabil', e cruda à noi souente:
Vna n'è in Francia che soauemente
Cose fredde, instabil', e crude sana.
  Piu dal tuo sol lontana piu sei viua:
Piu vicina al tuo Sole piu sei mesta:
Contrario effetto ha questa nostra Dina.
  Ma che ti val quel ch' anchor non si desta
Endimion? Ecco vn che sueglia, e auina
L'honor di quelle che del tuo ti priua.

Cœlum, non solum.

ã iij   Remi-

Quid Phœbum aſpcſtas reuocata luce renaſci,
    Flammeáque occiduo mergere plauſtra mari?
Quid Marti Venerique oculis inhiare refixis
    Te iuuat, & Triuiam ſollicitare deam?
Sydera cœlitibus ſolito non amplius errant
    Tramite, nec ſolitis acta feruntur equis.
Illis ſordet amor cæleſtis, & aucta ſuperbit
    Numinibus tellus irradiata nouis.
Phœbus amat, veteriſque memor fit ſaucius ignis:
    Gaudet & in noſtro Delia nata ſolo.
Mars furit, & validus validè criſpata laceriis
    Haſta tremit, pedibus concutitúrque ſolum.
Ne tamen iſta putes cantato ſydera cælo
    Deducta, aut magicis conciliata ſacris:
Hæc primus patrio ſermone Goborius auſus
    Cœlitibus conſors cœlitus elicere.

SONNET DE DIANE.

Apres qu'Amour ce ieune enfant volage
Vn fort long temps egaré ſus la terre,
Nous eut batu d'vne inconſtante guerre,
Nous chatouillans d'vne aigre douce rage.
  Il ſe depite, & d'autour ſon viſage
Qui l'aueugloit, vn bandeau il deſſerre,
Il voit les cieux, & là volant grand erre,
Il trenche l'air de ſon ſiflant pennage:
  Là tout eſpris de nouuelle allegreſſe
Il vint choyſir Diane la déeſſe,
Dont le ciel meſme admire la beauté:
  Puis Gobory, ſur ce ſaint argument
Guide ſa plume autant diuinement
Que ceſt Amour eſt loin d'humanité.

I. Tahureau.

Preface aux Lecteurs.

I'Ay à vous rendre conte (ſeigneurs à qui la langue Françoi-
ſe eſt en quelque recommandation) de ce romant de Diane
different des autres à raiſon de ſa partie conſiliaire: auec la
defence de mon honneur contre trois ſortes diuerſes de lecteurs. Car combien que i'aye taſché à eſcheuer leurs coups
par ſuppreſſion de mon nom, me cachant en ſilence comme
Teucer ſous la targe d'Aiax:toutesſoys pourrois bien eſtre ſemblable au muge,
lequel ayant plongé ſa teſte en l'eau cuide que rien de luy ne paroiſſe . Parquoy I.
pour obuier aux opinions douteuſes de ceux, qui d'auenture auroient découuert
mon maſque, principalement de la multitude moins lettrée, ſoy plaignant des
traictz de doctrine entremeſlez aux occaſions, comme luy faiſans perdre & al-
terer le gouſt du ſimple plaiſir qu'elle y cherche : Ie dy que me pourrois fonder
en l'exemple des anciens Grecz, & Latins, ayans traitté ſemblable argument
qu'ilz ont farcy de graues diſcours(accouplans le deduit auec le prouſit)& ſemé
de toutes arts & ſciences. Mais ilz ont à conſiderer que la nobleſſe, ſouz l'apaſt
de telle plaiſance s'attrait à la ſaueur de vertu,& que le gentilhomme naturellement reçoit mieux la remonſtrance de ſon pareil, que d'vn rude & chagrin philoſophe. Auſſi que la parolle s'enfonce au cueur en plus grand' vehemence , qui
ſort empennée d'authorité & mageſté : & que voluntiers on aprend de ceux qui
retournēt d'vn voyage de mer le peril des corſaires ou rochers giſans en la route.
Ainſi le populace groſſier qui ne preſteroit l'oreille à Platon & Ariſtote, a beſoin qu'on luy deguiſe l'auſterité de ſapience ſouz quelque miel & douceur de
volupté : Ioint que telz eſcritz luy ſeruent de peinture parlant, & de miroer
familier à voir tout ce qui eſt à faire ou laiſſer : d'autant que les choſes qui con-
ſiſtent en fait, mieux ſe comprennent par l'œuure exemplaire , que par la langue
nue. Au fort s'ilz ne reçoiuent ces raiſons en payement, n'ont qu'a prendre icy ce
que trouueront plus au gré de leur palais delicat, reſeruans la viande plus forte
à gens de meilleur eſtomac . Leſquelz au contraire approuueront tant ceſte ſe-
mence de literature, qu'ilz blaſmeront le reſte du ioyeux deuis que les premiers
louent: l'eſtimant beſongne autant oyſiue , que de rouller le tonneau de Diogenes
pour faire plus que rien, & que l'occupation en vraye biſtoire ſeroit trop plus
louable. Leſquelz ie prie de penſer que pour le moins y a quelque los à donner II.
pois & grauité aux matieres legeres,& en paſſant par les chemins battuz ſoy deſtourner de la foulle, & faire ſoudre l'eau à bouillons d'vne fonteine tarie & miſe à ſec. Mais quant à la iuſte chronique ie ſçay y eſtre requis trop de perfection
d'elegance numereuſe, garnie de toutes figures & ornemēs d'oraiſon ſur vn fond
ſuſtantieux de prudence ciuile , à ce qu'elle puiſſe ſatisfaire aux oreilles doctes
en toutes ſes parties, comme vne ſomme d'argent épluchée piece à piece par les
mains d'vn changeur. Qui m'a eſté cauſe (n'ayant commandement de charge plus

ã iiij impor-

importante) de m'esbatre en ce delectable suget à la mode du vray narrateur,
protestant d'escrire choses qu'il n'auoit iamais veuës ny entenduës de personne,
voire dont il n'estoit rien & si ne pouoit estre, non plus que des contes d'Vlisses
à Alcinous. C'est pour le moins vn arc desbédé de peur que tousiours tendu s'a-
mollisse, & vn tour d'Athletes qui se reposoient reiglement afin de renforcer au
trauail. Or maintiens-ie les histoires fabuleuses ne contenans rien qui ne soit
(s'il n'est vray) aumoins vray-semblable & possible, au surplus remplies de con
cions facondes & auertissemens notables, estre plus fructueuses & recreatiues
que les autres si grossement conceuës, & lourdement digerées, qu'on n'en peut
sentir la moytié de l'excellence. Et se peuuent dire les romains (confessans haut
& cler la mensonge) plus veritables que les histoires, vsurpans souuent à tort le
tiltre de vray dire. Mais qui sont elles, les tant pleines & chargées de sainte &
sacrée verité (Aussi tant on la blasonne hargneuse qu'on ne l'ose suyure de
trop pres de peur de luy escorcher les talons) son elles de Grece? elle y est renommée hardie menteuse: sont elles de Rome? qui enrichit sa fondation mesme de
fables poëtiques, & tire son origine du ciel pour plus l'autoriser, attribuant la
source de ses loix aux nymphes, comme Licurgus & minos aux dieux. Ie passe la
mort de Romulus rauy en chair & os: la naissance du roy Seruius d'vn charbon
ardent : le tour du deuin Nauius trenchant du rasoir la queuë, & le reste, surquoy par ce peu lon peut assoir entier iugement. Est ce donc la francoyse? i'en
laisse l'antiquité fabuleuse à contreroller par la seule conference de Paul Emil
auecques noz Gaguins. La faute procede en partie de ce qu'ilz ne peuuent four
nir la foy historiale sans les memoires & instructions de ceux qui ont manyé les
affaires : Veu que les choses vieilles ilz ont par necessité à mendier des anciens
auteurs pour au plus les rebatre en vain : & les recentes (sans ce moyen) faut
qu'ilz fondent & appuyent sur tel quel rapport & bruit commun, & d'autant
croniquent à credit. Outre que la plus part faussent leurs annalles par flaterie,
ou par crainte des vifz & hayne des mortz: qui sont les principales causes trou-
blans l'integrité de l'histoire, comme faueur & auarice corrompent la sentence
du iuge. Ce que n'agueres ne dissimuloit pas Paul Ioue(estant repris de quelques
faitz d'armes dont il deroboit l'honneur aux Francois l'attribuant aux siens) disant qu'il faloit fauoriser sa nation, & que les anciens en auoient tousiours ainsi
vsé, en esperance que pour peu deuiuans qui les pourroiët dementir, toute la po-
sterité y adiousteroit foy. Finablement autre auantage ne peuuent les nouueaux
pretendre sur les vieux que du far & mignardie de stile, par lequel souuent ilz
difforment la beauté nayue de la verité nuë: côme Omphale effeminoit la virilité
d'Hercules coiffant sa grosse care d'vn atour de femme, auec la quenouille au co
sté. Mais ne ceux qui tonnent & foudroient tragiquement, ne ceux qui tirent de
Thucidide ou Xenophon quelque vmbre d'imitation acquierent le prix d'eloquen
ce: d'autant qu'elle ne gist en ampolles & estoffes des motz ferrez, soient rouil-
lez de vieillesse, ou sortiz freschement de la forge: ains conuient nommer la figue
figue, & soc le soc (sans tumber en affetterie) euitant les motz d'antiquaille autant qu'vn rocher en mer : & les nouueaux forgeant de telle grace & maniere
qu'ilz

PREFACE.

qu'ilz puiſſent auoir vie, & amolir leur durté par vſage. Quant à moy, i'ay taillé ma plume ſelon la portée de ceux à qui elle s'adreſſoit, comme Lucil auoit eſ- III
gard à ſes Siciliens & Tarentins : eſperant vn iour luy dreſſer le vol de façon
plus hautaine, ſi fortune l'employe au ſuget ſerieux & illuſtre . Ce que ie n'en-
ten des ſciences profondes & arduës, là ou les grands cerueaux la voudroient
renger. Car en premier lieu les ſpeculatiues (d'autant que la felicité conſiſte en
l'action de vertu) ne peuuent par leur contemplation rendre l'homme heureux:
attendu que l'office de l'entendement pur & nu eſt propre aux intelligences ce-
leſtes, non pas à luy, tandis qu'il eſt couuert & enueloppé de ceſte maſſe de chair
Puis, celles qui concernent la cure du corps ou droitture des biens, monſtrent
aſſez par leur but comme elles s'eloignent de la fin ſouueraine . Car la loy (qui
plus pres y ſemble viſer)n'inſtille pas la iuſtice au cueur du populaire: ains cha-
ſtie ſeulement les crimes ſortans en euidence. Mais l'hiſtoire accomplie de tous
ſes membres, repreſente proprement au doit & à l'œil la vraye image de police,
d'economie, & inſtruction morale, informant l'homme de ſon deuoir, tant au
fait vniuerſel que particulier de la vie, par lequel il peut attendre le point de
l'heur en ce monde.

ENVIE D'ENVIE ENVIE.

ã v

Enſuyt la Table des chapitres

CONTENVZ EN CE PRESENT LIVRE.

Et premierement.

LA TABLE.

Des

Fin de la Table.

STEPH. IODELLII PARISIENSIS.

Quæ Cœlum, filuáſque colens, Acherontáque curuum
  Tela, & fatales rexerat vna colos:
AEternum manſura tuis iámque aduenit oris
  Gallia, & ex Triuia faſta Diana tua eſt.
Nam tibi mellifluus, victóque Gohorius Orphæo,
  Hanc Cœlo, hanc filuis, hanc Acheronte trahit.
Fallor ego tenebris, canibus, furiíſque, Diana
  Alterna dat adhuc (ter dea) iura vice.
Quidnam igitur? ſcio, dudum aliam colis ipſa Dianam,
  Cui maius Triuiæ numine numen ineſt.
Quàm dum deſcribit, titulíſque micantibus ornat,
  Hæc inter ciues aurea lingua meos:
Efficit vt numen, quod ſpeſtas Gallia, ſpeſtent
Aſtra, colant Driades, plebſque profunda tremat.

L'Onzieme liure d'Amadis de

GAVLE, TRADVIT D'ESPAGNOL EN
FRANCOYS, CONTINVANT LES ENTREPRISES CHEVALE-
reuſes & auantures eſtranges, tant de luy que des princes de ſon ſang:
ou reluiſent principalement les hautz faitz d'armes de Rogel de Grece, & ceux d'Ageſilan de Colchos, au long pourchas de l'amour de
Diane, la plus belle Princeſſe du monde.

Comme la royne Sidonie ſe ſen-
tit groſſe d'enfant : & de la naiſſance de la belle Diane.

Chapitre   Premier.

Ous auez entendu par le liure precedent, comme eſtans
les deux Princes Floriſel de Niquée & Falanges d'A-
ſtre portez par fortune de mer en l'Iſle de Guindaye:
Falanges fut en danger d'eſpouſer la Royne du lieu,
nommée Sidonie, par la loy du païs qui l'y condam-
noit: en eſtant requis en public par perſonne digne &
ſortable. Et comme Floriſel pour ſauuer le mariage d'Alaſtraxerée &
de luy, ſe preſenta en ſon lieu & requit la Royne à femme ſe ſurnom-
mant Moraïzel Roy de certaines Iſles : laquelle fut contrainte par la loy

A   meſme

mesmes de l'accepter (puis qu'elle ne vouloit executer la rigueur d'icelle sur l'autre Prince, en qui elle auoit mis son cueur) Qui apres auoir se-
iourné quelque temps amoureusement auec elle, la laissa grosse sans luy
faire onque-puis sçauoir de ses nouuelles. Elle tant triste & deconfortée
de son absence, receut merueilleusement grand soulas & allegence de
ses douleurs, quand elle se sentit grosse & enceinte de luy, & beaucoup
plus encores les neuf moys passez que luy nasquit vne fille, en laquelle nature sembloit auoir desployé tous ses tresors de beauté & de grace. Qui
fut cause à sa mere de la nommer Diane, pour l'auantage que la lune tient
sur les autres estoilles du ciel, comme elle sur toutes les pucelles de la terre : ausi que comme la lune est la lumiere de la nuit, elle par la consola-
tion de sa veuë esclaircissoit les tenebres des ennuys de sa dolente mere.
Laquelle tenant entre ses bras ce precieux ioyaux venu de celuy que tant
elle aymoit & haïssoit ensemble (comme l'auenture des six Damoyselles
auecques la lettre de la Royne vous a declairé au liure precedent) alors fichant ses yeux sur ceste belle creature nouueau née degorgea du fond
du cueur telles complaintes. O' vraye semblance de celuy qui souz l'y-
mage & nom d'autruy cueillit la prime fleur de ma ieunesse : que tu
m'apportes de ioye me donnant le moyen d'estaindre ou amortir le feu
de son amour par la vengence que ie pourchasseray sur luy de l'outrage
& rauissement de mon honneur. Car i'ay conclu & arresté de te donner
auecque mon royaume, à quiconque presentera la teste du pere à la fille pour la satisfaction de la mere. Ce que vous supplie dieux immortelz,
vouloir consentir en punition iuste de ce faux Prince Grec, & tesmoignage de ma chasteté par luy cauteleusement violée, sans que mon vouloir en fust souillé n'y entaché. Apres ceste doleance elle demoura vn e-
space sans parler, versant grosses larmes de ses yeux acompagnées de profondz souspirs. Puis recommença : O' cher Moraïzel en quel excez de
tourmant m'as-tu plongée, de forcer ma volunté tant affectionnée enuers toy à te iurer & brasser vne mortelle vengence, comme de sacrifier
ta teste à mon honneur rigoureux, pour apres immoler ma vie à ton ombre ? Qui vid iamais celle confusion d'amour & de hayne, ne deux telles
extremitez pour attaindre le moyen d'honnesteté ? Ces regretz acheuez:
la fillette fut portée au temple & nommée Diane. Puis Sidonie depescha
les six damoyselles à Constantinople auec vne lettre adressant à Florisel,
ainsi que l'histoire precedente vous a raconté. Et quand & elles enuoya
secretement vn excellent peintre pour luy rapporter le pourtrait au vray
de ce piteux acte, auec les figures naïues de tous les Princes & Princesses
de Grece qu'il y verroit. Sur lesquelles (quand les parchemins luy furent desployez) elle fit tant de plaintes qu'il n'y auoit cueur si dur de qui
elle ne tirast les larmes de compassion, principalement à la veuë des effigies de Florisel & d'Heleine : il n'est possible à orateur d'exprimer les
grieues clameurs qu'elle ietta, tant est froide la plume au pris de la langue elan

gue elancée de compaſsion . O dieux (diſoit (que ne m'auez-vous com
blée d'heur pareil à celluy de ceſte Dame en la iouïſſance de ſi excellent
ſeigneur?ou ſi ne me vouliez faire tant de grace,quelle raiſon y auoit il de
me donner à ſentir & gouſter vn emiellement de ſes perfections pour
apres me laiſſer vne amertume affamée de ceſte douceur de volupté ? A-
mour ie me plaindrois voluntiers de toy qui m'as ſi deloyaument traitée,
ſi tu ne portois ton excuſe par le preuilege de ta deraiſon naturelle , parquoy i'aurois tort de me fonder en raiſon contre celuy qui point n'en
vſe . Puis exclamoit : Ie ſuis en paix & en mortelle guerre : ie crains, i'eſpere, i'ardz froide comme glace : ie vole au ciel, tout eſtendue en terre,
& rien n'eſtrains de fait & tout i'embraſe : en priſon ſuis qui ne s'ouure
ne ſerre : d'vn meſme laz on me lace & delace: Amour m'enferre enſemble & me deferre, m'ayant donné & puis m'oſtant ſa grace : heur & malheur me ſuyuent en ma chaſſe : Ie veux mon bien & à mon mal ie cours:
egalement la vie & mort ie ſuis : voire la vie & la mort ie pourchaſſe : &
veux perir & demande ſecours : en tel eſtat pour Floriſel ie ſuis . Or fit
la royne Sidonie (ſi toſt qu'elle fut releuée de ſa geſine) porter ſa fille
Diane en vn chaſteau qu'elle auoit fait conſtruire, d'vn art merueilleux
par Ciniſtrides le magicien,comme il vous ſera amplemét deſcrit au chapitre enſuyuant, duquel la maçonnerie eſtoit de forte pierre de taille de
perpetuelle blancheur eſpeſſe de vingt piedz : dont les quatre angles e-
ſtoient de quatre groſſes tours s'entreregardans & battans en flan pour
la deffence : & chacune eſtoit attribuée à vn planette ſpecial : L'vne à
Mars, l'autre à Saturne, la tierce à Iupiter (là ou ſe tenoit la Royne) la
quatrieme à Febus, qui eſtoit la plus belle, comme deſtinée au plus beau
& plus acomply Prince du monde,laquelle par le dehors eſtoit ymagée
à demy relief & dorée es treillis, gargoulles & girouëttes, & dedans
meublée de plus riche eſtoffe que les autres . En ceſte tour la porte principale eſtoit touſiours ouuerte & vne vis pareillement qui deſcendoit en
vne caue en laquelle y auoit vn ſouſpiral reſpondant vers le dedans du
quarré à l'endroit d'vn des trois palais (faiſans le donion rond au mylieu
de ce quadrangle)lequel eſtoit pareillement le plus orné des trois & voué
à Diane, comme le monſtroit l'effigie, poſée ſur le portail, ainſi que celles des deux autres tours les approprioient à Venus & Mercure.Ceſte caue que ie vous dy reſpondant vers le palais de Diane eſtoit clere de nuit
comme en plein iour, au moyen des flambeaux artificielz qui y ardoient
continuëllement ſans ſe conſumer tant ne quant comme il s'eſt trouué
des lampes es ſepulchres antiques . Or ſouz le ſimulachre de Diane aſsis
ſur ſon portail y auoit lettres Grecques grauées, contenans en ſuſtance:

*La clarté de Diane durera couuerte en eſclipſe , iuſques à ce qu'elle ſoit eſ-
claircie par la lueur de l'obſcur Apollo.*
Semblablement en la grande chambre de Febus ou (l'iſtoire des a-
A ii   mours

mours de Sidonie & de Florifel eftoit depeinte au vray) y auoit vne ef-
critture Arabique de telle teneur:

Ciniftides magicien a bafty cefte tour en l'honneur de Sidonie royne de l'if-
le de Guindaye : laquelle tiendra feure l'entrée de fon obfcure caue & defen-
due à tous, iufques a tant que le gage de la tefte grecque defface l'efclipfe de Dia-
ne par la communication des rays de Febus.

Cefte caue eftoit en la tour de Febus & fe rendoit fouz terre en celle
de Diane, dont le paffage eftoit nyé à tous fors qu'a celuy que le ciel a-
uoit doué & acomply de toutes fes richeffes pour digne compagnon de
la plus diuine qu'humaine princeffe. Or fut elle logée en ce donion au
palais de fon nom auecque femmes & filles de tous eftaz pour fon feruice : fans que corps d'homme y entraft iamais ny la peuft voir aucunement : ne voulant fa mere profaner la fleur de cefte veuë angelique, ains
la referuer à celuy qui feul en meritoit le furplus. Mais la Royne auoit
en fon palais de Iupiter vn huis de fer enchanté du cofté du logis de Diane, qui ne s'ouuroit par autre moyen quelconque que par la fimple parolle. Si toft que Diane eut attaint l'aage de fix ans, la royne la fit contrefaire au naturel & enuoya les pourtraitz par toutes les contrées du
monde, auec tel efcrit figné de fa main & féellé de fon feau royal.

Ie Sidonie royne de Guindaye prometz la perfonne de ma fille Diane auec la
fucceßion de ma coronne au Cheualier qui fournira par arres la tefte du pere
à la fille en fatisfaction de la mere, A cefte fin ie leue la rigueur de mes loix don-
nant feureté à tous ceux qui viendront à l'fpreuue de la tour de Febus.

Courriers furent defpechez par toutes les parties de la terre auecques
les pourtraitz & promeffes, qui inciterent vne infinité de Cheualiers à
tenter la fortune de party fi bel & auantageux : tellement qu'en peu de
temps l'ifle de Guindaye en fut aufsi peuplée qu'onques fut la grand'
Bretaigne pour la beauté d'Oriane : dont fortirent maintes auentures e-
ftranges, qui vous feront deduittes cy apres en leur lieu.

Defcription du chafteau de Fe-
bus & de Diane, auec toutes fes fingularitez.

Chapitre   I I.

Le pa-

LE palays d'Apolidon & la tour de l'Vniuers n'approcherent iamais à la centieme part de l'excellence du chasteau de Febus & Diane: lequel fut construit par Ciniftides, le plus grand architecte & magicien de son temps. Premier il baftit le donion de Diane contenant trois corps d'hoftelz, chacun garny de toutes les pieces requifes à la commodité du logement & feruice d'vn grand feigneur ou dame. Vray eft que celuy qui eftoit propre à Diane fut plus orné & enrichy que les deux autres, c'eft à fçauoir de Venus & de Mercure, qui furent affemblez en vn corps, comme leurs planettes font plus prochains au ciel. Or le plus fingulier point & digne de confideration eftoit le departement des chofes concernans l'vfage de chafcun logis, c'eft à dire, tant des trois faifans le donion, que de quatre autres qui compofoient le pourpris d'iceluy, eftens affiz comme quatre bouleuers es coins de la carrure de la court: lefquelz eftoient tous attribuez à Febus pour principal, ainfi que les trois du donion à Diane. Toutesfoye y en auoit vn fpecialement attribué & dedié à luy, qui fe prefentoit à main dextre, en entrant par la maiftrefle porte. Or y auoit en ce merueilleux edifice vne fi grande varieté de tout ce que le defir humain peut fouhaitter, que Diane n'eftoit là dedans en guife de prifonniere (comme fut iadis Danaé en la tour d'airain) ains n'eut fait que fe trauailler en vain de chercher dehors quelque plaifir ou nouuauté: car en fon logis particulier, elle auoit la grand fale à lambris doré, taillé en arcz turquoys, trouffes & croiffans entrelaffez, le planché de beau boys auquel en l'efpace entre deux foliues eftoient releuées les armoyries de toutes les illuftres mai-

A iii

fons de

fons de fon temps, & fur les poutres & foliues eftoient peintz des dardz
entour lefquelz vn roulleau difoit : *Elle attaint tout ou elle vife* : le tout
doré fi richement, que chafque efpace entre deux foliues reuenoit au pris
de cinquante efcus. Puis contre la paroy oppofée à la cheminée y auoit
vn buffet de cyprez à huit ou neuf eftages en formede hemycicle, enrichy
de chifres dorez & cloz d'vne barriere. Toutes les pieces eftoient fort
percées & les vitres hiftoriées à blanc (en feigne de la virginité propre à
la déeffe de ce nom) eftans les figures de tranfmutations diuerfes auenuës par le pouoir d'icelle, foit à ces Nymphes ou autres, auec epigram-
mes deffus & deffous en Grec & Arrabe. Ce qui pareillement fut prati-
qué es feneftrages des chambres, galeries, garderobes & cabinetz : mefmement en la tapifferie de chacun lieu, dont l'vne eftoit d'Endimion,
l'autre d'Acteon & d'autre femblables. Et y vfa Ciniftides de curiofité
des couleurs lunaires es meubles & vtenfiles, tellement que toute la vaiffelle eftoit d'argent & les ders, cielz, courtines, couuertures de litz, tapis de tables & buffetz eftoient tout de foye blanche & tous les gen-
tilhhommes feruans & offieiers reueftuz de cefte couleur, comme ceux
des autres logis, de leur propre & peculiere. Le cabinet du fien eftoit
plein de trompes, cors, efpieux, toiles, retz & de tous autres inftrumens
de venerie : enquoy elle s'adonnoit naturellement & en prenoit le deduit en vn parc de hault boys compriz auec fon logis, qui eftoit remply
de toutes beftes noires & rouffes: & y alloit veftuë & equippée comme
les Poëtes defcriuent Diane, auec fes Damoyfelles en parure de Nymphes. Ce que l'ouurier remarqua en la table du portail, ou la déeffe gifoit en baffe taille de bronze enuironnée de cerfz, fangliers & autres a-
nimaux, aufsi au manteau de la cheminée de la fale, ou fon ydole eftoit
nichée. Mais quand la Princeffe eftoit laffe du plaifir de la chaffe, elle
alloit paffer le temps au logis de Venus, qui eftoit fort recreatif en iardinages garnis de toutes fleurs auec allées couuertes de berceaux de rofes
mufcades & ioffemins, fouef fleurans & petites fontaines ruiffelans par
lieux touffuz ombragez d'arbres fruitiers : & en vn endroit la belle voliere pleine de tous oyfeaux rares & eftranges. Les peintures des feneftres & ouales des cheminées eftoient de diuers deduis & plaifirs d'a-
mours, & la principale de Venus mefme auecques Mars quand Vulcain
les print fur le fait par fa fubtile ret d'acier. Là dedans eftoit le cabinet
des eaux de naf, de damas, de perfuns, d'onguens precieux & de mille artifices de fars, combien que la Princeffe n'euft aucun befoin de s'en
feruir. Aufsi en ce logis eftoient les baignoires & eftuves autant indu-
ftrieufes que celles de la royne Eleuterilide. Toute la vaiffelle de cuyure
ou laiton, & les draps de veloux, fatin ou taffetas verd. Les vitres aufsi
furent peintes de verd cler, comme celles de Mars de rouge cler (qui ne
font au iourd'huy en connoiffance) c'eft à dire de couleur receuant le
rayon du foleil à trauers fans porter ombre. Aucunefoys elle s'alloit

pourme-

pourmener au logis de Mercure, à cause de la librairie qui y eſtoit, remplie d'autant de liures en toutes langues & ſciéces que iadis celle de Pto-
lomée Filadelfe en Alexandrie, deſquelz elle liſoit ou eſcoutoit ceux
qui pour l'heure luy venoint plus à gré. Puis alloit veoir le cabinet tendu de tous les engins & inſtrumens, tant de mathematiciens que de tous
les ouuriers & artiſans du monde. Les peintures de leans eſtoient des cour
ſes de Mercure, comme heraut des dieux, & des bons tours qu'il auoit
iouez en diuers lieux à Arguz & mains autres. Les couleurs eſtoient
d'azur bleu ou violet, & la vaiſſelle d'electron tant blaſonnée par Pline,
nommé par les Arabes altincar. Auſsi là dedans y auoit vn autre cabinet, ou le ſage Ciniſtides faiſoit iouër à Nature en vaiſſeaux artificielz
le perſonnage de Proteüs, deuenant eau, puis air, puis tournant en mille
formes de monſtres horribles. Quant aux autres quatre logis compoſans
la ceinture de la cour, elle n'y alla point iuſques apres l'acompliſſement
de ſon deſtin chanté par les profeties, à cauſe des hommes qui y eſtoient
pour le ſeruice des logis: dont l'vn eſtoit de Mars, auquel eſtoit la grand
eſcuyrie de la Royne & l'armurerie, la vaiſſelle de fer blanc, les deuiſes
& hiſtoyres des plus furieuſes batailles & combats qui iamais euſſent eſté.
L'autre eſtoit de Saturne baſty en forme de temple, auquel ſe celebroient
les cerimonies des religions & ſacrifices antiques, & y auoit vne chapelle
la plus excellente qui fut iamais tant en paué qu'en voute, vitres, ſtatuës
& tableaux. La draperie eſtoit de gri, brun: la vaiſſelle de plomb, horſ-
mis celle de cuyſine qui eſtoit de terre, en memoire du premier aage doré.
ré. Le tiers de Iupiter ſeruoit de palays à la Royne, auquel ſe tenoit le
conſeil des affaires du Royaume, ſelon l'influence propre de ce planette.
Les tapiſſeries & autres draps eſtoient tous de ſoye griſeblanche: les hiſtoires de metamorphoſes de ce dieu en beuf, en aigle & autres: fors
qu'en la grand' ſale, ou fut pourtraitte la guerre des geans voulans aſſaillir le ciel, & foudroyez par luy: La vaiſſelle y fut d'eſtain. Reſte le plus
excellent de tous, celuy de Febus: duquel les meubles eſtoient d'or: vn cabinet de tous les inſtrumens de muſique: vn autre de toutes eaux, huilles & ongnemens de medecine: deſquelz le beau iardin fourniſſoit les
herbes, gommes & fruitz: eſtans les quarreaux d'iceluy departiz ſelon
les prorietez diuerſes, l'vn pour les playes, l'autre pour les fieüures, icy les
plantes chaudes, icy les froides & ainſi des autres. Or l'entrée de ce logis
eſtoit ouuerte (comme n'agueres vous a eſté dit) & la caue d'iceluy.
Et du logis de Iupiter ou demeuroit la Royne, y auoit vn huis reſpondant vers le donïon, par lequel elle alloit voir ſa fille: qui entre les beaux
lieux ia deduiz, auoit vn verger au logis de Mercure (qui n'eſt à oublier)
auquel quand elle fut vn peu en aage elle alloit fort ſouuent, pour le plaiſir de la belle & groſſe fontaine, qui faiſoit pluſieurs Iſles par le verger
en pareille façon que la mer fait en ce monde, departant les regions de
la terre, Europe, Aſie & Afrique, comme vne vraye carte terreſtre &

A iiii   marine

marine. Et là elle se faisoit porter sur l'eau en petites galeres, ou ses filles ramoient & d'vn instint (qu'elle n'entendoit) prenoit voluntiers port au quartier de la Grece, ou sa destinée luy promettoit repos & fin de ses desirs. Telle estoit la superbe & ingenieuse structure du chasteau de Febus & Diane: auquel y auoit vne ordonnance de despence fort notable, que Luculle pratiqua depuis à Rome. C'est à sçauoir que l'estat estoit dressé de chacun logis pour y vser d'vn traittement certain & ordinaire: de sorte qu'en celuy de Mars le festin montoit à tant de mille, auec telles pompes & sumptuositez: en celuy de Mercure estoit d'vne autre somme auec ses circonstances, & es autres pareillement: qui estoit pour receuoir les seigneurs suruenans selon leur grandeur & l'affection de la Royne, sans auoir a faire commandement que d'vn mot à ses maistres d'hostel, de courir à Mars, Mercure ou autre. Aussi que chacun estoit logé selon son estat: les capitaines à Mars, les gens de lettre à Mercure. Ie laisse à vous dechifrer par le menu (de peur de prolixité) les marbres, porfires, iaspes & autres pierres exquises, dont ce chasteau fut enrichy, & les singularitez des plantes comme moly, panace, lothos, lunaria: aussi des huilles incombustibles, du baume naturel, or potable, sphere d'Archimedes, & autres choses rares & precieuses que le sage Cinistides auoit semées & dispersées par les iardins & cabinetz des sept logis. Ie tais l'espece de son architecture qui estoit Eustyle c'est à dire en suite & raisonnable distance de colonnes, tellement que par estre trop pres elles n'empeschoient les veuës ne les passages & par estre trop eslongnées ne mettoient en danger de ruïne & decadence le fais qu'elles soustenoient. Semblablement que au logis de Diane les trois faces du corps d'hostel estoient chascune de structure diuerse pour donner plaisir de varieté à la veuë: & celle du mylieu (c'est à sçauoir qui se presentoit droit à l'œil en entrant en la court) auoit dedans le haut du mur vne statue cheualeresse rendant se prince Agesilan au naturel, & que les festieres de chacun des sept palays portoient les characteres de leurs planettes grandz & visibles en fer doré. Somme, tout bien calculé, on peut (à brief dire) estimer cet edifice sans comparaison plus admirable que les sept tant fameux & renommez miracles du monde.

De la

Sensuit la declaration de la figu-

re ensuiuant de la suite des trois palais faisans de donion du chasteau.

Icy est le parc de hault bois peuplé de grandz bestes (auquel Diane chassoit)
encloz au pourpris de son palais.

Puis le iardin de Mercure departy en telle forme & mesure de terre & d'eau
comme le monde est proprement : en sorte qu'il pouuoit seruir d'vne carte de
Cosmographie.

Aussi le verger de Venus croisé en allées, couuertes de berceaux reuestuz
de coudres : & vn pauillon au myllieu souz lequel la grand fontaine fait vn large canal es deux costez des allées, laissant à sec vn quartier de terre planté à
la ligne de tous arbres fruitiers exquiz, l'autre en tailliz & garenne, le tiers en
iardin de fleurs, le quart en dedalus d'orengers grenardiers & citronniers : auquel y auoit sept pauillons d'arbres courbez dõt le septiesme estoit au vray point
du mylieu du labyrinthe de sieges verdz pour le repos du voyager qui voyoit
là vne statue d'albastre transparent & mouuant à trois visaiges, contenant de
grandz misteres qu'il ne luy estoit loysible de dire ne rapporter aux autres à
son retour. Mais (s'esgarant & fouruoyant es sentiers diuers des carrefours)
rencontroit trois de ces pauillos qui a l'entrée en ouurant l'huis le baignoient
d'vn seau d'eau ou (passant sur petitz pons couuertz de mousse & motte herbue)
tomboit & prenoit des connins verdz.

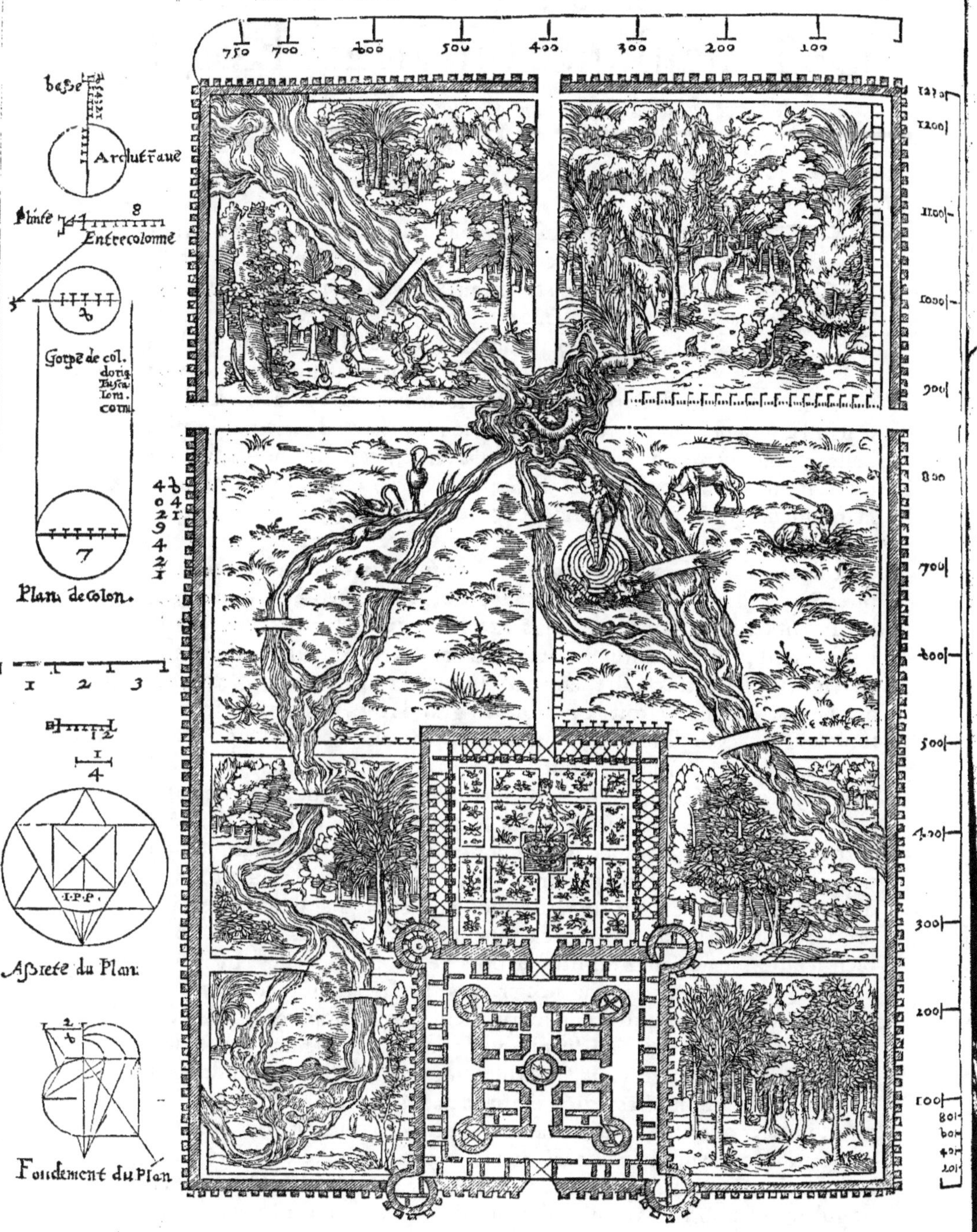
baſe
Architraue
Plinte
Entrecolomñe
Gorge de col.
dorig.
Tuſca.
Ioni.
corin.
Plan de colon.
Aſſiete du Plan
I·P·P·
Fondement du Plan
750 700 600 500 400 300 200 100

De la naissance du Prince Rogel

de Grece, & de sa phisionomie auec ses meurs & conditions.

Chapitre   III.

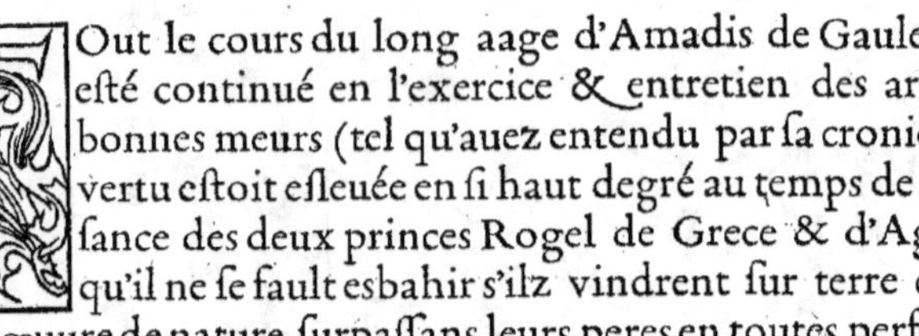

TOut le cours du long aage d'Amadis de Gaule ayant esté continué en l'exercice & entretien des armes & bonnes meurs (tel qu'auez entendu par sa cronique) la vertu estoit esleuée en si haut degré au temps de la naissance des deux princes Rogel de Grece & d'Agesilan: qu'il ne se fault esbahir s'ilz vindrent sur terre comme deux chefz d'œuure de nature, surpassans leurs peres en toutes perfections Quand à Rogel, qui sortit de Florisel de Niquée & d'Heleine (la plus belle couple du monde) il monstra aussi en luy telle forme de beauté que le moule deuoit porter. Or fut battisé en la pompe & solennité que sa grandeur requeroit & nommé Rogel de Grece : & fut nourry & esleué en la maison de l'empereur Amadis de Grece & de l'emperiere Niquée ses ayeulz, en la magnificence deuë à vn heritier naturel de telz empires & royaumes. Si tost qu'il eut aage de quelque petite connoissance, luy furent baillez maistres les plus excellens qu'on peut recouurer qui l'instruirent peu à peu selon sa portée, les vns es artz & langues dignes de tel seigneur, les autres le dresserent & duirent à tous les ieux & escrimes de guerre. Car telle estoit l'opinion du grand roy Amadis en l'institution des Princes de son sang, pour les rendre si bien douez & apriz, que leurs sugetz leur obeïssent voluntiers, en les cognoissant si dignes de l'estat & lieu qu'ilz tenoient : & à fin que quand ilz se trouueroient entre les estrangers, ilz gaignassent par tout le point de préeminence par leur vertu. Ainsi estant le prince Rogel conduit & endoctriné, auec le bon naturel qu'il tenoit de race, paruint à l'excellence que vous entendrez au discours de ce liure. Il fut de taille plus moyenne que haute, tresbien proportionné de ses membres : le teint eut vn peu brunet, les yeux noirs bien fenduz, le nez assez pointu, la bouche proprement de sa mere, la barbe & les cheueux clerbruns & crespes : bref il auoit le corps membru & nerueux, & neantmoins merueilleusement dispost & agile, & sur tout estoit bien à cheual. Au surplus vne contenance pleine de magesté, vne grace de parler attrayant & persuasiue, qui luy seruit grandement au train de ses amourettes, qu'il demena gayes & variables, battant les vnes, puis les autres du plat de la langue, iugeant indigne de celuy qui veult emporter le nom de victorieux, soy laisser vaincre & asseruir son cueur par vne femme. Dauantage entre les vertuz il eut la liberalité en singuliere recommandation, tellement qu'on pouuoit dire que ses biens

luya-

luy appartenoient en proprieté, mais la possession & l'vsage en estoit
commun à tous ceux qui luy faisoient seruice. Sa magnanimité le faisoit
en sa ieunesse quelque foys entrer en cholere (combien que non trop souuent) apres laquelle il tenoit longuement son cueur, comme estimant
mal seant à son autorité de quitter si legerement la raison qui l'auoit esmeu à courroux: toutesfoys il attrempa fort ceste ire auec la meureté de
l'aage. Or n'y eut en son temps cheualier au monde que Rogel ne de-
uançast beaucoup en courtoysie & proësse, fors Agesilan son cousin: le
quel en toutes bonnes parties le costoyoit de si pres qu'ilz sembloient à
maintes gens voler quasi tout d'vne æsle. Que vous en diray-ie d'auantage, sinon (comme escrit Galersis le croniqueur ancien) que son enfance
en tous ses faitz & ditz portoit signe & promesse des grands gestes qu'il
commença de l'heure qu'il eut receu l'ordre de cheualerie: c'est à sçauoir
en l'aage de dixsept ans ausquelz nous le lairrons parcroistre, sans nous
arrester à ses actes puerilz: apres vous auoir auisez qu'incontinent qu'il se
sentit quelque petite force, son plus grand passetemps estoit en la venerie contre les ours, sangliers, & autres bestes furieuses noires & rousses,
ou il s'accoustumoit à s'enhardir & chasser toute peur arriere, dequoy
ses peres estoient tresayses, le voyant de bonne heure endurcir son corps
au trauail, pour le disposer à pouuoir soustenir vn iour le grand faiz des
armes: lesquelles ilz luy mettoient tousiours deuant les yeux, luy monstrant plus d'amour à l'instruire & enseigner les pointz d'honneur qu'a
le cherer & mignarder à nostre mode, dont ilz luy en ramenteuoient vn
sur tous autres: qu'il y auoit vn dominateur au ciel, donnant & departant toutes les seigneuries de la terre: lequel tous Princes doiuent recon-
noistre, & pource estimer qu'ilz sont autant naiz à seruir leurs sugetz de
bons & iustes gouuerneurs, qu'iceux sont obligez à leur bien & loyau-
ment obeir. Lesquelles remonstrances Rogel retint tresbien & açomplit
fidelement ne dementant en rien la franche tyge dont il estoit yssu, ne la
bonne nourriture qu'il auoit prise: comme vous cognoistrez par le recit de sa vie.

Comme le prince Agesilan na-
quit, & de sa figure & complexion.

Chapitre   IIII.

En l'isle

EN l'Isle de Colchos (tant renommée par la conqueste de la toison d'or) s'estoit retiré (comme vous a esté dit (le gentil prince Falanges d'Astre auec sa chere espouse ma dame Alastraxerée : ou ilz furent receuz par le roy Tarsis & la royne Iris, en toute ceremonie d'hóneur & de liesse publique. Là ilz se trouuerent du tout à leur souhait pour le bon moyen qu'il eurent de ioïr en leur priué du fruit de leurs amoureux desirs: qui sortirent à si bon effect que la Princesse se sentit grosse, & à chef de terme se deliura du plus bel enfant que la terre portast, qui fut nommé sur les fons Agesilan, pour l'affection singuliere que son pere portoit à la memoire du roy Lacedemonien de ce nom. En la naissance d'Agesilan auint vne grande merueille en la ville capitale de Colchos : Sur le port y auoit vne forteresse, & en icelle vne vieille tour, que iadis Medée la magicienne auoit bastie, sur laquelle à l'instant qu'Agesilan vint a naistre, descendit vn coup de foudre du ciel qui la mit toute en poudre : & au dessus de ce hault monceau apparut vn tableau d'ambre, auquel estoient engrauées lettres grecques de ceste teneur.

Quand le fort simulacre aura esté decapité par le filz de la serpente espouentable,& que les sifflemens de la mere reueilleront le filz du sommeil mortel:alors la splendeur de la belle Diane esclairera,apres que l'eclipse de la maison gregeoise (par obstacle opposé au rayant Febus)sera passée: des rayons duquel la beauté de Diane redoublera en clarté, pour estre deux lumieres de l'vniuers, esclattans par gloire depuis le fond de la terre iusques au comble celeste . A ceste fin

B   la sage

la sage Medée donnera la ruyne de la tour en tesmoignage des merueilles qui seront deffaittes pour l'exaucement de la coronne Grecque.

Sur ceste prophetie on fit diuers iugemens & pronosticz, dont nul ne toucha au but, iusques à ce que l'escriture fut verifiée & accomplie par œuure. Or pour venir à Agesilan : quand la Princesse Alastraxerée sa mere se vid en Colchos si bien-voulué du Roy & de la Royne, elle les mit sur le propos de la loy du vray Dieu, & tellement les mena qu'elle les conuertit à la raison de soy battiser, & d'y renger tous leurs vassaux & sugetz tant grandz que petitz, fors que Galersis l'historien qui s'obstina d'acheuer sa vie en la creance de ses dieux, selon le dit commun, que bien souuent les plus grandz clercz ne sont pas les plus sages, d'autant que la science enfle & enorgueillit, & l'orgueil aueugle l'entendement. Tout d'vne main elle fit vne assemblée generale au temple metropolitain, ou elle auoit esté tant religieusement adorée par son loyal Falanges durant ses ardentes amours (comme vous auez entendu par le liure precedent) ordonnant qu'il n'y seroit desormais adoré que le Dieu des Chrestiens, pource y establissant Prestres richement fondez & douez, pour faire le seruice diuin. Ce fait auiserent le Prince son cher mary & elle à soy donner du bon temps, & estoient si espris l'vn de l'autre qu'ilz ne se perdoient vne seule heure de veuë, tellement qu'Alastraxerée y rompit en peu de temps sa ceinture, se sentant saysie de la maladie des neuf moys, laquelle decouurant à son mary au secret de leurs deduiz: O' amye (dit il) de combien de liens d'obligation tenez vous enchesné vostre esclaue, que premier vous auez recompensé de sa foy par dessus son merite, puis l'auez tiré de ses vieilles erreurs & rengé à la vraye loy diuine, maintenant luy donnez fruit de lignée, ia voué par les destinées au souuerain los des armes. Monsieur, respondit elle, les obligations que vous dites sont si reciproques, que l'vn ne doit parler de retour à l'autre, mesmement en ce nouueau mal que ie sens, vous auez si bonne part, que lon vous en doit sçauoir autant de gré qu'à moy: prions Dieu seulement qu'il sauue & gard le don commun qu'il nous a fait, tant à l'augmentation de son seruice qu'à l'honneur de nostre maison. Or quand le terme escheut de ses couches, & les merueilles declairées cy dessus, l'enfant (comme dit a esté) sortit si beau qu'il ne sembloit fait que pour regarder, & ceste beauté (qui change & se perd en plusieurs de la croissance) creut tousiours en luy de plus en plus quand & l'aage. Il fut esleué tendrement souz l'œil de sa mere iusques à six ans, & eut vne condition trop admirable, estant presque encore en enfance de ne faire quasi nul acte de puerilité, & nul compté de tout ce que naturellement la petitesse prise & ayme. Parquoy au bout du sixiesme an fut de son gré mené à Athenes, & assorty de bons maistres, tant pour les sciences liberales & dignes de grandz seigneurs, que pour l'exercice des armes, à quoy on adiousta d'auantage quelque vsage

du luth

du luth & du chant de musique, pour luy adoucir vn iour le maniment
des graues & serieux affaires: enquoy il monstra vne singuliere dexterité
à tout comprendre . Comme Agesilan estoit si ententif à ses estudes , le
fort Anaxartes enuoya pareillement son filz à Athenes nommé dom Arlanges d'Espagne à fin qu'ilz aprinsent ensemble: qui aussi fut beau Prince & bien nay à toutes choses grandes & dignes de son estat : dont sourdit entre eux vne amytié nompareille, & auoient tant de grace à combatre l'vn contre l'autre (quand ilz furent en l'aage de dix ans) en toute escrime, lutte, & autre essay de corps, que es festes publiques le principal
desir qui amenoit maintes gens aux eschaufaux estoit pour voir iouster
ou tournoyer ces deux petitz champions, & ne se parloit que d'eux &
de leurs ieux par toute la Grece . Toutesfoys nous cesserons de plus en dire, pour entrer plus auant en matiere, mais que ie vous aye dit quel fut
Agesilan quand il eut pris le ply de son aage. Premierement il fut de la
haute stature de sa mere, excedant la cómune des hommes, tous ses membres fort pleins & ossus: le teint eut blanc doucement coulouré au visage,
la barbe blonde, & les cheueux de mesme, les yeux vifz & ardens, l'entre
œil bien large, le nez vn peu aquilin, toutesfoys sans deformité : au reste,
la poitrine releuée , le foy du corps gent, la croisée des espaulles large , la
greue bien faitte, tellement qu'on le blasonnoit en meurs vn second Age-
silaüs, en corpulence vn autre Hercules , & semblablement Arlanges vn
nouueau Theseüs, comme son compagnon d'armes . Car sa force corporelle fut admirable, bien respondant à la vertu de son cueur: voire le trauail luy estoit plaisir & aise & le repos oysif comme peine. Aussi quant à
ses meurs il fut tant gracieux & debonnaire que raison à peine le pouuoit forcer à le faire móter en cholere, la langue il eut tresdiserte, & sa sim
ple parolle valoit sermét: l'amour & reuerence de Dieu luy fut tousiours
principalement deuant les yeux , qui luy refrenoit souuent sa fureur de
peur de l'offencer, comme au contraire il entreprenoit sans crainte tout ce
qui estoit iuste & raisonnable. Depuis qu'il fut Roy, se monstra quasi plus
suget que seigneur en l'obseruance des loix: estimant plus grieue punition
à vn Prince, la honte de rompre les ordonnances, que au peuple le cha-
stiment qu'il peut encourir pour les auoir enfraintes . En sa frequentation
familiere il se rendit fort compagnable, sans toutesfois se faire tort de trop
s'abaisser. En sa ieunesse il adonna grandemét son esprit à la philosophie,
& à la cognoissance de diuerses langues, mesmement de la Grecque & La-
tine, prisant plus ceux qui auoient esté excellens es bons artz & sciences,
que plusieurs grandz Princes & Seigneurs terriens. Finablement quant au
fait d'amours il tint beaucoup du roy Amadis de Gaule en son maintien,
grace & loyauté, comme la preuue de son martire vous fera ample foy au
long pourchas de la belle Diane.

B ii   Comme

Comme Florarlan de Trace ra-

uy d'amour par l'ymage de la royne Cleophile, pourchaßa à eſtre
cheualier pour auoir moyen de luy faire ſeruice.

Chapitre   V.

'Hiſtoire vous a raconté au liure precedent, comme
la royne Cleophile enuoya ſon ymage aux noces du
prince Floriſel, & comme le beau damoyſel Florarlan de Trace (voyant l'extreme beauté de ſa ſemblan-
ce(fit reſolution que iamais autre dame ne ſeigneuri-
roit ſon cueur que ceſte belle Royne. Ce penſer le tint
long temps en grande deſtreſſe, ne l'oſant manifeſter, d'autant qu'il ne
ſe pouuoit dire de lieu aſſez haut pour attaindre à telle penſée: car il ne
ſçauoit de quel ſang il eſtoit yſſu, dont il ſe plaignoit ſouuent à par ſoy
diſant: A à infortuné Florarlan, tu as le courage de voler iuſques au ciel
& par faute d'æſles te vois bien taillé de ne bouger de terre: Làs ma dame Cleophile auriez vous pas cauſe de vous mocquer de la hardieſſe que
i'ay de vous vouloir preſenter mon ſeruice, ſans ſentir en moy autre merite que l'affection ardente qu'amour a fichée en mon cueur? Certes voſtre grandeur dedaigneroit mon peu de valeur, ſi ne venez à conſiderer
que ce petit dieu qui domine les ames des viuans, n'a aucun egard aux e-
ſtatz ne dignitez, appariant ſouuent les pauures auec les riches & les petitz auec les grandz. A à Florarlan tu es maintenant en la peine ou fut le
Troyen Paris menant vie paſtoralle auant qu'il euſt cognoiſſance du roy
Priam ſon pere & d'Hecube ſa mere. Ainſi ſe lamentoit le deſolé Florarlan ſeul à ſoy-meſmes & continüa en ceſte triſteſſe ſecrette iuſques à ce
qu'il ſe veid en aage d'enuiron dixſept ans, aſſez grád pour receuoir l'ordre de cheualerie. La princeſſe Arlande qui l'apperceut ſouuentesfoys pen
ſif & melencolique, l'auois arraiſonné pour en ſçauoir l'occaſion qu'il luy
auoit celée & diſſimulée vn eſpace de temps: mais vn iour en eſtant preſ-
ſé par elle plus fort que de couſtume, il luy dit. Ma dame, force m'eſt
donc vous confeſſer vn creue-cueur qui me tourmente, de ce que ie con-
ſidere auoir receu de voſtre grace vn ſi bon traittement iuſques icy: duquel l'obligation me charge d'vn fais inſupportable, par tant que ie ne
ſçay encores qui ie ſuis, ny de quel pere & mere extrait: leſquelz ſi ie ſça-
uois eſtre de baſſe condition, ie recognoyſtrois d'autant plus de voſtre
ſeule faueur la liberale nourriture que m'auez donnée, ſans nul merite
de moy ne des miens: & au cas qu'ilz fuſſent autres, ie m'y adreſſerois
pour les prier de la ſatisfactió que ie vous doy pour tant de bien & d'honneur que vous me faittes. Pource, ma dame, ie vous ſupplie m'alleger du

grand

grand ennuy que i'en porte, me faifant certain de tout ce qu'en pouez fçauoir. Florarlan (refpond Arlande) ie vous puis affeurer qu'eftes forty de
race royale ou imperiale, comme le fage Aftibel me la affermé : mais de
quel Roy & Royne vous eftiez engendré, il ne m'en a rien reuelé. O'
ma dame (dit alors le Damoyfel) fi peu qu'il vous a pleu m'en declairer
me charge grandement & oblige de m'aquitter du deuoir que le lieu requiert que ie tiens. Parquoy me conuient au pluftoft pourchaffer à eftre
fait cheualier, pour me forligner par lafcheté & pufillanimité: vous fuppliant à cefte fin me vouloir donner vne lettre de voftre part à l'empereur Amadis de Grece, à ce qu'il luy plaife m'ottroyer l'acollée, laquelle
ie n'ay volunté de receuoir iamais d'autre mains. La Princeffe toute troublée de l'entreprife que le Damoyfel faifoit encore trop verde pour fes
tendres forces : effaya en mainte maniere à l'en deftourner & luy rompre
ce coup, mais ce fut en vain : car l'affaire dont il ne fe vantoit pas, luy poignoit & eguillonnoit iour & nuit trop viuement le cueur, tellement que
vaincuë à la fin par fon ferme & obftiné vouloir, luy fit dreffer tout l'e-
quippage neceffaire à fon defir, luy baillant deux efcuyers pour le feruir.
Si toft qu'il vid fon appareil preft, plus ne fut poffible de l'arrefter vn feul
iour : & au departir eufsiez bien iugé au piteux maintien d'Arlande, de
combien le mignon luy touchoit pres du cueur : lequel prenant par la
main, à l'heure qu'il alloit monter à cheual, la larme à l'œil luy dit : Beau
filz puis qu'ainfi eft, or allez en la fauuegarde des dieux, & faittes fi bien
que voftre bonté decouure le fang illuftre qui à prefent vous eft caché
& incongneu. Le Damoyfel aufsi de fon cofté (fi faifi d'vne naturelle emo
tion, qu'il ne luy peuft refpondre vn feul mot) feulement luy baife les
mains & prend la lettre qu'elle efcriuoit au prince Florifel. Si s'en va le
gentil Florarlan le chemin de Trapezonde, bien entalenté d'employer fi
vertueufement la cheualerie qu'il va querát, que la renommée de fes faitz
luy donnera hardieffe d'adreffer fes penfées vers la royne Cleophile. En
telz difcours arriua au port, ou il s'embarqua & fingla en peu de iours par
bon vent iufques à l'empire de Trapezonde: ou il print terre, & alla trouuer l'empereur Amadis de Grece la part ou il eftoit: de qui il fut fort bien
receu & de Florifel pareillement: lequel luy demanda des nouuelles de la
princeffe Arlande & pendant qu'il luy en rendoit conte, Florifel auoit
l'œil fiché fur luy, auec vn plaifir plus affectueux qu'il n'en comprenoit
la caufe. Incontinent Florarlan luy prefanta fon paquet que le Prince ouurit & trouua la lettre telle.

A Florifel prince des Royaumes de la Gaule & grand Bretaigne,
Arlande de Trace enuoye falut dont il la priuée, le te-
nant tout en fa main.

　　　　　　　　B iii　　　Monfieur

Monſieur ie vous enuoye vn ioy-

au que vous ay autrefoys derobbé, ſans neantmoins auoir rien rauy du voſtre, qui fut ſuget à la loy commune de larrecin toutesfoys m'emparant & ſaiſiſſant du plus grand bien que ſouhaittois en ce monde. I'eſpere que la confeſſion que vous en fais me dechargera de la couple, veu que la reſtitution enſuit. Tandis que l'ay eu en ma poſſeſſion, ie l'ay gardé treſſoigneuſemét pour la part que i'y auoys, maintenant eſt raiſon que vous en preniez ſoin pour la voſtre: dequoy ſuis contrainte vous auertir à fin que plus n'en pretendiez cauſe d'ignorance. Ce porteur Florarlan le beau damoyſel voulant aquerir loz enſuiuant la trace de ſes anceſtres, deſire eſtre fait cheualier de la main de l'empereur voſtre pere. Ie vous prie faire tant pour vous, pour luy & pour moy, que de le luy preſenter. Ce pendant me recommande treſaffectueuſement à voſtre bonne grace ſans en auoir eſperance, priant Dieu (monſieur) vous rendre le loyer de voz fraudes, en pareille meſure qu'auez meſuré aux autres.

Floriſel ne reſua gueres ſur le iar-

gon de la lettre ſans concevoir le ſecret qui y eſtoit caché, lequel il tint couuert à l'Empereur en la requeſte qu'il luy fit de donner l'ordre de cheualerie au damoyſel: toutesfoys ordonna de l'honneur & ſolennité, cóme s'il euſt eu la matiere aſſez affectée combien qu'on ne le iugeaſt proceder que de ſa courtoyſie acouſtumée, ioint la grandeur de la dame qui le luy auoit dreſſé. L'Empereur luy accorda pluſque voluntiers: enioignát à Florarlan de veiller les armes en ſa chapelle, & le lendemain luy donna l'accollée. Ses armes furent treſriches & blanches comme affierent à nouueau cheualier: la princeſſe Helene luy donna vne eſpée de grand pris que ſon mary luy auoit baillée: ſon eſcu fut d'azur à vn phenix d'or (qui eſtoit la deuiſe de ſa maiſtreſſe (auec telles parolles: L'VNIQVE, NON QVE POVR VN. L'Empereur le beniſſant en la cerimonie de l'ordre luy dit: Or vous doint dieu damoyſel, d'eſtre aufſi vaillant & bon que vous eſtes beau, & iamais eſtat de cheualerie ne fut mieux employé qu'il ſera en vous. De là s'en allerent en la ſale du palays, ou lon auoit couuert pour le diſner, qui paſſa en pluſieurs propos ſur la princeſſe Arláde: apres lequel, le nouueau cheualier (à qui la paſſion vehemente ne permettoit aucun ſeiour) fait la reuerence à l'Empereur, le remerciant de l'honneur qu'il auoit receu de luy, proteſtant de s'euertuer de tout ſon pouuoir à ſe rendre digne de ſi haute faueur. I'en ay treſbonne eſperance reſpond l'Empereur: puis alla prendre congé de madame Helene, luy promettant ſi bien emmancher ſon preſent, qu'elle n'auroit occaſion de ſe repentir de ſa liberalité. Floriſel au departir luy fit vne brieue & affectueuſe remonſtrance (non ſans vn

con-

continuël battement de cueur, qui luy entrerompoit la parolle) luy commandant d'oreſnauant faire eſtat de luy tel que de celuy qui luy vouloit
ſeruir de pere iuſques à ce qu'il euſt autre cognoiſſance du ſien (qu'il leur
auoit confeſſé n'auoir non plus que de ſa mere) Ainſi partit le cheualier
du Fenix, deliberant tirer vers l'Iſle de Guindaye, ou il pouoit plus trouuer à quoy s'eſprouuer & gaigner los & pris, à cauſe du grand nombre de
cheualiers qu'il ſçauoit aller celle part ſuyuant le motif des perrons (qui
vous ont eſté dechifrez à la fin du dixieme liure) c'eſt à ſçauoir pour prendre aſſeurance de la Royne Sidonie, touchant le mariage de la belle Diane ſa fille, & auoir droit par ſon commandement d'appeller Floriſel au
combat. Pour ceſte cauſe Florarlan prit le chemin de ceſte Iſle, en intention de s'eſſayer contre ces braues entrepreneurs : bien deliberé de les piquer ſi au vif par remonſtrance de leur folie & temerité, qu'ilz ſeroient
trop laſches s'ilz ne s'attachoient à luy : car il eſperoit par ce moyen gratifier grandement à la princeſſe Arlande, qu'il cognoiſſoit affectionnée enuers Floriſel, & à luy-meſme qui l'auoit tant obligé par ſa recente courtoyſie, auec l'offre ſpeciale, qui luy ſentoit quelque choſe de ciuilité non
commune.

Comme Florarlan party de Tra-

pezonde, eut combat contre quelques cheualiers, & debat auecques vne Dame & vne Damoyſelle.

Chapitre   VI.

Lorarlan ſorty de la ville de Trapezonde en intention de s'aller embarquer en la nef meſme ou il eſtoit
venu ne cheuaucha gueres plus de deux lieuës qu'il de-
couuroit trois cheualiers venans du coſté ou il alloit.
Alors ſe ſaiſit incontinent de ſes armes, pour eſtre preſt
à leur reſpondre, s'ilz luy vouloient rien demander.
Quád ilz furent pres de luy il apperceut l'vn des troisarmé d'vn fort riche
harnoys, portant en ſon eſcu l'ymage de la princeſſe Diane, grauée delicatement auec vn eſcritteau au deſſus, contenant LE VAINCV DE DIA-
NE. Auſsi conuient ſçauoir que tous ceux qui marchoient en ceſte querelle portoient tous ſemblable deuiſe, qui fut cauſe à pluſieurs d'y laiſſer les vies les vns pour les autres: tellement que la beauté diuine de ceſte
dame ſe pouoit dire vne peſtilence vniuerſelle courant parmy les cheualiers de ſon temps, leſquelz elle tenoit tous rauiz de l'opinion de ſon
excellence & embraſez de viues flambes de ſon amour, ſans qu'ilz euſſent
iamais eu le ſeul heur de ſa veuë, ne qu'elle auſsi ſe ſouciaſt aucunement
de leurs angoiſſes & paſsions : qui ne penſoit qu'a prendre ſes deduitz &
plaiſirs dedans le pourpris delicieux de ſon palays auec ſes damoyſelles
ſe pourmenant par les beaux vergers, en y cueillant fleurettes à tiſsir chapeaux & bouquetz, ore s'allant refreſchir à la fontaine, aucunefoys ſe
ſeant ſur la verdure au mylieu de ſes filles (comme la déeſſe Diane entre
ſes nymphes) prenoit vn luth & en ſonnoit ſi melodieuſement qu'il n'y
auoit aureille eſcoutant qui ne demeuraſt enchantée de l'armonie, comme iadis on eſtoit ſur la mer du chant de Sercines. Outre ce qu'adonc elle
eſtoit ia peruenuë à l'aage de douze ans, eſtant peinte par la grande ouuriere nature de traitz ſi parfaitz de ſon pinceau & reueſtue de couleurs
ſi naïues que les yeux des femmes meſmes qui la regardoient reſtoient
tous ſuſpenz en extaze. Or pour retourner à noſtre propos, quand ces
cheualiers, ces beaux amans à credit, eurent rencontré Florarlan : le plus
apparent d'entr'eux l'arraiſonna : cheualier venez vous de la cour de l'em
pereur Amadis de Grece. I'en viens voirement (reſpondit Florarlan) mais
pourquoy le demandez-vous ? C'eſt pour entententendre (dit l'autre) ſi le prin
ce Floriſel y eſt, ou s'il ſe cache point, pour s'exempter de l'accuſation
qu'on luy va dreſſer, du tort & outrage qu'il a fait à la royne Sidonye.
A ces parolles Florarlan cuyda yſsir hors du ſens, dont repliqua promptement au cheualier : A la male heure fier pautonnier auez vous eu l'outrecuidance d'outrager vn tel preud'homme par voſtre fauce langue, lequel ne fit oncques tort ny iniure à perſonne : Et n'eſt pas en vous, ny en
autre qui viue de luy faire peur, ains le trouuerez à voſtre dam ſi oſez
y aller. Le cheualier peu content de la braue reſponce de Florarlan
luy reſpondit: Certes iouuenceau vous eſtes trop preſumptueux pour vn
nouueau cheualier : tel que voz armes demonſtrent, de vous attacher
à moy de ceſte façon. Et à fin que ſoyez deformais plus diſcret enuers

ceux

ceux à qui deuez honneur, ie chaſtiray preſentement voſtre folle ieuneſſe. Ce diſant reculle en arriere pour auoir eſpace de courſe, puis reuient
vers Florarlan la lance baiſſée, qui l'attendoit bien couuert de ſon eſcu,
auquel l'autre donna de droit fil & le fauſa, mais le harnois reſiſta qui e-
ſtoit de bonne trempe & le boys vola en eſclaz. Florarlan qui ne ſe voulut epargner à ſon premier coup d'eſſay, luy adreſſe ſi viue attainte, que
perçant eſcu, haubert & cotte de maille, la lance luy paſſa vn pied hors
de l'eſpaulle, dont il tumba ainſi embroché ius du cheual en terre. Ce
voyant Florarlan leue les yeux vers le ciel priant : Dieu ſouuerain donne
moy la grace de continuër mes coups ſelon ce commencement, que ie recognois de ta puiſſance, non de la mienne. Lors tourne ſa parolle aux
autres : ie croy que le galand ne fera meshuy ſi grand peur au prince Floriſel de Niquée, qu'il craigne à ſe laiſſer voir : mais les nouueaux cheualiers ont bien perdu leur bon maiſtre d'eſcole. Les deux compagnons
trop irritez luy viennent courir ſus comme lyons enragez, les lances couchées, qu'il receut en ſon eſcu, ſans eſtre demeu tant ne quant de la ſelle:
puis ayant parfait leur cariere retournent à luy les eſpées nuës en main,
dont ilz menerent belle eſcrime, & s'il y eut bien aſſailly, mieux fut defendu, comme par celuy qui fut l'vn de plus vaillans cheualiers de ſon
temps. Lequel apres longue & dure meſlée en abatit l'vn à ſes piedz, qui
n'eut onquepuis beſoin de chirurgien : ce que l'autre voyant ſe rendit à
mercy qu'il obtint ſouz condition de prendre la teſte du premier cheualier & la porter à Floriſel, de la part de celuy au Fenix (ayant reſolu de
ſe ſurnommer ainſi, iuſques à ce qu'il fuſt ſuffiſamment cogneu par ſes
œuures) & à la charge auſsi de luy declarer qui eſtoit le cheualier occis:
c'eſtoit (reſpondit il) le duc de Galde, que le bruit de la beauté de Diane a
rengé en ce piteux eſtat, auec la preſumption de ſa proëſſe: quant à trencher la teſte (à luy qui eſtoit monſeigneur lige)pour ſauuer la mienne, ie
ne le feray pas quoy qu'il m'en doiue auenir : au ſurplus i'obeïray voluntiers à voſtre commandement. Vrayement celà ne vous part (dit Florarlan) que de bon cueur, ſi vous en excuſe & porterez ſon eſcu en lieu de la
teſte. ce qu'il iura, & faiſant leuer l'eſcu par ſon eſcuyer, print congé pour
aller en Trapezonde acomplir autre deſſein de voyage qu'il n'auoit premierement pourpenſé. Florarlan d'autre coſté s'achemine vers le port
pour trouuer ſa nef, mais vne damoyſelle luy vient au deuant, de la foreſt prochaine, qui auoit bien quelque bon & friant trait de beauté. Si
l'approche eſtant montée ſur vn palefroy, & luy dit : Seigneur cheualier la bonté que i'ay cogneuë en vous en la rencontre de ces cheualiers
(ayant veu de l'orée de ce boys tout ce qui a paſſe entre vous & eux)m'incite à vous requerir vn don, s'il vous plaiſt me l'ottroyer de voſtre grace. Florarlan ne fut fort content de ceſte requeſte, eſtimant que ce luy ſeroit quelque deſtourbier du chemin ou il tendoit: toutesfoys par ſa grande courtoiſie luy reſpondit : Ma damoyſelle le peu de droit & l'orgueil
de ces

de ces cheualiers (qui ont esté les causes de ma victoire) vous pourroient
bien abuser au iugement que faittes de ma vertu : neantmoins touchant
le don que me requerez, dittes & ie m'y employray à mon pouuoir, combien qu'il me poise trop de rompre le trac que ie tenois . Ie suis seure (dit
ellé) de vostre valeur & bonté : mais pour m'asseurer autant de vostre
beauté, ie vous prie auant que ie passe outre , d'oster vostre armet de la
teste: ce que Florarlan ne refusa . Et quand elle le vid si ieune & de si bonne grace , trop plus contente de luy , que de gentilzomme qu'elle eust iamais veu luy dit: Ia Dieu ne plaise que ie soys plus soigneuse de la vie
d'autruy (dont ie vous voulois requerir) que de la mienne, parquoy la
requeste que ie vous fais , est que me faciez tant de bien que de me receuoir pour vostre amye : considerant que mon aage & le reste de ma personne est assez sortable à la vostre . Florarlan fort troublé du propos de
la Damoyselle luy respondit : Ie ne sçay si vostre beauté est conforme à
ma façon : mais vostre visage & contenance est fort contraire à voz pa-
rolles:quât à l'amytié que desirez de moy,ie la vous accorde de bon cueur
pure & vraye, pour garder vostre honneur: & pour exposer ma personne
ne (puis que ie vous ay promis) en tout ce qui sera de raison pour vostre
affaire . Alors luy replique la damoyselle, ne pensez me desguiser ainsi
les matieres, comme ceux qui n'ont pas volunté d'acomplir leur promesse, ou i'iray publiant par tout le monde qu'auez failly de vostre parolle.
Vous ne m'auez pas requis d'amitié dit Florarlan:si ay vrayment,respon-
dit elle : Puis qu'ainsi est (dit il) à la conseruation de vostre integrité , ie
suis prest à la vous tenir: vous estes vn peu trop ieune (repliqua la damoy
selle) pour me seruir de curateur auecques vostre sage conseil . Laissez
(pour Dieu) à rechercher les sens de mon langage , & auisez seulement à
executer ce que m'auez ottroyé . Sur ce different la damoyselle dit qu'elle s'en remettroit au iugement d'vne sage dame vefue qui se tenoit en vn
chasteau pres de là , à quoy force fut à Florarlan de consentir . Si le mene
l'amoureuse par vn sentier destourné , au manoir de la dame , & en chemin l'arraisonne que c'estoit qu'il trouuoit en elle qui le degoustast de
son amour : rien en bonne foy , respondit, que ma volunté desia enga-
gée en autre lieu.O ô,dist elle,estes vous de ces habiles gens la? vous voulez ensuyure les belles loyautez des Princes de Grece . Vous l'estimez
donc à sottie (dit Florarlan) & seriez vous bien ayse que vostre amy vous
faulsast la foy ? La damoysella adonc luy respondit , qu'elle seroit bien
contente n'en sçauoir rien , mais qu'elle iugeroit son amy trop lourdaut
s'il ne pouoit acquerir credit en plus d'vn lieu,quand la commodité s'of-
friroit . Dequoy Florarlan pensa bien faire son proffit, luy disant, puis
qu'il luy sembloit si beste, qu'il n'estoit pas donc son homme,& qu'elle le
quittoit bien par ce propos. Non non (dist elle lors) ie vous excuse par ce
que vous estes encores ieune, & que vous osteray bien ceste folle opinion
par mon conseil . Ainsi deuisans arriuerent à la porte du chasteau, ou elle

luy fit

luy fit mettre pied à terre, & ſes eſcuyers prindrent ſon cheual. Si entrerent eux deux dedans, & allerent trouuer la dame qui auoit bien cinquante ans paſſez: laquelle voyant la damoyſelle accompagnée de ſi beau cheualier (qui plus luy reuenoit qu'autre qu'elle euſt iamais veu)luy demanda : Galace m'amye (ainſi elle auoit nom) qui vous meine. Ma dame Palarce (reſpondit)i'ameine ce cheualier icy par deuãt vous pour vuider vn
debat qui eſt entre luy & moy, duquel nous vous auons fait iuge, comme
celle que ie tien pour ſi ſage que nous en prononcerez la verité: Dequoy
eſt il queſtion ? dit la dame, lors s'auance Galace de faire le recit du cas
diſant : ma dame Palarce ayant rencontré ce cheualier pres de voſtre foreſt, ie l'ay requis de m'ottroyer vn don, ce qu'il a fait, puis luy ay declairé mon intention, qui eſt d'eſtre acceptée de luy pour amye, dequoy il
fait refuz, ſi die ſes defences, & vous apres voſtre auis, auquel auons con-
uenu enſemble d'obeïr entierement. I'ay oy vne des parties, diſt Palarce, maintenant cheualier qu'alleguez vous pour voz excuſes. Ie confeſſe,
reſpond Florarlan, l'ottroy du don, & m'offre à l'accomplir, en luy portant amytié honneſte, iuſques à luy faire ſeruice au hazard de ma vie.Ga-
lace proteſte qu'elle n'entend point ce bageoys d'honneur, ains que clerement & appertement vouloit ioïr de ſa beauté, d'autant que de luy elle n'auoit affaire en nul autre endroit. La dame durant leurs proces auoit
ſa veuë arreſtée ſur le beau Florarlan, qui luy toucha ſi aſpremét au cueur
qu'elle oublia iuſtice & le reſpect de ſon aage, & pour cauteleuſement
paruenir à ſes fins, leur dis, qu'elle entendoit tresbien le neud de la matiere,mais qu'elle n'en donneroit aucun iugement, s'ilz ne iuroient auant
qu'ilz tiendroient ſa ſentence pour arreſt irreuocable, y obeïſſans totalement l'vn & l'autre : ce qu'ilz firent. Adonc la vieille condenna Galace à ſoy deporter du don tel qu'elle pretendoit du cheualier, pour les
raiſons qu'il auóit deduittes pertinemment au contraire, le declairant
quitte & libre de ſa promeſſe. Et par le ſerment qu'il auoit fait à l'heure
d'accomplir du tout ſon iugement,le prononce obligé à faire ſa volunté.
Vous pouez ymaginer ſi Galace fut alors bien eſtonnée, & fruſtrée de
ſon attente: En mal an, dit elle, ſoit la fauſe & peruerſe iuge, qui s'appro-
prie le droit des parties ou elle n'a rien, & autant en pregne au iouuenceau, ſi eſtant au chois il prend le pire. En bonne foy, dit la dame,vous
eſtes adreſſez à moy (ce dittes vous)comme à femme ſage & auiſée: mais
ie ſerois bien folle de tenir vn tel bien en ma main, & le laiſſer eſchapper
aux autres. N'en eſtriuez ia tant (dit Florarlan, fort tagné de leur caquet) ie vous en mettray tantoſt toutes deux d'accord, en faiſant auſsi
bonne part à l'vne qu'à l'autre. Ce dit deuale par l'eſcalier du chaſteau,la
vieille dame criant apres luy, qu'il ne ſeroit quitte à ſi bon marché de ſa
parolle fauſée, ains luy en pourroit couſter la vie. Florarlan deſcend
touſiours, & va gaigner ſon cheual ſur lequel il monte, & la Damoyſelle
auſsi toſt,ayant trouué ſon palefroy preſt. Ainſi s'en vont, & la vieille
criaille

criaille qu'on luy selle le sien diligemment pour les suyure , mais ce ne
peuft eftre fi toft qu'ilz ne fuffent ia bien loing , Galace coftoyant toufiours fon bien aymé , qu'elle trauailloit fort a conuertir par fon babil, en
fin le voyant fi dur a l'efperon , au bout de fes prieres, le tenta de menaces
dequoy il s'excufoit doucement que les premiers veux empefchoient les
derniers. Or cheminans enfemble en telz propoz , apperçoiuent fix cheualiers venans a l'encontre, aufquelz Galace s'efcria: A à gentilz cheualiers s'il y a quelque courtoyfie en vous , dont ceftuy-cy na tache, qui
ma failly de promeffe , ie vous fupplie le contraindre a me la tenir, finon
luy en donner telle difcipline que fa defloyauté deffert. Les folaftres a la
requefte de la damoyfelle fomment a l'inftant Florarlan de fournir fa parolle s'il vouloit garentir fa tefte : qui leur remonftra qu'ilz ne faifoient
iuftement d'entreprendre vne querelle fans entendre la raifon : mais Galace luy rompit fon propos, leur difant que pour dieu ilz ne l'efcoutaffent
ne le creuffent , car c'eftoit vn caufeur qui les amuferoit iufques au lendemain par fon flaiol . Sus, fus, monfieur le prefcheur (dit adonc l'vn des
fix) il fault voir fi ferez aufsi grand faifeur que beau difeur Florarlan qui
fe fentoit piqué de fa gaudifferie ne s'en fit trop prier, ains s'efloigne aufsi
toft, & retourne la lance en l'arreft contre le cheualier , de telle roideur
que tous deux briferent leur boys, mais l'autre vuyda les arçons & trebucha fi rudement en terre, qu'il y fut vn long temps comme mort, fans re-
muer pied ne mains . Alors les cinq compagnons coururent fus, tout enfemble au gentil Florarlan, dont vn feul rompit fur fon efcu, & luy qui a-
uoit l'efpée au poing, donna tel reuers à l'vn fur l'armet qu'il paffa tout e-
ftourdy chancelant fur fon cheual : Les autres quatre reuiennent vers luy
trop irez de l'inconuenient du premier qu'ilz tenoient pour occis. Si commence entr'eux & Florarlan vne dure meflée , qui n'y oublia rien de
ce qu'il fçauoit faire, & fe deffendit fi dextrement, qu'il tira à tous le pur
fang du corps, fans receuoir au fien que quelque petite playe . Adonc furuint la vieille dame à grand hafte fur fon palefroy , qui tout effrayée de
ce conflit fi mal party, quand elle en eut entendu l'occafion par la damoy
felle, & veu comme fe maintenoit celuy que tant elle aymoyt, conquife
encore plus par fa hardieffe iointe à fa beauté, vint efcrier aux cheualiers
hola, hola feigneurs, efcoutez vn mot feulement. Eux qui ne fentoient
grand auantage en ce combat, fe tirent voluntiers arriere , & elle leur
dit: Ce cheualier contre qui vous combatez eft mien de bon droit, quoy
que cefte damoyfelle pretende . Vous en auez menty faulfe vieille (dit
Galace) il eft mien non pas tien , & n'eft pas en toy de me tollir par ta rufe ce qu'il m'a promiz . Si tu y as eu quelque droit (refpond Palarce) tu
l'as remis entre mes mains, le penfes tu fi fot, dit la damoyfelle, qu'il laiffe
le verd pour le fec , & la fleur gaye pour l'herbe fennée . Allez vieille ridée & chenuë, qui eftes fur le bord de voftre foffe, voulez vous eftre deux
foys? aufsi bien vous fiet à faire l'amour, qu'à vn vieil cinge la mouë.

Palarce

Palarce à ce mot ne se peut plus contenir, disant qu'elle abbatroit bien son orgueil tout sur le champ. Lors viennent ioindre leurs palefrois & s'arrachent leurs coiffures, puis se happent aux cheueux, les vns blondz, les autres blancz, & si bien se tiraillent qu'elles vont par terre bien liées ensemble par le poil: la ou le combat rengrege aux ongles, aux dens se saboulans l'vne dessus, l'autre dessouz, mais la vieille se trouuoit vn peu foible de reins pour la ieune & auoit du pire. Dequoy les cheualiers, combien qu'estans assez mal de leurs personnes, mesmement le premier qui estoit reuenu de pamoison: se prindrent toutesfoys à rire, s'enquerans de Florarlan d'ou sourdoit ceste querelle, qui leur exposa en deux motz. Vrayement (dirent ilz) cheualier nous vous auons fait grand outrage, si vous prions le nous vouloir pardonner, veu que sommes quasi payez contant de nostre iournée. Seigneurs (respondit Florarlan) ce n'est que l'vsance des hommes de se laisser ainsi abuser du chant des femmes, pour le moins elles nous rendent partie du passetemps que leur auons dóné, i'ay trop veu (dit l'vn d'entr'eux) de cheualiers combatans par les dames, mais auiourd'huy ie voy nouuel estour entre les dames pour vn gentilhomme : ie ne plains point du tout ce qui m'en a cousté de ma peau, pour voir vn ieu si nouueau. En acheuant, il pique vers leurs palefroys, lesquelz il debride, puis leur donne du plat de l'espée sur la croupe, de sorte qu'ilz s'enfuyent à trauers champs, sautans, hannissans & panadans à plaisir. Et reuenant à la compagnie qui rioit à gorgé deployée, c'est, dit il, pour rassoir leur colere, par l'exercice qu'elles feront de leur pied retournás en leurs maisons: mais en chemin, dit vn autre, se puissent les mastines rompre le col qui nous ont fait payer la folle enchere de leur riote. Or seigneur cheualier (parlant à Florarlan) ie vous pense aussi courtoys que vous auons esprouué vaillant, & que pour ce coup excuserez nostre temerité, vous asseurant de moy & me faisant fort pour mes compagnons, de vous obeïr en ce que nous voudrez cómander. Florarlan les remercia & se departirent amys, sans toutesfoys s'estre donnez à cognoistre les vns aux autres eux suyuans leur chemin & Florarlan entrant en la forest, qui le mena iusques au riuage de la mer, ou sa nef l'attendoit. En laquelle il monta & nous l'y laisserons pour quelque temps ainsi depesché à son honneur de ces honnestes amantes: lesquelles apres auoir tant cougné l'vne sur l'autre qu'elles n'en pouoient plus, se separent lasses & despites, & a fort grand peine regaignerent chacuue son chasteau (qui n'estoiét beaucoup distans l'vn de l'autre) sans soy vanter de ce qui leur estoit auenu, fors que d'estre cheutes de leurs palefrois qui auoient gaigné les champs.

C   Comme

Comme le Cheualier enuoyé par

Florarlan auec l'escu du duc de Galde, vint à Trapezonde. Et
du deffy que le roy de Gaze presenta à Florisel.

Chapitre   VII.

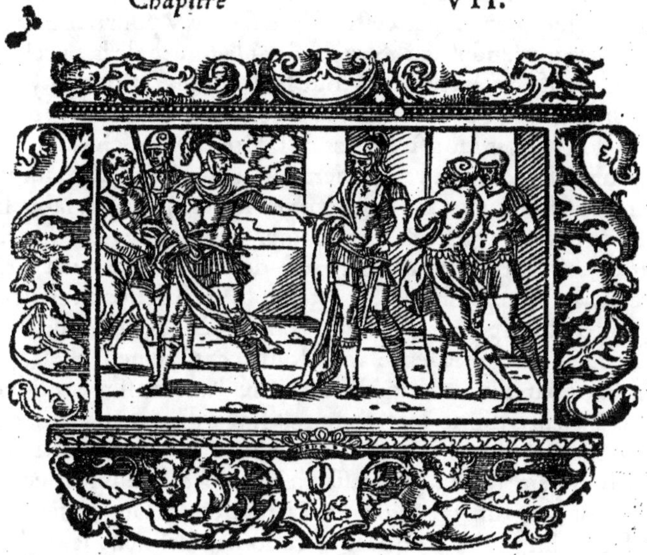

V E cheralier que Florarlan auoit enuoyé à Trapezonde porter l'escu du duc de Galde y fut le lendemain , &
trouua l'Empereur en sa sale sur la fin de son disner à
l'heure qu'on vouloit leuer les napes. Apres la reuerence deuë, demanda haut & cler qui estoit le prince
Florisel de Niquée, lequel estant assis à costé de l'Empereur luy respond : cheualier qu'est-ce que vous luy voulez , ce suis-ie.
L'estranger alors s'agenouillant deuant luy, l'escu en la main, luy dit:
Prince excellent des deux empires, le cheualier du Fenix (l'outrepasse de
tous les autres) vous enuoye par moy cest escu du duc de Galde monsei-
gneur qui venoit prendre vengence de vous au nom de Sidonye royne
de Guindaye, pour auoir la princesse Diane vostre fille en mariage : laquelle vous pouez voir figurée & portraite icy au vif, suyuant le patron que la Royne sa mere en a donné . Or venant deçà le duc monsei-
gneur accompagné de deux cheualiers que nous estions, en l'intention
que vous ay ditte, rencontrames à vne iournée d'icy le cheualier du Fenix, à qui nous attachasmes à la malheure, de sorte qu'il n'en est demeuré
que moy pour vous en porter les nouuelles. Adonc leur raconte le cas en
la for-

la forme qu'il auoit paſſé, dont Floriſel receut vne grand' ioye en ſon cueur, s'aſſeurant d'autant plus que vrayement il eſtoit ſien. L'Empereur qui pareillement en eſtoit treſayſe, dit alors. ce maidieux s'il ſortoit beaucoup de telz cheualiers de noſtre cour, ilz en ſoulageroient maintz autres du trauail de vous venir chercher iuſques icy. Auſsi feroient ilz bien moy(reſpond Floriſel)de la peine de les y attendre & receuoir. Mais monſieur contemplez vn peu ceſte effigie,ſi vous y pourriez rien cognoiſtre : l'Empereur prend l'eſcu, & regardant la figure de la pucelle, qui eſtoit lors de neuf ans ou enuiron, tout le corps luy fremit, luy ſemblant tenit deuant ſes yeux proprement le parchemin meſme des images que le damoyſel luy auoit monſtrée pres de la cité d'Antioche : tant ce pourtrait reſſembloit à celuy de l'emperiere Niquée. A laquelle (eſtant aupres de luy) il dit en ſouzriant, ma dame voyez icy la figure par laquelle vous me fiſtes vne foys defigurer & transformer en Nereïde. Dieu vueille que la beauté de ceſte Princeſſe ne ſoit cauſe de plus cruelle mort au filz que la voſtre fut au pere. L'Emperiere iettant ſa veuë deſſus en riant du petit mot ioyeux de l'Empereur, s'esbahit grandement de la merueilleuſe perfection de Diane, & de la ſemblance dont ſi entierement elle rapportoit à ſon viſage de pareil aage, laquelle dit, apres l'auoir aſſez conſideré : certes ie trouue ce pris digne des trauaux & hazardz des cheualiers amans, mais trop inique & deraiſonnable, que ſi beau pourtrait rende ſi maigre ſalaire au bon peintre. La princeſſe Heleine (à qui l'euure touchoit) recueillit ce mot, luy diſant, Ma dame Dieu eſt iuſte iuge, qui ne laiſſe iamais les fautes impunies, & qui meſure ſon chaſtiment ſelon la repentance qu'il cognoiſt au delinquant, & volunté de ne plus rencheoir au peché. Qui peut aſſeurer ce loyal mary(regardant lors ſon Floriſel d'œil mignard) que s'il eſt preud'homme il n'en aura que le mal: lequel luy reſpondit, ma dame, ſi i'ay commis quelque offence, ie vous certifie que la penitence & punition la ſuyuront de pres, ſelon l'appareil que ceſte image monſtre de ceux qui le portent(comme Laodamie celuy de ſon Proteſilaüs en cire)& qui pour elle pourchaſſeront ma mort. Surquoy repliqua Heleine: monſieur,ſi i'eſtois auſsi aſſeurée de voſtre loyauté paſſée au fait de ceſte effigie, comme ie ſuis de voſtre vertu en ce qui concernera les armes, ie ſerois deliure de toute crainte. N'en parlons plus, dit l'Empereur, car c'eſt ſimpleſſe de ſe vouloir fonder en raiſon ſur le fait d'Amour qui n'en porte point. Voire voire, monſieur, dit Heleine, vous en parlez d'affection, comme pour voſtre intereſt en la cauſe de la Princeſſe Lucelle : mais force ſera de me taire, eſtant ſeule contre vous tous. Comme ilz paſſoient le temps en ceſte ialouſie, entre en la ſale vn cheualier de taille demeſurée armé fort richement, ſuiuy de ſix autres, le viſage auoit noir d'vne care braue, le poil creſpe, & les membres gros & fournis, tellement qu'il n'eſtoit gueres moins que geant, & luy pendoit au col vn eſcu ou la belle Diane eſtoit emprainte apres le naturel, enri-

C ii   chie de

chic de mainte pierrerie, & enclofe en vn compartiment d'or de relief,
auquel vn rolleau s'entrelaçoit, contenant LE VAINCV DE DIANE, comme celuy du duc de Galde. Son efcu fit affez entendre la caufe de fa venuë, pour laquelle Florifel dit à Heleine, auec vn riz de bonne grace:
Ma dame, voicy l'vn de voz cheualiers qui veut entrer en camp contre
moy, pour vous faire rendre fatisfaction de la faute que m'imputez, a-
uifez à le fauorifer comme il merite en voftre endroit. Elle qui eftoit
toute en trance de la veuë de ce grand & puiffant cheualier, ne fceut pas
bonnement continuër le ieu, finon en luy refpondant: comme le tort m'a
efté fait, ô que la vengeance en fuft auffi bien toute en mon pouoir, au
contraire ceux qui la veulent prendre fur le malfaitteur, me filent du premier mal vn autre, puniffant quand & luy la perfonne mefme offencée.
Le cheualier ce pendant la regardoit ententiuement, & l'emperiere Niquée, fort emeruicillé de leurs fingulieres beautez, qui lors demanda d'v-
ne groffe organe: Qui eft icy le prince Florifel de Niquée: il fe leua debout à cefte parolle eftimant le cheualier eftre de haute guife à fon port
& maniere, à qui il refpond c'eft moy, que me demandez-vous. Combat
dit l'autre, au nom de la royne Sidonie (fuyuant l'offre que vous auez
faitte de le fouftenir contre tous venans) afin d'acomplir la condition des
noces de fa fille par la tefte du pere, en rachetant ma vie (qui depend de
fa bonne grace) par le pris de la voftre : de feureté ie ne vous en requiers
point, bien auerty que l'auez ottroyée en general. Florifel comme celuy
qui eftoit autant courtois & bien apris que prince du monde, fans monftrer aucun figne de courroux pour les fieres parolles de l'eftranger, luy
refpondit gracieufement: Seigneur cheualier chacun entend le fond de
la querelle de la Royne contre moy, qui n'eft de qualité pour eftre tiré
en fi cruelz termes : mais fi la raifon n'eft de mon cofté contre elle, autant defaut elle à voftre beauté, pour vous acoupler ainfi par mariage a-
uec la fleur des belles, tellement que voftre condition peut faire en ce cas
de mon tort mon droit. Pourtant voftre defir de combatre ne fera par
moy delayé, le iour foit à voftre vouloir, l'affeurance tenez pour toute
donnée. Encores nous diriez-vous bien auant qui vous eftes, à fin que
cognoiffions fi la grandeur de voftre fang peut excufer l'outrecuidance
de voftre langage. Le cheualier fut fort irrité de cefte raillerie, à laquelle
il refpondit, la beauté des mignons dameretz eft caduque & de peu de
durée, comme fugette à maladie, vieilleffe & mort : celle doit eftre prifée
entre perfonnes magnanimes, que la renommée graue de fon burin, fur
laquelle le temps & tous autres accidens mortelz n'ont puiffance. Et par
cefte vraye beauté fuis venu à te leuer le voile de la prefumption de l'autre, & requiers que noftre conflit foit demain à heure de prime : auffi pour
fatisfaire au refte de ton propos, ie t'auife que fuis nommé Bruneon, roy
de Gaze, yffu en droitte ligne de la race des dieux. Alors l'Empereur fe
leua de fon fiege & luy alla faire honneur, tant pour le lieu qu'il tenoit,
que

que pour le renom qu'il auoit de cheualerie : mais il ne se voulut assoir
auec eux, ny arrester prou ne peu. Parquoy l'Empereur commanda en
sa presence qu'il fust bien logée & seruy de tout ce que besoin seroit, dont
le duc d'Alafont eut la commission & le prince Anaxartes, estant lors en
cour venu voir la pucelle Alastraxerée sa seur qui estoit auec l'Emperiere. Lesquelz apres auoir fait leur charge reuindrent en la sale, où ilz trouuerent les dames fort troublées du combat qui se deuoit faire le lende-
mein. Mais Florisel les reconfortoit à son pouoir, les suppliant d'assister
es eschaufaux, tant pour monstrer au Roy de Gaze leur beautez gayes &
asseurées en son bon droit, que pour receuoir faueur de la veuë de sa chere Heleine. Le camp fut dressé en diligence au deuant du palays Impe-
rial, circuy de barrieres, & toute la nuit se passa en oraison, Florisel se
mettant en estat de bon & vray chrestien, pour la confiance qu'il auoit
plus grande en la puissance diuine, qu'en la verdeur de ses bras.

Du combat entre le prince Flori-

sel de Niquée & le Roy de Gaze pour la querelle de la Royne Sidonye.

Chapitre   VIII.

E foleil cler & ferain commençoit à lancer fes rayons fur la terre, quand le prince Florifel & le roy de Gaze fe faifoient armer de toutes pieces: vers lequel l'Empereur enuoya le prince Anaxartes, accōpagné des ducz d'Antile & d'Alafont, qu'il eftablit iuges du camp auec mille cheualiers pour la garde & feureté d'iceluy. Ilz le trouuerent defia tout armé, & preft à monter fur vn grand moreau, caparaçonne de fatin noir: fi le menerent ces feigneurs au camp, les trompettes marchans deuant luy & le mirent dedans. Il le faifoit fort bon voir, & euft efté merueilleufement agreable au peuple, s'il y euft efté la en meilleure intention, mefmement à l'empericre Niquée & à la princeffe Heleine : qui defia s'eftoient renduës auecques force dames & Damoyfelles aux feneftres du palays refpondans fur la place du combat. Eftant le roy de Gaze attendant fon ennemy, auifa le conflit efpouentable de l'empereur Amadis de Grece & de Furio Cornelio qui la eftoit reprefenté apres le naturel. Sur lequel il fe mit à penfer profondement, puis leuant les yeux vers les feneftres y apperceut l'Empereur, qui le meut à dire : O' dieux immortelz qui m'auez daigné faire naiftre de voftre lignage, ne permettez que ma hardieffe me tourne en honte & confufion, pour auoir iournée contre la race de ceft Amadis, lequel femble qu'ayez féé & deftiné à tout heur & profperité (veu les fuccez admirables de toutes fes entreprifes) & qu'ilz ayent quelque participation de voftre deité. Lors pour s'encourager contre ce furfaut d'effroy, baiffe la tefte vers fon efcu en contemplant le pourtrait de fa Diane, puis dit : Ma déeffe, quand ilz auroient cefte faueur des dieux comme naturelle, encore s'aioindra elle à la mienne par voftre moyen. Adonc fes efpritz tout esbaudis) il pique fon cheual par le camp d'vne grande dexterité, luy faifant faire pennades, ruades, vifte virades. Sur cet entrefaittes voicy arriuer Florifel auec les iuges, tout armé à blanc d'vn fort riche harnois, auec cotte d'armes de fatin cramoyfi decouppé fur toile d'argent , & les taillades reprifes à boutons & houppes meflées des deux couleurs, qui eftoient celles de fa chere Heleine, de qui il eut aufsi fur fon armet vne faueur de mefme : en fon efcu il portoit (comme de couftume) l'auenture de la tour de l'vniuers. En tel arroy il fut mis dedans le camp, & apres toutes les folennitez requifes, & le foleil party par les iuges, ilz monterent en vn echaufaut qui leur eftoit dreffé. Incontinent les trompettes fonnerent, au fon defquelles les deux champions couuers de leurs efcuz fe viennent rencontrer à courfe de cheuaux : mais à l'approcher, Florifel retenu par la veuë de fa fille Diane, hauffe fon boys pour ne la ferir : ce que voyant le Roy en fit autant du fien, & ainfi paffans l'vn rez l'autre fans foy toucher, leur pointe acheuée, tournent bride, & Bruneon vient à Florifel : Comment Florifel, cuydez vous me vaincre en me faifant auantage ? pas ne vous donneray ce point d'honneur fur moy , & ne combatray qu'en iufte &

egale

egale raiſon: vous aſſeurant que bien vous feront beſoing toutes voz forces auant que le ieu departe. Roy de Gaze (reſpond Floriſel) ie ſuis cou-
ſtumier d'honorer & defendre les dames & d'expoſer la vie pour elles:
& me penſerois faire tort de les offencer, meſmement celle qu'auez en
voſtre eſcu, à raiſon de ce que ie me doy à moy-meſme. A quoy le Roy:
pas ne debattray l'honneur que voulez faire à ma Princeſſe, qui bien luy
eſt deu: ſi appelle vn heraut pour luy demander vn autre eſcu aux iuges
qui luy fut ſoudain deliuré & d'vn treſfin acier: mais le ſien il ne le voulut bailler à perſonne, ains le va luy meſme pendre par ſes attaches en vn
coin de l'echaufaut diſant: Ma dame puis qu'il ne m'eſt loyſible de vous
tenir maintenát entre mes bras, ie vous auray au moins deuant mes yeux
afin que le regard de voſtre excellente beauté m'inſpire renfort de proëſſe. Ce fait, les trompettes ſonnerent, & ilz coucherent l'vn contre
l'autre à pointe d'eſperon, de telle randon que les lances rompuës en
leurs eſcuz, ilz s'entreheurtent des corps ſi rudement que le Roy culbuta
cheual & tout en vn monceau: & Floriſel perdant les eſtriers vola par
deſſus les arçons en la place. Ou il trouua le Roy ſoudain ſur ſes piedz leſ-
pée en main, qui le receut brauement: dont commença entr'eux vn dur
eſtour, par coups ſi rudes & violens que leurs armetz ſembloient ardre en
flamme que leurs eſpées en faiſoient ſaillir. Ce qui dura plus de demye
heure, auant qu'on peuſt cognoiſtre qui en auoit le meilleur, eſtant le
champ ſemé de: mailles de leurs haubertz, & eux naurez en quelques parties de leurs corps: car le roy de Gaze eſtoit treſpuiſſant & preux cheualier. Mais que luy pouoit ſeruir ſa proëſſe contre le prime de la plus vaillante race du monde? lequel peu apres luy acouſtra ſon eſcu tellemét qu'il
n'en auoit quaſi pour couurir ſa poignée: alors receut de Floriſel de dan-
gereuſes touches, que ſon ſang cler teſmoignoit en maintz endroitz, qui
en eut quaſi quelque tainture du ſien fort apparente ſur ſes armes blanches: laquelle chaſſa bien toſt ce qu'il y auoit de pareille couleur es viſages
des Princeſſes qui les regardoient. Or eſtoit l'hure entiere deſia paſſée, &
le Roy auoit beaucoup perdu du ſien par ſes playes: dont il ſe ſentit ſi vain
& affoibly, que ſe tirant vn peu arriere, dit à Floriſel: Le temps qu'il y a
qu'auons commencé noſtre iournée requiert pauſe, pour reprendre haleine, à ce que la renouuellions plus verde. Qui luy reſpondit, ie ne voy
aucune raiſon d'vſer de courtoyſie enuers celuy qui marchande ma teſte,
afin que ne me ſçachez gré de ce que i'ay fait d'entrée touchant voſtre eſcu en faueur d'autre que de vous. Le Roy trop irrité de ces parolles, ore
te gardes de moy (dit il) qui te feray connoiſtre promptement quel bien
t'euſt eſté de repoſer: lors luy decharge vn ſi peſant coup ſur la creſte de
l'armet, contre lequel Floriſel hauſſa ſon eſcu ou il entra enuiron vne paume, tellement qu'il ne fut en la puiſſance du Roy d'en retirer ſon eſpée &
en ſi efforçant, Floriſel luy donna vn tour de main qui la mit en deux pieces: dont le Roy ſe trouua fort eſtonné, demeurant auſſi mal garny d'ar-

C iiii   mes of-

mes offensiues, n'ayant pas la moytié de son espée, que defensiues, veu son
escu rongné bien court de tous costez. Au contraire les afsiftans en furent
fort refiouiz qui redoutoient la grand force corporelle du champion si
haut & membru. A qui dit lors Florifel (fe gaudiffant) Roy de Gaze l'ardeur de voftre affection eft pour fe manifefter grandement à ce coup que
folennifcrez les noces de la belle Diane par l'effufion de voftre fang, il
faut bien iuger que l'ame eft merueilleufement efprife de pafsion, quand
elle immole le corps fi voluntairement. Le Roy à qui il ne tenoit de ga-
ber & railler, ains penfoit au moyen de garentir fa vie en fi gros danger,
naiiré, las & defarmé, s'en va d'vn faut faifir l'efcu qu'il auoit pendu en
l'echaufaut (auquel Diane eftoit pourtraitte) iettant ce qui luy reftoit de
l'autre, puis leue de terre vn tronçon de lance garny du fer, & ainfi rem-
plumé vient affronter Florifel difant: voicy ma Diane qui m'a mis dedans
le camp, qui eft bien pour m'en tirer hors : A quoy il luy refpond : Certainement vous n'eufsiez fceu choyfir meilleur parrin en ce combat pour
acheuer les coups. Le Roy s'aproche qui luy en iette deux ou trois de fon
boys: contre lefquelz Florifel ne fait que parer, fans luy en tirer vn feul
pour le refpect de la figure : mais à la fin ennuyé de la recharge, quitte
l'efpée, & vient empoigner le Roy à la lutte, qui penfa eftre au comble
de fon defir, à caufe de fa robufte corpulence. Toutesfoys Florifel le de-
meine vne efpace au bras, ne receuant fecouffe fans la rendre: puis faifant
peu fon profit le vient faifir au corps fi vertement qu'il luy efprint le fang
par fes playes comme à vne piece de venaifon entre les branches d'vn arbre: tellement que tout euanouy il tombe en la place, & Florifel deffus
luy, qui luy delace aufsi toft le heaume chacun eftimoit qu'il luy voufift
trencher la tefte. Lors le trouuant pafmé fe leue fus reprenant fon efpée,
puis peu apres le voyant reuenu à foy luy dift : Roy de Gaze vous auez
pris de tresbons parrains pour voftre defence qui vous fauuent maintenant la vie : Pourtant leur pouez bien accorder ce que vous veux enioin-
dre en payement de voftre tefte, dont ie vous fais grace, c'eft que m'eftimant redeuable de courtoyfie à la mere qui vous a enuoyé icy, aufsi bien
qu'à la fille de qui vous portez l'ymage en ceft efcu, en faueur d'elle ie
fuis deliberé d'vfer de toute la gracieufeté qui me fera pofsible (ma tefte
fauue) aux cheualiers qui me viendront affaillir de fa part: laquelle promeffe leur fera fignée de mon fang & du voftre efpanduz prefentement.
Si irez vers elle l'auertir du vouloir que i'ay de luy renuoyer tous les
champions qu'elle depefchera contre moy, à fin de luy faire entendre le
tort qu'elle a de pourchaffer la mort de celuy qui ne deffend fa vie que
pour luy faire feruice. Defquelz vous menerez la dance, luy allant prefenter voftre tefte viue, en fatisfaction de la mienne morte que luy defiriez
liurer : ce que me iurcrez fur le champ, fans me rendre autre confef-
fion de victoire à raifon de la proëffe qu'ay efprouuée en vous. Il ne conuient douter qu'elle ioye receut la pauure Bruneon, qui ne faifoit plus
aucun

aucun eftat de fa vie , quand il entendit les humaines parolles de fon ennemy , à qui il refpondit . Prince excellent ie me tiens & tiendray à iamais vaincu de vous deux foys, l'vne par voftre vaillance incomparable,
l'autre par voftre courtoyfie pareille : vous iurant ne faire faute d'aller la
part que me commandez publier voftre gloire auecq' ma honte, pour leuer l'abuz & follie de ceux qui voudroient fuyure ma trace en cefte querelle : en leur donnant à cognoiftre voftre valeur inuincible, qui doit faire muer courage aux plus fages entrepreneurs . Adon Florifel luy ayda
à leuer & le fit conduire à fon logis : & luy en triumphe & fanfare fut
remené au palays , au grand contentement de tout le peuple de Trapezonde, non moins esbahy de fa debonnaireté & difcretion, que de fa vertu & hardieffe . On donna ordre à bien traitter le roy de Gaze, & à faire penfer fes playes, autant que celles de Florifel, qui n'eftoient de beaucoup fi dangereufes: defquelles eftant en peu de iours prefque guery, Darinel le plaifant arriua à la cour, enuoyé par la princeffe Siluie , pour fçauoir nouuelles de la difpofition de tous les feigneurs & dames : lequel
l'Empereur mena par la main en la chambre de Florifel pour le refiouïr.
Darinel fe vint ietter à genou pres du lit , à qui Florifel fit grand careffe,
s'enquerant de l'eftat de ma dame fa tante & du prince Anaftarax . A' à
(dit Darinel) il eft bon à voir monfieur qu'auez perdu beaucoup d'entendement & de fens auecques voftre fang, qui ne cognoiffez pas que parlant
à moy, vous parlez à Siluie mefme. Pardonne moy Darinel, refpond Florifel , fi l'ayant cogneuë auec fi grand beauté , ie la mefcognois fouz figure fi laide & difforme, ne fes blondz cheueux fouz ta grife perruque, qui
mieux reffemble à laine blanche qu'à fa toifon angelique. O feigneur(refpond Darinel) pource qu'eftes ainfi bleffé au corps vous ne pouez comprendre les playes de l'ame , ne comme la forme de Siluie eft transformée
en la mienne. Mais bien vous veux dire que la gloire que rapporterez de
voftre combat, que la deuez à elle, de qui les premieres penfées vous eleuerent le courage, pour tendre & paruenir à celles de ma dame Heleine . Sur
ce propos voicy entrer Mardochée en la chambre gay & falot, pour bien-
veigner Darinel fon compagnon d'armes, de qui il auoit fenty la venuë.
Ce fut vn plaifir de voir les falutz & accollades qu'ilz s'entredonnerent:
çà, çà (dit alors Florifel à Darinel) voicy vn champion qui pour l'excufe
que i'ay de maladie defendra ma querelle contre toy. Ouy dea(dit Mardochée) dequoy eft le different entre vous deux ? En ce qu'il maintien &
afferme qu'il eft Siluie & non Darinel, au moyen que fon ame eft conuertie en elle, refpond le Prince . Vrayement (commence Mardochée) il me
femble qu'il feroit meshuy temps à toy Darinel de laiffer ces fotties d'a-
mourettes, veu l'aage & le poil blanc qui t'en difpenfe : tu ne l'entendz
pas bon homme, refpond Darinel, mes penfers font de telle nature qu'ilz
ne peuuent enuieillir, & mes amours font toufiours comme fraifches &
nouuelles: quant à moy, dit l'autre, fans point de faute ie me fens fcan-
dalifé

dalisé de telle façon de viure: marye toy, marye toy, de par Dieu, sans
plus ainsi l'offencer : ô preud'homme que ne fais-tu ce que me conseille,
replique Darinel. Moy, dit l'autre, pourquoy m'irois-ie tormenter en mariage, puis que i'ay si bien à boire & à manger, & ma vie toute gaignée
sans autre soucy : veu que iamais ie ne fus embabouyné de ce feminin.
Dequoy Heleine se print à rire, disant : Mardochée, il nous vaudroit
mieux retourner au iardin d'Apolonie & là mander la royne Tymbrie.
I'ay trop de regret (respond) à ce temps la, & à la douceur des graces de
ma bonne maistresse. N'es-tu pas plus ayse icy? dit elle : non certes, respond, i'auoys le plaisir d'aller au matin sur les montz saluër le beau soleil leuant, & auant luy l'aube auancoureuse: puis me refraischir en la ro-
sée des prez & paistre mon œil des diuerses couleurs de leurs fleurettes:
apres allant par les forestz me pourmener, ie receuois mon aubade des
gorges melodieuses des rossignolz, chardonneretz, linottes & autres oy-
sillons:& quand l'heure de l'appetit venoit ie cueillois des fraizes au boys,
& aux champs des cerises, pommes, & autres fruitz des arbres selon les
saisons, & allois estancher ma soif es fonteines ruisselans d'vne eau argen
tine dont le doux bruit par leur fond pierreux souuent me conuioit à vn
souëf sommeil. Et au resueil sentant la chaleur du iour allois gaigner l'om
bre au plus espais des boscages, dont ie voioys le deduit naturel des bestes sauuages entre elles & leurs franches amours tost guerdónées de leur
desir, qui m'incitoit à rire des faueurs, dedains, appointemens, trauerses
d'estrangeté nouuelle & mille miseres des pauures hommes amoureux.
Au soir ie souppois de marrons, de pommes de pin, d'orenges & citrons,
auec la salade d'aux, serfueil & baulme, ayant pareillement ma musique
de grillons sur la nuit : durant laquelle contemplois l'ourse & les autres
estoilles du ciel, & remarquois leur place pour mesurer le lendemain la
diligence de leurs cours. Et aucunesfoys en mes ioyeuses pensées faisois vn
instrument de double chalumeau, duquel ie chantois (couché souz vn
arbre) mon rural contentement.

CHANSON.

O combien est heureux
Celuy qui se contente,
Des biens si plantureux
Que nature presente:
  Autres biens que ceux cy,
  Sont pleins de grief soucy.
I'ay toute sufisance
Que la vie requiert:
Qui abonde en cheuanche
Pour autruit en aquiert.

Tresors de plus qu'assez,
En vain sont amassez.
Qui se fonde en l'honneur
A Fortune se iouë,
Qui du haut de bon heur
Iette au bas de sa rouë,
  Plus la foudre tousiours
  Frappe les hautes tours.
Guerre, dol, ny enuie,
Ne repaire en ce lieu:

Qui

Qui meine ceſte vie   L'homme du tout à ſoy,
Eſt fort ſemblable à Dieu.   Vit plus heureux qu'vu Roy.

En voz maiſons ſeigneuriales ie voy tant de viandes, que mon eſto-
mach en eſt degoutté & me trouue ſi chargé la nuit que ne puis prendre
repos, & le iour ſi apeſanty, que mon corps n'eſt diſpos à rien faire, ne
moy à rien penſer ne deuiſer qui vaille. Auſeriez-vous dire qu'il y ayt v-
ne auſsi gaye, pure & heureuſe vie ? ó que de gens s'y rengeroient (toutes autres laiſſées) s'ilz auoient gouſté comme moy la ſaueur des ſaintes
viandes & bruuages que nature fournit, ſans tant de deguiſemens que
l'art des humains inuente, au preiudice de leur ſanté. Pendant que Mardochée faiſoit ſes diſcours ruſtiques le pauure Darinel fondoit tout en lar
mes. Ce qu'apperceuant Floriſel, riant d'aiſe luy dit : Quoy Darinel, le
ſoulas des champs qui tous nous reſiouïtvous tire les chaudes gouttes des
yeux. Ha monſeigneur (reſpond) comment ne m'auroit ce propos tou-
ché au cueur ? me remettant en memoire les prez, fontaines & riuieres
de Tirel: ou ma dame Siluie (gardant les brebis) attiroit le prince Floriſel en habit paſtoral, à venir dancer au chant & armonie de Darinel.
Puis il me ramentoit les herbes dont ie me paſſois es prochaines prairies
du fleuue du Nil, pour ſouſtenir la gloire de mes penſées, au banniſſe-
ment de ma dame Siluie. Outre, le ramage des oyſeaux, auquel i'accordois
ma cornemuſe, les montz dont il parle me repreſentent la hauteſſe de
mon deſir: & les ventz y ſoufflans, mes ſouſpirs & ſanglotz : & les ſour-
ces coulantes, mes pleurs continuëlz : & les fueilles qui chéent mon eſperance morte, qui par trait de temps reſſourt & renouuelle. Ma foy Darinel, dit Mardochée, ce n'eſt pas noſtre cas que ſes richeſſes cy, retournons nous-en ioïr de la felicité des champs: A mon amy(dit l'autre)mon
cueur va trop acompagné de royalle nobleſſe, engrauée en luy profun-
dement pour la pouoir oublier ainſi. A moy au contraire, reſpond l'autre, toute compagnie deplaiſt & maudit ſoit qui n'aymeroit mieux eſtre
ſeigneur du taudis de l'hermitage & des prayries d'Apolonye(ou ie me
promenois à plaiſir) que d'eſtre monarque de toute la Grece. Adonc
luy dit Helene : Mardochée ne te melancolie point, nous te rendrons
bien toſt au iardin tant deſiré, la ou tes ſouhaitz ſeront acompliz. En bonne foy(reſpond)ma dame ie ne ſçay ſi vous vous moquez, mais du temps
que vous pourmeniez ſur le bord des eſtangs & humiez l'air des champs
à ſoulas, voſtre teint naïf eſtoit plus vif là moytié qu'il n'eſt maintenant.
Mardochée (replique Heleine) tien bien le temps qu'il ne paſſe, & ie
garderay ma couleur de paſſer : Ce n'eſt pas celà, dit il, mais eſtant acca-
ſanée en ces palays, touſiours cloſe & couuerte comme en vne boiſte vous
empirez comme les choſes qui trop long temps enfermées ſentent le re-
mugle. Vous ne bougez d'vne chambre, vous ne faittes point d'exercice,
dont la digeſtion de voſtre nourriture eſt beaucoup pire, accueillant vn

amas

amas de groſſes humeurs qui amortit le ſang cauſant la bonne couleur.
Ainſi que Mardochée ſe fondoit en medecine auecques grand riſée de la
compagnie, on vint auertir les Princes qu'on auoit couuert pour le ſoupper, dont ilz prindrent congé de Floriſel, lequel nous laiſſerons guerir
de ſes playes.

Comme le cheualier du Fenix fut

porté par tourmente en l'Iſle de Dardanie, & de ſes fortunes.

Chapitre   IX.

E cheualier du Fenix ayant regaigné ſa nef, commande au patron de tenir la route de l'Iſle de Guindaye,
ce qu'il fit l'eſpace de huit iours entiers par vent pro-
ſpere: au bout deſquelz le temps (qui apreſte par ſon
changement les deſtinées de chacun ſelon ſa conſtella-
tion) ſe vint tourner ſi contraire & impetueux qu'il les
mania treſperilleuſement. Car ilz coururent fortune trois iours auecques
les nuitz, ſans ſçauoir quelle part ilz alloient, & ſans vſer d'autre art ny in-
duſtrie de pilotage que de ſe commettre à la merci des ondes. Mais dieu
eut regard aux prieres du gentil Florarlan, & luy monſtra vne rade apres
mydi, ou ilz ſurgirent, cóbien qu'ilz ne cogneuſſent quelle religion pouuoit eſtre. Et luy qui eſtoit fort las & trauaillé de la marine, deſcendit legerement ſur la riue, faiſant tirer ſes cheuaux du vaiſſeau, auec ſon harnois, dont il ſe fit armer, & monta accompagné de ſes eſcuyers, commandant aux mariniers de l'attendre la, iuſques à ce que la tourmente fuſt appaiſée. Si entre en vn ſentier peu frayé & batu, lequel il continua iuſques
à iour faillant qu'il mit pied à terre pres d'vne fontaine pour ſoupper de
ce que ſes gens auoient apporté du nauire, faiſant paiſtre l'herbe à ſes cheuaux. Apres ce repas le ſommeil le ſurprint bien toſt, à cauſe du trauail
de la tempeſte: ſi ſe couche ſur la verdure, faiſant aureiller de ſon eſcu, ou
il dormit profondement la plus grand partie de la nuit. Alors il s'eueil-
la à quelque bruit qu'il oyt aſſez pres de la, & ouurant les yeux apperceut ſix flambeaux allumez: dequoy fort eſmerueillé ſe leue en ſurſaut
mettant armet en teſte, & prenant ſon eſcu, ſans reueiller ſes eſcuyers qui
giſoient aupres de luy. A tant s'en va droit la part ou il voit les lumieres:
deſquelles approchant, trouue vn chariot ou eſtoient quatre cheuaux
blancz attellez, & ſur le limonnier vn nain endormy tenant vn fouët en
ſa main: Les flambeaux en ſix torchouërs au circuit du chariot, dedans
lequel eſtoient ſix damoyſelles de treſriche paſture & de beauté ſinguliere: dont l'vne eſtant eueillée ſonnoit melodieuſemét d'vne harpe, & chan
toit quand & quand le rommant.

Neron

Neron voyant de Tarpée
Rome comme elle brusloit:
Oyoit le cry & buée,
Et de rien ne se douloit.

A ce mot elle lacha l'instrument, & tordant ses blanches mains de mere angoisse, dit en souspirant.

Las s'il eust veu
Le feu qui me consume,
Pitié eust eu,
Fust il dur comme enclume.

Ce dit, appuye sa teste sur sa main acoudée, versant les grosses larmes le long de sa belle face. Florarlan fort esbahy de l'auenture & curieux de sçauoir qui estoit la damoyselle, s'approche du chariot, & luy dit : Ma damoyselle(que Dieu vous sauue & gard) qu'auez vous à pleurer ainsi & lamenter. Elle, a ce parler sursaillit comme en reueil, & apperceuant Florarlan, cria à haute voix : Arden ho dors-tu, ou que fais-tu ? lequel l'oyant se reueille d'effroy & donne du fouët à ses cheuaux, qui s'en vont le haut du chemin à la course, demeurant Florarlan fort estonné de la façon de telle rencontre, & desireux d'entendre que ce pouoit estre, & d'autant fasché de ce qu'il n'auoit la son cheual pour suyure la coche à bride abatue, dont il resolut de ne partir de ce quartier auant que sçauoir tout ce qui en estoit. Parquoy vient à ses escuyers qui dormoient ferme-ment, leur commandant luy amener son cheual : ce qu'ilz cuydent aller faire tant endormis & encores estonnez du basteau,que quand ilz le pen-serent brider il leur eschappa, & furent long temps auant que le repren-dre, au grand ennuy & deplaisir de leur maistre. Et comme ilz estoient si empeschez apres ce cheual, le iour poignoit desia quand ilz apperceu-rent trois damoyselles sur trois haquenées venans à coups de houcines: ausquelles il escria qu'il leur plust de grace s'arrester vn peu : mais elles s'entreregardans & rians ensemble ne s'en retarderent vn seul pas, ains passerent outre laissans Florarlan merueilleusement despité qui iure dieu que quand il luy deuroit couster la vie il sçaura la fin de ce mystere. Si met peine à faire prendre son destrier, mais le iour estoit ia fort auancé quand il fut pris. Lors il monta dessus, & ses escuyers sur leurs roncins, & entrent au chemin qu'auoit tenu la coche, qu'ilz continuërent iusques à vne petite riuiere qui auoit à l'autre bord vne belle grand' plaine & en icelle force chasteaux,au mylieu desquelz estoit situé le principal. Florar-lan ne songea gueres à passer l'eau à gué, mais quand il fut de l'autre co-sté, ne veid aucune trace ny apparence de voye ou sentier : neantmoins dit à ses escuyers : allons vers ce chasteau le plus eminent pour y apren-

D   dre quel-

dre quelques nouuelles de ce que ie cherche: ce qui fait, & en approchant
veid vne trouppe de belles ieunes filles toutes en habitz blancz dançans
& chantans sur l'herbe & ayans chapeaux de fleurs sur leurs testes lesquelles si tost que le decouurirent, deployent leurs iambes & vont gaigner le chasteau, fermans la porte apres elles, & de ce pas monterent au
haut des murs. Luy trop esbahy de ceste estrangeté, ne voyant en place
homme à qui parler, va iusques à la porte & leur escrie : Mes Damoyselles qu'est ce qui vous fait ainsi fuyr deuant moy qui suis cheualier estrange, porté par tempeste en vostre contrée ? Elles se mirent à rire de son
propos & se retirerent des carneaux sans qu'il fust possible de les plus y
reuoir pour criz que les escuyers peussent faire. En bonne foy (dit Florarlan) ie n'ouy onques parler de plus plaisante & diuerse auenture. Tirons
doncques à ces autres chasteaux pour tenter si nous y ferons point mieux
noz besongnes. Ainsi qu'ilz en estoient sur le chemin virent sortir du chasteau principal (qu'ilz venoient de laisser) vn nain monté sur vn courtaut
piquant à bride abatue, & entrant dedans vne forest : que Florarlan recogneut pour conducteur de la coche, & dit à ses gens : Ie croy que serons
peu informez de nostre queste par ce coureur, veu la haste qu'il a. Parquoy poursuit son chemin vers vn des petitz chasteaux, auquel il eut visage de boys comme au premier : & de là va à deux autres ou il n'eut pas
meilleure rencontre, dont il dit à ses gens : vistes vous en iour de vostre
vie gens plus farouches, & vn païs ou lon ne void que femmes & toutes
de si bas aage. A quoy luy respond l'vn d'eux par ioyeuseté : monsieur il
vous fault aller au dernier chasteau sans armet en teste, & quelque damoy
selle vous voyant au visage nu vous requerra vn don comme n'agueres a
fait l'autre, & ainsi pourrez estre instruit de ce que desirez, dequoy Florarlan se souzrit disant: Celles cy sont trop dedaigneuses à la contenance
qu'elles nous ont ia monstrée, & trop peu prisent les cheualiers : mais ia
Dieu ne m'ayde si ie ne retourne au grand chasteau, & si i'en parts iamais
que ie n'en aye sceu le court ou le long. Ainsi tournent bride & si en re-
uont en intention de mourir au pied du mur, ou en auoir le cueur net: &
quand ilz furent pres de la porte il met pied à terre & se va assoir sur vne
pierre qui estoit vis à vis: là ou il ne fut gueres(ayant le chef decouuert selon le conseil de son homme) qu'vne tresbelle Damoyselle se móstra aux
carneaux auec vne autre vieille qui se mirent à contépler sa grace & beauté exquise. Mais si tost qu'il eut leué les yeux en haut pour les regarder,
comme fort indignées delogerent de là sans y reuenir pour parolle ne raison qui leur sceust dire. Or luy sembla que la Damoyselle estoit celle qu'il
auoit veuë au chariot, dont il se resolut d'auantage de se tenir la iusques à
ce qu'il entendroit tout le mystere.

Comme

Comme estant le cheualier du Fe

nix assis deuant le chasteau, vid reuenir le nain qu'il en auoit veu sortir la nuit precedente, & de ce qui en auint.

Chapitre   X.

Lorarlan ne musa gueres sur la pierre pres du chasteau qu'il decouurit le nain saillant de la forest, & quand & luy deux cheualiers venans armez de toutes pieces. Si reprend son heaume & monte à cheual pour attendre ceux qui luy dirent à l'aprocher : Nous vous trouuons tout à point cheualier, pour payer la folie qu'auez faitte d'entrer en lieu ou ne deuez. Ie ne puis, respondit, estre coupable de chose que i'ignorois. La punition (dirent ilz) qu'en receurez sur le champ vous fera sentir la faute qu'auez commise : parquoy pensez de garder vostre teste, car à moindre pris ne pouez racheter vne telle temerité : I'y mettray bonne peine (replique Florarlan) mais donnez vous bien garde des vostres, puis qu'y venez de telle audace. Sur ce pourparler, toutes les damoyselles du chasteau se monstrerent aux carneaux pour regarder le combat, mesmement la belle qu'il y auoit desia veuë, & les cheualiers reculent pour prendre leur course, puis decochent ensemble contre Florarlan qui receut leurs lances en son escu, ou elles esclatterent sans gueres l'offencer : mais de la sienne il enferra l'vn tellement qu'il l'estendit à terre auec le tronçon bien auant en l'estomach : l'autre retourne à luy l'espée

D ii   nuë en

nuë en bonne deuotion de venger son compagnon: lequel Florarlan receuant auec la sienne en main, du premier coup qu'il luy tire luy abbat le
poing dont il la tenoit, qui tombe auec l'espée en la place.Le cheualier se
voyant ainsi acoustré broche à l'instant par le chemin mesme qu'il estoit
venu,& maistre nain d'arpenter apres luy. Florarlan luy crie,reuenez che
ualier reuenez,veu que vous remportez mauuaise garentie sans ma teste:
mais il ne luy tenoit de retourner querir des coups, ains va tousiours à
course de cheual,tant qu'il se fourre dedans la forest, laissant les dames (&
principalement la plus belle)fort emerueillée & satisfaitte de la bonté du
cheualier au Fenix, lequel ne les auoit à peine perduz la veuë qu'il apperçoit le nain reuenir à pointe d'esperon, suyuy de six cheualiers qui à l'arriuée luy ecrient : Ne pensez pas ho monsieur du braue vous sauuer à la
fuitte vous ne sauriez icy aller en lieu ou puissiez eschaper de noz mains.
Florarlan qui n'entendoit qu'à les recueillir, & soy deffendre,s'affiche en
ses estriers pour soustenir leur effort, qui fut si grand de six sur luy qu'il
vuyda de la selle toutesfoys sans perdre les resnes de la main : Dequoy
courroucé outre mesure, remonte de vistesse, & comme vn Lyon enragé
se fourre parmy eux l'espée au poing en aspre & terrible meslée: tellement
qu'en peu d'heure il en coucha deux mortz par terre, & les autres l'enuahirent de tous costez redoutans toutesfoys assez ses pesans coups . Alors
le nain qui en vid deux desia couchez en tel lit par si rude valet de chambre, recourt vers la forest criant, sortez, sortez cheualiers en diligence
pour defaire ce diable(qui autre ne peust estre.)Sur ce le cheualier du Fenix disoit entre ses dens, ie suis en danger de ma vie, au fort ie la leur ven-
dray cherement : adonc entoise son espée de toute sa force sur la cime de
l'armet d'vn des quatre qu'il pourfend iusques aux yeux, dont il verse em
my le pré rougissant piteusement la verdure . Les trois autres irritez plus
que parauant, l'assaillent de toutes partz,tant qu'ilz luy tuent son destrier
Ce que sentant Florarlan saut en terre & se va adosser contre la porte du
chasteau pour faire rempar à ses espaulles de peur du hurt des cheuaux,
qui luy seruit grandement, à cause qu'ilz ne l'osoient aborder de front,
mesmement apres qu'il eut vengé la mort de son coursier, sur celuy qui
luy fut presenté le premier. A tant yssent de la forest plus de vingt cheualiers, & bien autant de gens de pied garnis de haches & morions lesquelz
le nain amenoit,leur criant : Tue tue, à mort à mort,ne prenez de luy aucune mercy.Contre cest assaut nouueau Florarlan se recommande a dieu,
& trop luy valut le cheual qu'il auoit occis gisant à ses piedz qui espouen-
toit ceux des cheualiers & les gardoit d'approcher : les pauures escuyers
furent incontinent empoignez qui pleuroient leur seigneur comme pour
mort lequel n'en attendant que l'heure (toutesfoys bien deliberé de ven-
dre cher sa peau)receut les gés de pied de telle hardiesse qu'il ne tarda gue
res à en terracer deux. Mais tout son effort estoit vain contre vn si grand
nombre de cheualiers, qui tous descendoient pour le charger, ne pour-

pensans

penſans que ſa mort (combien qu'ilz fuſſent trop esbahis de ſa proëſſe)
quãd la belle damoyſelle eſtant aux carneaux eut ſon tendre cueur eſmeu
à compaſsion d'vn ſi bel & vaillant cheualier ſeul aſſailly de tant. Auſquelz elle eſcria qu'ilz ceſſaſſent de plus le ferir, mais ilz ne luy obeïrent,
ains le vindrent enuahir, dequoy elle treſmal contente, les dieux(dit) me
faillent ſi ie laiſſe ſi vilainement meurdrir le meilleur cheualier du monde. Parquoy deualle ſoudain en la court du chaſteau & fait ouurir le guichet de la grand porte ou le gentil Florarlan eſtoit adoſſé, lequel elle tire à
ſoy par les laz de derriere de ſon heaume, luy diſant : entrez cheualier,
entrez ceans receuant ſecours des dames contre la laſcheté des hommes.
Il ne conuient demander s'il fut pareſſeux à accepter offre tant à propos
en ſon extremité : mais quand il fut dedans, il fait teſte à ceux de dehors,
peu trauaillé à leur defendre l'entrée, d'autant qu'il n'y en pouoit venir
qu'vn à la foys : mais la damoyſelle le prioit de ſe retirer & quelle leur
feroit fermer la porte au nez par ſes femmes, & commanderoit aux cheualiers ſe deporter du conflit. Ce que n'eſtant accomply par Florarlan,
pour ne monſtrer vn ſeul point de couardie, ne par ſes ennemys tant a-
charnez ſur luy, elle fort marrie enuoye ſes damoyſelles en haut pour aſ-
ſommer à coups de pierres ceux de dehors, ce qu'elles firent ſi viuement
que force leur fut de ſe retraire . Alors la belle damoyſelle auec l'ayde des
ſiennes tira le cheualier du Fenix au dedans, qui vid que ſes ennemys a-
uoient quitté la place : ſi fut le guichet ſerré, & luy ſe voyant deliuré de
tel peril par la courtoyſie de la damoyſelle, oſte ſon armet & luy va rendre graces diſant : Ma dame ie ne ſçay quelle recompenſe ie vous puis offrir pour la courtoyſie dont auez maintenant vſé à l'endroit de celuy qui
ne ſe repute vous eſtre detteur de moins que de la vie : laquelle il preſente & met entre voz mains pour vous en ſeruir en ce que voſtre bon plaiſir ſera. Elle qui durant ſon propos le regardoit ententiuement & le trouuoit fort à ſon gré, luy reſpondit, cheualier vous ne me deuez remercier
de ce que i'ay fait en ce cas, veu que mon honneur m'obligeoit à ne ſouffrir tel outrage de tant de gens contre vn ſeul, pluſtoſt que l'amour de
vous, de qui ie n'ay nulle cognoiſſance fors que celle qui eſt apparuë par
voſtre ſinguliere valeur . Ma dame (pourſuit Florarlan) pour le moins à
ce conte ſuis-ie redeuable à voſtre vertu, de tout le ſeruice que ce corps
par vous garenty pourra iamais faire : & en celà (diſoit il ſouzriant) me
demeurerez auſsi obligée de voſtre part, d'autant que vous aurois ſeruy
d'occaſion d'vn acte ſi vertueux & honorable. La damoyſelle fort ſatiſ-
faitte de ſon gracieux remerciement, oyant encores du bruit dehors, le
laiſſe en la compagnie de ſes damoyſelles & monte au haut de la muraille la ou ſi toſt que ceux de dehors l'auiſerent, le chef d'entre eux luy dit.
Ma dame Lucenie, ie ne ſçay comment vous eſtes fait ce tort de fauoriſer
ainſi ceſt eſtranger, contre les loix de ceſte contrée tant vtiles & louables.
I'euſſe eſté, reſpond elle, plus digne de blaſme d'auoir enfraint celles de

D iii   la vertu

la vertu, en vous permettant rompre le droit de cheualerie. Ie suis celle
qui veut maintenir les loix, mais auecques raison : autrement la rigueur
de iustice trouueroit en iniustice & iniquité telle qu'auez voulu pratiquer
contre ce cheualier estrange, qui ne peut auoir violé les ordonnances
d'vn païs qu'il ignoroit. Mais ie vous tiens pour grandement coulpables
de la desobeïssance dont auez vsé en mon endroit, de laquelle vous feray
chastier selon voz merites, si la Royne ma dame & mere ny donne ordre
premiere. Pource partez d'icy promptement, sinon ie vous prometz par
les dieux immortelz que vous aprendray à regimber contre l'esperon.
Ce dit, descend en bas ou elle auoit laissé Florarlan, & les cheualiers craignans de trop mesprendre delogerent incontinent pour en aller porter
les nouuelles à la royne de Dardanie qui n'estoit pas alors fort loing de
là. Florarlan desia auerty que ma dame Lucenie estoit fille de la Royne,
quand elle reuint luy dit : Ie vous supplie ma dame, me pardonner l'ennuy que vous ay donné au iourd'huy, & outre me vouloir faire tant
de bien que de me declarer si c'est vous que i'ay veu la nuit en vne coche
& la cause de ceste course durant les tenebres, à fin que par ignorance ie
ne faille contre le deuoir de vostre seruice. Cheualier (respondit) certes
ie suis celle que vous y vistes, & vous deduiray le surplus, pour vous oster
l'opinion que pourriez auoir conceuë en mauuaise part sur les parolles
que m'ouïstes chanter. Entendez donc que ceste Isle est nommée Dardanie, & la Royne d'icelle Darsise (de qui ie suis fille, & heritiere vnique)
aussi que ceste region est gouuernée par les anciennes loix que Ligurge
establit iadis à Sparte : entre lesquelles la principale est, que les femmes
n'ont à fournir autre dot en mariage que de seule vertu, & les mariz leur
font douaire conuenable à leur qualité. Pour à quoy paruenir & rendre
les filles du païs bien douës de ceste richesse d'esperit, ma dame ma mere a fait bastir les chasteaux qu'auez veu, esquelz toutes les pucelles de
l'Isle demeurent iusques à l'aage mariable, en compagnie de vieilles fem
mes d'honneur, qui les dressent & endoctrinent. Et pour mieux conseruer l'honnesteté de nous toutes qui sommes logées en ces chasteaux, n'est
loysible à homme souz peine de la vie d'entrer en tout ce quartier compris de l'orée de la forest iusques à la mer. Et ainsi l'obseruons & gar-
dons rigoureusement, s'il n'y a quelque congé & consentement de la Roy
ne. Souz ombre dequoy nous y esbatons franchement, & prenons noz
deduitz pudiques, sans crainte d'œil d'homme comme ie faisois quand
me rencontrastes la nuit passée venant de me pourmener à soulas auec
aucunes de mes damoyselles. Quant aux parolles que ie degorgeay apres
la chançon de la harpe, vous ne me les deuez imputer à amour, car hayne & inimitié me les faisoit dire contre Madaran l'orguilleux, seigneur
de l'Isle d'Artase assez prochaine, lequel i'ay refusé à mary à cause de ses
mauuaises conditions, & auons en auertissement qu'il dresse vn grand
appareil de guerre pour venir prendre nostre Isle par force, & moy con-
sequem-

ſequemment : ce que lon dit qu'il a iuré, comme moy au contraire, de me
liurer la mort, ainçoys que de l'eſpouſer, qui eſt la cauſe du trait douloureux que vous entendites de ma bouche . Quant à ce que ne vous ſy reſponce, la loy m'empeſchoit qui eſt capitale aux pucelles parlementans
aux hommes, auſsi bien qu'à eux l'entrée de ce quartier comme l'auez
cogneu par experience. Pourtant ne nous attribuezpas à ruſticité ne lour-
derie ce qui eſtoit d'importance de la vie, laquelle ie pourchaſſeray à
vous ſauuer, au moyen de voſtre ignorance qui vous excuſe, & moy pareillement de ce que i'ay fait pour vous : combien que comme Princeſſe
i'euſſe plus de pouoir & liberté que les autres filles, mais ie m'y ſuis ſou-
miſe de mon gré & aſſugettie pour mener le train de pure chaſteté. Voyla ce que deſirez ſçauoir de moy, reſte à penſer de la ſeureté de voſtre perſonne. Le cheualier du Fenix s'esbahit fort de la couſtume de celle contrée, bien ioyeux des nouuelles qu'elle luy contoit du geant, pour l'occaſion qui ſe preſentoit de recognoiſtre le plaiſir qu'il auoit receu d'elle, à
qui il dit : Ma dame ie vous remercie humblement de l'honneur que me
faittes de me communiquer de voz affaires : i'eſpere en dieu & en la iuſtice de voſtre cauſe, vous rendre le bien que m'auez fait du pris de ma
vie, en l'oſtant à celuy qui vous attriſte le cueur, au hazard de la mienne.
La Princeſſe receut grand contentemét de ſes propos, pour l'eſtime qu'elle faiſoit de luy, par la preuue euidente de ſes œuures : & le remerciant de
ſon offre ſe retira en haut en ſa chambre, commádant à ſes officieres d'a-
uiſer à le traitter & ſeruir de tout ce que meſtier luy ſeroit . Ce quelles firent le mieux qui leur fut poſsible, fors qu'elles ne l'entrerindrent point
de deuis familiers à cauſe de la defence . Ce pendant Lucenie entra en
grand penſée ſi ſon hoſte pourroit venir au deſſus de ſon ennemy Madaran, & le cas auenans s'il y auroit point moyen de l'auoir à mary (tant
beau & tant vertueux) au lieu de ce fier & rude pautonnier . Et en ceſte
fantaſie demeura attendant les nouuelles qu'elle s'aſſeuroit receuoir bien
toſt de la Royne ſa mere.

Comme les cheualiers qui auoiẽt

combatu contre celuy du Fenix allerent faire leur plainte à la roy-
ne de Dardanie, de la princeſſe ſa fille.

Chapitre　　　　　　　　**X I.**

Es cheualiers qui auoient eu la meſlée auecques Flor-arlan, allerent droit vers la royne Darſiſe luy porter les nouuelles de ce que la princeſſe Lucenie ſa fille auoit fait : leſquelles la cuiderent mettre hors du ſens, ſuruenant apres celles de Madaran l'orgueilleux (qu'on luy auoit apportées) comme il eſtoit deſembarqué auecq' toute ſa puiſſance, & auoit deſia emporté deux petites villes : maintenant tiroit l'enſeigne deployée vers la cité de Dardanie, la ou elle eſtoit alors. Pour à quoy obuier la ſage Royne auoit mandé au duc d'Agas ſon vaſſal, qu'à la pluſgrande diligence que poſſible luy ſeroit il aſſemblaſt toute la gent de ſon royaume, & la miſt dedans la ville : d'autant qu'elle cognoiſſoit ſes forces n'eſtre pareilles à celles du geant, pour l'attendre en champ de bataille. Mais quand elle entendit les nouuelles du fait de ſa fille monta incontinét ſur ſa haquenée accompagnée des cheualiers meſmement du nain, & s'en vint au grand chaſteau ou Lucenie eſtoit qui ne fut ſans luy redoubler ſon ire quand elle vid les corps morts de ſes gens giſans à terre. Si fait hurter lourdement à la porte, dont on vint dire à la Princeſſe que s'eſtoit ſa mere, venuë à ſoleil quaſi couchant : parquoy elle monta aux carneaux, ſe monſtrant en telle grace (par le luſtre que le ſoleil foible donnoit ſur ſes iouës vermeilles & cheueux dorez (que c'eſtoit aſſez pour moderer vne partie de l'ennuy de ſa mere, qui toutesfoys luy dit : Lucenie ie n'euſſe pas penſé que du ſang royal de dardanie deuſt yſſir perſonne qui vouſiſt abolir les honneſtes & chaſtes loix de Lygurge; mais fay moy ouurir la porte, & me liure ce cheualier entre mes mains ſi tu ne veux receuoir ſur toy-meſme l'execution de la loy : qui eſt cauſe de la punition que les hautz dieux exercent ſur nous par Madaran l'orgueilleux, qui a deſia pris & pillé de noz villes, & fait marcher ſon armée vers Dardanie. Rendz moy donc celuy qui eſt cauſe de ce mal, pour appaiſer par ſon immolation l'ire diuine. La Princeſſe(combien que fort troublée des parolles de la Royne, neantmoins d'vne magnanimité plus que femenine (luy reſpondit : Ie m'esbahis trop, ma dame, comme vous dittes que ie viole les bonnes & louables couſtumes de voſtre contrée, moy qui n'ay rien fait en ce cas que pour les garder d'eſtre enfraintes par ceux qui les vouloient pratiquer ſur les eſtrangers ignorans, contre leur vraye proprieté qui eſt d'aſſoudre les innocens & de punir les malfaitteurs. La porte, pardonnez moy ſi ie ne la vous ouure, auant qu'ayez ouerte celle de voſtre fureur, pour y laiſſer entrer la raiſon : qui vous fera entendre le tort qu'auez de me charger. Ouure, ouure ſans plus cauſer (dit la Royne)ſi tu ne veux que ie la force. Florarlan eſtoit venu à ce bruit & monté en haut, qui autant ſatisfait des parolles braues de la Princeſſe que mal content de celles de ſa mere, luy dit : Ma dame faittes hardiment ouurir la porte, s'il vous plaiſt, à elle & ſes cheualiers afin que ie deliure ſon eſprit de la fauſe opinion qu'elle a de ma forfaitture, en faiſant ſacri-

fice à

fice à la deité du sang de ceux qui sont si friantz du mien, à quoy elle respondit,qu'elle ne se resiouïssoit point de cruauté . Puis qu'ainsi est(aiou-
ste Florarlan) dittes doncques à la Royne que ie suis prest de me mettre
entre ses mains, pour faire iustice de moy, moyennant qu'elle me laisse
auant payer ce que ie vous doy de seruice, en faisant mon effort de chasser Madaran le geant hors de ses terres,ou luy oster la teste,s'il ne preuiét
la mienne:& ie l'asseure en foy de cheualier de ne sortir hors son pouoir,
tant que i'ays accomply ma promesse : par ce moyen ses loix s'execute-
ront auec celle qui m'oblige à exposer ma vie pour vous qui me l'auez
donnée . La Princesse ne faut à deduire à la Royne ces propos de Florarlan : aioustant qu'elle auoit tesmoignage suffisant des mortz estenduz
en la place, pour se confier en sa prouësse, & qu'il sembloit que les dieux
miraculeusement l'eussent enuoyé en saison si necessaire.Ces remonstran
ces persuaderent la Royne, considerant qu'elle perdroit plustost que ne
gaigneroit à y proceder autrement . Pource promet & iure les conditions requises par le cheualier, & la porte luy fut ouuerte : à l'entrée de
laquelle il luy alla faire la reuerence vn genoil en terre & elle le contem-
pla viuement, s'esmerueillant de sa beauté , & pareillement de sa vaillance en si grand ieunesse : dont elle luy dit : Cheualier leuez-vous , vostre
phisionomie merite clemence : puis vous & voz effaitz me donnent asseurance . Alors se leue, & Lucenie aussi s'humiliant luy vint baiser les
mains, & de ce pas montent tous à cheual pour aller à la cité , Florarlan
menant de bride la princesse . La Royne manda par vn courrier qu'on
luy vint au deuant auec force luminaire : A quoy le peuple informé de
tout le discours precedent,ne se monstra endormy, ains se presenta en tel
nombre,pour voir le cheualier, qu'on ne pouoit passer par les rues : estimant quand il le vid (outre le rapport qui en auoit esté fait) que c'estoit
vne creature plus celeste qu'humaine, enuoyé par les dieux à leur secours : dequoy il iettoit quelques motz d'admiration,tandis que la Royne passoit, qui en receuoit grand plaisir,& le tenoit comme à certain pre-
sage & pronostic de sa bonne fortune.Ainsi allerent iusques au palays,ou
Florarlan trouua ses escuyers quasi transiz de ioye de voir leur seigneur
qui ne faillit à mettre soudain pied à terre, & aller descendre la Royne
de cheual,puis la princesse.Si trouuerent les tables couuertes pour le soup
per, & fut baillé bon logis à Florarlan dedans le palays, ou il fut seruy
plantureusement de vin & viandes exquises, dont il s'aquitta legerement
pour aller trouuer les dames encores souppans . Or y alla desarmé & ve-
stu d'vn manteau de fine escarlatte bordé de Fenix entresemez de flambes
d'or,qui le leur fit sembler trop plus beau que parauant:& l'ayant fait soir
aupres d'elles,il leur dit: Mes dames il me semble (sauf vostre correction)
qu'il seroit bon que le matin on assemblast tout ce que pouez auoir en la
cité de gens de guerre , afin d'estre prest à receuoir Madaran . Et si vous
le trouuez bon, ie desirerois que ma dame la Princesse luy mandast que

pour

pour efprouuer s'il y a en luy valeur qui merite fon amour, elle voudroit
qu'il entraft en camp cloz contre vn cheualier qu'elle prefentera : fouz
condition que s'il eft vaincu, il fortira hors de l'Ifle , auec fatisfaction des
dommages de fa venuë : & s'il eft vaincueur il aquerra grande reputation en fon endroit, ce que ie m'affeure qu'il acceptera, fuyuant l'outrecuidance des geans : dont (Dieu aydant) pourra par le conflit de deux
perfonnes eftre deftournée & euitée l'horrible effufion de fang de deux
armées meflées en plaine bataille . La Royne eut ceft auis trefagreable,
attendu qu'elle n'y auenturoit rien du fien . Mais Lucenie qui n'y ofa
contredire en eut le cueur fort faifi de peur, pour celuy à qui tout fon defir afpiroit, en efperance de le prendre à mary s'il fe trouuoit de lieu fortable & digne d'elle . A tant ce point conclu, fe retirerent en leurs chambres, ou leurs penfées vehementes ne leur permirent pas de repofer toute la nuit.

Comme le geant Madaran vint

auec fon armée liurer l'affaut à la ville de Dardanie.

Chapitre   XII.

'Endemain au matin les nouuelles vindrent à la Royne
que le geant n'eftoit qu'à deux lieuës de la ville, & que
ce iour mefme il y logeroit fon camp. Le duc d'Agas a-
uoit donné le meilleur ordre que luy auoit efté poffible à remparer & munir la muraille & les tours, ayant
r'aillié auec foy tant qu'il auoit pu de gés. Mais l'effroy
eftoit

eſtoit ſi merueilleux en la cité pour l'armée de Mardaran, que le cheualier du Fenix en oyant le bruit & tumulte ſe leua & alla en la chambre de
la Royne (ou auſsi la Princeſſe eſtoit) leſquelles trouuant grandement
troublées il reconforta par remonſtrances de bon eſpoir : puis s'en va en
la maiſtreſſe place pour eſſayer à encourager le peuple, auertiſſant le duc
d'appaiſer pour le moins les crieries & huées publiques & tempeſtatiues,
comme portans ſigne aux ennemys de crainte & laſcheté. De la retourne vers les dames pour depeſcher l'ambaſſade qu'il auoit auiſé & reſolu:
mais l'eſmeute ſe leua encores plus forte, qui le contraignit à demander
par vne feneſtre du palays, qu'eſt ce que brait ainſi ceſte canaille? Quoy?
reſpondirent pluſieurs d'vne voix, le geant auec ſa puiſſance eſt deſia à
veuë de la cité, & ne tardera demye heure de hurter à noz portes. Laiſſez le venir, dit il, que s'il y vient ce ſera à ſon dommage & confuſion.
De ce pas s'alla armer, puis monte ſur ſon deſtrier & ſe va rendre au marché ou eſtoit le bataillon de la ville, auquel il fit vne brieue harangué
pour les animer & enhorter à aller donner vne bien venuë à l'armée du
geant laſſe & affoiblie par le trauail du chemin. Mais il ne vid apparence d'homme qui y vouſiſt entendre, ains aſſez eut de peine à les faire tenir ſur le mur & aux forchereſſes pour repouſſer l'effort des ennemys venans iuſques aux mains par les eſchelles, & ſans doute ilz eſtoient pour y
entrer, ſans l'ordre qu'il y mit, & le courage que les plus couardz prindrent à ſon exemple : tellement que l'aſſaut dura enuiron deux heures,
auquel mourut grand nombre d'Artafois du trait d'arc & get de pierre,
dont furent à la fin contraintz de ſe retraire, & d'aller aſſoir leur camp &
ceindre toute la ville, dreſſans au plus beau lieu le pauillon de leur ſeigneur. Le cheualier du Fenix apres leur retraitte va trouuer les dames
qui luy firent vn treſgrand recueil en leur triſteſſe, cognoiſſant par le rapport du duc comme par ſon moyen auoit eſté rompu le premier eſſay
des ennemys. Neantmoins luy qui auoit ſuffiſamment ſondé la portée
& hardieſſe de ceux de la cité, leur dit : Mes dames ie ſuis d'auis qu'on
ne diffère plus noſtre ambaſſade vers Madaran. En ſoit fait du tout à voſtre diſcretion (dit la Royne) & enuoyon preſentement le nain de ma
fille. Parquoy ſon inſtruction luy fut donnée, & il l'alla trouuer incontinent en ſon pauillon, ou il forcenoit d'ire & colere de ce que ſes gens s'e-
ſtoient ſi pauurement portez en l'aſſaut: il eſcumoit comme vn verrat, &
rouilloit les yeux en la teſte, leur commandant auec groſſes menaces de
ne ceſſer iuſques à ce qu'ilz l'euſſent priſe, car il auoit deſia fait eſtat de la
belle Lucenye pour ceſte nuit, deliberé d'en faire ſa volunté par amour
ou par force, & de mettre la Royne en priſon à cauſe du refuz qu'elle luy
en auoit fait. Le pauure nain fut ſi eſpouuenté de la furieuſe contenance
du geant, que quand il l'interroga qui le menoit, il fut vne longue pauſe
tranſporté de frayeur ſans pouoit mot ſonner ny expoſer ſa charge. De
laquelle le geant ſe monſtra tant gay & esbaudy que rien plus, & luy reſpondit

ſpondit par grande fierté : Petit monſtre va dire à ta maiſtreſſe que pour
luy donner teſmoignage de ma vaillance ie ne refuſerois la bataille contre trente les meilleurs combatans du monde, tant s'en faut que contre
ceſte chetiue creature . Et à fin de luy bien faire entendre combien i'eſtime ſon champion, i'accepte la iournée auec toutes ſes conditions, offrant
d'auantage s'il eſt vaincueur qu'il me tranche la teſte, en luy quittant toutes mes terres & ſeigneuries : ce que ie luy iure & prometz par les grandz
dieux du ciel : & dès maintenant le te feray ratifier par mes barons, en
lettres patentes ſignées & ſécllées autentiquement . Or dy à ce fol cheualier qu'il ſe haſte de venir querir ma coronne, pource que trop me tarde
l'heure de la iouïſſance de ma bien aymée . Le nain qui trembloit de
peur, comme s'il euſt le friſſon de fieure quarte, ne ſeiourna gueres là a-
près ſa reſponce : de laquelle Florarlan fut fort content, & dit à la Royne : Oyez, ma dame, la brauerie de ce fier brigand, ſi elle n'eſt pas conforme à ce que i'en auois iugé : Ie vous prie de me permettre apres diſner
de luy aller abatre ſon orgueil, puis qu'il a ſi grande enuie de ſa malheur-
reuſe fin . Ce qu'il leur dit en ce langage trop hautain, non tant par pre-
ſomption qui fuſt en luy, que pour renforcer le cueur aux dames qu'il
vid tant eperdues & deſolées: leſquelles s'accorderent à ſon vouloir, combien que fort craintiues de ſon mechef, principalement Lucenie qui s'e-
ſtimoit elle meſme aller à ce conflit pour l'vnion ſecrette de ſon cueur au
ſien . Et apres le repas il les pria ſe vouloir mettre en la tour reſpondant
ſur le lieu du combat : Bon cheualier (dit la Royne) plaiſe aux dieux ſuppléer voſtre inegalité contre ceſte grand beſte par la iuſtice de ma querelle . Florarlan n'en fit que rire (nonobſtant qu'il le redoutaſt fort, ne
s'eſtant encore attaché à tel horrible animal) pour raſſeurer la Princeſſe
à qui la peur auoit derobé la vermeille couleur de ſes rondes iouës, qu'elle mouilloit de groſſes larmes, à qui il dit: Ma dame ie vous ſupplie de
chaſſer ceſte triſteſſe, & vous monſtrer à voſtre cheualier gaye & gaillarde, afin que l'aſpect de voſtre beauté m'inſpire vne vertu plus qu'humaine pour accomplir l'effect de voſtre ſeruice, & le deuoir de mon obligation . De ce prorpos Lucenie fut merueilleuſement reſiouye, le voyant
garny de telle hardieſſe, dont luy reſpondit qu'elle prioit les dieux de
luy preſter faueur (& s'approchant vn peu pres de luy acheua en voix
baſſe) car vne mort en porteroit vn autre : vous aſſeurant que ie payerois
de la mienne le pris de la voſtre : puis dit aſſez haut, & me deliurerois de
celle que ie reputerois ſouffrir en la vie de ſa deteſtable compagnie . Le
bon Dieu n'oubliera point le bon droit (reſpond Florarlan) Adonc plus
animé la moytié par les parolles fauorables de la Princeſſe, prend congé
d'elles qui l'embraſſent piteuſement, & s'en vont de ce pas à la tour regardant ſur le lieu ou le ieu ſe deuoit iouër, pour lequel les murs eſtoient
tous couuertz des gens de la ville, recommandans leur champion à leurs
dieux, & ceux de dehors attendoient ſa venuë ſe moquans de luy comme
qui au-

qui auroit entrepriz ce que vingt telz que luy ne pourroient executer.

Du combat du cheualier du Fe-

nix contre le fort geant Madaran, auec heureuse victoire.

Chapitre　　　　　　XIII.

LE cheualier du Fenix desirant s'employer pour la belle Lucenie ne seiourna gueres sans saillir hors de la ville accompagné de plusieurs cheualiers. Il estoit monté sur vn grand coursier blanc, caparaçóné de satin blanc aussi) que la Royne luy auoit donné) auec pennache en la testiere du cheual, & sur le timbre de l'armet de mesme couleur. Il donnoit plaisir à le regarder, duquel la princesse en prenoit bien la meilleure part, tant quelle ne se peut tenir de dire : A' à, mon cheualier, plaise au dieu Mars te garnir d'autant de force pour vaincre les hommes, comme Venus t'a pourueu de beauté & bonne grace pour conquerir les Dames. Or s'en va le gentil Elorarlan trouuer son ennemy, marchant deuant luy le duc d'Agas qui luy portoit vne grosse lance. Le geant ne tarda gueres apres à se presenter sur vn grád & puissant roncin bay fier & impetueux, estant armé de fortes lames d'acier, & branlant vne lance ayant le fer large d'vn bon pied. il n'y auoit cueur si hardy qui n'eust tremeur à contempler son terrible maintien. Si dit à son arriuée d'vne voix de taureau : Petit champion tu as assez aquis d'honneur d'a-

E　　　　uoir

uoir oſé ſeulement apparoir icy deuant moy . Sus , ſus, deſcend & t'encli-
ne à ma miſericorde, que tu ne recouureras apres que l'auras vne foys re-
fuſée. Florarlan ſans s'amuſer à ſa verue, ſa lance couchée broche des eſperons ſon cheual : ce que Madaran voulant faire de ſon coſté, ſon roncin
ſaute, tourne & vire auec telles ſecouſſes qu'il cuyda deſarçonner ſon maiſtre . Surquoy Florarlan le vient attaindre de droit fil au deſſous de l'eſcu ſi roidement qu'il luy enferre le ventre d'vne grand paume, & l'ayant
ſurpris de coſté par les ruades de ſon deſtrier, n'eut force de ſe tenir aux
arçons, ains alla prendre ſa meſure à terre, auec auſsi grand tintamare que
ſi vne groſſe tour fuſt tumbée . Qui leuant adonc l'œil vers la tour ou les
dames eſtoient, vid bien les ſignes apparés de lieſſe, & le cry leua du haut
de la muraille : Or a deſia le grand diable perdu ſa ſelle. Sa cheutte fut ſi
lourde que le heaume luy en ſortit de la teſte , lequel Florarlan ne luy
voulut donner loyſir de reprendre, ains au retour de ſa carriere le vint à
hurter de randon telle qu'il n'eut pas eſpace de degaygner ſon grand cimeterre , ſeulement luy lance vne main à l'arçon tachant de l'autre à le
happer à l'armet & le tirer à terre: mais Florarlan paſſe outre luy laiſſant
ſa poignée d'vn bord de l'arçon , puis retourne court le choquer de toute
la puiſſance de ſon courſier ſi lourdement qu'il le renuerſe par terre ou il
roulle deux ou trois tours. Vray eſt que la rencontre fut ſi rude qu'il conuint Florarlan meſme couler en bas (à faute du derriere de l'arçon) par
deſſus la crouppe de ſon cheual, dequoy ceux de la cité eurent grand'
frayeur pour leur champion, qui monſtra ſon agilité, eſtant ſoudain en
piedz l'eſpée au poing, dont il va rechercher ſon homme qui mettoit peine à ſe releuer : & luy voulant deſcharger vn coup ſur la teſte nuë, il para de ſon eſcu non toutesfoys ſi bien que la pointe de l'eſpée ne luy fiſt
vne aſſez bonne egratigneure au front: qui luy fut plus dommageable
playe que grande, à cauſe du ſang qui luy en ruiſſeloit ſur les yeux & luy
empeſchoit fort la veuë, dont le plus ſouuent eſcrimoit à coup perdu de
ſon grand glaiue, & Florarlan ſe deroboit de viſteſſe, eſtant deça, quand
il le penſoit de là. En ſorte que le geant comme enragé, tant de l'aueugle-
ment que luy cauſoit celle petite bleſſure, que de l'empeſchement auſsi
que luy dónoit le tronçon de lance qu'il portoit fiché en ſon ventre, commence de rage à ietter vne fumée eſpeſſe de la bouche & des nazeaux, diſant par extreme angoiſſe. O' Mars iniuſte comme permetz tu que par v-
ne ſi vile & petite creature ie ſoys ſi mal mené? Alors tire de ſa main gauche l'eſclat qui luy deſtourboit le maniment de l'eſcu, auec lequel ſortit v-
ne grand partie de ſes trippes trainans iuſques en terre qui luy nuyſoient
encore plus que tout, d'autant qu'il marchoit aucunesfoys deſſus. Et alors
que Florarlan le vid ainſi embrouillé eſtoit touſiours preſt à luy deſcharger quelque coup & Madaran luy en tiroit à tort & à trauers (qu'il
euitoit d'adreſſe) tant que toute la place à l'entour de luy en eſtoit comme labourée: autrement c'eſtoit fait du cheualier au Fenix s'il l'euſt vne
foys at-

foys attaint à plain coup . Et quand il apperceut que nul ne portoit fur
fon ennemy par l'agilité dont il fe deftournoit, de defpit s'arracha la barbe renyant tous fes dieux & déeffes . Bref Florarlan au premier auantage
qu'il luy prefta, l'affena droit fur l'oreille feneftre qu'il luy aualle auec la
iouë, dont le grand vilain fe tempefta plus que parauant, & Florarlan
faute legerement fur le derriere & luy rameine à defcouuert fur le chinon du col, tellement qu'il luy abat la tefte . Ce fait fe iette de genoux en
terre rendant à mains iointes graces à Dieu de la victoire qu'il luy auoit
donnée. A tant fe leue & baille la tefte au nain qui la fiche au bout d'vne
pique, & il remonte à cheual . Adonc les Dardaniens fe rallient tous en
armes autour de luy , & il fait conuoquer les principaux des Artafoys,
pour fonder leurs voluntez, qui fe declarerent eftre preftz à luy prefter le
ferment de fidelité, en vertu de la capitulation du combat : que neantmoins ilz fe tiendroient heureux de faire fans obligation cóme au meilleur cheualier du monde , qu'ilz ne pouoient croire eftre extrait que de
haut lieu, veu l'excellence rare de fes vertuz, & meritoit plus grand gouuernement que le leur. La cruauté & tyrannie de leur precedent feigneur
les inuitoit affez à changement qu'ilz ne pouoient efperer que doux &
gracieux d'vn fi gentil perfonnage. Dequoy le rapport fait à l'armée, s'efcria toute à haute voix : Benift foit noftre nouueau Prince ; viue la fleur
de cheualerie . Alors les Artafoys fe mettent à faire feux de ioye en l'oft,
& grandz cheres le refte du iour. Et Florarlan s'en va à la ville en compagnie du duc d'Agas & des plus eminens de fes nouueaux vaffaux . Et
quand il entra le peuple Dardanien chanta : Bien vienne le cheualier du
Fenix : viue le pere du païs : Puis difoient par tout fi clerement qu'on le
pouoit entendre . Plus ont gaigné noz ennemys que nous en cefte iournée d'auoir vn tel feigneur . C'eft tel mary qu'il faudroit à noftre belle
princeffe : noz dieux les vueillent bien apparier . Ie vous laiffe à ymaginer de quelle douceur ces parolles chatouilloient les oreilles de Lucenie,
laquelle eftoit à la porte du palays auec fa mere pour recueillir & honorer leur bon champion, lequel luy dit à fon arriuée : Ma dame ie vous fupplie prendre de moy ce chef de Madaran auec tous fes droitz, biens & terres, pour commécement de la fatisfaction du feruice dont ie vous fuis redeuable . Apres s'adreffant à la Royne luy dit : Ma dame ayant acomply
ce que i'auois promis, ie me rendz en voftre pouoir, à fin d'attendre la
fentence de voz loix telle que leur iuftice ordonne en mon endroit. La
royne Darfife pleurant d'aife luy refpondit : Mon bon feigneur, vous a-
uez móftré que vous eftes prodigue de les adminiftrer aux autres, & non
endurer fur vous : que ie defirerois pour fouuerain heur en mon royaume : mais ce n'eft icy le lieu d'en parler, penfons d'aller faire bonne chere
& de vous repofer felon le befoin qu'en deuez auoir . Ainfi le menent en
la falle ou les tables eftoient dreffées pour le foupper, & apres l'auoir fait
defarmer & reueftir de riches acouftremens, la Royne le fit foir entre elle

E ii   & fa

& sa fille. Si furent seruis de metz & entremetz les plus delicieux que lon put fournir, auec melodie de diuers instrumens, desquelz aussi n'y auoit faute par les places & rues de la cité, ou ilz menoient tant de bruit, & faisoient tant de sortes de ioyeusetez quilz sembloient estre tous hors du sens. Durant le festin la princesse Lucenie (à qui amour auoit bien apresté sa pasture) ne se reput que d'œillades, souspirs, & reueries que Florarlan contrechifroit sobrement: qui apres le soupper luy fit iurer la foy & hommage par les principaux des Artafoys, laquelle ilz presterent l'endemain solennellement. A' tant l'histoire s'en taist iusques à son lieu, pour reuenir au Roy de Gaze que nous auons laissé tenant la routte de l'Isle de Guindaye suyuant le commandement de Florisel.

Comme le roy de Gaze s'alla pre-
senter à la royne Sidonie, *&* quelle estoit la perfection de la
beauté de sa fille Diane.

Chapitre   XIIII.

I tost que le roy de Gaze fut guery de ses playes, print congé de l'Empereur & du prince Florisel qui luy bailla vne lettre adressée à la royne Sidonie. Ainsi part portant grand tristesse en son cueur de l'inconuenient qui luy estoit auenu, & monté en sa nef, gaigne l'Isle de Guindaye: la ou se presentant deuant la Royne la fit toute tressaillir de peur à sa veuë, pensant qu'il luy apportast la teste de Florisel, dont elle le recueillit assez farouchement iusques à ce qu'il luy eust rendu la missiue disant quant & quant: Royne tresillustre, comme vous sçauez que la Diane du ciel fait augmenter & diminuër les eaux de la mer, aussi deuez vous croire que la vertu de la beauté parfaitte de vostre fille Diane est née en ce monde pour estendre la renommée du prince Grec par toutes les parties de la terre, amoindrissant consequemment le bruit de tous ceux qui l'iront rechercher pour vostre querelle infortunée. Sçachez certainement ma dame que la vaillance de luy est egale à la beauté d'elle, & à ceste vaillance mesme sa courtoysie est pareille, lequel vous enuoye ma testes sur mes espaulles en payement de la sienne que demandiez toute tranchée, me l'ayát ainsi laissée eu egard à mon intention tendant à vous faire seruice: pour lequel mesme il a vouloir de defendre la sienne. Voyla la charge de mon embassade, qui vous peut decouurir l'abus de vostre esperáce que ne deuez plus fonder sur les bras d'autre quelconque, puis que les miens y ont ployé, & fussent rompuz si bon luy eut semblé. La Royne fort troublée de ces parolles ouurit la lettre auant que rien luy respondre, qui estoit telle.

Lettre

Lettre du prince Florifel à la royne Sidonie.

Ma dame ie vous enuoye le falut
qu'auez pourchaffé à me tollir par ce porteur, à qui ie l'ay donné en faueur de voftre feruice, comme ay en volonté de faire à tous ceux qui fe re-
clameront de vous, à quelque danger que ce foit de ma vie. Laquelle ie
garentiray à mon pouoir, pour eftre caufe de faire penfer d'autre meilleur douaire pour Diane & de plus honnefte hanap pour boire à fes noces que dedans le taiz de fon pere. Parquoy ie fouftiendray cefte guerre
que me liurez, tant que i'aye gaigné paix auecques vous & que luy aye
trouué mary plus humain que celuy que voulez luy faire ioindre la main
fouillée en mon fang qui eft le fien mefme.

Quand la Royne eut acheué de la
lire, tordant fes mains & foufpirant tendrement fe complaint : A'à Moraïzel que les dieux ont mis de force en ton corps, & de fageffe en ta parolle : O' faux honneur (à qui noftre grandeur eft tont fugette) qui me
fais procurer vengence hayneufe fur celuy que i'ayme fi ardemment. O'
dieux pourquoy m'auez vous rengée en deux telles extremitez fans
moyen? Ce qu'elle difoit larmoyant piteufement, dequoy le roy de Gaze tiré à compaffion luy dit, fouz vmbre de la reconforter : Ma dame il
ne vous faut tourmenter de ce que voyez ne dependre de voftre vouloir ne puiffance: Il nous conuient laiffer emporter au cours des deftinées
fatales comme à la violence d'vn torrent. Prenez exemple à moy mefme
qui defirois l'amytié de voftre fille fur tous les biens de ce monde, de laquelle (combien que mon defaftre mait forcluz) ie ne me veux pourtant
defefperer. Mais fi la volonté qu'auez connuë de moy prompte à expofer ma vie en l'obeïffance de voz commandemens, vous peut toucher
& attendrir le cueur vers noftre affectionné feruiteur, ie m'eftimeray trop
heureux fi ayant failly à la fille, , ie puis auoir acquis la bonne grace de la
mere. Comment (refpond la Royne grandement courroucée de cefte ha-
rengne) cuydez vous donc roy de Gaze que Sidonie fauffe la foy à fon
Moraïzel, pource qu'elle luy braffe ce mefchef par la rigueur de la loy
d'honneur, contre fon gré? Ne vous abufez pas non, fur la hayne qu'il
femble que ie luy porte. En moy y a vne difcorde interieure de luy vouloir bien, & procurer fon mal qui me tient en vn martire le plus cruel que
fouffrit oncque amante. Parquoy allez ailleurs prefenter voz offrandes
qu'à celle qui a voué fon cueur à vn qui n'a fon pareil au monde. Comment doncques l'irois-ie maintenant donner à autre fans luy faire tort?

E iii   Le Roy

Le Roy ne trouua pas en ces parolles grande occafion de fe contenter, & luy fembla eftre trop mal traité par elle, veu le feruice, auquel il auoit fi franchement employé fa perfonne: aufi qu'il eftimoit bien monfieur valoir ma dame, & qu'il ne luy faifoit iniure de la requerir. En hayne dequoy propofa luy machiner quelque malheur: & en cefte delibera-tion fe retire en fes païs. La Royne depechée de luy pour paffer fon en-nuy s'en va au palays de fa fille, qui pouoit eftre lors de l'aage de neuf ans, autant iolye & auifée que belle: la mere d'arriuée l'embraffe amoureu-fement, & la baife & rebaife cent foys la groffe larme à l'oeil, difant: Ah fille de celuy qui m'a rauy mon honneur & liberté, pourrois-tu bien e-ftre née fi excellente pour la ruyne & confufion de celuy qui t'a engen-drée? ie croy que non, & que ta perfection n'eft qu'vn fuget, feruant d'o-cafion pour mieux entonner la trompette de fes louanges. O Moraïzel, fi ie pouois iouïr de toy auec ce precieux ioyau que tu m'as laiffé, ie ferois bien la plus heureufe dame du monde. A à fille feul reconfort de toutes mes douleurs, & aufsi caufe d'icelles, ie ne fçay par quel moyen fatisfaire à l'amour incroyable que ie porte à ton pere, meflée d'inimitie contrain-te, finon en me liurant la mort à moymefme, pour le deliurer de celle qui la luy pourchaffe contre fon cueur. La fillette voyant ainfi pleurer fa me-re la prend par les iouës de fes menottes blanches, & la baifotte luy di-fant: Ma dame, voulez vous que ie chante à fin de chaffer voftre melen-colie. La Royne ne fe peut tenir de fouzrire, & refpond: Ie crains mi-gnonne que voftre chant me foit comme celuy du cigne, qui par le fien celebre la ioye qu'il reçoit de finir fes iours. Ne pleurez pas (ma dame) dit la petite Diane, fi ne voulez que ie pleure aufsi, ie feray appeller mes feurs & chanterons & balerons à plaifir. Faittes donc m'amye, dit la Royne, s'efiouïffant de fes ioliz propos: & elle fit incontinent venir deux ieunes fillettes qu'elle aymoit plus que toutes les autres, fort gentilles & de grand maifon dont l'vne fe nommoit Lardenie ducheffe de Nubrus & l'autre Galardie Marquife de Laftes, lefquelles eftoient orphelines & heritieres des deux riches Ifles pres de Guindaye, & fe mirent à fonner le bal & a le dancer de la meilleure grace qu'il eftoit pofsible felon leur pe-tit aage: enquoy la Royne prenoit grand esbat & eftoit le remede or-dinaire de fes douleurs de venir voir Diane & babiller auec elle. Aucu-nesfois parloit à elle en colere comme à la perfonne de fon Moraizel, dôt la pucelette (qui n'entendoit pas la farce) fe prenoit à pleurer: puis la me-re fe rioit & l'appaifoit par mignardies & flattemens. Or creut cefte fil-le toufiours en beauté auec les ans, & en fageffe & bonne grace: tellement que Galerfis le croniqueur dit en ce paffage, que pour fufifamment la de-crire il faudroit auoir le fens de Zeufis l'ymager qui fi bien fceut recueil-lir la forme parfaitte de Venus, de l'exemple des neuf dames qui luy fu-rent exhibées à nud, dont Diane feule luy euft fuffy pour toutes: Ou tel-le cognoiffance qu'eut le berger Paris, iuge accordé par les trois déeffes

pour le

pour le pris de la pomme d'or, laquelle il luy euſt aiugée ſans doute, ſi elle euſt fait la quatrieme au val d'Idée. Neantmoins i'eſſayray à vous deduire vne partie de ſon excellence au plus pres du naturel que mon eſperit
pourra toucher. Premierement elle fut (au ply complet de ſon aage) de
taille aſſez haute & droitte, de foy de corps gent, qu'on euſt preſque em-
poigné à deux mains, le ſein doucement releué, auec deux pommettes
rondes & fermes, fort diſtantes l'vne de l'autre : le viſage auoit ſa largeur
& longueur bien compaſſées, auquel les deux yeux verdz eclairoient
comme eſtoilles, garnis de cil & ſourcil noir : le front large & poly comme yuoire, bordé de cheueux dorez à treſſe ondée : le nez luy deſcendoit
traittif, & deſſous, la bouche petite à leures vn peu groſſettes, de viue
couleur ſanguine : les dens ſerrées blanches comme albaſtre, les iouës
delicates & vermeilles, la gorge pleine & polie : Le tout aſſis & fondé ſur
deux iambes façonnées depuis le haut de la cuiſſe d'vne proportion telle que les pilliers faitz au tour par Fidias. Le ſurplus des autres membres
plus ſecretz ſe peut aiſément ymaginer à la raiſon de ceux cy. Quand à
ſon geſte il eſtoit ſi graue & ſeigneurial qu'il diſtrayoit tout courage d'y
oſer dreſſer le deſir, auquel ſa beauté admirable l'attiroit. Vray eſt que
par fois ſelon les occaſions elle adouciſſoit ceſte mageſté d'vne façon gracieuſe & bienſeante. Dont ne ſe faut esbahir ſi tant de grandz ſeigneurs &
cheualiers firent empriſes d'armes pour le conqueſt d'vn tel chef d'œuure
de nature, de laquelle vous entendrez cy apres les graces ſingulieres qu'elle aquit par art & ſongneuſe maiſtriſe.

Comme le Prince Ageſilan s'ena-

moura de Diane, par la ſeule veuë de ſon ymage. Et du conſeil que
dom Arlanges d'Eſpagne ſon compagnon luy donna.

Chapitre   XV.

E prince Ageſilan & dom Arlanges d'Eſpagne continuërent leurs eſtudes à Athenes iuſques à l'aage de douze ans, ou ilz aprindrent beaucoup de doctrine pour
l'inſtruction des affaires & conſolation des facheries
humaines. S'ilz creurent touſiours en ſçauoir, moins ne
firent en beauté, ſpecialement Ageſilan, à qui fortune
auſsi preſenta bien bille pareille. Car ayant la royne Sidonie fait pour-
traire Diane apres le naturel (comme dit a eſté) ſur quoy les cheualiers
entreprenans la querelle contre Floriſel faiſoient prendre le patron des
effigies qu'ilz portoient grauées en leurs eſcuz : le bruit eſtoit ſi grand
tant des armes empriſes pour elle, que de la merueille de ſa beauté que
E iiii   les pain-

les paintres combatoient aufsi entre eux a beaux pinceaux pour fa pour-
traiture: Dont y en auoit vn lors à Athenes des plus expertz de la memoi
re des hommes defcendu de la race du noble Apelles de qui le tableau
fut fiché en lieu honorable au palays des Areopagites, & tant contemplé
par tout le peuple & tant admiré de tous les meilleurs efprit, qu'il ouurit
femblablement vne guerre entre les orateurs & poëtes, eftant propofée
vne coronne de guy de chefne pour le pris du vaincueur: à caufe de la domination que la déeffe de ce nom obtient fur les foreftz. A quoy les deux
princes Agefilan & Arlanges n'eurent pas la plume plus endormie que
les autres. Mais Agefilan la voulant comprendre pafaittement en fon e-
fperit, pour d'autant mieux cómander à la main de fuyure fa conception,
tant & fi ententiuement la regarda & ymagina qu'il luy en auint comme au ftatuaire Pigmalion de fon ymage, & à plufieurs fpectateurs de la
Venus de Praxiteles: c'eft à fçauoir d'en deuenir amoureux à outrance. Or
les vers qu'il en fit eftoient de telle fuftance.

Deux vifz foleilz, or fin, ebene rare:
D'ou Amour arc & retz & torche prend.
Deux pommes qu'autre humain verger ne rend,
Que cache vn voyle enuieux & auare.
  Double coural qui formant vn doux ris
Le ciel rend cler, & la mer calme & feure,
En defcouurant des perles l'enfileure,
Ouure d'vn mot en terre vn paradis,
  Douceur naïue entée en mageflé
Dont l'vne attrait, l'autre chaffe & eftonne:
Diane belle, autant foyez vous bonne
Au cueur que vouë à voftre deité.

Agefilan par cefte vehemente ymagination fentit entrer en fon ieune
& tendre cueur vne emotion non accouftumée, pleiné d'vn plaifir nouueau. confit toutesfoys en ie ne fçay quel foucy. Et trop esbahy de cefte
mutation en luy foudaine: qu'eft ce (difoit à par foy) que ie fens en mon
ame de pafsion eftrange, ce n'eft pas aife, car quelque douleur y a fa part:
ce n'eft pas douleur veu la ioye que i'y reçoy. A à ie croy que c'eft la maladie en pleine fanté, l'efpoir en crainte, le doux tourment que les fages ont
appellé Amour. O' Diane me voila difpofé à receuoir deformais voftre
feule influence: voftre ymage eft fi profondement emprainte en mon
cueur que nulle autre penfée ny pourra plus trouuer place. Ie fuis bien ve-
ritablement hors de moy: quád il me femble que mon ame eft auec vous,
& que la voftre eft defia maiftreffe & gouuernante de mon corps. Ie me
fens commencer vne vie langoureufe & affoiblie quafi tendant à la mort.
Làs Diane comme les penfées vont & viennent maintenant en mon cerueau,

ueau, de la maniere que la mer flue & reflue par voſtre diſpoſition : mon
deſir croiſt, mon eſpoir apetiſſe, ma vie s'acourcit, & ma mort s'auance:
le vouloir s'augmente & la hardieſſe diminuë. Que puis-ie faire, ô déeſſe ſouueraine, ſinon ſacrifier mon cueur à voſtre ymage, comme mon
ſeigneur & pere a immolé les beſtes à ſa chere Alaſtraxerée ? Ainſi qu'il
acheuoit ce diſcours paſſionné, dom Arlanges entre en la chambre qui
en auoit entr'ouy quelque mot, & luy demande : Que faittes vous de
bon icy monſieur ? Que ie faiz (reſpond Ageſilan) ie me defaiz à mon
veu & mon ſceu : & me fonde en raiſon ſur deraiſon, & choſe qui n'en
porte point. Ie n'entens pas cecy, dit Arlanges. Lors Ageſilan: Mon couſin ie ne vous veux rien celer : l'ay trop veu l'effigie de la nouuelle déeſſe
Diane, i'ay peur qu'il m'en preigne tout ainſi que iadis à Acteon l'ayant
veuë ſe baignant en la fonteine: car ie ſens deſia de grandz accez de tranſ-
formation de ma nature d'homme en beſte : l'eſtude des ſciences me
ſert de fantaſie, l'exercice des armes ſemblablement : Ie ne deſire plus
que reſuer, ſonger & demeurer ſolitaire, morne & penſif: à quoy Arlanges : Monſieur mon couſin, à ce que ie puis voir, vous en auez ce
qu'il en faut à vn amoureux. Mais que dira lon en la cité de ceſte mutation ſoudaine de voſtre gayeté en nouuelle melancolie? Allon, allon aux
champs piquer & volter noz cheuaux, & au retour rire en bonne compagnie, ceſte opinion paſſera : vous ſçauez que les poëtes (qui ſont medecins de telle maladie) nous ordonnent ce remede, veu meſmement que
la voſtre procede ſeulement d'vne veuë fauſſe & ymaginaire, ie ne iuge
voſtre fieure que diaire ou efemeridiale. Làs! mon couſin (replique A-
geſilan) ce ſont parolles perduës: mon mal eſt de telle qualité que ie n'en
quiers gueriſon autre que la mort qui deliure de tous maux. Ce qu'il diſoit auecques ſoupirs profondz & druz ſanglotz, luy dechiquetans ſes
motz. En quoy Arlanges cogneut qu'il eſtoit frappé au vif: neantmoins
pour eſſayer à l'en diuertir luy rechergea : Vous & moy monſieur ſommes fort neufz en ce meſtier, & nous pouons eſtonner de peu de choſe.
Si la playe dont vous plaignez eſtoit venuë d'vn trait vif du regard de
Diane, ie la iugerois dangereuſe & parauanture mortelle: mais vous n'e-
ſtes feru qu'en painture, vous vous faittes malade à credit, ce n'eſt qu'v-
ne legere eſcarmouche du petit dieu volant, qui vous ſera aiſée à ſouſtenir ſi voulez penſer vn peu à vous. Ageſilan auoit l'oreille ſourde à ceſt
oyſeleur, tant ſceuſt il bien ſonner. Or à vous dire vray le conſolateur en
eut eu bon beſoin d'vn pour luy meſme: car il auoit auſſi conceu vn merueilleux plaiſir à la contemplation de la figure, & euſt bien deſiré l'ori-
ginal de ſi bel extrait, mais il n'en auoit pas ſi auant dedans les oz & parmy les moëlles que ſon couſin, & vouloit bien quitter telles affections,
& les donner à l'amytié vraye & ſincere qu'il luy portoit: parquoy luy
dit pour conſeil final. Monſieur quelle allegence eſperez vous à voſtre
mal, demeurant touſiours en ce lieu? d'ou attendez vous que vous en
viene

viene icy la medecine? Puis que vous en eſtes en ces termes, ſus ſus, bottes aux iambes, il nous la faut aller voir, vn de noz docteurs eſcrit, que ceſte bleſſure eſt ſemblable à celle du ſcorpion, & qu'il conuient prendre (comme lon dit) du poil meſme de la beſte qui a fait le dommage. A' à gentil couſin (reſpond Ageſilan vn peu recrée de ce bon vouloir (ie croy que vous dittes tresbien, mais vous ſçauez qu'elle eſt enfermée en lieu ou les hommes n'entrent aucunement. A quoy Arlanges, ſi ſi il y a bon remede, & nous y entrerons puis que le ſoleil y entre. Ie vous diray comment: Nous ſommes tous deux encores ſans poeil au menton: nous nous acouſtrerons en damoyſelles, & en ceſt habit irons preſenter noſtre ſeruice à la royne Sidonie pour nous donner à ſa fille, de qui dirons que la renommée nous aura là amenées: ainſi nous la verrons noſtre ſaoul, & le temps nous donnera conſeil du ſurplus. Ageſilan oyant le bon auis de ſon couſin ſaute en place, & le va accoller de ioye diſant: Couſin cher cou ſin, il pert bien qu'Amour tranſporte le ſens & l'entendement, veû que ne me pouois auiſer de ſi bon moyen. C'eſt, reſpond Arlanges, pourquoy on a defendu aux medecins de ne s'ordonner à eux-meſmes en leurs maladies: & ſans cela vous l'euſsiez trop mieux inuenté que moy. Ageſilan s'excuſa qu'il ne le prenoit pas ainſi, comme celuy qui luy voudroit deferer en toutes choſes, mais qu'il faloit pardonner aux reſueurs, dont il commençoit à eſtre du nombre. Or, ça & de quel meſtier nous venterons nous? de meneſtriers, dit Arlanges, vous eſtes excellent ſonneur & chantre, & ie m'en meſle paſſablement pour vous ſeconder: Nous dirons que ſommes ſeurs, ou couſines qui auons apris la muſique de ieuneſſe, & qu'il nous a ſemblé ne la pouoir mieux employer qu'au ſeruice de ma dame Diane. Adonc Ageſilan: voila le meilleur conſeil du móde, & le faut executer ſans delay: deſia m'eſt auis que ie ſuis vne autre Nereïde en la preſence de ma dame: en quoy ie ne feray que mon deuoir d'enſuyure la trace de mon ayeul. Si nous depeſchons d'aller, & partons des ceſte nuit quand tout dormira ceans, de peur que le temps ne deſcouure noſtre entrepriſe: nous emporterons tout ce qu'auons de ioyaux precieux, & quand nous ſerons eſloignez d'icy achaitterons haquenées & habillemens de femme & paſſerons ſans ſeiour en l'Iſle de Guindaye. Ainſi l'exploitterent la nuit meſme, & monterent ſecrettement à cheual & firent telle diligence que l'endemain ceux qui entrerent en leur queſte, ſe trauaillerent en vain, car à force de piquer gaignerent vne ville de Grece, ou il ſe fournirent de beaux palefroys & riches acouſtremens de ſoye, leſquelz il veſtirent dedans vn boys, & ſe regardans l'vn l'autre en ceſt eſtat ne ſe purent tenir de rire. Lors dit Arlanges à Ageſilan: par ma foy ma couſine il vous faut bien tenir armée de cachenez de peur de rencontre d'amoureux qui nous deſtourbent noſtre chemin. N'oubliez d'vſer de voſtre conſeil pour vous meſmes, reſpond il, afin que n'ayons à mettre les mains aux couſteaux & faire cognoiſtre ce que nous ſommes. En ceſt auis s'allerent rendre à vn

port de

dre à vn port de mer la ou s'embarquerent en vne nef marchande, prati-
quant auec le maiſtre vne chambre à part pour elles : & ſe reclamans damoyſelles de la Royne Sidonie, Ageſilan ſe nomma Daraïde, & dom
Arlanges Garaye, & ſe tenans les plus couuertes que poſsible leur fut, par
bonace leuerent les ancres & prindrent la routte de Guindaye.

Comme Daraïde & Garaye a-

borderent en l'iſle de Guindaye, & de ce qui leur
auint à l'arriuée.

Chapitre   XVI.

Araïde & Garaye ſinglerent touſiours par bon temps
iuſques à ce qu'ilz commencerent à decouurir l'Iſle de
Guindaye : lors vn vent contraire les detourna vn peu
de la droitte routte qu'ilz tenoiét, & les mena coſtiers,
tellemét qu'ilz ne peurent prédre port que bien bas en
l'Iſle, en vn endroit eſlogné de bien cinquante lieuës de
la cité

la cité ou la Royne faifoit fa refidence. Adonc defcédent en terre & montent fur leurs palefrois en grand plaifir à caufe de la precedente fache-
rie de la marine : & vont heberger en l'hoftel d'vne vieille dame ou elles fe repoferent vn iour entier . Or auoit la dame vne fille ieune damoyfelle qui fe monftra fort feruiable a elles, tant eftoit efprife de la beauté & fa mere pareillement : à qui elles demanderent quelles nouuelles elle fçauoit de la cour, qui leur refpondit : Il n'y a gueres que ma
fille en eft venuë, qui vous en pourra conter : car quant à moy qui fuis
vieille ie me foucie plus de la cour des dieux (ou i'efpere aller bien toft)
que de celle de noftre royne, ne de fes folies . Quelles folies, dit Daraïde.
En voulez vous de plus grandes, refpondit elle, que d'enuoyer autant de
cheualiers qu'elle peut recouurer à fa vengeance côtre le prince Grec? veu
qu'elle y gaigne & profite fi peu, que defia plus de dix y ont efté vaincuz?
Et nonobftant elle s'eft opiniaftrée de ne donner fa fille en mariage à au-
tré que à celuy qui luy en apportera la tefte pour les arres : & que iufques à
ce temps elle ne fera veué d'homme qui viue. Pource l'a enfermée es tours
de Febus & Diane (qui font vrayes tours de veul) & enuoye fon pourtrait par tout le monde, lequel attrait tant de cheualiers par le renom de
fa beauté qu'il n'y a pas quafi place en l'Ifle pour nous loger & eux. Alors
fa fille print la parolle : certes c'eft chofe trop eftrange des auentures qui
viennent à la Royne chacun iour & de celles dont tous les chemins font
pleins . Vous nous dittes merueilles, refpond Daraïde, mais venons au
point, viftes vous la Royne quand vous fuftes là ? Ouy (dit elle) & ne
puis penfer que fa fille puiffe eftre plus belle , & bïen naiffent à la malheure toutes celles qui leur reffemblent en telle perfection . Elle dit vray
(pourfuit la dame) mais ce n'eft rien de la royne Sidonie au parangon de
Diane, felon le rapport que m'en a fait vne de mes coufines qui l'a veuë
& afferme que tel degré que la Lune tient au ciel fur les autres eftoilles,
Diane l'obtient femblable deffus toutes les belles dames de la terre : Ces
parolles faifirent Daraïde au cueur, à qui la ieune damoyfelle dit encores. En bonne foy vous nous efcoutez bien deuifer, mais ie n'ay point veu
de fi belle creature que vous, fi ce n'eft la Royne, & voftre compagne auffi en a bien bonne part . Ainfi pafferent le temps en ce logis noz deux damoyfelles faittes à hafte, qui le lendemain prindrent congé de leurs ho-
fteffes, tenans le grand chemin de la ville de Guindaye : fur lequel rencon
trerent au troifieme iour vn cheualier entrant en leur chemin d'vne voye
trauerfante qui portoit en fon efcu l'ymage de Diane comme tous les autres de l'emprife . Si les falüa courtoyfement, & elles luy rendirent fon
falut : puis ayant entendu ou elles tiroient, leur dit qu'il en eftoit trefayfe
pource qu'il tendoit là pareillement pour efprouuer fa fortune. Fortune
(refpond Garaye) mais infortune , veu le peu d'aqueft qu'y trouuént
ceux qui s'y hazardent, à caufe que le tenant de Diane (à ce qu'on m'a re-
cité) eft le meilleur cheualier du monde . Ie le croy , dit il, mais ce fera
d'autant

d'autant plus grand gloire à qui le pourra vaincre, & par ce moyen conquerir la plus belle pucelle de mere née. Garaye (qui estoit facetieuse)
luy demanda s'il estoit du nombre de ceux qui auoient telles pensée. Ce
que luy confessant, elle replique, que la deffiance de sa propre beauté le
mettoit en ceste peine. Comment, dit le cheualier, vous semble-ie donc
si laid? non dea, respond, mais vous n'estes pas d'excellence sortable à
celle de l'effigie que portez en cest escu, pourtant voulez suppleer ce def-
fault par vostre proësse, en fournissant la teste de Florisel, le gage d'vn
fol. Daraïde rioyt à soulas souz son cachenez des iolis propos de Garaye.
Ausquelz le cheualier rechargea vn peu de colere: certainement ma damoyselle en ce qui touche la force & hardiesse ie vous informeray suffi-
samment si nous cheminons gueres ensemble, veu les rencontres qui se
presentent par tout en ceste contrée: & quant au point de la beauté, assez
de dames m'ont porté bon vouloir qui presumoient bien autant de leur
personne que vous pourriez de la vostre. Que sçauez-vous combien i'e-
stime de moy (dit elle) peut estre que ie ne suis moins presomptueuse que
vous estes de vostre vaillance: Mais ie vous prie abaissez vn peu vostre
visiere (luy dit le cheualier) que ie voye si vous auez dequoy vous moquer
ainsi des laidz. La dessusse meut entre eux vn ioyeux debat, elle disant que
tant de mal ne luy vouloit faire, de peur de luy faire trop de bié. Ce qu'elle exposa à sa requeste, de ce que par la veuë de sa beauté elle le retireroit
du meschef de sa fantasie plongée en l'amour de Diane, par mesme moyen
le tirant hors de la maladie incurable dont (suyuant le prouerbe) il n'y a
saint qui guerisse. A' quoy le cheualier: vous ne me sçauriez gueres plus
honnestement appeller sot, ma damoyselle, mais en quoy me iugez vous
tel? En ce (respond Garaye) qu'aspirez à la bonne grace de Diane, faisant
vostre conte de luy donner la teste de Florisel pour les arres: & contant en
cela sans vostre hoste. Alors luy dit qu'il ne la iugeoit gueres plus sage de
se reputer si belle qu'elle luy peust effacer & diuertir l'affection de sa Diane: & que luy, iaçoit qu'il ne meritast si haut pris, toutesfoys se mettoit
en la main de fortune qui ne depart pas tousiours les biens & heurs par
raison. A à (dit lors Garaye s'esclattant de rire) ie me dedy, & vous tiens
pour trop bien auisé de choisir l'amour & fortune pour vous guider là
qui sont deux aueugles. Le cheualier ne se peut tenir d'en rire de compagnie, & la poursuyuant instamment de luy faire grace de sa veuë: elle luy
dit qu'elle luy feroit vn meilleur party, ne luy faisant voir que sa seur qui
estoit beaucoup moins belle, afin de ne le rauir si fort, & luy oster la hardiesse de s'adresser apres a elle: ce qu'elle impetra de Daraïde, qui abais-
sa son cachenez & rendit le cheualier demy transporté de sa face angelique, confessant qu'il n'eust pas euydé vne si parfaitte creature sur terre.
Dequoy Daraïde le gaudit, luy reprochant qu'il auoit froidement ymagi-
né l'excellence de Diane, & qu'il n'auoit son pourtrait si bien graué en
son cueur qu'en son escu, puis qu'il en perdoit si tost la memoire. Non que

F

memoire

memoire, dit il, on perdroit vie & tout, à vous contempler. Neantmoins
la priant de ne le priuer si soudain de ce bien par le mal de son cachenez
qu'elle auoit rehaussé disoit, ny auoir raison de tenir caché vn tel chef
d'œuure mis par nature en euidence : & Garaye contredisoit par ce qu'a-
mour y estoit logé dont elle le vouloit exempter. Ah (dit il) ma gente damoyselle il faudroit donc couurir les yeux quant & quant d'ou ce petit
dieu decoche ses traitz aguz de l'arc tendu au dessus. Ce que Daraïde re-
fusant pour en auoir mieux leur passetemps, Garaye luy dit qu'elle se
veut monstrer à ce coup puis qu'elle l'apperçoit si muable, pour luy chasser du cerueau Diane & sa compagne aussi : mais sa seur l'empescha luy
reprochant qu'en cela elle luy rendroit mauuaise recompense du plaisir
qu'elle luy auoit fait en se decouurant, si elle luy tollissoit son nouuel a-
my. Lequel à la verité alloit nauré au vif de sa beauté, & luy protestoit
qu'il la prisoit trop plus que celle qu'il n'auoit veuë qu'en peinture, &
qu'elle n'en deuoit auoir mal à la teste, veu les difficultez qui destour-
noient tant d'y paruenir. Dequoy ces fines damoyselles prindrent bien
leur esbat, en trompant ainsi le trauail du chemin iusques à l'issue d'vne
forest, ou ilz rencontrerent vn grand cheualier de belle representation
armé de toutes pieces, n'ayant autre figure en son escu qu'vn escritteau
LE VAINCV DE DIANE. Et auoit auecques luy deux Escuyers portant
chacun trois escuz penduz à l'arçon de la selle tous grauez d'ymages de
Diane. Ce cheualier approchant de celuy qui venoit quand & les damoyselles luy dit en haute voix. En malheure galland auez vous en vostre
escu l'effigie que ie porte emprainte en mon cueur pour l'auoir plus au
naturel : à tant vous deliureray de ceste outrecuidance ou moy de l'angoisse que ie souffre en viuant. Daraïde oyant cecy se souhaittoit en habit de cheualier pour abatre l'orgueil mesme de cest amant de sa Diane,
qu'elle ne pensoit estre destinée ne vouée à autre saint qu'à elle. Et Garaye se riant de leur cheualier luy dit qu'il s'aquitast de sa promesse, de
leur monstré par effet sa valeur. Lequel sans s'arrester à elle, ayant lacé
son armet respond à l'autre : monsieur le braue vous pourriez bien perdre de l'ame celle que voulez arracher de mon escu : ce disant pique contre l'autre si rudement qu'il rompt sa lance sur celuy qui le fait bondir par
dessus les arçons en terre, d'vn saut si lourd qu'il n'auoit force en luy de
soy releuer. Parquoy l'estranger descend de cheual & luy va delacer le
heaume pour luy trancher la teste, quand Garaye y accourt, criant ha
seigneur cheualier s'il y a autant en vous de courtoisie que de vaillance
faitte : moy present de la vie de cestuy : ce qu'il luy accorda soy reser-
uant l'escu pour le porter auec les autres. Dequoy elle le remercia gran-
demant, le priant d'auantage luy vouloir aprendre son nom, afin qu'elle sceust de qui recognoistre ce don : qui luy respondit estre le cheualier à l'escritteau. Parquoy elle cognoissant qu'il ne vouloit estre con-
neu, le recommande à Dieu, se retirant à sa compagne, & il s'en va son

chemin

chemin faifant pendre l'efcu auec les autres qu'il auoit gaignez de mefme
forte, pour la caufe que vous entendrez cy apres en fon lieu.

Comme Daraïde & Garaye de-

pechées du cheualier de l'efcritteau, rencontrerent deux damoyfelles & de ce qui paffa entr'elles.

Chapitre   XVII.

Pres que le cheualier de l'efcritteau fut party, Garaye
alla prendre le cheual du vaincu qu'elle luy mena, difant : Cheualier fi fortune vous eftoit autant fauorable
que la force & la beauté, Diane ne vous pourroit eftre
refufée, ne le prince Grec comparé à vous. Or prenez
voftre deftrier & enuoyez les amours paiftre. Le che-
ualier fort courroucé luy refpondit: ma Damoyfelle il ne faut pas iuger la
vertu par les yffues & accidens, l'heur des armes ne fuyt pas toufiours la
vaillance, ains fouuent le dieu Mars prend les plus hardiz pour les gages.
C'eft parlé treffagement(dit Garaye) & puis que vous eftes fi difcret, regardez à pourchaffer heur & profperité par prudence, lequel vous deffaut
au maniment des armes. Ainfi Garye à dieu le commande, & il s'en va fâ-
ché outre mefure prenant autre chemin : & elles pourfuyuent le leur en
grand rifée de leur cheualier, eftimant beaucoup la bonté & courtoyfie de
celuy qui auoit emporté l'efcu. Si entrerent en vne foreft ou elles rencontrent deux damoyfelles à l'heure qu'elles montoient fur leurs haquenées:
aufquelles demanderent fi c'eftoit là le chemin de la ville de Guindaye,
qui leur refpondirent que fi, mais qu'elles ne trouueroient logis que bien
loing de là: & l'heure de mydi approchoit, eftant lors le moys d'Auril &
le païs trop chaud. Qu'eft il de faire donc, dit Daraïde, pour euiter la chaleur du iour? Ie fay le remede, refpond l'vne, parce qu'il y a cy aupres vne
touffe d'arbres à l'entour d'vne belle fontaine, ou nous irons refraifchir ce
pendant que la grád ardeur du foleil paffera. Dieu foit loué, dit Daraïde,
qui nous a enuoyé tel auertiffemét auecques fi bonne compagnie. Adonc
fuyuent leurs guides & vont trouuer la frefcade en vn deftour du grand
chemin : là ou elles defcendent de leurs palefrois qu'elles laiffent paiftre
& s'afsient fur l'herbe. Et quand noz Damoyfelles vindrent à ofter leurs
cachenez, les autres furent trop esbahies de leur finguliere beauté, qui les
meut à leur dire : En bonne foy mes belles amyes vous faittes beaucoup
pour les cheualier errans par cefte contrée de couurir voz beaux vifages
lefquelz leur emouueroient guerre & hutin entr'eux ou en eux. Comme
en efchapperez vous vous mefmes? dit Garaye. Ayfément, refpondit l'au-

tre, parce que ne portons pas vn tel obget de pafsion & defir:vous affeurant que me femblez telles que fi ie fuffe cheualier ie hazarderois franche
ment ma vie, pour iouïr de fi exquifes beautez. Mais laiffons cela : nous
voudriez vous dire que c'eft que vous portez en ces eftuiz pendans es
arçons de voz felles ? Ce font luthz, refpondit Daraïde, defquelz nous
faifons meftier de fonner : endca vela qui va tresbien, dit l'autre, pour
paffer icy ioyeufement le midy, puis que nous auons inftrumens à baller. Alors fe mettent à difner fur l'herbe de ce qu'elles auoient de prouifi-
fion: puis, apres la pance, la dance: que leur fournit Garaye à leur grand
requefte. Et elles fe mettent à baller fur la verdure auec beaux chapeaux
de fleurs fur leurs chefz. Mais Daraïde ny prenoit aucun plaifir, qui gifoit
eftendue fur l'herbe, penfiue en fa Diane. A qui dit l'aifnée des autres:
ma damoyfelle m'amye auez vous veu voftre face en la fontaine qui vous
pafsionne par voftre beauté mefme ? ou fi vous fentez quelque ennuy ? à
quoy elle luy refpond, auoir veu vne beauté qu'elle portoit en fon cueur,
que voirement trop defiroit voir en fa propre fource. Ce qu'oyant la damoyfelle, s'adreffa à Garaye & luy dit: Sans point de faute voftre compagne eft folle, ou de fens ou d'amour qui la tourmente excefsiuement
de quelque perfonnage. Garaye luy conferme qu'elle eft certainement
infenfée par affection extreme: mais ne fçay de qui, & qu'elle luy demande elle mefme. Ce qu'elle fait incontinent, la priant de luy expofer fon
langage. Dequoy Daraïde s'excufe, luy remonftrant eftre impofsible
d'entendre d'elle la chofe qui l'a priuée d'entendement. Neantmoins l'autre luy voulant faire confeffer que cefte refuerie melancolique luy procedoit de mauuais traittement d'amours (que Daraïde difoit ne fentir que
bon & heureux) Garaye la retire de la, luy difant qu'elle la laiffaft, & que
c'eftoit humeur de folie, qui par fois s'efmouuoit en elle. Retournons
donc(refpond elle)à noftre dance, & allons toutes faire les folles à l'enuy.
Si redancent de nouueau au fon du luth : lequel amena les deux cheualiers paffans, qui les furprindrent fi court que noz deux damoyfelles n'eurent loyfir de fe couurir de leur touret de nez, dont ilz eurent moyen de
les voir, & les trouuerent tant excellentes à leur gré qu'ilz defcendirent
foudain, & ayant attaché leurs cheuaux aux arbres,,vienent à elles. Defquelles l'vne leur dit, qu'ilz beuffent de l'eau leur faoul s'ilz auoient foif,
ou prinfent leur part de la dance, puis tiraffent leur chemin, parce qu'elles ne vouloient plus grande compagnie que la leur. A quoy le plus apparent des deux : nous ne fommes icy venuz chercher confeil, ains pour
nous refraifchir felon la fortune, qui nous femble fort à fouhait. Ie ne
vous croy pas (refpond elle) fi mal apris, de vouloir rien attenter contre le gré des damoyfelles : Non, non, dit fon compagnon, mais c'eft leur
ftile d'vfer de quelque forme de refuz ou refiftance, pour monftrer toufiours que ce foit force, afin de couurir leur honneur. Daraïde oyant
ces propos, fe leue pour aller à fon palefroy, defirant euiter l'ocafion de
fe faire

ſe faire cognoiſtre autre que ſon acouſtrement ne monſtroit . Le cheualier principal(qui eſtoit enflambé de ſa grace naïue) ne ſe vouloit arreſter aux parolles , & l'alloit empoigner pour la mener à l'eſcart , quand
vne des damoyſelles ſe mit au deuant, l'auertiſſant qu'elle n'eſtoit pas en
ſon bon ſens.Si elle eſt folle ou ſage,dit il,ie n'y acôte pas vn chou,ie n'ay
beſoin des diſcours de ſon cerueau : Alors Daraïde qui ſe vid ſi preſſée:
puis qu'ainſi va dit elle, on verra qui ſera le plus fól de nous deux. A tant
il s'approche d'elle, diſant à ſon compagnon qu'il penſaſt de ſe pouruoit
à ſon plaiſir de celle des autres qui plus luy ſeroit agreable: lequel toutesfoys ſe cuida attacher à luy,parce qu'il choyſiſſoit la plus belle.Mais voyant la contenance de Daraïde qui marchoit quand & luy, il ſe va adreſſer
aux autres . Or elle commença à dire au ſien , que s'il eſtoit homme vertueux & courtois, il s'en alla ſon chemin , ſans pretendre à faire violence
aux dames , afin de ne ſe mettre en danger de cognoiſtre de quel païs elle
eſtoit, c'eſt à ſçauoir de Sarmatie : ou les femmes ſont duittes & exercées
aux armes . Ceſte belle remonſtrance ne le ſceut deſtourner (tant eſtoit
feru de ſa beauté) de luy vouloir faire force. Contre laquelle (quand Daraïde vid que raiſon n'y auoit plus de lieu) elle le ſaiſit au corps ſi bruſ-
quement, qu'apres quelques tours de lutte , le terraſſe à ſes piedz . Et auſſi
toſt luy tire l'eſpée hors du fourreau, laquelle tenant nuë en la main , le
menace de mort, s'il ne iure de ne forcer deſformais damoyſelle. Adonc il
eſſaye à ſe leuer : mais elle luy met le genoil ſur le ventre , & il s'eſcrie,
couſin, couſin ſecourez moy:lequel accourut au cry , & Garaye apres luy
pour defendre ſa compagne . Lors Daraïde (craignant d'auoir affaire à
deux en ſi mauuais equipage quelle eſtoit) donne tel coup ſur la teſte du
premier qu'elle tenoit couché qu'il n'en parla onque-puis. Ce qui plus
irrita ſon compagnon , lequel vint vers elle murmurant: A' à que i'auray maigre vengeance d'vne ſi grand perte, ſi luy tire vn grand coup de
ſon eſpée,qu'elle reçoit ſur la ſienne,la iettant emmy le champ, à l'inſtant
le vient ioindre de ſi pres quelle le lie de bras & iambes , & luy donne le
ſaut de bretó.Car vous deuez ſçauoir qu'elle en auoit apris toutes les ruſes
& liaiſons à Athenes,& eſtoit deſia robuſte & ferme de reins. Il ne fut plu
ſtoſt par terre qu'elle luy eſtourdit la ceruelle de coups d'vne pierre quelle trouua là: puis ſe releue viſte & reprend ſon eſpée dont elle luy fend la
teſte ainſi qu'il ſe releuoit. Alors les damoyſelles eſtrangeres ſuruindrent
auecques Garaye qui luy dirent : Comment ? eſt cecy la folle que vous
nous diſiez ? par noz ames c'eſt bien la plus ſage, belle & vaillante damoyſelle qui iamais fut ne ſera : laquelle auſſi quoye & raſſiſe que ſi elle
n'euſt rien fait, leur dit : Mes damoyſelles l'outrecuidance outrageuſe des
cheualiers contraint les dames à faire choſes contre le propre de leur eſtat
Bienheureux ſoient(reſpódent elles) qui tant ont mis de grace & de vertu
en vous,qui effacez la memoire de la puiſſante Alaſtraxerée,ayant autant
fait enueloppée de voz habitz de femme , qu'elle eſtant armée de toutes

F iii   pieces

pieces: or a elle trouué ſa vraye heritiere. Sans doute(dit Garaye, ſe ſouzriant de ce mot)vous en dittes la pure verité:elle luy ſuccede de bon droit
& naturel. Les eſtrangeres (grandement emerueillées de ceſt acte) leur
amenent les cheuaux des mortz, comme conquis de iuſte guerre, & la
chaleur eſtant attrempée prenent congé d'elles pour s'en aller en leur cha
ſteau, ou elles firent le recit de ce fait merueilleux: & noz damoyſelles re-
tournerent en leur chemin.

Comme Daraïde & Garaye ren-

contrerent vn cheualier qui emmenoit le palefroy d'vne
Damoyſelle & de l'iſſue.

Chapitre   XVIII.

Oz damoyſelles Daraïde & Garaye reprenant leurs
erres, s'en alloient deuiſans ſur l'auenture paſſée, enquoy Garaye ſe plaignoit de ſon long habillement qui
l'auoit empeſchée de deuancer ou attaindre le ſecond
cheualier courant au ſecours de ſon compagnon. Mais
Daraïde luy fit entendre qu'elle s'aſſeuroit trop plus
de ſon amytié, & que Dieu mercy n'en auoit eſté grand beſoin . Or e-
ſtant ſorties de la foreſt voyent venir vn cheualier à lencontre menant de
bride la hacquenée d'vne Damoyſelle, qui venoit apres toute eſpleurée,
diſant : Seigneur cheualier, puis que ie ne vous ay en rien offencé, contentez

contentez vous de la peine que m'auez donnée à vous suyure iusques icy,
sans m'enleuer ainsi mon palefroy & me contraindre de continuër mon
chemin à pied . Le galand ne faisoit que secouër les oreilles se moquant
d'elle : & sans luy respondre gaignoit tousiours païs : & la pauurettè trouf
sant sa robe le suyuoit à grand trauail, comme celle qui n'auoit onques
apris le mestier de laquay, & se hastoit de tout son pouoir craignant de
le perdre lors qu'il entreroit dedans le boys : quand les nostres apperceurent ce mystere, voicy dit Daraïde, vn cheualier bien peu courtois : Ma
foy voire, dit Garaye, s'il n'a plus de raison que le fait ne demonstre. Auquel estant ia assez pres , Daraïde demande pourquoy il vsoit de telle inhumanité enuers la damoyselle : parce qu'il me plaist, respond il. Ce n'est
pas tour de cheualier (replique Garaye) de piller l'autruy, ne de croire
sa volonté contre raison : & que c'estoit bien loing de pourchasser tout
plaisir & seruice aux dames, & de repousser l'iniure qu'on leur voudroit
faire. Vous serez vne bonne precheuse, respond il, si vous m'en faittes d'au
iourd'huy lacher la prise : Il semble à vous ouyr raisonner qu'ayez fort
hanté les clercz, de ce mot elles se prindrent à rire souz leur cachenez, &
Daraïde continuë : Vrayement cheualier vous estes assez mal gracieux :
si vous me requeriez de chose qui fust en ma puissance, ie ne vous escon-
duirois ainsi. Et ie vous prie(dit il)d'abatre vostre touret de nez, à fin que
ie voye si vous valez tant que d'estre obeïe, ce qu'elle fait : & la voyant si
belle luy dit : Par mon ame si vous m'eussiez rencontré en autre saison ie
vous trouuasse digne de n'estre refusée d'aucun preud'homme . Quelle
occasion vous donne la saison (respond Daraïde en se iouant) de me dedaigner,qui est maintenant la plus propre de l'année à tout deduit & lief
se ? ou toute nature reuerdit & s'egaye . Alors il se defendit d'vn serment
qu'il auoit fait n'agueres de ne faire iamais plaisir à femme, ains de leur
procurer tout le meschef qui luy seroit possible: partant estoit empesché
de l'aymer, de peur de luy faire tant de bien que de luy ottroyer sa person
ne. A quoy respondit Daraïde qu'elles auoient trop perdu à ce conte de
ne s'estre rencontrées auecques luy auant ce iurement, pour ioïr de l'heur
d'vn tel personnage . Ainsi qu'il s'estoit arresté deuisant auec elles, la damoyselle y arriue hors d'aleine, qui met la main à la bride de sa hacquenée le priant de la luy laisser sans la vexer d'auantage. Lequel luy respondit qu'elle se deportast elle mesme de le facher de peur de s'en trouuer vn
peu plus mal traittée. Dont elle craignant qu'il ne l'outrageast en sa personne, quitte les resnes, disant! En mal an soit le cheualier, & quiconque
donna l'ordre si indignement. Comme il la menassoit de chastier son
caquet, voicy saillir vn cheualier de la forest d'vne grace qui promettoit
beaucoup : auquel la damoyselle escria incontinent. A à bon cheualier
vueillez me faire droit de ce fier & outrageux qui me volle mon palefroy, à quoy l'autre ne faillit & interrogua le galand, qui le mouuoit à
iouër ce tour à la damoyselle, lequel allegua le serment qu'il auoit fait

F iiii   contre

contre autant qu'il y en auoit au monde qui pourroient tumber en ſes mains. Dequoy l'autre voulant entendre la raiſon, il luy raconte en ceſte ſorte. Vous deuez ſçauoir que i'eſtois extremement amoureux d'vne qui m'ottroya l'accompliſſement de mon deſir, moyennant que ie la tiraſſe hors d'vn chaſteau ou elle ne viuoit à ſon contentement. Ce que ie fis par vne nuit, & la menay loing de là ſous la faueur des tenebres pour l'eloigner de ſes gens, ſans vſer de la commodité de mon plaiſir : tellement que le iour ouurant rencontrons vn cheualier qui me la querelle, diſant quelle luy ſembloit belle & qu'il la meritoit auſi bien que moy : parquoy auiſaſſe de la defendre, & qu'elle ſeroit butin du vaincueur. Ie luy remonſtre que nous ſortirions bien de debat à meilleur marché que de combatre, remettant à la volonté d'elle lequel elle voudroit choiſir. Dequoy il me declare eſtre content : penſant voluntiers que s'il le perdoit par le iugement d'elle, ſa cauſe luy demeureroit entiere à demeſler contre moy. La bonne dame (comme leur courage naturellement eſt muable) alla treſbien dire que ſon vouloir n'eſtoit d'aymer iamais, ne ſuyure cheualier ſi couard que moy. Et moy dy-ie (eſtant outré iuſques au cueur de ſi ſoudain changement) auſi peu aymeray-ie vne ſi deloyalle & inconſtante femme : Ainſi la quittay au cheualier : & alors iuray de ne porter iamais foy ny amour à dame ne damoyſelle, ains de leur machiner & faire tout le mal dont ie me pourray auiſer. Foy de gentilhomme (dit adonc celuy à qui il faiſoit le conte) vous auiez aſſez bonne raiſon, ſi elle ne l'euſt eu meilleure au moyen que fiſtes de voſtre droit voſtre tort. Parquoy renoncez à ce ſerment qui eſt contre bonnes meurs, eſtant fait au preiudice d'autruy (qui n'en peut maiz) & rendez preſentement à la damoyſelle ſon palefroy, ſi ne voulez auoir le combat contre moy, que refuſaſtes d'entreprendre pour voſtre amye. Adonc il luy reſpond qu'il eſtoit preſt de ſouſtenir ſon ſerment : pourtant qu'il miſt pied à terre, veu qu'il n'auoit point de lance, & il luy feroit cognoiſtre ſon iniuſtice. L'autre luy demanda pourquoy il ne combatoit auſi bien à cheual, & il luy fit entendre qu'il l'auoit pareillement iuré, à fin que la faute des beſtes ne fut imputée aucunesfois à l'homme de bien. A ceſte cauſe le cheualier de la foreſt deſcend, & ceſtuy s'approche de ſon deſtrier, diſant qu'il vouloit attacher la hacquenée auec luy pour eſtre le pris du victorieux : Souz ombre dequoy il le debride d'vne main, & le palefroy de l'autre, qui s'en vont courans & ſautans à trauers champs. Alors ce bon palefrenier luy dit : Cheualier vous deuiez cognoiſtre ſi euſſiez eſté bien auiſé combien ie vous eſtois affectionné comme au defendeur de la querelle des dames : mais puis qu'eſtes tant leur ſeruiteur aydez à ceſte cy à reprendre ſon cheual, & elle à vous pour le voſtre en recompenſe du bon vouloir que luy auez monſtré, & vous ſouuienne vne autrefois de n'eſtre ſi fol à laiſſer la ſelle pour combatre, auant que la ſelle vous ait laiſſé. Ce cheualier eſtoit demy enragé de la trouſſe que l'autre luy auoit iouée, grinſoit les dens de

mal ta-

mal talent , monſtrant que s'il l'euſt pu tenir en place marchande, l'euſt
ſalarié largement de ſa trahiſon . Mais l'autre luy dit qu'il regardaſt a a-
uoir la raiſon de ſon deſtrier, puis on diſcuteroit le tort qu'il met en auant
ſi lattendiſt en ce lieu ou il reuiendroit luy reſpondre. Lors s'en va au galop par la compagne : dequoy Daraïde & Garaye ne ſe purent tenir de
rire. Sur ces entrefaittes ſort de la foreſt vn cheualier compagnon du premier lequel eſtoit vn peu demeuré derriere, & quand il apperceut ſon cō-
pagnon à pied & ſon deſtrier debridé penadant par les champs & l'autre
ſuyant ſur le ſien: ſans s'amuſer à entendre d'ou ſe pouoit eſtre auenu, pique apres luy eſcriant qu'il s'arreſtaſt pour parler vn mot à luy : l'autre alloit touſiours cuydant le preualoir à la courſe, mais le pourſuyuant eſtoit
mieux monté que luy: lequel ſe ſentant chauſſer les eſperons de trop pres
tourne bride doux comme vn aigneau, diſant: Seigneur cheualier ie vous
eſtime tel que ſi i'ay bon droit vous le me garderez. A ceſte charge ay receu l'ordre de cheualerie, dit l'autre. On n'en doit pas moins eſperer de la
phiſionomie que vous portez (replique le fuyart) & en parlant s'approche de luy, comme pour luy reciter le cas, & luy va debrider ſon cheual
comme au premier: puis deloge à toute bride , & le cheualier deſcend , a
qui l'autre vient, riant malgré luy du tour de ſon compagnon, diſant aux
damoyſelles qu'il pardonnoit au galand la tromperie qu'il luy auoit faitte, puis qu'il en auoit diſtribué part à ſon compagnon, & que s'il le tenoit
à l'heure à ſa diſcretion, il le remercieroit de ce qu'il luy auoit apris à eſtre
mieux auiſé en ſes affaires. Fieure quartaine au paillard, dit la damoyſelle, qui m'a fait faire mon aprentiſſage de laquay la longueur d'vne bonne lieuë. A tant vienent les eſcuyers des deux cheualiers qui reprenent les
cheuaux de leurs maiſtres à quelque peine, enſemble le palefroy de la damoyſelle. Ce pendant Daraïde à qui ilz ſembloient gens de miſe, les pria
de dire leurs noms : ce qu'ilz firent volontiers , & le premier eſtoit nommé Fenis de Corinte & l'autre Aſtibel de Meſopotamie: leſquelz elle recogneut par leur renom, & print congé d'eux pour la haſte qu'elles auoient
de s'aller rendre au ſeruice de la royne Sidonie : demeurans eux & la damoyſelle long temps apres à ſe remonter, qui ſe mirent enſemble au meſme chemin de la ville de Guindaye ſe raillans de la plaiſante fortune qui
leur eſtoit auenuë.

Comme Daraïde & Garaye arri-

uerent en la ville de Guindaye, & de la allerent trouuer la roy-
ne Sidonie en ſon logis maritime.

Chapitre   XIX.

Les deux

Es deux Damoyſelles deguiſées pourſuyuirent leur chemin auec maintes rencontre diuerſes (qui ſeroient longues à deduire) tant qu'elles paruindrent à la cité au commencement du moys de may comme à iour faillant. Là elles entendirent que la royne Sidonie eſtoit en ſon logis qu'elle auoit baſty ſur le riuage de la mer (comme vous a eſté declairé par le liure precedent) pour contempler ſur ſon Moraïzel, en lieu ſecret & diſtrait de gens ſans aucun deſtourbier. Et ſouuent la nuit ſe mettoit en vne galerie reſpondant ſur la mer, là ou elle faiſoit ſes complaintes & exclamations contre celuy qui d'vn feu latent luy rongeoit & minoit le cueur ſans ceſſe & le deſpit & deſeſpoir l'incitoit à concluſion de vengence, quand autre eſperance ne voyoit de reconfort. A telle heure elle ſe rendoit aux feneſtres d'icelle galerie comme on auoit auerty noz damoyſelles, qui ſe de liberent d'aller au deſſous ſonner de leurs luthz & quant & quant meſler leur muſique de gorge. Et conſiderant que la nuit n'eſtoit encore du tout cloſe, s'auiſent d'employer le temps qui leur reſtoit, à aller voir les tours de Febus & de Diane. Si remontent ſur leurs haquenées à face decouuerte, veſtues à la Sarmatique de robes legeres de ſatin verd, leur chef couuert de creſpines d'or, enrichies de menuës perlettes. En telle guiſe paſſerent par les rues de Guindaye faiſant esbahir le peuple de l'eſtrangeté de leur parure, & beaucoup plus de leur ſinguliere beauté, ſpecialement Daraïde, qu'ilz n'eſtimoient moins excellente que leur Royne meſme. Quand elles furent à la porte de la tour de Febus, virent l'ecritteau qui eſtoit au deſſus, mais Daraïde n'y ſceut arreſter ſon œil ains tourna vers la tour de Diane, qui luy ſembla d'architecture exquiſe. Puis, penſant que la dedans demeuroit celle qui faiſoit auſſi certain ſeiour en ſon ame, commença à dire à part ſoy : Dieu ſouuerain, ſoit voſtre plaiſir qu'à voſtre ſeruice & mon honneur ie puiſſe conquerir (auec ſes fauſſes armes que ie porte) la gloire de ceſte fortune, preparée pour mon infortune, ſi la victoire ne m'eſt ottroyée, auec le contentement de ma déeſſe Diane. Faittes moy, ſeigneur, pareille grace que feites au chef de mon lignage Amadis de Grece, qui paruint à la fruition de ſa diuine Niquée la conquerant ſouz le maſque de Nereïde l'Amazone. Ce dit print courage, & ſemond ſa couſine à aller voir la caue de Febus. Si deſcendent de leurs palefrois qu'elles baillent à tenir à leur guide, & montent au chaſteau par vn eſcalier qui puis les meine à la caue, la ou y auoit vne ſtatue de cheualier accompagnée de lumieres perpetuelles (comme vous a eſté dechifré) leſquelles ne s'eſtant iamais eſtaintes pour perſonne qui y fuſt encores entrée, ſe ſouſflerent toutes à leur venüe dont elles demeurerent en vn horrible obſcurité, auec bruit eſpouentable tant en la caue qu'en la ſale de la tour. Toutesfoys Daraïde (à qui amour inſpiroit hardieſſe trop plus grande que ſon aage ne portoit) dit à Garaye qu'elle vouloit paſſer outre, pour voir ſi elles trouueroient

point

point quelque clarté pour cognoiſtre ce qui eſtoit là dedans. A quoy s'a-
cordant ſa leur, ſe recommandent à Dieu, & ſe tenans par la main, entrét
cinq ou ſix pas dans la caue, & ſoudain par la bouche d'icelle qui ſe rendoit en la tour de Diane, ſe degorge vn vent ſi impetueux, auecques ſi ter
rible bruit, que les bonnes damoyſelles penſoient que la fortereſſe ou elles eſtoient, deuſt à l'heure tumber en ruyne : & ce furieux tourbillon les
accueillit de telle force qui les reietta hors la porte par ou elles auoient
entré. Alors Garaye bien eſtonnée:ce n'eſt pas icy à ce que ie voy l'eſpreuue de damoyſelles. Mez que fortune, dit Daraïde, nous ait reueſtues de
meilleurs & plus durs atours nous y reuiendrons ſonder le gué. Ainſi deuiſans remonte en haut, & auſsi toſt ceſſa leans la tourmente, & la lueur
y reuint comme parauant. Dequoy elles furent fort esbahie, & ſe mirent
à contempler le baſtiment des tours qui leur ſembla ſuperbe auecques la
ceinture des parcz & iardins : puis tournerent leur regard ſur la ville, dót
elles eſtimerent grandement tant l'aſsiette que la ſtructure. En telles oc-
cupations attendoient la nuit, laquelle voyant cloſe, commandent à leur
guide les conduire au logis ſolitaire de la Royne: ou il les rendit & poſa
iuſtement au deſſous des feneſtres de la galerie qui eſtoit du coſté de la
mer. Alors la royne Sidonie(à ſa mode accouſtumée, apres s'eſtre deshaa-
billée preſte à ſe coucher) auoit pris ſon manteau de nuit, & s'eſtoit miſe
à ſes feneſtres reſpondant ſur la mer, pour celebrer l'office ordinaire de ſes
regretz & gemiſſemens, en contemplant la Lune ou Diane eſclairciſſant
les ondes par ſes rayons, enſemble la route qu'auoit tenuë ſon Moraïzel
au departir, qu'elle auoit remarquée & traſſée ſur l'eau par ymagination,
comme les Aſtrologues ont leurs cercles au ciel:tellement qu'elle tenoit le
trait de ce cours de nauigage pour ſa voye lactée, comme eux leur blanc
chemin de ſaint Iacques. Or à l'heure que noz damoyſelles arriuerent au
pied de l'edifice elle ſe complaignoit en ceſte maniere. Làs Diane celeſte,
qui monſtre maintenát ta face tant clere, ne me donneras-tu point moyé
par celle qui en terre te repreſente de iouïr vn iour de la veuë corporelle
de celuy que ie voy touſiours en eſperit : mettras-tu point fin, ou à mon
amour incroyable, ou a la hayne mortelle que ie luy porte en decharge de mon honneur?O Moraïzel qu'il faut bien qu'il y ait eu de merueilleuſes extremitez de graces & perfections en toy, pour me renger & reduire en paſsions ſi eſtrangement extremes. Daraïde qui l'oyoit & contemploit ſemblablement la Lune & Diane,luy ramenteuant la ſienne qui
luyſoit en ſes penſées en la nuyt de ſon abſence : A tant commence à toucher le luth , & Garaye pareillement, d'vne douceur ſi melodieuſe (in-
corporant la voix parmy) que la Royne fut toute tranſportée de plaiſir
par ceſte armonie non eſperée : laquelle luy ſembloit ie ne ſçay comment
ſuccer l'ame par l'oreille, de meſme façon qu'elle le ſentoit de la melodie
de ſa fille : dont elle diſoit en elle meſme : certainement voicy le droit
corps de l'ame d'Orfeus, car tel ſoubriquet auoit Diane par ſa muſique.

Ce pen-

Ce pendant noz pucelles triomphoient de fredonner & paſſager de leurs
doitz, & à propos entreiettoient des traitz roſsignoleſques de leurs douces gorges, chantans enſemble ce dixain.

CHANSON.

Comme l'argentine face
De la Lune du ciel, rend
L'onde puis haute puis baſſe
Par ſon aſpect differend:
Ainſi ma Diane en terre,
Qui mon cueur lye & deſſerre,
Le plongeant de ioye en deuil:
Les mouuemens de mon ame,
Agite en glace & en flame,
Par traitz diuers de ſon œil.

Dieu ſçat ſi la Royne preſtoit l'oreille ouuerte à ces parolles, ſonnans
tel loz de ſa fille Diane : laquelle impatiente de plus les entendre de ſi
loing, appelle ſes damoyſelles pour enuoyer vn page en bas de ſa part à
celles qui ſonnoient des luthz . Cela fut fait diligemment, & noz pucelles monterent en haut bien aiſes, ou elles trouuerent la Royne en vne
chambre tapiſſée & meublée precieuſement, & enluminée de ſix flambeaux en autant de chandeliers d'argent . A l'entrée elles font vne grande reuerence, puis ſe vont mettre à genoux deuant elle, luy baiſant les
mains : qui fut trop emerueillée de leurs beautez, comme elles auſsi de la
ſienne. Principallement elle arreſta ſon œil ſur Daraïde, qui luy reueilla
vn ſoudain ſouuenir de ſon Moraïzel, & bien luy ſembla n'auoir iamais
veu n'y ouy parler de creature ſi accomplie de toutes parties de beauté apres ſa fille : Dont toute en tremble adreſſa ſa parolle à elle : Helas
m'amye d'ou eſtes vous ! dea qui vous peut icy amener tant belle & ſi
eſtrangement acouſtrée, & tant bien ſonnant & chantant. Daraïde demy rauye en contemplant la mere de celle qui occupoit toute ſa penſée
& memoire, luy reſpondit vn peu tard (comme celle qui diſcouroit par
l'excellence du moule qu'elle voyoit, quel pouoit eſtre l'ymage qui en a-
uoit eſté tiré) Ma dame ie ſuis tant esbahie de la perfection que ie voy en
vous que ie ne ſçay que dire ne penſer. Quant à ce qu'il vous plaiſt enque
rir de l'eſtre de ceſte damoyſelle & de moy : nous ſommes ſeurs, natiues
du royaume de Sarmate, de meſme loy que vous: qui auons apris de ieune aage le meſtier de ſonner & chanter : lequel n'auons eſtimé pouoir
employer en meilleur endroit qu'en voſtre ſeruice, & de ma dame Diane, ſi c'eſt voſtre bon plaiſir de nous y receüoir . A qui la Royne: mes a-
myes, vous ſoyez les tresbien venües : vous aſſeurant que ne vous pouyez

adreſſer

adreſſer en lieu ou fuſsiez mieux traittées & ſalariées . Ie vous ſçay fort
bon gré du trauail & long chemin qu'auez pris ſi volontiers pour venir
au ſeruice de ma fille : à laquelle voſtre ſçauoir ſingulier eſtoit deu plus
qu'à autre quelconque, veu l'excellence de muſique que trouuerez en elle
reſpondant à la voſtre . C'eſt ce qui nous a menées icy, reſpond Daraïde:
lors elle leur demanda leurs noms: puis pourſuiuit ſon propos(la couleur
luy montant au viſage) A' à Daraïde que ie ſuis contente de ta venuë, me
rèpreſentant par ſemblance celuy pour qui mon cueur languit inceſſam-
ment, Ce dit, voulut ouyr encore vne chançon, qui fut de ton & accord
ſi doux , auec la grace des voix & l'inuention des parolles que la Royne
& ſes damoyſelles demeuroient quoyes & immobiles, comme s'elles euſſent eu les oreilles encheſnées aux inſtrumés de noz deux pucelles . Apres
ce plaiſir, la Royne ſouppa, & commanda qu'on dreſſaſt vne petite table
plus baſſe aſſez pres de la ſienne pour les deux eſtrangeres , afin de paiſtre
ſes yeux ſur Daraïde, comme ſur l'ymage propre de ſon Moraïzel : A qui
elle dit en ſouppant , que l'endemain elle iroit à la ville pour les mener à
ſa fille:dequoy vous pouez penſer combien Daraïde fut courroucée, voyant l'ouuerture de iouïr ſi toſt de la veuë tant deſirée de ſa Diane . Les ta-
ᵬ les leuées, la Royne voulut de rechef leur muſique,tant eſtoit affriandée
au ieu & chant de noz pucelles . Auſquelles elle ordonna la prochaine
chambre pres de la ſienne: la ou Daraïde ſe voyant, embraſſa incontinét
Garaye diſant . Treſcher couſin comme recognoiſtray-ie le bien que ie
ſuis preſt de receuoir par voſtre bon conſeil & ayde? Laiſſons cela(reſpód
il) & deſacouſtumez ce langage de peur de nous deſcouurir à la malheure: auſsi qu'il nous vaut mieux repoſer pour ne faire tort à la Royne,voire
en nous faiſant eſtimer inconſiderées & mal apriſes nous : pouons bien
dormir ſur les deux coſtez,puis que noz affaires ſont deſia en ſi bon train.
A tant elles ſe couchent, combien que Daraïde repoſa peu, ayant la puce
en l'oreille de ce qu'elle eſperoit voir l'endemain.

Comme la Royne Sidonie mena

Daraïde & Garaye à la ville, & les donna à la prin-
ceſſe Diane ſa fille.

Chapitre   XX.

G   Le iour

E iour venu, apres que la royne eut pris encor' vn trait
de leur armonie pour son aubade, elle se leue & mande
au duc d'Alsarce qu'elle vouloit aller en la ville, lequel
se rendit aussi tost au logis marin, suiuy de maintz cheualiers pour accompagner la Royne: qui ne tarda gueres apres leur venuë à monter sur sa haquenée, & les dames & damoyselles quand & quand, dont Daraïde & Garaye ne furent
des dernieres, qui par la cité attrayoient les yeux de chacun sur elles. A
peine fut la royne descéduë en son palays qu'elle s'en va voir sa fille pour
luy liurer les deux belles menestrieres: Si y entra par la porte que nous
auons dit, respondant vers la tour de Diane: lors elle leur dit: Mes a-
myes ie vous veux mener presentement à ma fille pour vous rendre à son
seruice. Quand Daraïde ouyt ce mot, son esperit saisy de pensée soudaine
s'esperdit tellement qu'elle n'eut pouoir de respondre, voire ne sçauoit
plus qu'elle faisoit, ny ou elle alloit, sans Garaye qui la tenoit & guidoit
par la main. Ainsi arriuerent à lauanchambre de Diane, ou elles trouuerent Lardenie duchesse de Lumbraz, & Galardie marquise de Lastes,
qui estoient tresbelles pucelles & de bonne grace & les plus fauories de
Diane: à qui elles estoient egalles en aage, venans toutes trois à la dixieme années. Toutesfoys voyans les deux nouuelles filles qui accompa-
gnoient la Royne furent vrayement estonnées de leur beauté, specialement de Daraïde, de qui dit la duchesse Lardenie: Qu'est-ce cy, ma dame, il semble que venez du ciel, veu la compagnie angelique que vous
menez auecques vous, qui luy respondit: Ce sont deux filles plus parfait-
tes la moytié en chant & son de musique qu'en l'apparence exterieure
que voyez. Pardonnez moy ma dame (dit Lardenie) & de ce pas va accoller

coller & baiſer Daraïde affectueuſement, diſant : Mais, ma dame, voilà
pas la bouche toute formée de ma dame la princeſſe, & ſes propres yeux
retraitz au vray naturel . Ce pendant Galardie ſe coule en la chambre de
Diane, pour auoir le preſent des premieres nouuelles: & la ducheſſe con-
tinuoit ſa parolle: I'ay grand paour deſormais que ma compagne & moy
ſerons caſſées de l'eſtat de noſtre faueur par la ſuruenuë de ces excellentes
damoyſelles. Ce qu'elle diſoit auec vn geſte de ſi grand aiſe que la Royne
ne ſe pouoit contenir de rire, & les deux filles en receuoient merueilleux
plaiſir: mais ce ne fut rien à comparaiſon de celuy qu'elles eurent à l'heure que Diane vint à ſortir de ſa chambre, qui s'acheuoit d'habiller quand
la marquiſe luy apporta ces nouuelles & veſtoit vne robe de veloux violet decouppé ſur vn fond de toylle.d'or par deſſus vne cotte de ſatin cramoyſi, dont Galardie luy portoit la queuë : & auoit conceu telle ioye à
ſon rapport(par vn preſage du deſtin) qu'elle oublia à ſe coiffer, ne mettant qu'vn chapeau de roſes ſur ſes cheueux, qu'vne de ſes filles luy venoit de cueillir toutes fraiſches. Seulemement reietta vn peu ſes cheueux
derriere ſes oreilles, ou pendoient deux moyennes ecarboucles de pris
ineſtimable, qui rendent lueur en l'obſcurité des tenebres . Au ſurſaut
de ſa veuë Daraïde fut rauie iuſques au tiers ciel (qui eſt la ſphere de Venus) & commença à dire entre ſes dens : Dieu immortel ſecourez moy,
car ie voy ma tant belle & exquiſe mort preſente . O mort que tu as pris
vn bel accouſtrement de maſque, pour defaire vn gentilhomme maſqué
auſsi & deguiſé . A l'heure que Diane entra en l'auanchambre, la Royne
luy dit en riant: Ma fille voyez quel beau preſent ie vous ameine pour
voſtre recreation : à quoy elle reſpondit (ayant l'œil fiché ſur Daraïde)
ma dame à ce que ie voy il eſt tresbeau, & ne ſçay comme vous remercier
du grand ſoing que prenez de moy, à me pourchaſſer tant de plaiſir.
Lors Daraïde & Garaye ſe ietterent à genoux deuant elle, & luy baiſerent les mains, & elle pour les faire leuer prend Daraïde par la ſienne
qu'elle ſentit froide & tremblante comme en vn friſſon, & la regardant au
viſage, luy vid tout bleſme & decoulouré : parquoy la princeſſe s'aſsit
ſur vn carreau de veloux, & la Royne en vne chaire leur commandant
ſe ſoir, ce qu'elles firent ſur vn tapis de turquie eſtendu par terre . Mais
Daraïde adreſſe ſes yeux ſur ſa déeſſe qui luy demande qu'elle auoit, &
quel mal l'auoit ſaiſie ſi ſoudain . A quoy ne luy fut poſsible de reſpondre vn ſeul mot : ains demeuroit les yeux ouuertz comme immobile &
priuée de tout ſens, fors que le cueur luy battoit ſi fort qu'il ſembloit deuoir rompre & forcer la poictrine . Si s'enquiert Diane à Garaye que ce
pouoit eſtre & ſi elle eſtoit ſugette à ceſt inconuenient, qui reſpondit que
non . Adonc la Princeſſe la tire par vn bras, & la Royne par l'autre:Puis
luy font frotter les mains qu'elle auoit froides comme glace : en fin vne
damoyſelle luy vient ietter tant d'eau de ſenteurs au viſage qu'elle reuiét
à ſoy. He dieux (diſoit la princeſſe ce pendant) ma preſence luy peut elle
G ii   porter

porter ce malheur non accouftumé ? auiendroit il bien que ie la perdiffe le iour propre que ie l'ay aquife ? Quand Daraïde fe refentit , voyant tant de damoyfelles empefchées entour elle , de honte qu'elle eut de fon accident le fang luy remonta en la face, qui la rendit femblable à la blanche aurore que le foleil matinal couloure de moderée rougeur . Si dit à la Princeffe: ma dame pardonnez moy s'il vous plaift la peine que vous ay donnée à ma bienuenuë, d'autant que la caufe a procedé de voftre excellence, laquelle n'a moins tranfporté & egaré mes fens que la clarté extreme du foleil eblouït la veuë mortelle : car fans doute autre chofe que cefte nouucauté incomprehenfible de voftre perfection n'a troublé & anneanty la vigueur de mon corps. A quoy Diane:M'amye vous portez en vous mefme telle part de ce que m'attribuez, que ne pouez auoir trouué en moy rien de nouueau ny eftrange : mais dittes fi voulez prendre quelque fubftance pour renforcer voz efperiz . Ie vous remercie treshumblement ma dame, refpond Daraïde,car la puiffance qu'auez monftrée à me rauir ainfi & diftraire mes forces , vous deuez par raifon auoir pareille à me les rendre & reftaurer. Pendant que la Princeffe luy repliquoit que fi elle euft eu ce pouoir, elle ne l'euft laiffée fi longuement en peine:la Royne commanda qu'on fit hafter le difner. Si prend fa fille par la main pour aller en la falle ou lon auoit couuert: & la ducheffe Lardenie va embraffer Daraïde d'vne finguliere affection luy difant: O' ma mignóne, ó mon ange que ton mal m'a nauré le cueur : prend courage m'amye & t'efforce à faire bonne chere:car ie t'affeure que nous menerons ioyeufe vie enfemble, fans iamais engendrer vn feul grain de melancolie . Daraïde conceut grand amour enuers la ducheffe pour la gracieufeté affectueufe dont elle luy vfoit : tellement quelle recogneut cefte obligation en tel payement que fa qualité requeroit (comme l'hiftoire vous deuifera en fon lieu) Si luy dit : ma dame vous me rendez toute honteufe de la faueur que me preftez : ie ne me fens pas foluable pour y pouoir fatisfaire . Qui luy refpond qu'elle s'en tiendroit trop fatisfaitte, mez qu'elle la vit feulement gaye & ioyeufe: ainfi deuifans fuyuoient la Royne & la princeffe . Et quand elles furent en la falle, Diane qui toufiours auoit l'œil afsis fur elle pour l'affectió fecrette qu'elle auoit embuë en fes veines au premier obict de fa veuë, luy dit auec vn fouriz gracieux : Ma Daraïde declarez moy ie vous prie ce qu'auez fenty en cefte pafmoifon . Il ma femblé (dit elle)ma dame que ie fentois venir vne douce mort emmiellée de ie ne fçay quel aife indicible que la mort naturelle ne peut auoir.Ie ne puis entédre cecy, dit Diane. Parce (refpond Daraïde) que cefte femblance de mort eft reueftue de l'ymage de voftre beauté excellente , & fon dard empenné de voftre grace nompareille,qui par ce moyen liure vn fouëf martire auquel i'euffe defiré de languir ainçois que de reuenir à ceft vfage de vie occupé d'autres fantafies empefchans le bien vnique de cefte heureufe contemplation. Lors adreffe fa parolle à la Royne . A' à ma dame combien vous

auez

auez fait pour tous les cheualiers de la terre, en leur deniant la veuë de
ma dame Diane, qui ne leur pouoit eftre moins que mortelle, veu le pou
uoir qu'elle a de rauir & tranfporter les damoyfelles, & les mettre au che
min de la mort. Toutesfoys ie les eftimerois mieux fortunez d'auoir ce
grand bien de la voir au hazart de mourir pour eftre fiens.La Royne qui
auoit conceu vn merueilleux plaifir à regarder Daraïde pour la fouuenance qu'elle luy rapportoit de fon Florifel, luy dit qu'elle n'euft pas pen
fé que femmes tombaffent en affection d'autres femmes, fi elle mefme ne
l'euft experimenté en Daraïde,comme elle confeffe eftre touchée de celle de Diane . Puis aioufta : Or ça m'amie vous ferez donques blafonnée
LA VAINCVE DE DIANE auffi bien que les cheualiers qui fuyuent l'entreprife, à quoy Daraïde : Ma dame plus grand honneur ne reputerois
d'eftre victorieufe de tous les viuans que d'eftre vaincue d'elle,moyennát
que ce nom me foit accordé par elle mefme, en vertu duquel ie protefte-
rois de viure & mourir en fon feruice. La princeffe confentit volontiers
a ce titre, difant qu'elle eftoit fort contente de la cognoiftre amoureufe
d'elle, efperant par ce lien la tenir enchefnée en fa compagnie. Si fe mirent à diner la Royne & Diane & la ducheffe & marquife : ou ne furent
feruies que des plus delicates viandes iugées par les medecins les plus di-
geftibles pour entretenir ce beau teint & la tendre cóplexion de la princeffe, qui fit dreffer vne petite table pour les deux damoyfelles qui man-
gerent legerement, afin de donner leur premiere aubade à Diane,Ce que
refufa Garaye pour fa part fouz bonne couuerture de ce qu'elle difoit que
le ieu froid d'elle non amoureufe ne fymboliferoit bien auec celluy de la
VAINCVE. Alors Daraïde prend le luth & fonne d'vne telle agilité de
main, decouppant la mufique par tant de fredons & paffages que lon ne
pouoit ymaginer qu'Orfeus y euft rien peu aioufter.Et quand à la feconde foys elle mefla fa voix argentine parmy le fon de l'inftrument(tenant
fon regard fiché fur la princeffe) qui luy voyoit parfoys defcendre des
yeux les larmes perlées, & les gros foufpirs debonder de l'eftomac à la
rencontre de motz douloureux : la princeffe fe fentit outrée de paffion
deformais incurable, pleurant & foufpirát de cópagnie.Et gueres moindre part n'en print la Royne, pour la memoire que la chanfon parlant
d'Amadis luy renouueloit de fon Moraïfel auec la femblance de la perfonne qui fonnoit, La chanfon fut de ces deux coupletz.

CHANSON,

Nonobftant qu'Amadis efprouue
Souz l'arc d'Amour fa loyauté,
Si eft ce qu'encores il trouue
En Oriane cruauté.
Qu'efperes-tu donc Daraïde

Veu que tu n'as d'arc null' ayde
Pour rendre certaine ta foy,
Auſſi nul maniment des armes.
De la mort(laſſe)aſſeure toy
Si lon n'a pitié de tes larmes.

Cette chanſon ramenteuant à la Royne ſon Floriſel: A' a (dit elle en
ſouſpirant) de pareille rigueur vſe le petit filz enuers moy, que Oriane
vn temps enuers ſon grãd pere: mais ie men vengeray en telle ſorte qu'il
ſeruita d'exemple à tous les abuſeurs de dames. Diane oyant ce propos,
eſtant incitée d'amour naïue enuers ſon pere, iette les bras au col de ſa
mere, & toute eſpleurée la ſupplie vouloir pardonner à ſon pere ſon offence en faueur de ſa fille. Mais la Royne luy reſpondit qu'elle ne ſe ſouciaſt que de ſe donner du bon temps: & que la deſcharge de ſon honneur
luy exigeoit cette vengence, de laquelle elle remettoit l'effet en la main
des dieux qu'elle cognoiſſoit toúſiours ſi fauorables à la race d'Amadis,
que Diane n'auoit encore que craindre en vain. En ce propos le diſner
s'acheua & la Royne ſe retira en ſon palais, laiſſant ſa fille en compagnie
qui fort luy agreoit.

Du paſſetemps du luth que print

Diane auec Daraïde & Garaye, & de leurs menuz propos enſemble.

Chapitre   XXI.

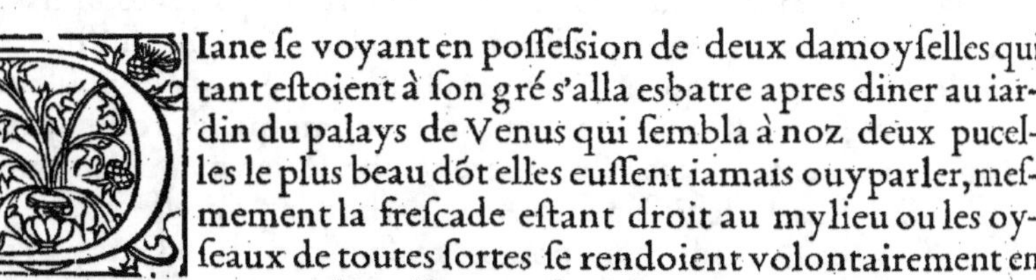

Iane ſe voyant en poſſeſsion de deux damoyſelles qui
tant eſtoient à ſon gré s'alla esbatre apres diner au iardin du palays de Venus qui ſembla à noz deux pucelles le plus beau dõt elles euſſent iamais ouy parler, meſmement la freſcade eſtant droit au mylieu ou les oyſeaux de toutes ſortes ſe rendoient volontairement en
auſsi grand nombre qu'on les euſt peu aſſembler en vne voliere °oi-
ſoient vne melodie merueilleuſe: la belle fontaine couroit ſouz la cou-
droye ou la princeſſe ſe vint ſoir & ſes dames à l'entour. Entre leſquelles
Lardenie luy dit que le lieu eſtoit propre à ſonner à cauſe du faux bour-
don de l'eau bruyante & des fleurtis des oyſillons. Diane entédoit qu'elle
le diſt pour ouïr de rechef Daraïde & ſa compagne: mais elle luy remon
ſtra quelle meſme leur deuoit faire cognoiſtre ſa perfection en muſique
pour voir lacces nouueau que Daraïde en pourroit receuoir. A quoy
la princeſſe s'accorda, & print ſon luth dont elle eſtonna les maiſtreſſes
meſmes, ſpecialement Daraïde de qui l'eſperit eſtoit tant rauy de cette

armonie

armonie (iointe l'amorce de la main qui la causoit)qu'il luy sembloit des-
petré des lyens du corps chercher issue pour aller trouuer celuy qui l'atri-
roit comme l'aymant le fer : qui meut Garaye à dire à la princesse : Làs,
ma dame, c'est assez, si ne voulez voir encor' vne extase de cette pauure
amante selon sa contenance que i'apperçoy desia y tendre. Comment(dit
Diane à Daraïde(m'amye ou en estes vous logée? En paradis & en enfer,
respond elle, en enfer gist mon corps que l'ame tormente & desire abandonner, dont elle le rend souuent ainsi morne & transy. Et elle lors se
sent comme en vne gloire celeste, participant vne volupté spirituelle en
ses pensées incorporelles, ne souhaittans plus que d'estre iointe à la vostre
inseparablement. Làs ma dame ie considere que ce pourra estre des miserables cheualiers quand ilz auront fruition de vostre vision pure & vraye
veu l'effort de vostre seule ymage qui leur fait courir les champs, teindre
les herbes de leur sang, & embraser les cueurs des flammes ardentes. Ce
disant les larmes luy arrosoient ses pasles iouës, iusques à ce qu'elle auisa
quelque souspir eschapé à Diane, nonobstant la dissimulation dont elle
le cuida couurir: qui luy auint en repliquant à Daraïde que c'eust esté de
son amour si elle fust homme, veu les signes extremes qu'elle en demon-
stroit. Sur lesquelz elle la vint arraisonner (cognoissant qu'elle auoit sur-
pris son souspir (lesquelz elle estimoit plus seurs tesmoings de la douleur
secrette, les pleurs ou les souspirs. A quoy Daraïde : ma dame ie confesse
qu'il y a des larmes procedans d'abondance d'honneur propre au sexe
des femmes, dont on dit qu'elles les ont à commandement pour abuser
leurs langoureux amans. Mais le corps ou telle fontaine est desia tarie
par pleurs continuëlz , ce qu'il vient à distiller de ses yeux sont les vitales
vapeurs que le feu cruel du cueur exhale & chasse en haut, consumant en
ce la racine de la vie, alors Diane: Ie dis Daraïde que les souspirs qui d'au
tant sont plus communs aux hommes rendent côte plus suffisant de cette
ardeur vehemente, qui ne trouuant plus de liqueur quelle puisse enuoyer
aux yeux, y pousse vn air sec & vent enflammé qui se produit par amour
qui vient euenter de ses æsles le cueur embrasé, le voyant en termes d'ex-
pirer sans ce refraichissement. Ainsi prenoit la princesse grand plaisir a
deuiser auec Daraïde, mais pour ne mespriser du tout Garaye, l'interroge si c'estoit la coustume de son païs que les femmes fussent amoureuses
les vnes des autres. Qui luy respondit que la region de Sarmatie donnoit
les vsances des hommes aux femmes en leur mettant les armes aux mains
pour combatre: parquoy leur seroit aussi moins estrange cet office viril
d'aymer les dames qu'à celles des autres contrées : mais quoy qu'il en fut
que l'outrepasse de son excellence ne laissoit sexe ny eage exempt de son
amour. Apres ces deuis ioyeux, Diane reprint le luth pour acheuer sa
chanson que la compassion de Daraïde luy auoit rompue : & pensant
que le mot l'auoit troublée estant conforme à son estat: pour ne la mettre
en desespoir luy declara qu'elle la sonnoit plus à cause de la musique que

G iiii		de la

de la lettre, combien qu'elle l'eut faitte à propos d'elle la cuydant eftre femme.

CHANSON.

De iour en iour ma vie diminuë
Ie perds mes fens, & change ma couleur.
Tant fa beauté diuine continuë
A me naurer d'ennuy & de douleur.
Voyant fçachant me plains de ce malheur
Et veux languir en cett' afpre fouffrance
Tant que i'auray de vie au corps vfance.
O grief tourment, ô dure noueauté,
Quand en ce cas ie n'ay nulle efperance
D'onques ioyr du fruit de fa beauté.

Daraïde receut vn contentement fecret de cette chanfon quand elle l'eut bien côfiderée. L'heure eftoit venuë que la princeffe auoit accouftumé de foupper, qu'elle fit apporter aupres de la fontaine : commandant à Daraïde luy feruir d'efchançon, & à Garaye d'Efcuyer trenchant ce qu'elles firent de fort bonne grace : puis s'en allerent foupper. Et la princeffe aufsi toft demanda à Lardenie & Galardie (qui auoient mangé auec elle) qu'il leur fembloit de fes deux damoyfelles, à quoy la duchesse : Ma dame ie ne recufe en la caufe de Daraïde pour l'amour que ie luy porte aufsi feruent qu'elle a vous : tant ofe ie dire que c'eft vne des plus accomplies pucelles pour fon eage que les dieux créerent iamais, foit en beauté grace, ou difcretion. Vous dittes vray (refpond Diane) & ie me tiens plus fiere de l'auoir que qui m'eut donné vn Royaume. En ce deuis continuërent tant que noz filles reuindrent : & Lardenie va accoller Daraïde luy demandant comme elle eftoit en fa bonne grace, qui luy refpondit : comme celle que par raifon ie doy prifer & aymer fur toutes les Dames du monde apres ma dame Diane. Ie fuis bien abufée (replique la duchesse) qui penfois tenir le premier lieu en voftre endroit. Daraïde s'excufant qu'il y auoit des creatures naturellement nées à dominer & feigneurier les autres : & que la Princeffe auoit tellement afferuy fon cueur qu'elle n'en pouuoit plus difpofer que de telle portion qu'il luy plairoit. Diane fouzriant luy dit qu'elle vouloit eftre aymée d'elle fouuerainement comme aufsi elle l'aymoit fur toutes. Me voyla (pourfuit la duchesse) tombée de fieure en chaut mal, qu'il ne fuffit pas à ma dame d'emporter la préeminence fur Daraïde, fans encores la preferer à nous autres. En quoy la Princeffe luy remonftra qu'il n'eftoit raifonnable de moins rendre que le plus a celle qui autant en liureroit de fon cofté. Daraïde ne fut pareffeufe a la remercier de ce grand môt qu'elle ne mit pas en oubly : ains quâd elle

print

print le luth auecques fa feur en donna tefmoignage par cefte chançon
refponfiue à la precedente de Diane.

CHANSON.

Làs vain defir, interditte efperance,
Làs faux penfer & aueuglé vouloir,
Larmes, foufpirs, piteufe doleance
Souffrez ormais mon efpprit paix auoir.
Mais fi par force, ou par quelque oubliance,
De ce fort neud mon cueur ne puis rauoir:
Vient mort, de moy pren ton dernier deuoir,
Mettant à fin ma cruelle influence.
Confume (ó ciel) en moy ta grand' puiffance:
De ma douleur telle eft la vebemence
Que ton effort ne me fera que ieu.
Iette (ó amour) ton arc flefches & feu,
Et dreffe ailleurs ta force & violence:
Playe nouuelle en moy n'a plus de lieu.

La princeffe fut fort fatisfaitte de ce lay piteux, & print fon luth & ioua
auec elles : qui fut la plus delectable armonie & la plus remplie que iamais euft efté ouyé, ny aufsi touchée de fi belles & hautes mains. Auquel
plaifir nous les laifferons auecques la royne Sidonie(qui n'en perdoit pas
vn iour) pour retourner au cheualier du Fenix.

Comme la royne de l'Ifle de Dar-

danie requit le cheualier du Fenix d'efpoufer la princeffe Lucenie fa fille, & de fa refponce.

Chapitre   XXII.

E cheualier du Fenix qu'auons laiffé en l'Ifle de Dardanie y fut deux iours (depuis la victoire qu'il eut
contre le geant) en grand penfée touchant le party de
Lucenie, qu'il cognoiffoit bien que la Royne luy vouloit offrir. Mais combien que la princeffe luy femblaft
beaucoup à eftimer, toutesfoys fon cueur defia engagé
en autre lieu ne fi pouoit bonnement renger: ioint fon aage qui eftoit encores plus propre au trauail des armes pour acquerir loz & gloire, que
pour s'accafaner auec vne dame, & fe mettre en mue à engreffer comme
vn oyfon

vn oyſon . Au troiſieſme iour la Royne ne faillit à l'iſſuc du diner de luy
entamer le propos, diſant que le ſeruice qu'il auoit fait à elle & ſa fille de
les auoir deliurées de l'aſſaut du geant, & rendu leur terre paiſible, la
ſembloit charger d'ingratitude ſi elle ne le recognoiſſoit le plus hautement que ſa puiſſance portoit . Brief que ſa vertu conſiderée auec les autres graces dont elle le voyoit doué autant que cheualier du monde, elle
ne le reputoit digne de rien moins que de la compagnie & conionction
de ſa fille auec le droit ſucceſsif de ſa coronne: ce qu'elle luy preſentoit de
tresbon cucur comme le fond & comble de tout ſon pouoir. Florarlan fut
fort troublé de la requeſte de la Royne la ſentant liberale & ſi affectueuſe qu'il ne voit moyen de s'en demeſler honneſtement: Toutesfoys luy
fit reſponce qu'il ne ſe ſentoit capable de ſi gráde offre, ne ſçachant le lieu
de ſon origine, & n'ayant cognoiſſance aucune de pere ne de mere. D'a-
uantage qu'il eſtoit de loy trop differente à la ſienne, qui ne luy permettoit alliance auec gens de contraire creance . Finalement que ce ſeroit
honte à luy eſtant de tel aage de s'arreſter ſi toſt au repos & delices du
corps auant que l'auoir employé en l'exercice & conqueſte d'honneur.
La royne ſe trouua par ceſte reſponſe fort deceuë de ſon opinion, cuidant
qu'il deuſt accepter ſon offre de franche volonté, & luy repliquoit que
fortune ou le ciel luy auoit fait telle grace de gloire bellique en ſa ieuneſſe que ſon aprentiſſage equipoloit le chef d'œuure des autres, & ſon commencement, la fin. Lors Lucenie qui vouloit franchir le ſaut aiouſta: que
puis que la Royne ſa mere auoit declairé ſon conſentement, que de ſa part
auſsi elle diroit vn mot du ſien: c'eſt à ſçauoir quát au lignage & pauure-
té qu'il pretendoit, que l'intereſt n'en redondoit que ſur elle qui n'en faiſoit aucune difficulté: Quant à la diuerſité des loix, que ſi il luy faiſoit
entendre la raiſon & le fondement de la ſienne eſtre meilleur, elle ne ſe
voudroit obſtiner en vne fauſe & peruerſe: mais ſi nonobſtant toutes ſes
pactions & conuenances il eſtoit reſolu de n'y entendre, qu'elle proteſtoit
d'acheuer le reſte de ſes iours en vie ſolitaire, ſans iamais ſe marier, pour
demeurer ſeule à cauſe du ſeul . A ceſte parolle reuint à Florarlan en memoire l'eſcrit de la profetie de la royne d'Argenes au perron de Conſtantinople, duquel a eſté fait mention au liure precedent:

Quand le ſeul ſera auec la ſeule ſeulement, ſçaura le ſeul qui peut eſtre ſeul.

Parquoy penſa que ce fait eſtoit mené & conduit par deſtinées . Puis
ſuruindrent les barons du païs qui ſe proſternerent à ſes piedz, le ſuppliát
ne refuſer ceux qui de ſi bon zele ſe donnoient à luy, & n'eſtre cauſe que
la ligne de leurs ſeigneurs periſſe . La Royne & la belle princeſſe ſe deſ-
confortoient extremement, en ſorte qu'à la fin l'obget preſent de la gracieuſe Lucenie effaça la ſouuenance ymaginaire de Cleofile qu'il n'auoit
connenuë ny aymée qu'en peinture . A raiſon dequoy apres auoir penſé
vn eſpace, ſe leue de ſa chaire & s'en va à Lucenie qui s'eſtoit iettée (comme faillie de cueur(ſus vn lid verd, à qui il dit : Ma dame ie vous prie de
pardon-

pardonner à voftre cheualier la mefprifon qu'il femble auoir commife
enuers voftre grandeur, reuoquant en difficulté le bien dont il n'eft pas
digne: lequel finablement vaincu de voftre affection finguliere fe rend
tout à voftre difcretion pour executer voz commandemens. La dolente
princeffe fe leue à ce mot en furfaut, en tel aife que le prifonnier oyant
prononcer l'arreft de fa deliurance, & pour toute refponce le va baifer la
larme à l'œil auec vne humble reueréce. La royne voyant cefte nouueauté non attendue y vien & renforce les accollades à Florarlan, lequel alors
leur dit: Il ne m'eft poffible ne pour amour que i'aye defia affis en autre
lieu, ne pour autre refpect quelconque mettre en arriere l'obligation de
voftre bienueillance tant euidente enuers moy: qui me contraint vous
promettre ma dame (parlant à Lucenie) puis que tant d'honneur me daig-
nez faire, de ne bailler iamais la foy à autre dame qua vous, comme voftre loyal mary & efpoux: moyennant que me donnez congé (auant que
paffer iufques à l'effect des noces) d'aller en quefte quelque temps fur la
cognoiffance de ma race: veu que voftre aage & le mien ne donnent occafion de rien importuner ne hafter. Lucenie qui euft bien voulu cefte
promeffe fans telle condition delayant la iouiffance de fon defir, s'y accorda puis qu'autrement ne pouoit: le fuppliant y vouloir vfer de la plufgrande diligence que poffible luy feroit. Si le retint encore deux iours
fouz ombre de luy faire equipper fon vaiffeau, & appareiller tout ce qui
luy eftoit neceffaire en fon voyage: durant lefquelz il leur prefcha fi bien
la loy de Dieu qu'elles fe firent battifer, & tout leur peuple apres. Auffi
y eut maintz honneftes amoureux propos entre luy & elle, accompagnez parfois de gracieufes careffes, ris, & baifers, tant que le point d'honneur pouoit fouffrir: ce qui laiffa à la Princeffe d'autant plus grand regret
de fon partement, apres auoir goufté fi familierement la douceur de
fa compagnie: mais le cours fatal le tiroit bon gré mal gré à fes auentures,
aufquelles il s'expofa le troifieme iour, s'embarquant auec mille pleurs &
foupirs reciproques. Et la fortune le guida en maintz lieux auant qu'il ar-
riuaft en l'Ifle de Guindaye: la ou il fit tant d'armes fouz le titre de Fenix:
que fa renommée volant par le monde caufa grand contentement à Lucenie fa fiancée, à Arlande fa mere, & à Florifel qui en fon cueur ne le defa-
uouoit à filz. Vray eft que de fes faitz nous pafferons vn peu legerement,
renuoyant les lecteurs au liure propre de fa cronique.

Comme le roy de Lacedemone

*vint vers l'emperiere Niquée de la part du Soudan fon pere pour
la mener vers luy, & du fuccez de leur voyage.*

Chapitre   XXIII.

Peu de

Eu de iours apres que Florisel fut guery des playes qu'il auoit receuës au combat contre le roy de Gaze, le roy de Lacedemone arriua à Trapezonde pour prier l'empereur Amadis de Grece au nom du Soudan de luy enuoyer sa fille Niquée pour vn peu de temps cóme le principal soulas & reconfort de sa vieillesse. Ce que l'Empereur luy accorda combien que non sans regret. Si la conduit au port auec Florisel & Helene, qui s'entredonnerent mille baisers & accollées à la departie. Or singlent ilz en haute mer, laissans la cour fort troublée par l'absence de l'emperiere: & trois iours durans voguerent par bonace, mais au quatrieme la furie des ventz s'eleua qui les porta costiers de leur route, & les alla ietter en vne des Isles Ciclades, en laquelle commandoit vne dame de la lignée de Furio Cornelio, qui hayoit mortellement Amadis de Grece & tous ses adherens. Si tost que l'emperiere Niquée se vid abordée en terre voulut descendre pour se reposer du trauail de la mer. Le Roy luy fit compagnie auec vne partie de leurs gens, qui furent incontinent descouuertz d'vn chasteau non lointain, d'ou sortit vn nombre de salades & guisarmes qui vindrent prendre l'emperiere & la pucelle Anazare qui l'accompagnoit auec quelques autres filles de ducz & contes, & le bon Roy aussi. Ceux de leur troupe qui se mirent en defence furent sagmentez, les autres menez prisonniers: puis vindrent cinq ou six vaisseaux armez assaillir la nef de Niquée qui leuoit les áncres en intention de faire voyle en Trapezonde, pour aller porter les nouuelles de leur meschef: mais possible ne leur fut d'eschapper que partie d'eux ne fussent pris, les autres noyez, & la nau mise à fond. La dame de ce chasteau (qui Garçarace auoit nom) fut fort ioyeuse de voir de
si belles

ſi belles damoyſelles en ſon pouuoir : & beaucoup plus le fut quand elle
entendit par vn des priſonniers qu'elle tenoit l'emperiere Niquée. Alors
s'en va incontinent voir celle qui ne penſoit eſtre deſcouuerte & luy dit la
iugeant à ſon maintien maiſtreſſe du chaſteau : ma dame ie croy à voſtre
phiſionomie qu'eſtes pour vſer pluſtoſt de pitié que de rigueur enuers
ceux que fortune a liurez en voz mains : pource vous prie de nous laiſſer
aller noſtre voye : vous aſſeurant que (combien que ne ſoyons pas du plus
haut lieu de ce monde) vous ne perdrez rien à nous faire plaiſir au moyen
des bons amys que nous auons. A quoy Garçarace dit : ma dame ne vous
penſez déguiſer enuers moy qui vous cognois pour emperiere de Trapezonde, plus contente de vous tenir que la valeur de toutes voz ſeigneuries : car ie ſuis de la race du vaillant Furio Cornelio qui a eſté meurdry
par les voſtres, & le duc Brabon mon filz apres. Dont ay inimitié iurée
contre voſtre lignage, laquelle ie n'executeray enuers vous par inhumanité quelconque, fors que de vous retenir icy, pour donner à l'empereur
Amadis voſtre mary (par voſtre abſence) le plus grief ennuy que i'eſtime
luy pouuoir auenir. Niquée luy voulut remonſtrer qu'elle n'auoit eſté
cauſe des accidens dont elle ſe plaignoit, & que ce ſeroit contre raiſon
qu'elle portaſt la peine de l'offence qu'elle n'auoit commiſe, mais ce fut en
vain : Garçarace luy reſpondit qu'elle miſt ceſte eſperance hors de conte,
& au reſte s'aſſeuraſt de receuoir d'elle tout le meilleur traittemét qui luy
ſeroit poſsible. Ainſi laiſſe l'emperiere Niquée demy deſeſperée, qui ſe
mit à faire de piteuſes doleances puis à ſon Amadis, puis à Floriſel ſon
filz. O' Amadis de Grece lumiere des cheualiers ou eſtes vous maintenant que ne venez ſecourir voſtre deſolée compagne. Làs ie ſuis certaine
que ſi eſtiez auerty de ma triſte priſon, vous ſeriez bien toſt volé icy pour
deliurer voſtre loyalle amye. Voire quand vous y viendriez ſeul toute
l'Iſle ne pourroit repouſſer voſtre effort inuincible. Làs Floriſel qui tant
auez employé voz forces au ſecours des dames, que ne ſçauez vous l'infortune de voſtre mere pour la ſecourir & tirer hors de la main de ſes ennemys. O Rogel mon petit filz, ſi tant duroit ma captiuité qu'elle atten-
diſt la vigueur de tes bras, ie m'aſſeure ſur les profeties de ta grandeur
que l'iniure qu'on me fait ſeroit cher venduë. Helas chere ſeur Alaſtraxerée combien qu'ayez quitté les armes en mariage, ſi les reprendriez
vous encores à ce beſoing ſi vous en entendiez les nouuelles. Apres ces
grandz regretz elle embraſſoit la pucelle Anaxare diſant, à a mamignon-
ne que ie fais grand tort à voſtre belle ieuneſſe de l'auoir tirée en ce malheur, au lieu qu'elle deüroit eſtre en tout plaiſir & ſoulas, qui luy reſpondit : Ma dame ne vous tourmentez point ainſi, recommandons nous à
Dieu ſeulement qui iamais n'a delaiſſé le ſang de Grece, & il nous enuoyra en brief quelque moyen de deliurance. Garçarace qui entendit par ſes
gens qui les alloient ſeruir au repas, le dueil que Niquée menoit, fit tirer
le vieil roy de Lacedemone de la chábre ou elle l'auoit fait mettre à part;

H   & l'en-

& l'enuoya tenir compagnie à l'emperiere : dequoy elle fut vn peu con-
folée à caufe des remonftrances qu'il luy fit de ne pleurer & gemir comme les fimples femmelettes, ains d'vfer de conftance fortable à fon eftat
qui requiert vne grandeur de vertu pareille au reng qu'elle tient. Et qu'en
celà elle doit imiter à fon pouoir la patience de fon mary tant efprouuée
& recommandée : autrement fe diroient les gens de baffe condition plus
heureux que les feigneurs, d'autant que comme plus grandz ilₑles verroient fugetz à plus grandes ruynes fi la magnanimité ne nous fouftenoit
contre les affaux d'aduerfité . Quoy qu'on luy fceuft dire ny alleguer elle
ne voulut boire ne manger le premier iour . L'endemain qu'elle fentit de
grandz elancemens du fruit qu'elle auoit au ventre qui crioit à la faim,
pour le fauuer elle print quelque peu de refectió. Tant vous puis dire qu'il
vint à fortir fur terre durant ceft emprifonnement, & fut vne fille de finguliere beauté nommée Fortunie: à raifon du lieu & fortune de fa naiffan
ce. Ce pendant Garçarace fortifia fa cofte & fon chafteau, donnant ordre
que les nouuelles de cefte prife ne puffent eftre portées au princes Grecz.

Comme les nouuelles coururent

par le monde que l'emperiere Niquée eftoit perie en mer, & du merueilleux dueil qu'on en mena.

Chapitre   XXIIII.

E venant aucunes nouuelles du Soudan touchant l'arriuée de fa fille, on enuoya vers luy en diligence pour
en fçauoir la verité. Alors on s'affeura que l'emperiere
eftoit perie en mer, dont fut la douleurs incroyable en
tous les lieux de fa cognoiffance . Tellement que la
princeffe Lucelle mefme n'en fut exempte, laquelle
s'eftoit toute retirée à Dieu, & employoit fa vie à œuures de charité
& hofpitalité accompagnée de fa bonne damoyfelle Anaftafiane, à qui
elle fit de grandz plaintes fur la mort de Niquée: dont l'autre trop esbahye, luy remonftra qu'elle auoit plufgrande occafion de ioye que de trifteffe, veu l'efperance qui pouoit eftre de iouïr de fon tant aymé Amadis
à l'heure franc & libre. A'à m'amye (difoit Lucelle) quand fon cueur
s'y rengeroet non feroit pas le mien qui fe fent trop offencé d'auoir efté
poftpofé à vn autre : fi eft ce que ie l'ayme outre mefure, & pleure & ge-
mis pour l'ennuy que ie le fçay porter de la perte de fa Niquée. Elle difoit
bien vray : car iamais mary ne fouffrit plus amere angoiffe de la mort de
fa femme : tellement qu'il fe tint huit iours en fa chambre fans vouloir
voir perfonne que Florifel & Helene, & vfant de telle abftinence & diete
qu'il

diette qu'il perdoit desia force & couleur. Sur ce deuil luy vindrent lettres consolatoires de plusieurs Princes & Dames, mais la principale de toutes fut celle de l'emperiere Abra qu'elle l'enuoya par le roy Frandalo, dont le dessus estoit.

Lettre de l'emperiere Abra.
Au tresredouté empereur de Trapezonde, prince de Grece,
de Gaule, de la grand' Bretaigne, & roy de Rhodes.

Monsieur, si vous ne souffriez

douleur extreme du decez de vostre bonne compagne l'emperiere Niquée, vous seriez entaché de trop grande inhumanité & ingratitude, veu le regret que les estrangers mesmes en portent, que deuez auoir senty de plus pres que nul autre. Vne si douce & loyalle conionction ne se peut departir sans vn grand naturel creuecueur. Mais apres que le premier mouuement a donné son alarme il fault que l'esperit vienne a se recueillir en soy & reprendre aleine, considerant que les larmes sont perdues sur chose non recouurable, & le tourment vain en cas qui est sans remede. La desirez vous encores en ce monde ? vous seriez enuieux de son bien: gemissez vous son mal ? elle est en vne vie immortelle plus heureuse que la vostre : souhaitez vous à la suiure au lieu ou elle est allée ? vous offenseriez Dieu de tascher apartir d'icy auant qu'auoir executé tout ce qu'il a ordonné estre acheué par vous en ce monde. Vous auez renom de magnanimité entre tous cheualiers : mais si vous laissez ainsi abatre de vous mesme, vous perderez a vn coup toutes les victoires aquises sur les autres : aussi vous monstrant vertueux à resister a ceste griefue passion, aiousterez le feste & comble au trofée de tous voz faitz illustres. Cet acte de la menter est indigne d'vn hóme, encore plus d'vn prince qui doit seruir de lumiere exemplaire. Au reste vous sauez qu'elle estoit néc mortelle & que ne tarderons gueres apres elle a franchir le pas. Auisez donc a secher voz larmes par prudence, que le temps essuye par lógueur aux ignorans, en vous conformant du tout au deuin voloir.

Abras Emperiere de Constantinople, &
Princesse des regions orientalles.

Amadis ayant leu ceste lettre dit

à Frandalo qu'il remercioit grandement l'Emperiere du bon reconfort qu'elle luy donnoit, & qu'il s'euertueroit a obeir à ses remonstrances de tout son pouoir. L'endemin partit Frandalo, & Amadis discourant seul la nuit sur sa Niquée, conmença à penser quelle ne pouoit estre trespas-

H ii   sée, &

ſée, & que veu leur amitié intrinſeque ſon ame luy fuſt venu dire a dieu, ou donner quelque autre ſignifiance de ſon partement: ou ſi les ames n'vſent de cet office, l'influence du ciel l'euſt affligé a l'heure qu'elle perſecutoit ſa perſonniere, comme il auient a pluſieurs en quelque diſtance de lieux qu'ilz ſoient, de ſentir l'heure propre du decez de leur parent ou amy cordial. Et ſur ceſte opinion ſe fait armer ſecretement par vn page d'vn harnois noir, luy enchargeant de dire l'endemin à Floriſel & non pluſtoſt, qu'il eſtoit party en fantaiſie que l'emperiere eſtoit viuante & alloit à ſa queſte, priant ſes amys de luy eſtre aydans pour pluſtoſt la trouuer en s'eſcartant en diuers païs: ſi monte a cheual ſans eſtre apperceu. Floriſel ne le trouuant point en ſa chambre fut en grande angoiſſe, craignant qu'il fuſt allé mener quelque vie ſolicitare en lieu lointain & deſert iuſques au lendemin que le page luy declaira ce qui luy auoit eſté commandé. A l'inſtant Floriſel vn peu plus content, demande congé à ſa chere Heleine qui en fut fort deplaiſante, eſtimant que leur peine fuſt vaine & inutile à cercher celle que lon tenoit pour perie. Mais a l'heure qu'il fut armé & preſt a monter ſur ſon deſtier voicy arriuer trois cheualiers qui n'eſtoient pas compagnons mais s'eſtoiét rencontrez en chemin, portans tous la figure de Diane en leurs eſcuz. Entre leſquelz y en auoit vn de taille & corpulence de demy geant qui premier parla: Prinſe Floriſel tu connois aſſez au blaſon de mon eſcu la cauſe de ma venuë: Ie me reputé bienheureux de t'auoir rencontré ſi a propos auant ton partement qui me ſemble fort laſche, veu la querelle que tu as entrepriſe a ſouſtenir iuſques à la fin: mais ie ſuis arriué à point nommé pour arreſter ta ſuite. Or es-tu en equipage de combatre, ſi ne differe point que n'allions de ce pas demeſler noſtre different. Ie ſuis Bultazar roy de Frige, filz de Breon, de qui le ſang eſpandu par tes mains me crie vengence. Le Prince fut trop ennuyé du deſtourbier que luy donnoit ce Roy à ſon voyage:neantmoins voyant la neceſsité que s'eſtoit d'en paſſer par là, luy dit en peu de parolles, que lon ſauoit aſſez l'occaſion de ſon partemét ſans luy imputer a couardie, & qu'il luy feroit connoiſtre en ce peu d'heure combien il a de crainte de telles gens que luy. Adonc commande au duc d'Aquil & d'Alafont de les mener au champ.Ce qu'ilz firent auec vne merueilleuſe ſuitte de peuple: mais Heleine eſtoit tant affoiblie de triſteſſes les vnes ſur les autres qu'elle n'eut courage de voir le combat & y enuoya Rogel qui y print plus grand plaiſir qu'a ieu né paſſetemps quelconque.Or fut le conflit tant des lances que des eſpées fort rude & aſpre, ſans que l'auantage ſe conneuſt d'vne heure entiere, mais Floriſel finalement luy eblouit tant la veuë par ſubtilité d'eſcrime qu'il luy couppa d'vn reuers le bout des doitz du pied gauche, dont luy ſortit tant de ſang qu'il vint a perdre ſa vigueur: toutesfoys Floriſel impatient de ſi longue demeure, euitant vn des coups de Bultazar, le vient heurter de telle puiſſance qu'il le coucha par terre. Lors luy delace ſarmet,luy commandant d'aller porter ſa teſte
viue à

viue à la royne Sidonie en satisfaction de la sienne : ce que le paillard refusoit, disant, qu'il fit son deuoir (par-ce qu'il s'asseuroit sur la courtoisie
que Florisel auoit mandé à la Royne qu'il vseroit enuers ses cheualiers. En
estes vous là (dit le prince) puis donc que ny voulez aller de vostre gré ie
vous y enuoyray prisonnier par force. Ainsi le fit empoigner par les gardes du camp & mener en vn logis auec charge de le faire bien penser de
ses playes. Les deux autre cheualiers se presenterent que Florisel ne voulut refuser souz ombre du trauail precedent, connoissant a peu pres leur
portée : Aussi ny durerent ilz gueres, & leur enchargea de mener Bultazar son captif en l'Isle de Guindaye, faisans eux mesmes l'offre de leurs
testes à la Royne a la charge de la sienne. Mais auant qu'ilz fussent tous
gueriz de leurs blessures, & le prince mesme, y suruint neuf autres champions de Diane qui furent depeschez par luy en telle forme que les trois
premiers (desquelz l'histoire ne fait mention des noms, d'autant qu'ilz
n'estoient de haut lignage ne renommée (fors que tous leurs escuz furent
penduz auec ceux des deux Roys, & eux tous ensemble renuoyez en
Guindaye. Ce fait Florisel ne tarda a se mettre en la queste de sa dame &
mere : laquelle maintz ieunes cheualiers entreprindrent apres luy.

Comme l'Empereur Amadis de

Grece alla voyager par mer & par terre en queste de Niquée & de ses auentures.

Chapitre.   XXV.

'Empereur Amadis party de Trapezonde desiroit s'en elongner le plus qu'il pourroit, & gaigna en diligence vne ville meritime, ou il fit peindre en son escu l'hormitible figure de la mort, auecques escritteau dessouz MEMOIRE DE MON ESPERANCE. Si entra en vne nef qui alloit à Venise, se surnommant le Cheualier de la Mort, pour l'espoir de son remede qui ne fondoit qu'en elle, & comme celuy qui desia en sentoit les accez en la vie en vsurpoit le titre & s'en reclamoit sien. Or n'ayant nulle nouuelle ny auertissemét de celle qu'il cerchoit, en quelle contrée elle pouoit estre, se mit en ce vaisseau a l'auenture, tout deliberé d'employer vn an en ceste queste, pour s'asseurer de la vie ou de la mort de sa chere Niquée. Et au cas qu'il n'en peust auoir certaine connoissance, de s'aller retirer en quelque Isle lointaine & escartée pour y acheuer ses iours en icusne & oraison au seruice de Dieu, ayát ainsi perdu celle que plus aymoit en ce monde : laquelle il s'achemineroit de suiure au ciel si plus elle n'estoit en terre. En telle resolution fit ce voyage, rendant trop esbahis ceux de la nef de sa continuëlle tristesse, sans apperceuoir en luy vn seul point de reiouïssance. Quinze iours ou enuiron voguerent par bon temps, au bout desquelz la tormente les empoigna qui les porta plus d'vne semaine a la mercy des ventz, tellement qu'ilz ne faisoient plus tous tant qu'ilz estoient ne mise ne recepte de leurs vies. Vray est que le cheualier de la mort ne s'en soucioit gueres, estimant que ce fust par mistere dont il attendoit ou la mort prochaine qui le deliureroit de son ennuy mortel, ou d'estre ietté en quelque terre conuenuë, là ou il meneroit sa vie solitaire. A' la fin de la tempeste ilz furent portez en vn port de Grece du costé de Hongrie. Lors Amadis voulut descendre en intention de trauerser tout le royaume par terre : & sur le mydi passant par vne forest auisa vne damoyselle assez belle aupres d'vne fontaine combien qu'elle fust pasle & defaitte. Elle buuoit de l'eau au creux de ses mains quand il arriue & la salue : lors elle apperceuant en son escu l'ymage de la mort luy dit. Ha seigneur cheualier vous soyez le bien venu puis que vous portez celle que ie cherche tant pour derniere guerison de mes maux. Damoyselle (respond Amadis) nous sommes donc tout d'vn desir : mais il auient voluntiers aux personnes infortunées de ne paruenir point à ce qu'elles desirent, d'autant que toutes choses leur viennent au rebours. Il nous faudroit donc, dit elle, souhaitter la vie longue & heureuse à fin d'obtenir le contraire. Ouy mais (replique Amadis) comme seroit il possible à celuy qui à la vie en horreur. Or (dit la damoyselle) ie vous prie cheualier puis que noz volontez & intentiós sont si conformes, de me mener en vostre compagnie & ie vous seruiray d'escuyer à porter vostre lance & escu. Vous sçauez bien que c'est cósolation aux miserables de voir leurs semblables. A quoy Amadis : vous me requerez de chose que iamais ie ne refusay à personne : beaucoup moins à vous qui me semblez

blez meriter d'auantage : fi montez fur voftre ronffin & nous en allons.
Ains s'en vont, & pour tromper fes ennuys par le chemin, il l'interroge
qui eftoit la caufe de fa trifteffe fi grande, quelle luy declara eftre mal trait
tement d'amour : Nous voylà (dit il) feruz tous d'vn glaiue, finon que
peut eftre voftre playe eft curable, & la mienne non.   Alors la damoyfelle : en celà ie croy que ne fommes nomplus differens : car il faut que ie
vous confeffe ma fimpleffe bien la plus eftrange du monde que ie n'auois
en fantaifie de declairer onques a homme. Ie fuis dame d'vn chafteau qui
n'eft gueres diftant de Conftantinople : la ou il y a vn an ou enuiron que
ma mere me mena voir vn combat de deux cheualiers qui fe faifoit deuant le palais de l'Empereur.   La ie vy le conflit efpouentable reprefenté
au naturel, d'entre noftre vaillant prince Amadis de Grece, & Furio Cornelio qui me toucha fi viuement au cueur tant pour la merueille du fait,
que pour la beauté & difpofition de noftre prince, qu'onquepuis mon a-
me n'eut autre penfée ne defir : & me retiray incontinent à ma maifon &
cerchay tous les plaifirs dont me peu auifer pour diuertiffement de ma
paffion, mais ce fut en vain.   Amadis eut grand pitié de la damoyfelle
(qui luy dit que Finiftée auoit nom) d'autant qu'il s'entendoit eftre fource de fon mal, & luy difant que c'eftoit dommage de fa belle ieuneffe
ainfi perdue en peine & tourment : elle aioufte, que plus il l'aplaindroit
encores s'il l'euft veuë auant qu'elle fuft ainfi blefme & maigre de melancolie : car adonc elle ne cedoit a femme ne fille de l'empire, hormifes les
princeffes.   Amadis luy recharge : qu'a fon conte il ne cuidoit pas fa maladie fans remede & efperance : à quoy Finiftée : vous ne connoiffez pas
donc la folie des princes Grecz qui tiennent vne loy de ie ne fcay quelle
loyauté qui ne leur permet d'aymer en plus d'vn lieu. Cefte folie (dit A-
madis) leur coufte cher a ce que puis comprendre : par ce que toute leur
affection racueillie en vn endroit caufe le feu comme les rayons du foleil
amaffez au miroir ardent. Alors elle le pria de luy raconter pareillement
fon martire, & d'ofter fon armet pour fe mettre plus a fon aife. Ce qu'il fit
efperant qu'elle ne le reconnoiftroit, tant il eftoit pafle, deffait & amai-
gry.   Mais auffi toft qu'elle vid fa face (combien que fort changée) luy
donna vn furfault de la femblance de celuy qu'elle portoit emprainte en
fon cueur, qui luy va faillir, tellement qu'elle s'en alloit tomber fi Amadis ne l'euft retenuë & arraifonnée dont luy pouoit venir cefte faillance
foudainne.   A à, dit la domoyfelle, ne vous en esbahiffez feigneur, car
vous reffemblez au prince Amadis comme vn œuf à l'autre. Làs que ie
me treuue contente de voftre rencontre, veu noz maladies pareilles, & la
femblance que rapportez a celuy que plus i'ayme que moy-mefme, voire
au bruit qui court de la perte de fa chere efpoufe, encores le fuyurez vous
en conformité de douleur : vray eft que fon tourmét eft mal fondé fur vne
perfonne morte, veu que ceux qui fe marient font comme champions qui
entrent en camp cloz ou ilz attendent la fin l'vn de l'autre. Ouy mais dit

H iiii   Amadis

Amadis aucunefoys ilz y demeurent tous deux, ce que ie croy que voſtre
prince voudroit luy eſtre auenu quand & ſa Niquée. Ainſi deuiſans cheminerent touſiours, & trouuerent en leur chemin vn cheualier mort, &
vn autre qui tiroit vne damoyſelle par le bras, laquelle s'arrachoit les cheueux & lamentoit piteuſement, & il la menaſſoit pour la faire monter ſur
ſa haquenée. Ce que voyant Amadis print ſa lance & ſon eſcu de Finiſtée
auant que s'approcher, & ſi toſt que la damoyſelle l'apperceut luy eſcria:
Seigneur cheualier pour la foy que deuez à Dieu deliurez moy de ce pautonnier qui a meurdry le preud'homme (que voyez giſant) par trahiſon,
pour m'enleuer & deshonorer. Amadis le ſomme incontinent de ſe deporter d'outrage enuers la damoyſelle, & il luy reſpond (en montant ſur
ſon deſtrier) qu'il luy alloit enſeigner à s'entremeſler ſi auant des affaires
d'autruy : ſi empoigne vne lance qui eſtoit appuyée contre vn arbre, laquelle au ioindre il tronçonna contre Amadis, qui en recompenſe le fit
ſauter & bondir par deſſus la ſelle emmy le pré : & eſtoit ia deſcendu
pour luy delacer le heaume & luy trancher la teſte, quand deux autres
ſuruindrent les lances baiſſées luy criant qu'il ſe gardaſt de l'offencer. A la
courſe deſquelz il gauchit tellement qu'il leur fit perdre leur coup, & ſoudain remonte & les reçoit auec leurs lances qu'ilz eſclatterent en ſon eſcu
ſans l'ebranſler nom plus qu'vne tour, mais il attaint l'vn des deux ſur l'eſpaule, qu'il entama bien vn bon doit de profond. Toutesfoys retournent
ſur luy furieuſement, & il ſe deffend comme beſoin luy eſtoit. A tant il
oyr crier hault la damoyſelle, & tournant vers elle ſon regard, apperçoit
le premier cheualier qu'il auoit abatu qui la trainoit rudement par vn
bras, luy eſtant deſia a cheual. Parquoy Amadis entre en colere contre
ceux qui l'empeſchoient de la ſecourir, tellement qu'il pourſend à vn les
yeux d'vn reuers, & à l'autre abbat la teſte de deſſus les eſpaulles : puis
court vers le tiers qui auoit couché la damoyſelle ſur le col de ſon cheual
lequel le voyant venir quitte ſa priſe, & auiſe à ſauuer ſa vie a pointe d'eſperon. Alors Finiſtée eſmerueillée de la bonté de ſon cheualier, amene
le palefroy à la damoyſelle, la conuiant de ſuyure celuy qui alloit pour
ſon droit : ce qu'elle fait, combien que laſſe & rompue, remerciant finiſtée du bon ſecours d'elle & de ſon cheualier. Ainſi s'en vont apres Amadis, qui ſuyant ſon homme en rencontre vn autre qui le veut arreſter,
pour ſçauoir la cauſe de la faute du premier. Lequel Amadis pria de ne le
deſtourner du chaſtiment qu'il alloit faire d'vn malheureux paillard, &
qu'il pourroit entendre le fait par les damoyſelles qui venoient apres. Ce
pendant le ribaud entra en vne foreſt, ou Amadis en perdit la trace : toutesfoys ne laiſſa à paſſer outre, tant qu'il entra en vne prairie pres d'vn cha
ſteau ou il trouue force gentilzhommes & damoyſelles dançans: auſquelz
il demande s'ilz auoient point veu vn cheualier fuyant deuant luy, à quoy
vne d'entre elles qui eſtoit belle & de bonne grace luy reſpondit en riant
qu'elle ne ſçauoit qui ſeroit ſi fol de ne s'enfuyr deuant la mort. Si ie tenois
(dit A-

(dit Amadis) vne beauté entre mes bras dont la voſtre me fait ſouuenir,
ie ietterois au loing ceſte laide figure que i'ayme. Si vous l'aymez tant(reſpond elle) gardez la pour vous, ſans la preſenter à ceux qui ne ſont ſi las
de viure que vous. Mais dittes moy(pourſuit Amadis)ſi ſçauez nouuelles
de celuy que ie cerche : Eux ne tenans conte de luy reſpondre ſe remet-
tent à la dance, dequoy luy ſe plaignant comme de gens ruſtiques & mal
apris, l'vn des gentilzhommes (qui eſtoient huit en la trouppe) luy dit
qu'il tiraſt ſon chemin, s'il ne vouloit qu'on luy liuraſt le vray effect de
l'ymage qu'il portoit. Venez y (dit Amadis) & ie vous monſtre vne note
que ne ſçait point encor' voſtre meneſtrier. Sur ces entrefaittes Amadis a-
uiſe le cheual de ſon fuyart qu'vn valet pourmenoit pres de la porte du
chaſteau : Si pique droit là pour trouuer ſon homme, & ſans contredit entre en la cour du chaſteau, ou il met pied à terre & s'en va en la
premiere ſalle ou il voit le galand deſia la teſte nue qui ſe vouloit deſarmer, à qui il eſcrie . Damp cheualier voicy celuy qui punit les rauiſſeurs
de dames : l'autre à l'inſtant qui l'apperçoit gaigne vne chambre ioignant
a la ſalle,criant à l'ayde mes amys a l'ayde : mais: Amadis le ſuyt de ſi pres
qu'il ne luy donne loyſir de fermer l'huis, & ſans grande reſiſtance luy
couppe la teſte, laquelle tenant par les cheueux deſcend en la cour d'ou
il entend vn grand bruit par le chaſteau, c'eſt à ſauoir de cheualiers n'a-
gueres dançans qui s'eſtoient venuz armer pour ſecourir leur compagnon
quand ilz virent entrer l'eſtranger Mais il eut loyſir de monter ſur ſon
deſtrier & ſortir dehors auant qu'ilz fuſſent preſtz. Vray eſt qu'il ne fut
gueres loing quand le ioignirent huit cheualiers & douze cabacetz auecques haches, contre leſquelz (luy qui en auoit trop veu d'autres) ne s'e-
ſtonna en rien, ains en peu d'heure abbatit deux des cheualiers qui onques puis n'en releuerent, & aualla bras, orellles, machoires aux gens de
pied . Toutesfoys le nombre eſtoit grand contre vn ſeul, & craignant
qu'on luy occiſt ſon cheual entre les iambes deſcendit, & en eſcrimant
s'alla adoſſer contre la muraille du chaſteau, pour n'auoir ſes ennemys
qu'en barbe . mais il eut grand peine a les ſouſtenir iuſques à la nuyt,ſans
le cheualier de rencontre que les deux Damoyſelles auoient informé de
la querelle, qui a ſon arriuée fauſſa la poitrine a vn des cheualiers, puis ſe
vint meſler parmy les autres l'eſpée au poing : de ſorte qu'Amadis reprenant courage par ſon ſecours en tailla la moitié en pieces, & l'autre de-
ploya les iambes pour gaigner franchiſſe au chateau. Amadis & ſon compagnon les ſuyuent, & à l'entrée de l'eſcalier rencontrent la damoyſelle
de la dance a qui il auoit diuiſé en paſſant, qui luy dit: Helas bon cheualier ſi eſtes auſsi courtois que vaillant, ie vous prie ne mettre tous mes gés
a l'eſpée, & me donner les vies de ceux qui reſtent. Ie les vous donne dit
Amadis, mais dittes moy qui vous eſtes. Ie ſuis reſpond , ducheſſe de
Dalmatie nommée Darande. Ma dame (replique Amadis) ce n'eſt pas
acte digne de voſtre eſtat de ſupporter & fauoriſer les trahiſtres & raui-

ſeurs

feurs de dames . Elle s'excufant qu'elle n'auoit eu aucune connoiffance
des crimes dont il luy parloit, les deux domoyfelles arriuent, dont celle
a qui on auoit tué le frere, voyant la tefte de fon ennemy, bien refiouye
de fa vengence, recite a la duchefle le cas en la forme qu'il auoit paffé. Sur
quoy protefta la duchefle que fi elle en euft efté auertie elle eut puny le
malfaiteur felon fes demerites, fans tel danger & trauail des deux cheualiers eftranges , ne telle perte de fes gens. Adonc elle pria Amadis de luy
dire fon nom, qui refpondit qu'on l'appelloit pour lors le cheualier de la
mort. Ie le fay tresbien par experience (dit la duchefle) & comme ceux
la recoiuent prefente , qui s'attachent a vous:mais ie vous prie vous venir
repofer pour ce iour en mon chafteau, & voftre compaignon aufsi, vous
afleurant que (nonobftant la fortune)vous feray toute la meilleure chere
qui fera en mon pouoir. Amadis & l'autre pareillement s'excufans fur
l'urgence de leurs affaires : elle luy dit qu'en fa faueur donc retiendroit en
fa compagnie la damoyfelle qui auoit efté outragée en fa terre,& la traitteroit fi bien qu'elle auroit occafion de fe contenter. Amadis remerciant
grandement la duchefle & remercié par la damoyfelle, prend congé &
s'en va auecques Finiftée & le cheualier qui l'auoit fecouru, auquel il demanda fon nom,qui l'ayant connu fi preux & vaillant(qu'il l'eftimoit eftre des princes de Grece (ne luy voulut celer qu'il eftoit Lucidan de Nu-
midie. Dequoy Amadis fut trefaife,combien qu'il ne fe voulut faire con-
noiftre pour lors: & apres s'eftre offert à luy rendre la pareille quand l'occafion fe prefenteroit , fe departirent pour tenir chacun fon chemin, laif-
fans la Dalmatie, ou Darande fe pourmenoit de ville en villepour paffer
le téps, comme celle qui ieune eftoit & orfeline de pere & mere,& ne penfoit qu'a mener ioyeufe vie,fans fe foucier de mariage,iaçoit qu'elle en fuft
requife de maintz grandz feigneurs.

Comme Amadis de Grece & fa

damoyfelle Finiftée reprindrent leur chemin & de ce qui leur auint
auecques la belle Angelée à l'occafion d'vn cheualier.

Chapitre   XXVI.

Madis de Grece & Finiftée ayant repris leurs erres, elle entra en grande opinion que ce fuft celuy mefme que
tant ardamment elle aymoit, veu les armes qu'elle luy
auoit veu faire, qui n'eftoient aifément croyables d'autre que de luy. Pource defirant en fçauoir la verité le
mit fur ce propos & le cheuala de tous couftez, fans en
pouoir tirer vn feul mot. Or auint que la nuyt prochaine comme il e-
ftoit en-

ſtoit endormy ſongant en ſa loyalle Niquée, il la reclama trois ou quatre foys en reſuant. Ce qui l'aſſeura touſiours d'auantage, tellement que
l'endemain comme ilz cheminoient (elle le preſſant encores ſur ce point)
il luy reſpondit. Or ça Finiſtée qui vous meut de tant m'importuner de
mon nom, veu que ſi i'eſtois ceſt Amadis de Grece que tant aymez, vous
n'auriez nulle eſperance de ſon amytié, à cauſe de la fidelité accouſtumée des princes Grecz? Monſieur, reſpond, ie ſuis contente de ma ſeule
penſée aſsiſe en tel endroit que mon ame s'y paiſt par vne ſatisfaction ſecrette. Et deſirerois (ſi i'auois rencontré Amadis comme vous) luy faire
loyalle compagnie ſans rien entreprendre ſur ſa loyauté enuers Niquée,
ne laiſſer perdre du droit de mon honneur. Quand Amadis entendit la
bonne & chaſte volunté de Finiſtée, le cueur luy attendrit, & hauſſant
ſa lumiere luy dit: Damoyſelle voſtre affection tant honneſte m'a gaigné
& rengé à vous confeſſer que ie ſuis vrayement celuy que vous aymez ſi
parfaittement. La pauure pucelle à ce mot s'euanouït incontinent, &
tomba du haut de ſon pallefroy toute paſmée. Dequoy Amadis fort e-
ſtonné, met auſsi toſt pied à terre, & la tire, pinſe & ſoufflette pour la
faire reuenir: ſoy plaignant à fortune de ce que non contente de ſon principal tourmét à cauſe de ſa Niquée, elle luy braſſoit encores ces autres tra-
uerſes. Sur ces entrefaittes voicy paſſer vn cheualier qui luy demande ſi
s'amye eſt morte ou eſuanouye ſeulement: & il reſpond qu'il ne l'eſtime
que paſmée. Ie m'en voys dont, dit l'autre, monter ſur voſtre cheual qui
eſt plus frais que le mien pour vous aller querir de l'eau au plus pres pour
la ſecourir. Amadis luy diſoit qu'il n'eſtoit meſtier qu'il print tant de peine. L'autre reſpond que ce luy ſeroit plaiſir, ſinon qu'il iroit deuant, luy
faire apreſter vn lit. Et ce diſant monte ſur le deſtrier d'Amadis qui eſtoit
grand & puiſſant, luy laiſſant vne meſchante haridelle qu'il cheuauchoit
en eſchange. Si s'en va le cheualier au galop, ſe moquant du prince, qui ne
ſe doutoit point qu'il luy deuſt iouër ce tour: & pour y remedier tourmente tant la damoyſelle qu'elle reuient de paſmoiſon, bien marrie de
voir l'inconuenient auenu à Amadis à ſon occaſion. Or, dit il, il nous faut
aller apres eſſayer ſi nous le pourrons recouurer. Si monte ſur le miſerable griſon qui n'auoit que la peau & les os, & ſuyt le larron au trac. Lequel Amadis pourſuyuant à la plus grand haſte que poſsible luy eſtoit, à
l'iſſue du boys, auiſe deux belles ieunes damoyſelles aſsiſes pres d'vne
fontaine, & vn gentilhomme à genoux deuant l'vne, qui luy dit à l'approcher, en riant: venez ça cheualier, ie vous prie, & m'emmenez celuy
qui eſt icy deuant moy. Amadis luy demandant la raiſon: Comment(dit
elle, auec vn ſouzris) n'eſtes vous pas la mort? car outre la figure qu'en
portez en voſtre blaſon, voſtre perſonne meſme y reſemble fort, & la
monture auſsi: à quoy le prince qui entendoit qu'elle ſe railloit. Et pourquoy le deürois-ie emporter quand ie ſerois la mort? Par ce, reſpond elle, que long temps a que ce cheualier ſe vante qu'il eſt affolé de mon a-

mour, &

mour, & entre autres folies me prioit maintenant de luy faire ceste grace
de luy ottroyer son desir, ou la mort : à ceste cause ie vous le liure pour
m'en deliurer, vous requerant d'vser de vostre office . Ce maistdieux, respond le prince, si ce fust bien mon office, i'eusse commencé à l'exercer en
moymesme, qui en ay aussi grand besoing qu'homme viuant . Adonc le
cheualier se leue qui luy demande s'il se voudroit maintenir plus vray a-
mant que luy : Qui luy respondit, qu'vn temps auoit esté qu'il l'eust sou-
stenu contre tout le monde , mais à l'heure n'estoit plus champion que
de la mort, à cause de la perte de son suget . Dequoy le cheualier se print à
rire & dit à la pucelle (qui Angelée auoit nom) ma dame iugez vous les
parolles de cestuy beaucoup plus sages que les miennes? Il me semble, dit
elle, que generalement tous ceux qui ayment sont folz, & pour me garentir de ce mal ie fuys & euite l'amour : mais(se tournant vers Amadis)che-
ualier descendez icy pour donner l'auoyne à vostre roncin, si ne luy voulez donner la mort que ne poucz pas à vous mesme, ou d'auenture la
voulez prendre de luy qui en est vne vraye anatomie . L'empereur ne se
put garder de rire des soubriquetz de la damoyselle, toutesfoys serroit
ses leüres pour ne le monstrer, dequoy elle s'apperceuant, recharge : vrayment vous sçauez mal la contenáce de vostre personnage de la mort, que
ne descouurez beau ratelier de dens : l'aymerois mieux (respond Amadis descouurir mon cheual qu'vn paillard m'a emmené cauteleusement
en me laissant le sien. Le cheualier ayant entendu qu'il estoit moreau, fort
& corsu, le luy monstra en vn destour, & l'homme dessus songeant creux
adonc Amadis bien ioyeux le prie de luy prester le sien pour aller à la recousse, de peur qu'il ne luy eschappe de vitesse : mais le mignon n'y voulut entendre, & demandant gages d'asseurance, ne se vouloit fier en la
foy de gentilhomme qu'Amadis luy iuroit, quand la damoyselle cour-
toise & bien aprise, dit à son courtisan qu'elle luy en respondoit. Dequoy Amadis la remerciant affectueusement, monte dessus & broche
vers son homme qui resuoit encores tout fiché , à qui il escrie : Paillard
rend moy mon cheual, si tu ne veux en receuoir la punition presente, l'autre qui se resueille de sa musardie : vela le cas, dit il, vous estes homme de
conscience qui m'en amenez encor' vn autre pour la surualeur du mien.
Ce pendant Angelée qui regardoit Finistée, & la voyoit de beau trait &
tant descoulourée luy disoit : M'amye c'est grand simplesse à vous de suyure ceste compagnie qui vous diminuë ainsi vostre embonpoint & viue
couleur : Beaucoup plus respond Finistée l'estimeriez-vous, si vous sça-
uiez ce qui en est : mais ie ne le puis abandonner sans la vie. Ha (dit Angelée) ie croy que vous estes du nombre des amoureux à ouyr vostre langage discret . Adonc iettant leur veuë du costé des cheualiers qui commencerent leur carriere, rompent leur propos & voyent comme ilz s'en-
treuiennent choquer aux lances, dont l'autre adresse au poitral du cheual d'Amadis ou il luy en met pres de la moytié dedans le corps, & Amadis luy

dis luy fauſe eſcu & haubert, & l'enuoye les piedz contremont fort nauré: puis trop iré du cheual qu'il auoit tué ſouz luy, va vers luy qui le receut fierement. Lors ſe plaint l'amoureux à ſa dame d'auoir preſté ſon deſtrier à vn mauuais eſcuyer qui deſia l'auoit laiſſé mourir. Et elle lors reſpondant qu'elle luy en rendroit vn meilleur. Ie ne le dis pas à ceſte fin,
reſpond, ie le tiens pour bien employé, eſtant mort ſouz voſtre comman
dement : voire ſuis preſt (ſi le trouuez bon) d'aller ſecourir le cheualier
meſme de ma perſonne. Ne vous en mettez en peine (luy dit Finiſtée) car
il en ſortiroit bien en euſt il vingt telz à combatre. Ie le croy bien (dit la
pucelle)s'il eſt tel que ſon eſcu chante. Aſſeurez vous en, replique Finiſtée,
qu'il eſt le cheualier de la mort pour tous ceux qui s'y frottent. Ce diſans
elles voyent que l'autre ne faiſoit plus que parer aux grans coups que luy
tiroit Amadis, entre leſquelz il luy en entoiſe vn ſi lourd ſur le heaume,
qu'il en demeura tout eſtourdy & Amadis le voyant chanceler le vient
hurter pour luy ayder à tomber, & de ce pas luy arrache l'armet & luy
tranche la teſte : Soudain monte ſur ſon bon moreau & retourne vers le
cheualier à qui il preſente le ſien. Ce que la pucelle ne voulut conſentir
pour la bonté qu'elle auoit veuë preſentement en luy: diſant qu'il n'eſtoit
raiſonnable que ſi bon cheualier fuſt mal monté, & qu'elle recompenſe-
roit l'autre. Auſsi qu'elle le prioit en recognoiſſance de ce plaiſir ne faire
encores ſon deuoir enuers elle qu'il exploitte ſi mortellemét, par ce qu'elle ne deſiroit encore mourir. L'Empereur la remercie du cheual, le luy
promettant valoir ſi l'occaſion s'offroit, & au reſpit de la mort qu'elle requeroit,qu'elle s'en pouoit aſſeurer comme de celuy qui la receuoit de telles figures de beauté que la ſienne, & eſtoit en trop piteux eſtat pour rendre la pareille.Elle le pria inſtamment de vouloir heberger ce iour en ſon
chaſteau qui eſtoit pres de là : mais il s'excuſa de peur d'eſtre cogneu. Si
s'en va ſon chemin auec ſon eſcuyere,laiſſant Angelée,à qui depuis il donna vne ville en payement du cheual, & la maria au filz du duc Alafont,
l'ayant trouuée ſi gracieuſe & liberale à ſa neceſsité, & ſi facetieuſe en ſon
parler qu'elle l'auoit incité & contraint à rire malgré qu'il en eut : ce qu'il
n'eſperoit pas luy deuoir auenir de lan.

Comme le prince Floriſel fut por

té par tempeſte en l'Iſle de Garye & des auentures eſtranges
qui luy auindrent.

Chapitre   **XXVII.**

I   Floriſel

Lorisel sortit de Trapezonde ne menant quant & soy que Busando le nain de l'emperiere Niquée pour luy seruir d'escuyer, lequel estoit bien ayse d'aller en la queste de sa bonne maistresse. Il s'embarqua au premier port, commandant au patron d'aller razer la coste de la routte de Liquie : estimant que si fortune ny estoit auenuë en nauigát il en sçauroit quelques nouuelles sur les passages. Parquoy si tost qu'il descouuroit quelque Isle en mer il faisoit tourner là & s'enqueroit de sa queste : & tant en escuma & visita, qu'vn iour il en apperceut vne qui depuis a esté submergée d'eau comme souuent la mer couure maintes terres, & en descouure d'autres : Si fait adresser celle part ou ilz trouuerent vne nef à la rade, mais il n'y auoit personne dedans. Pource Florisel fait tirer son cheual, & armé de toutes pieces monte dessus, & Busando sur son courtaut, commandant au reste des gens du vaisseau de l'attendre. Adonc entre en l'Isle, ou il n'eut gueres cheuauché qu'il rencontre vn chemin fourchu qui l'arresta, ne sçachant lequel il deüroit prendre. Busando pique vn peu à trauers champs, ou il apperçoit vn viel berger gardant son troupeau: dequoy il fait signe à Florisel qui le suyt & arraisonne le berger qu'elle terre s'estoit, & qui en estoit seigneur, qui luy respondit, que l'Isle s'appelloit Garye, & y dominoient deux geans freres, fiers & cruelz outre mesure: l'vn nommé Brosdolf, & l'autre Bazaran qui mettoient tous ceux qui arriuent là, ou à mort, ou en prison: & si vous dis que Bazaran qui est le plus ieune (toutesfoys le plus corpulent) y a deux iours qu'il amena le plus beau butin que ie vy onques: c'estoit vne dame & vne damoyselle de beauté nompareille. Et il print le chemin à la seneſtre pour aller voir son frere en son chasteau, enuoyát au sien sa proye par l'autre voye, souz la conduitte de trois cheualiers auec quelques gens de pied. Florisel tressaillit tout oyant le conte du vieillard, doutant que ce fust l'emperiere Niquée, & la pucelle Anaxare. Si laisse là le berger, disant qu'il alloit sçauoir si c'estoient celles qu'il cherchoit : qui luy voulut conseiller de se retirer plustost, de peur de trouuer la mort, comme tant d'autres par chacun iour. Florisel s'en va gaigner la droitte voye, au bout de laquelle il vid vne forteresse taillée en vn roc, en vne profonde vallée qui estoit espouuentable à regarder, si descendent & trouuent d'entrée vne longue caue estroite ou ne pouoit passer qu'vn cheual de front. Parquoy dit à Busando qu'il ne bougeast de là, tandis qu'il iroit voir quel il faisoit la dedans. Ia dieu ne plaise (respond le nain) que ie vous fausse si tost compagnie, moy qui entray en la porte de l'enfer de ma dame Niqué vostre mere, ou l'empereur Amadis n'osa : perdrois-ie icy le courage, qui ne peut estre qu'vne cauerne de brigandz ? Au nom de dieu soit (dit Florisel en riant) ainsi entre en la caue, & Busando apres luy, & vont tát qu'ilz oyent en vn destour le bruit de gens parlans ensemble. Là va Florisel & baisse la teste souz vn guichet, par lequel il veid plus de quinze vilains mágeans en vne cuisine ordre & obscure comme vn droit enfer, ausquelz

il crye:

il crye : qui eſt la dedans ? & vn d'eux luy reſpondit, qui eſt dehors qui
le demande? C'eſt moy, dit Floriſel,qui ſuis cheualier eſtranger , voulant
ſçauoir quelles damoyſelles vous auez ces iours cy amenées ceans . Qui
vous meut beau ſire de vous en ſoucier, dit l'vn des vilains : Pour amender l'outrage qui leur pourroit auoir eſté fait, reſpond il . A la malheure,
dit l'autre, eſtes venuz icy vous tourmenter du fait d'autruy qui ne vous
touche en rien,pour eſtre payé de ce qui vous eſt deu. Ce diſant enteſte v-
ne coiffe de fer & ſes compagnons apres, & ſortent ſus Floriſel, qui les attendant eſtoit deſcendu de cheual,commandant à Buſando de les mener
dehors & l'attendre,lequel s'en va en trop plus grãd effroy qu'il n'y eſtoit
entré. Alors viennent les truans aſſaillir le gentil prince qui les reçoit de
telle viuacité qu'ilz gaignerent bien peu ſur luy,au moyen du lieu eſtroit,
qui ne les preſentoit pour le plus que deux de front . Ces coups furent ſi
peſans qu'il n'attaignoit cabacet ſans le fendre iuſques au tez ou plus auãt
& s'il portoit à nud , ne failloit à faire d'vne teſte deux pieces , en ſorte
qu'ilz ne durerent gueres contre luy . Le nain qui s'eſtoit retiré dehors
oyant le chapelis dés haches ſi dru & menu qu'il ſembloit d'vne forge,
conceut telle frayeur qu'il fut preſt deux ou trois foys à s'enfuyr &quitter
là ſon maiſtre . En fin il print vn peu meilleur auis de laiſſer ſes cheuaux
& grimper amont le roc & ſe cacher en quelque trou. Floriſel ayant maſ-
ſacré ces marouſles ſi bien qu'il n'en reſtoit plus que deux qui gaignerent
le haut, par ce qu'il tenoit le coſté de la porte , tellement que nul ne put
ſortir pour en porter les nouuelles . Il s'aſsid ſur vne pierre pour ſe repoſer vn peu,puis appelle pluſieursfoys Buſando qui ne reſpond point.Lors
marche auant, & ouure vn huys de la fortereſſe qui n'eſtoit fermé qu'à vn
courail, & auiſe vne vieille naine laide cõme vne diableſſe portant maintes clefz en ſa ceinture. Laquelle le voyant ainſi taint de ſang ſus ſon harnois, fut ſi effrayée qu'elle n'eut force d'aller auant ny arriere , & Floriſel
l'approche luy demandant gracieuſement ſi elle luy diroit bien des nouuelles d'vne dame & vne damoyſelle que n'agueres on auoit amenées
leans : elle ne faillit à s'enquerir pourquoy il en parloit, & comme il a-
uoit peu venir iuſques là, veu la garde de la porte, & ſçachant de luy que
leur reſiſtence ne l'auoit ſceu empeſcher, demeura toute eſtõnée ſans mot
ſonner , puis luy dit : En bonne foy cheualier vous meritez tant (à ce que
ie voy) que me ferois tort de ne vous faire plaiſir à mon pouoir.Pourtant
ie vous veux monſtrer la dame & la damoyſelle que deſirez voir, ſouz
condition qu'apres auoir parlé vn peu à elles,vous ſortirez incõtinent du
lieu ou elles ſont, afin que lon ne ſçache que ie vous y ay mené:autremét
ce ſeroit fait de ma vie . Ne vous ſouciez de cela, dir Floriſel, car i'expo-
ſeray la mienne pour la deffence de la voſtre . Grand mercy, dit elle,
mais ce que lon peut faire ſeurement , c'eſt folie de hazarder la perſonne
quand l'honneur ne nous y oblige point, car vous deuez ſçauoir que les
gens de ceans ſont ſans foy ne vertu,pource vous faut vſer de diligéce, de

I ii　　　peur

peur qu'ilz ne nous furpreignent, à quoy Florifel: vous me femblez femme fi auifée que ie veux fuyure du tout voftre confeil. Or venez donc dit elle, & va ouurir vne petite porte de fer, luy difant qu'il entraft en cefte prifon obfcure, & il y trouueroit ce qu'il cerchoit. Le prince qui en auoit fi grand defir, & qui ne fe deffioit de la naine, entre hardiment, & foudain elle cloft l'huys d'vn grand verrouil fur luy, tellement qu'il ne voit leans nomplus qu'en noire nuyt. Parquoy luy efcrie qu'elle laiffaft l'huys ouuert à fin qu'il veift la dedans à fe conduire: vous deuiez auant auoir mieux veu à vous conduire (refpond la fauce nabote) apres auoir facmenté les gens de ceans. A à, dit il (cognoiffant qu'elle l'auoit trahy) vieille maftine ta difformité tant marquée par nature m'auertiffoit affez d'vne ame pareille logée en ceft horrible vaiffeau, fi ie n'euffe efté fi fimple de bien prefumer de toy & m'y fier. Or fus, dit elle, aprenez à eftre plus fage, & meuriffez voftre cerueau trop ieune & folaftre, tandis que ie m'en voys à mes affaires. Adonc acheue de fermer l'huys à la clef & s'en va au haut du chafteau auertir huit cheualiers qui y eftoient, de la prife qu'elle auoit faitte. Si s'arment incótinent pour aller voir s'il y reftoit plus que craindre, & trouuerent les vilains gifans & faignans comme veaux en vne boucherie. Puis prindrét le deftrier & le courtaut, mais ilz ne virent point Bufando, tant bien il s'eftoit caché en fa taniere: & il les voyoit à cler & ne ceffoit de pleurer, croyant que fon maiftre fuft occis. La nuyt contraignit les cheualiers de fe retirer, deliberez d'attédre le retour du geant leur feigneur, pour faire du prifonnier à fa volunté: leur femblant que ce pendant il eftoit en feure garde: lequel fe tourmenta fort leans, eftimát qu'on l'y lairroit mourir, iufques à la mynuit qu'il trouua quelque fiege à tattós ou il s'afsit oftant fon armet qu'il met aupres de foy, luy fouuenant du chafteau des quatre chauffées, & priant Dieu le vouloir tirer hors de ceftuy, autant à fon hóneur que de l'autre. A tant void ouurir vn haut foufpiral, & abaiffer vne lanterne, par laquelle la vieille racourcie l'apperçoit le vifage defcouuert, qui luy fembla aufsi beau qu'elle en euft iamais veu, & luy dit qu'elle luy vouloit apporter vne paillace à fin de repofer plus mollement en cefte belle chambre: qui refpondit n'auoir occafion de fe fier en rien qui procedaft de fa main, veu l'eftat en quoy elle l'auoit mis. Si eft ce, dit elle, que le remede de voftre danger (qui n'eft moindre que de la mort) ne gift qu'en ma puiffance: duquel vous eftes deliuré fi me voulez aymer. Le Prince cuyda forcener oyant le propos de cefte diableffe, allez, dit il carógne, allez vous faire fourbir à tous les diables qui vous reffemblent. Dequoy elle irritée d'auantage s'en va & reuient incontinent: mon amoureux farouche voicy du parfun que vous apporte pour vous dóner plus grád plaifir à dormir, lors iette en la caue vn pot allumé plein de fouffre & autres puäteurs, & luy dit: vous pourrez bien icy toufsir fans auoir auallé plume. Ainfi le laiffe en aufsi mauuaife nuit qu'il euft paffée de fa vie à raifon du peu d'efpoir qu'il auoit de fa deliurance. Or le nain
Bufan-

Bufando eſtoit dedans le roc, ou il faiſoit de fort piteux regretz à Niquée
la iugeant heureuſe d'eſtre morte auant que receuoir ce deuil mortel de
ſon Floriſel. Puis à Amadis, diſant que ſon ame deſia tant esbranlée par
la perte de ſon eſpouſe, ſortiroit ſans delay ſi elle ſentoit la ſeconde de ſon
filz . O dolente Heleine veſue de tel mary! O infortuné Rogel ſi toſt or-
felin d'vn tel pere. Quát à moy ie grauiray encores plus haut pour mieux
deſcouurir tout ce qui ſe fera au chaſteau: & ſi demain ie cognois ſa mort
certaine, i'auray peu de peine à pourchaſſer la miéne, en me laiſſant choir
du haut de ce roc en bas.

Cómme Floriſel ſortit de la pri-

ſon ou la naine l'auoit enfermé & entra en vn beau verger
& de ce qui depuis luy en auint.

Chapitre   XXVIII.

Loriſel qui eſtoit en priſon (telle qu'auez entendu)
n'ayant moyen de prendre repos, ſe pourmenoit doucement par la caue, ſuyuant la muraille: tellement qu'il
apperceut quelque lueur de la lune (qui lors eſtoit pleine) ou il s'adreſſe & trouue vn petit huis de fer: auquel
il employe toutes ſes forces pour l'ouurir, mais il n'y a-
uoit ordre. Parquoy ſe met à quatre piedz cherchant s'il trouueroit rien
dequoy s'ayder, & de fortune trouue vn gros coin de fer qu'il empoigne

& en befongne fi bien qu'il rompt la ferrure , & entre en vn beau iardin auant le point du iour , fi fe va coucher fur des fieges herbuz , gay & efbaudy comme demy refufcité de mort a vie : & de ce premier point en efperant vn autre de fa deliurance, fait vn cheuet de fon armet pour repofer vn peu , apres auoir regratié le haut dieu de fes merueilles, . Et apres qu'il eut dormy vn petit fomme, il commence en fongeant a parler à Niquée, puis a Heleine , & debatre contre la vieille nabotte qui l'auoit fi mal traitté. Les deux damoyfelles que fe geant auoit amenées leans de nouueau, auoient efté logées en vne chambre au deffus de la caue, refpondant fur ce iardin. Auint qu'a l'heure que le bon prince repofoit en refuât, la plus ieune eftoit a la feneftre de ce cofté , qui ouyt le cheualier fe plaignant , & le regardant apperceut fon harnois tout fanglât, quil luy fit penfer que c'eftoient fes playes qui luy caufoient ces foufpirs & gemiffemens. Le iour croift , & elle le void d'autant mieux , auec vn furfaut que ce fut Filifel de montefpin fon frere , dont elle appelle fa mere qui toute veftue eftoit couchée fur vn lit: luy difant qu'elle ne pouuoit croire que fon frere ne fuft en ce verger. La dame vient a la feneftre, & iettant l'œil fur le cheualier : làs, dit elle, c'eft Florifel de Niquée que ie voy & non autre. Dieu quel miracle monftrez vous icy pour voz pauures creatures de leur enuoyer ce fecours non efperé, le plus certain qui leur euft peu venir . Elle ne fe peut contenir plus longuement fans l'appeller . Florifel, Florifel, A à cher neueu quelle fortune vous a mis là . Qui oyant cefte voix affez haute, s'efueilla en furfaut, & regardant vers la feneftre, reconnut incontinent la princeffe Siluie, fa grande amye du temps de fa premiere ieuneffe . Mais il fut fi esbahy de la voir quil ne fçauoit bonnement s'il dormoit encores, & que ce fuft vne vifion. Toutesfoys fe leue de la & s'en va au pied du mur fouz la feneftre, d'ou il iuge plus certainement fa Siluie, a qui il dit : O' ma chere dame quel aftre nous a ainfi affemblez , vous enferrée en haut, & moy en bas? A à Florifel, dit elle, ie ftois plongée au defefpoir , & ie cómence a bien efperer en vous voyant : ma dame, refpond , ce m'eft vn grand heur d'auoir occafion de vous faire feruice en me deliurant moy-mefmes : mais les murs de ce iardin font fi hautz que ie ne voy moyen de faillir dicy. Il vous fault auifer fi auez dequoy me tirer la hault auecques vous, & puis nous conterons de noftre fortune. Ie croy qu'ayez quelques draps a vous coucher, n'eftes pas volentiers degarnies de coufteaux ou cifeaux, regardez à les tailler de long affez larges & nouër vn bout à lautre , & le lyer encor' de voz iartiers & ceintures, par ce moyen vous tirerez premierement mes armes , puis ie monteray moy-mefmes & dieu nous aydera au demeurant. Les dames executent fon auis, ce pendant il fe defarme & leur garrotte fon harnoys qu'elles tirerent a mont : puis il s'aide tant des piedz que des mains, en fortes qu'il gaigne la feneftre, & les va accoller l'vne apres l'autre amoureufement, & eftonné de la pucelle (qui Leonide eftoit nommée demande) à Siluie qui elle

eftoit

eſtoit. Mon amy, reſpon̄d elle, du prince Anaſtarax iay eu filz & fille, dōt
voyez vne piece : lautre eſt vn filz deſia de dixſept ans, qui a eſté nommé Filiſel de monteſpin à cauſe que i'en acouchay à la chaſſe des porcz
eſpicz. Or deuez ſçauoir que n'agueres eſtant à la fonteine des amours
d'Anaſtarax, & luy à la chaſſe, accompagné de ſon filz, ſuruint en ce lieu
vn fier geant qui nous empoigna ma fille & moy & le pauure Darinel
(s'eſtans mes damoiſelles ſauuées dedans le boys) lequel nous a enuoyez
icy, allant querir ſon frere aiſné pour le mettre au chois de nous deux
pour femmes ou amyes, prenant pour luy la ſeconde : ma dame, dit Floriſel, la tenant touſiours embraſſée, & baiſant par foys (ſelon le cours des
propos) vous auez entendu par Darinel (car il l'auoit enuoyé vers elle) le
triſte accidét de ma dame ma mere, pour laquelle ie m'eſtois mis en queſte, apres mon ſeigneur & pere : tellement que recherchant les Iſles, ie
ſuis venu en ceſte cy ou i'entendy vne priſe, de dames, qui me fit entrer
en ce lieu, doutant que ce peuſt eſtre l'emperiere Niquée, & la pucelle A-
naxare, ſelō le rapport qu'vn berger me fit de voz beautez, & apres auoir
combatu les gardes de ce chaſteau, vne vieille nabotte ſouz couleur de bō
ne foy, & de me monſtrer les dames priſonnieres, me logea hier en ceſte
caue, ou iay paſſé vne treſmauuaiſe nuict. Apres il luy conta les amourettes de la vieille, & les parfunz odorans, dequoy elles ſe mirent fort à rire :
vray eſt qu'auant autre choſe Siluie luy auoit demāde (à cauſe de la painture de ſes armes) s'il eſtoit naüré, dequoy il l'auoit aſſeurée. Et ainſi paſſoient le temps enſemble grandement reconfortéz de leur infortune.
Mais Floriſel (qui n'auoit mangé tout le iour precedent) s'enquit ſi elles
n'auoient rien dequoy repaiſtre : & Leonide luy apporta vn plat ou y a-
uoit quelque volaille, dont elles n'auoient ſceu manger le ſoir de melancolie. Si ſe ruerent tous trois deſſus reprenans courage, & beurent aſſez
ioyeuſement enſemble, ſelon la qualité du lieu, diſant Floriſel à Siluie :
Ma dame, que ie me ſens tenu à dieu qui me fait ceſte faueur, puis que
mes penſées ne ſont paruenues à la fin de voſtre fruition : au moins de me
preſter les oportunitez de contéter mon eſperit à vous faire quelques ſeruice. Sur ces deuis il la baiſoit volentiers (comme les premiers affections
ont vne ardeur qui ne ſe peut eſtaindre & elle vouloit refuſer, tant pour le
deuoir d'honneſtete, que pour exemple à ſa fille : mais Floriſel ſe fondoit
ſur la poſſeſsion du temps de leurs amourettes à Tirel, quand ilz portoient l'habit paſtoral luy & elle, & appelloit les arbres & ruiſſeaux en
teſmoignaige, dequoy ilz rioient de bon cueur. Puis il s'adreſſe à Leonide qu'il accolla par pluſieurs foys diſant : O belle couſine que vous cauſe-
rez de perilz trop plus grandz que celuy ou nous ſommes preſentement.
Auſsi ceſte prophetie tomba ſus Rogel de Grece, comme l'hiſtoire vous
deduira cy apres, qui fut ſeruiteur affectionné de ſa beauté. Or dit alors
Floriſel, il eſt temps que ie m'arme pour attendre le hazart tel qu'il plaira à dieu nous enuoyer. A quoy elles ſe diligentent de le ſeruir.

I iiii   Du cruel

Du cruel combat de Florisel con-

tre le geant Bazaran & ses chevaliers.

Chapitre.　　　XXIX.

A Peine estoit Florisel commencé à armer, quand la fause
vieillotte suruit pour voir les dames, qui ouurit l'huys
soudain, & si tost qu'elle voit Florisel & il s'en apperçoit d'vn saut la va saisir, de peur qu'elle n'en allast don
ner auertissemét auant qu'il fust acheué d'armer. Mais
la meschante se voyant entre ses mains, commença à
crier & glatir comme vne marmotte, si desesperément qu'elle mist tout
le chasteau en effroy : parquoy il fut contraint de la prendre par les cheueux, & la laisser choir le plus doucement qu'il peut dedans le iardin, &
il s'arme en diligence auec l'ayde des dames, qui peu l'auançoient tant e-
stoient esperdues de crainte & frayeur. Quand il fust prest, descend incon
tinent en bas pour ne se laisser afsieger en la chambre, & entre en vne
grand salle ou il ouyt bruit de gens, & y treuue huit chevaliers, les vns
desia armez, les autres à demy : ausquelz il dit qu'il les venoit cercher pour
le mettre hors de peine de suiure le cry de la guenon. Damp chevalier (respond l'vn d'eux) vous soyez le bien venu, pour estre payé content de vostre temerité, mais vous (dit Florisel) de voz cruautez & trahisons. Ce disant, descharge vn tel coup sur la cime de l'armet de celuy à qui il parloit
qu'il le pourfend iusques aux teux : Dequoy les autres trop irritez luy
courent sus de tous costez, tellement qu'il n'auoit iamais eu meilleur besoing de s'ayder de tous ses membres. Si se mesle entr'eux, & fiert à dextre
& à senestre, aualant bras à l'vn, teste à l'autre : dont il fit vn peu redouter
ses coups, & se faire large : toutesfois il receut des coups & horrions innu-
merables. A quoy bien luy seruit la bonne trempe de son harnois, qui e-
stoit des plus dures du monde : c'estoit merueille d'ouyr retentir leur chamaillis en ceste salle : c'estoit chose horrible de voir le paué arrosé de sang,
semé de pieces de harnois. Mais l'vn d'eux s'auisa pour auoir meilleur
marché de luy de crier à ses compagnons, sortons, sortons, & me laissez
faire. Dequoy ne se firent gueres prier, & estoit l'intention de l'auteur
de ceste retraitte d'enfermer Florisel en la sale, lequel les suyuit de si pres
qu'ilz ne purent executer leur desein, & gaigna cest auantage estant dedans la porte de ne pouoir estre assailly que d'vn à la foys : qui luy ayda à
reprendre aleine, en parant & soustenant quelque téps, dont il auoit fort
grand mestier. Et apres auoir pris ceste forme de repos, recommence (com
me tout fraiz) à leur dire : A ceste heure paillardz vous mourrez tous de
male mort, & les charge d'vne furie telle que s'il n'eust du iour combatu

en sorte

en forte qu'il ne leur fut poſsible de le ſouſtenir: ains ſe mettét en ſuite par
la court du chaſteau,& luy apres, qui oyant les dames en vne galerie reclamans dieu à ſa faueur, reprend tel courage qu'il ſaute puis ça, puis là,fai
ſans de ces maſtins vne horrible boucherie, tant qu'il ne luy en demeure
vn ſeul debout en la place. Adonc s'aſsiet ſur vne pierre pour ſoy repoſer,
& Siluie luy demande comme il luy eſtoit de ſon corps; craignant que la
tainture de ſes armes fuſt de ſon ſang : ma dame, reſpond, dieu m'a tenu
en ſa ſauue garde, pour la iuſtice de voſtre querelle, la mercy duquel, ie
n'ay nulle playe. Elle luy conſeilloit de monter en haut pour ſoy venir
deſarmer & refreſchir. Mais à l'inſtant il entend vn grand tintamarre à
la maiſtreſſe porte du chaſteau : c'eſt à ſçauoir du geant Bazaran qui venoit auant ſon frere en haſte pour depeſcher le galand, de qui l'vn des vilains de la garde luy eſtoit allé toute nuit porter les nouuelles, & s'eſtoit
auancé afin que Broſdolf à ſa venuë ne trouuaſt leans ocaſion que de tout
plaiſir auecques les dames, ſans que la feſte fuſt troublée de meurdres ou
combatz. Or trop remaint de ce que fol penſe,cóme il apparut à l'endroit
du geant, à qui vn des valetz qui s'eſtoit caché durant le conflit, s'enhai-
dit d'aller ouurir, oyant à la groſſe voix de taureau que c'eſtoit ſon maiſtre,à qui il dit à l'entrée: Seigneur à la bonne heure eſtes arriué pour com
batre vn diable qui eſt ceans, & autre ne peut eſtre veu ce qu'il a fait de
carnage & deſtruction. Sus, ſus, dit Bazaran, coquin mene moy droit ou
il eſt,que ie ne le laiſſe trop languir. Quád il eſt en la court ou il voit ion-
chée de corps & membres de ſes gens, à peu qu'il n'enrage de mal talent
puis auiſant Floriſel qui ſe leuoit pour luy venir au deuant, s'eſcria: O Iupiter que tu me donnes maigre ſuget de vengence pour ſi grande perte.
Grand maſtin (dit Floriſel) tu conte ſans ton hoſte: car tel cuyde venger
ſa honte qui l'accroiſt, & tes faux dieux ne te ſçauroient garentir de ma
main guidée par le vray dieu du ciel, nomplus qu'ilz en ont preſerué ta
malheureuſe canaille. Bazaran ſoufloit & iettoit la fumée eſpeſſe par ſes
nazeaux de l'ardeur dont il bruſloit, & luy dit. A' chetiue creature n'auray-ie autre ſatisfactió que de ta vie pour tout le dommage que tu as fait
ceans?Gros animal(reſpond Floriſel)tu ſçais bien qu'il n'eſt pas raiſonnable que ta miſerable trouppe aille à tous les diables ou ie les viés d'ëuoyer
ſans leur capitaine.Le geant perdit patiéce & ſans ſe coiffer que d'vn mor-
rion,eſtant armé de groſſes lames d'acier degaigne vn grand cimeterre,
& vient à Floriſel qui ne pouoit eſchapper de mort, s'il l'en eut attaint à
plain coup, mais il eſtoit ſtilé aux adreſſes neceſſaires contre tel monſtres
ayát bon pied bon œil pour ſe derober de leurs coups,cóme il fit à ceſtuy
que Bazaran luy ramenoit ſur la teſte: & l'euſt fendu à la verité iuſques à
la ceinture:ſi ſe lance à coſté & le cimeterre deſcend ſur le carreau de la
court dont il fait ſaillir le feu,& vole hors des poings de ſon maiſtre.Flo-
riſel ne faut en ſe deſtournant de luy donner vne iartiere qui luy couppa
le muſcle: tellemét que quád il voulut marcher pour releuer ſon glaiue ſi
diligem-

diligemment ne put que Florifel ne luy donnaſt vn autre coup ſur le bras
dont il le vouloit prendre, & ne le put ſauuer ſon gros braçal, qu'il ne luy
inciſaſt deux groſſes veines en bon barbier, dont le ſang piſſoit comme
d'vne fonteine. Adonc Siluie. qui eſtoit es feneſtres de la galerie, voyant
Florifel marcher côtre luy, crie, qu'il laiſſe ſaigner ceſte beſte qui perdra
la vie d'elle meſme, ſans qu'il mette plus la ſienne en danger. Ce qu'oyant
Bazaran, leue ſon regard vers elle, & ſe ſentant naûré à mort par l'effuſion de ſon ſang, d'vne rage extreme luy dit: Fauſſe affetée tu es cauſe
de ma mort: adonc luy darde ſon cimeterre, qui par la volunté de dieu
paſſa entre elle & Leonide ſa fille, & alla entrer vn demy pied dedans v-
ne pierre dure: elles tombent de frayeur en la place. Alors Florifel qui.
en penſoit vne des deux morte, va côme vn lyon enragé vers le geant tenant ſon eſpée à deux mains, dont il luy tranche l'autre iarret tout net, &
le grand animal tumbe ſur le carreau, menât auſsi grand bruit que la ruy
ne d'vne groſſe tour. Ce fait Florifel monte en haut pour s'aſſeurer de ſes
dames, leſquelles il treuue comme demy mortes à terre en leur ſeant, ſe
regardans l'vne l'autre. Le haut dieu ſoit loué, dit il, puis qu'auons deffait noz ennemys ſans perdre nul de noz amys. Or entrons en quelque
chambre pour vn peu nous repoſer. Ainſi s'en alloit le long de la galerie
quand ilz rencontrent vne grande geante vieille ridée, qui eſtoit mere de
Bazaran & de Broſdolf nómée Batalaze: laquelle ayant veu de ſa chambre la mort de ſon filz eſtoit entrée en ceſte forcenerie (l'affection naturelle enforceant ſon aage) de s'aller attacher au meurdrier aux dents &
aux ongles. Et premier en hurlant hideuſement le vient ſaiſir au corps,
& luy elle, vous euſsiez veu vne plaiſante lutte, mais à la fin Florifel luy
donna vn tour de iambe qui la coucha ſouz luy: elle pourtant ne laſchoit
la priſe tant qu'il fut contraint de luy marteler la teſte à coups de poing
garny de gantelet, & l'ayant ainſi eſtourdie ſe leue & la trayne par les
cheueux en la prochaine chambre, fermât l'huys ſur elle auec vn verrouil
par dehors. Or des l'heure que Florifel pourſuyuant les cheualiers vint
en la court du chaſteau, Buſando qui eſtoit haut iuché le recónut, & tout
reconforté ſe couloit tout bellement en bas: mais la ſuruenuë de Bazaran le fit retourner en ſon nid: duquel ayant veu la fin telle que des autres
deſcend hardiment, & ſe vint ietter aux piedz de Florifel à l'inſtant qu'il
enfermoit la geante, luy diſant: A à monſeigneur comme vous portez
vous: làs ie vous auois penſé mort. Tout va bien Buſando, reſpond il,
vien voir les dames qui ſont en ceſte chambre: ilz ſi en vont, & dieu ſçait
les admirations que fit le nain voyant la princeſſe Siluie & Leonide ſa fille: leſquelles dirent à Florifel qu'il faloit fermer les portes du chaſteau,
& s'aſſeurer de la valetaille qui eſtoit leans: par ce que l'autre geant Broſdolf ne tarderoit gueres à le venir careſſer. Buſando y va auecques luy, &
montans en vne haute tourelle du portail: deſcouurirent vne groſſe meſ-
ſlée de gens en la campagne, & Broſdolf apparét ſur tous de plus de quatre piedz

tre piedz . Dequoy tumba au cueur de Florifel que ce pouoit eftre Anaftarax venant en quefte de fa femme . Si défcend legerement & entre en
l'efcuyrie ou il trouue fon cheual que Bufando luy felle en diligence tandis qu'il cherche vne lance. Puis fort & Bufando ferme la porte apres luy,
& s'en retourne vers les dames à qui il recite ce qu'ilz auoient veu de l'ef-
chauguette: qui leur en fit autát penfer qu'à Florifel, que c'eftoit fon cher
mary qui venoit à fa recouffe . Hée dieu (difoit elle) fut il oncques vn tel
cueur que celuy de Florifel de Niquée: eft il pofsible qu'vn corps humain
porte plus de trauail qu'il en a fouftenu auiourd'huy. IESVS CHRIST
vueillez preferuer & garder le bon champion de voftre foy , la perle de
tous les cheualiers, que fa magnanimité ne luy tire le dernier foufpir auát
fon cours naturel. Sur cefte priere la geante Batalafe congnoit & tempe-
ftoit en la prochaine chambre ou lon l'auoit enferrée . Dequoy Bufando
tout effrayé fe mit à genoux les mains iointes , fuppliant le createur qui
les auoit ce iour deliurez des pattes de Lucifer, les vouloit garentir de celles de Proferpine. Les dames le voyant en cefte deuotion,combien qu'elles euffent leur part de la peur , ne fe purent contenir d'en fouzrire . Puis
ilz oyoient la vieille marmotte recommençant fa iapperie au iardin : de
laquelle ayant entendu le fait par les dames , il fe met à la feneftre , & luy
dit: Ma belle dame ne vous deconfortez ainfi·regardez moy ie ne fuis pas
le cheualier niez qui a refufé cefte nuit voftre amour:Ie fuis de voftre taille, & parauenture de voz parens du païs des cinges & magotz, qui defire
grandemét voftre bonne grace. La vieille guenon hauffe fa veuë vers luy,
& de defpit fe leue & luy iette des cailloux du iardin . A à, dit il, ce font
amours rechignées : c'eft le vieil ieu, gens qui s'entr'ayment pierres s'en-
treruent. Les princeffes ryoient à gorge deployée des bons propos de Bufando le nain à la naine qui les entretint la ioyeufement.

De la braue bataille du prince A-

naftarax & de Filifel fon filʒ contre le geant Brofdolf & du
fecours que Florifel leur donna.

Chapitre   XXX.

Vous

Ous auez entendu le recit que fit la princesse Siluie à Florisel de la forme de leur prise. Or ses damoyselles qui s'en estoient fuyes dedans le boys, raconterent au prince son mary & à son filz la fortune qui estoit aue-nuë en leur absence. Qui s'allerent de ce pas embar-quer, & seurent par quelques pescheurs la routte que tenoit le vaisseau qui emportoit leurs dames. Si le suyuirent à la plusgran-de diligence que possible leur fut, tant qu'ilz aborderent en l'Isle de Ga-rye, à la saison que Gazaran vint en son chasteau qui rien n'en auoit veu ne sceu. Ilz n'arriuerent pas du costé ou estoit la nef de Florisel, mais par vn païsan qu'ilz rencontrerent aux champs furent asseurez de la prise des dames. Parquoy s'achiminans vers le chasteau ou lon leur disoit qu'elles estoient, apperceurent le geant Brosdolf venant accompagné de plus de trente cheuaux : vray est que la pluspart des cheuaucheurs n'estoient ar-mez que d'espieux & iasques pour la venerie, ne se doutans d'aucune ren-contre. Aussi les deux princes n'auoient auec eux que demy douzaine de gentilzhommes qui leur faisoient compagnie à la chasse quand le mes-chef auint. Or à l'approcher Anastarax s'adresse à Brosdolf à qui il dit: Geant c'est toy qui as enleué ma femme & ma fille, comme vn trahistre & voleur : Si me les ren presentement, ou ie te puniray selon tes demeri-tes. Tu as menty (respond Brosdolf) c'est mon frere qui les a conquises, & ie m'en voys esbaudir auecques celle qui plus me viendra à goust. Adonc Anastarax (qui plus n'en peut ouyr) broche contre luy la lance baissée, & se rencontrerent si viuement qu'ilz ropent tous deux, puis met tent les mains aux espées (estant le geant fort esbahy de celuy qui l'auoit peu soustenir)& s'entrecharpenterent d'vne estrage façon. Ce pendant Fi-

lisel

lifel s'adreſſe au plus eminent de la troupe, à qui il fourre ſon boys au trauers du corps. Chacun de leurs cheualiers fait ſon deuoir d'abatre ſon
homme à l'arriuée: mais quand ſe vint à la meſlée ilz furent enuahis de
tant, qu'ilz euſſent eu fort à ſouffrir, ſi ce grand nombre euſt eſté bien armé, combien qu'Anaſtarax de ſa part arreſtoit Broſdolf ſus le cul: & Filiſel de monteſpin faiſoit merueilles pour ſon aage: en ſorte que plus de
quinze Garians giſoient deſia ſur l'herbe. Or voyanz trois ou quatre des
veneurs leur maiſtre combatant à part contre vn ſeul qui luy reſiſtoit ſi
vaillamment, le vienent auecques dardz & iauelotz aſſaillir: tellement
qu'ilz luy tuerent ſon cheual, dont il ſe trouua en grand peril, ſi Filiſel
(qui par fois gettoit l'œil ſur luy) ne s'en fuſt apperceu, qui y courut, nonobſtant tous ceux qu'il auoit deuant luy: & donna à ſon arriuée ſi grand
coup d'eſpée au geant ſur la iointure du bras dont il tenoit ſon couſtelas
que le poing luy cheut en la place. Lors Filiſel le hurte de coſté & l'enuoye par terre, prenant ſon deſtrier par la bride qu'il meine à ſon pere
qui ſe defendoit brauement contre trois ou quatre: mais Filiſel les eſcar-
ta bien à ſa venuë, & luy donna loyſir de remonter. Adonc retrouuent
le geant debout tenant ſon glaiue en l'autre main qu'il manioit aſſez puiſ
ſamment pour enfoncer le plus fort armet du monde (iaçoit que non de
telle dexterité qu'il faiſoit auant de la droitte) Filiſel le va eſcarmoucher
d'agilité & adreſſe, pendant qu'Anaſtarax va au ſecours de ſes cheualiers,
deſquelz trois eſtoient meurdriz laſchement par la multitude de ceſte canaille: autant en reſtoit encores tous à pied qui auoiét grand beſoin d'ayde. A tant vienent deux cheualiers luy coupper le chemin & s'attacher à
luy: puis autãt de vilains auecques halebardes le charger par derriere, tellement que le prince & les ſiens eſtoient en piteux eſtat, quand voicy arriuer Floriſel à bride abatue, criant Grece, Grece, & monſtrant la teſte de
Bazaran fichée au bout de ſa lance, qui trop eſpouenta les Garians en
voyans l'vn mort & l'autre manchot. Adonc la iette parmy eux & de ſa
lance en abat trois auant que rompre. Puis ſe fourre ou eſtoit la pluſgrand
preſſe qu'il eſclaircit bien de ſon eſpée, n'aſſenant hóme à droit à qui pour
le moins il n'auallaſt vn membre. Et auiſant le geant qui combatoit luy
vient eſcrier: Faux brigand c'eſt fait de toy, auſsi bien que de ton frere de
qui ie t'ay apporté la teſte. Dieu ne peut plus endurer tes outrages & inhu
manitez. Filiſel qui penſa que ce cheualier luy rauiroit ſa gloire, ſurprend
Broſdolf eſtonné de ceſte nouuelle, & ſe couurant de ſon eſcu (comme il
eſtoit à pied) luy va fourrer ſon eſpée ſouz la cuyrace dedans le vétre iuſques à la croiſée. Adonc le geant iette vn rugiſſement auſsi eſpouuentable
qu'vn lyon tombant à la renuerſe. Ce que voyans ſes gens, deſlogent l'vn
deça, l'autre delà, la pluſpart ſe ſauue en vne montaigne. Et Anaſtarax s'en
va à Floriſel, luy diſant: Cheualier, à qui nous deuons les vies, ie vous ſupplie nous dire qui vous eſtes. A à (reſpond Floriſel qui le vient embraſſer)
meſcognoiſſez vous voſtre compagnon Floriſel de Niquée? A ce nom

K   Anaſtarax

Anastarax hausse sa visiere, disant qu'il auoit eu tort certainemét de ne le congnoistre à ses faitz d'armes nompareilz: adonc suruient Filisel a qui se renouuellent les accollades. Or nous en allon(dit Florisel)au chasteau, ou vous trouuerez ma dame Siluie & Leonide saines & sauues (qui leur fut vn redoublement de ioye)dont luy dit Anastarax. Mósieur le ciel a reserué tous les actes plus illustres a vostre grandeur. Vous entendez que ce fait excede tout pouoir de reconnoissance, sinon en ce qu'il vous plaira commander a moy & aux miens pour vous faire seruice. Laisson cela(respond il) long temps a que i'ay esté payé auant la main par ma dame Siluie, de tout ce que luy pouois rendre d'obeissance, en bouquetz & chapeaux de fleurs, quand nous estions bergers à Tirel. En cheuauchát vers le chasteau ensemble auec deux de leurs cheualiers seullement, Anastarax esclama, ó emperiere Niquée à qui sui-ie plus redeuable qu'a vous? qui en vostre viuant par l'enfer de voz amours m'auez dóné le moyen de ioïr de la gloire de ma Siluie, & ores à l'occasion de vostre mort, nous enuoyez secours, qui nous redonné vne seconde vie. Ainsi deuisans ensemble arriuerent à la porte du chasteau.

Comme les princes Florisel & A-

nastarax arriuerent au chasteau: & de la mort de la geante Batalaze.

Chapitre   XXXII.

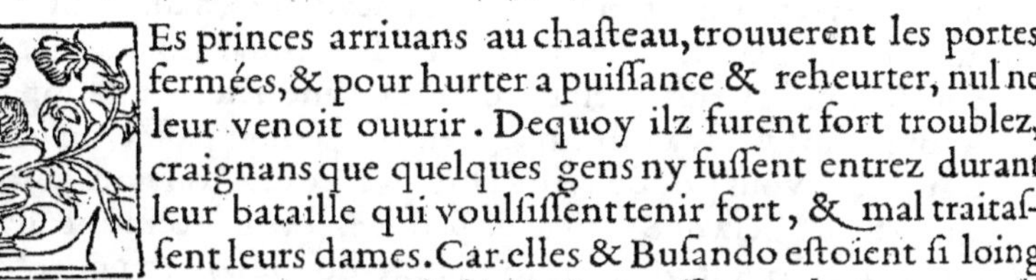

Es princes arriuans au chasteau, trouuerent les portes fermées, & pour hurter a puissance & reheurter, nul ne leur venoit ouurir. Dequoy ilz furent fort troublez, craignans que quelques gens ny fussent entrez durant leur bataille qui voulsissent tenir fort, & mal traitassent leurs dames. Car elles & Busando estoient si loing de la porte qu'ilz ne pouoient oyr le bruit, & y eussent eu long temps visage de boys, sans la geante à qui vn laquays de leans auoit deuerrouillé l'huis de la chambre ou Florisel l'auoit logée. Et oyant heurter si lourdement, vint à la porte cuydant sans doutte que ce fust Brosdolf son filz, à qui elle parloit en ouurant: luy disant, venez mon filz, venez à la bonne heure venger la mort de vostre frere, & l'iniure qu'vn meschant cheualier m'a faitte. Ainsi elle ouure, & les voyant entrer, & comme elle estoit abusée, s'enfuit, criant horriblement, & va saisir vn grand coustelas, auec lequel elle reuient recercher Florisel, que bien elle recongneut, & luy en alloit descharger vn coup a deux mains de toute sa force sur le chef qu'il auoit nud, sans son escu dont il se couurit, iettant encore Anastarax le-

sien au

ſien au deuant: duquel elle fit deux pieces , & ſi entra fort auant en celuy
de Floriſel , dou elle ne le pouant retirer , s’enfuit de rechef vers la ſale,
ou Floriſel la ſuit, & la trouue tenant vne halebarde dequoy elle luy tire
de grandz coups & le faſche fort, d’autant qu’il ne la vouloit bleſſer eſtát
femme, & ſi en faloit faire vne fin. Parquoy apres vn coup qu’elle luy tire,il entre de pied & de main ſus elle , luy donnant du pommeau de ſon
eſpée ſur la teſte,dont toute eſtourdie trebucha ſur le paué.Et vn des cheualiers d’Anaſtarax (ennuyé de la peine que ceſte maſtine donnoit l’e-
gorge comme vne truye, dequoy Floriſel ne fut pas content, diſant que
l’eſpée ne ſe deuoit employer en lieu d’ou elle ne rapportaſt honneur.
Mais Anaſtarax l’eucuſa, par ce que telz monſtres ne meritoient de iouïr
du priuilege des autres femmes.Ce pendant leurs dames eſtoient en merueilleuſe crainte,oyans ceſte nouuelle noiſe en bas, & n’oſoient ſortir, ne
Buſando pareillement pour ſçauoir que c’eſtoit. A tant Floriſel mene les
princes en la chambre ou il les auoit laiſſées . A qui le nain vint ouurir
tout gay & falot quand il entendit ſa voix . Ie ne vous ſçaurois exprimer
les baiſers, accollées , le ſilence des perſonnes toutes tranſportées de ioye
incomprehenſible, les pleurs , puis les ris , les actions de grace des vns &
des autres à Floriſel. Lequel laiſſant le pere & le filz auec la mere & la fille , prend auec luy les deux cheualiers pour aller faire reueuë de tout le
chaſteau,à fin d’y loger & ſeiourner en ſeureté: auſſi pour cercher le pauure Darinel : mais ilz trouuerent vne partie des chambres fermée , & vne
priſon ou ilz entendirent les voix de pluſieurs perſonnes lamentans & ge
miſſans, à qui Floriſel annonça ſalut & liberté, qu’il ne reſtoit que les
clefz,deſquelles il luy ſouuint auoir veu vn grand clauier à la vieille marmotte . Si retournent en la chambre des dames, à qui il dit le beſoin qu’il
auoit de faire la cour à ſa maiſtreſſe du iardin . Lors ſe met à la feneſtre
d’ou il la void veautrer en terre comme vne beſte , & il l’appelle : ma mignonne ho , voicy voſtre amoureux de la nuyt paſſée qui vous veut bien
traitter , & vous prie de venir à luy par la caue (ou vous le logeaſtes)luy
apporter les clefz que vous auez penduës à voſtre ceinture. La meſchante
quand elle l’oyoit,glapit,ſe roulle & ſaboulle ſans reſpódre vn ſeul mot.
Adonc Buſando ſe preſente, diſant à Floriſel qu’il ne ſçauoit pas le ſtile &
iargon dont on vſoit au Royaume des marmotz &guenons d’ou il eſtoit
comme elle : qu’il luy quittaſt la place car c’eſtoit ſon droit gibier, ce qui
luy fut accordé, & luy deualé par la feneſtre, lequel la vieillotte ſentant,
ſe leue ſur ſes piedz toute eſchauffée , & le va empoigner encores pendant
à la corde, & le frotta en homme de ſon païs. Buſando en endura vn peu
(voulant trancher de l’honneſte) ſans vouloir outrager vne femme:mais
elle le baſtoit ſi lourdement qu’il ſe laſſa du ieu. Si la ſaiſit au poil , & elle
aux ongles, & ſe tiraillent,congnent, & egratignent ſans remiſſion.Au-
cuneſfoys luttent aux bras, puis ſe ſaiſiſſent au corps : c’eſtoit vn treſplai-
ſant ſpectacle que ce cóbat,ſemblable à celuy d’vn chien & vn chat: mais
K ii　　　　à la fin

à la fin la meschante vint mordre le pauure Busando en la main, si ferme
qu'elle la luy cuyda troncir. Dont il s'escria comme vn enfant, & Florisel
descendit en haste qui les separa, & print les clefz de la naine:auec lesquelles il passa par la caue, & alla deliurer les prisonniers, dont Darinel estoit
qui fut tout rauy en voyant son bon seigneur & à chef de piece qu'il peut
parler disoit : qu'est cecy Dieu eternel, dors-ie, ou si ie veille : est-ce son-
ge ou verité que ie vous voy mon bon prince comme Castor & Polux
suruenans à la tempeste. Sus, sus, Darinel, dit il, resiouy toy: ta maistresse
Siluie fait bonne chere la haut auec Anastarax son mary, & Filisel &Leo-
nide. Les prisonniers s'agenouillerent deuant luy hommes & femmes,
crians tous d'vne voix, viue nostre seigneur & nostre pere : car à la verité ilz n'attendoient que la mort, ou quelque seruitude aufsi miserable.
Or leur dit Florisel: mes amys prenez ces clefz, & me chassez de ceans
toute la harpaille qu'y trouuerez encores de la geanterie, & auisez à vous
traitter de ce qui sera ceans cóme du vostre, & que ceux mettent la main
à la paste qui y sçauent quelque chose. Son commandement fut acomply voluntairement par ceux qui n'eussent peu mieux souhaitter. Desquelz les vns se ruerent en cuysine, les autres visiterent les caues pour seruir les princes de vin à soupper: lesquelz ce pendant s'esbatoient auecques
le nain & la naine que les dames appriuoiserent & recoifferent.Et quand
Darinel y arriua le créerent arbitre & appointeur amyable de leur differend sur lequel y eut mainte risée, tant au recit des parties qu'à la sentence du iuge.L'heure du soupper venuë ilz furent fort bien seruiz de tout ce
qui se trouua en la maison, la ou ilz seiournerent huit iours en grand soulas ensemble, & l'histoire les y laisse pour deduire ce qui passa ce pendant
en autres lieux.

Comme Fenix de Corinte & A-

stibel de Mesopotamie rencontrerent deux damoyselles, & qu'elle en fut l'issue.

Chapitre XXXII.

Desia

DEsia vous a esté deduit comme Fenix de Corinte &
Astibel de Mesopotamie apres auoir repris leurs cheuaux se remirent en leur chemin auec la damoyselle du
hobin. Puis ilz logerent la nuyt en la maison d'vn fo-
restier, ou Fenix laissa la damoyselle qui estoit sa cou-
sine. Au moyen de laquelle ilz y furent fort bien re-
cueilliz & traittez. L'endemain au matin prindrent congé de leur hoste,
& accompagnez de leurs escuyers vont reprendre leurs erres, lesquelles
ilz ne suyuirent longuement, sans rencontrer deux damoyselles vestues
de robes de fine escarlate bandées de large passement d'or. Elles estoient
montées sur deux bonnes haquenées blanches, & estoient toutes deux
fort belles, cointes & iolyes. Les cheualiers les saluërent, à qui elles rendirent leur salut courtoisement. Lors Fenix les arraisonne qu'elle part
elles tendoient, qui luy respondirent, à la cour de la royne Sidonie pour
voir les auentures estranges qu'on nous a dit y auenir tous les iours. Dieu
en soit loué(dit Fenix) de nous auoir donné si bóne compagnie,car nous
y allons aufsi:nous en irons plus seurement(dirent elles)souz vostre rem-
par.Et ainsi s'en vont ensemble leur chemin,deuisans à grand plaisir chacun à sa chacune: s'estant Fenix emparé de la plus belle,à qui il commença à dire que son malheur l'auoit amené en ce païs, si elle n'auoit pitié de
luy qui estoit desia feru & naüré profondement de sa beauté.Elle luy demande de quelle côtrée il estoit, & oyant qu'il estoit natif de Grece, aufsi
suis-ie moy, respond elle, mais voyons quelle playe c'est que dittes auoir
receuë de ma main. Ce n'est pas blessure qui se voye (dit Fenix) des yeux
corporelz, ains seulement se comprend en esperit, c'est à sçauoir amour.
La damoyselle (à qui il sembloit beau & de bonne grace) poursuit à l'in-
K iii   terroger

terroger comment elle pourroit entendre la verité de son mal. En vous
mirant(respond Fenix)& voyant vostre beauté qui a puissance de tuer
les hommes. Ie ne pensois pas, dit elle, estre si pestilenticuse de ma veuë:
mais confessez moy beau sire si vous touchez point de parenté aux princes Grecz,luy respondant que si: elle replique que d'autant plus trouuoit
estrange qu'il fist la cour aux damoyselles veu la complexion contraire
du lignage de l'Empereur. Comment(dit Fenix) en estimez vous de
plus amoureux au monde? Non (respond elle) mais leur amour est tousiours lyé & attaché en vn seul lieu, sans se communiquer à plusieurs, ne
seruir à autre que celle qu'ilz ayment. A quoy (repliquant Fenix)qu'il e-
stoit vrayment frappé à ce mesme coing,&qu'il n'auoit encores aymé autre qu'elle.Elle ne le vouloit croire qu'il eust tant attédu à gouster les delices de Venus,quád il luy confessa auoir bien senty l'eguillon de la beauté de Diane qui l'auoit attiré en son Isle. Alors la damoyselle luy remonstre qu'il est de la condition du paon qui deffait sa rouë en regardant ses
piedz comme il rompoit ses pensées de Diane, par la veuë de sa laideur.
Fenix oyant ceste subtile rencontre,luy escrie que pour dieu elle ayt mercy de luy,en luy auenceant le remede d'esperance: d'autant que sa face l'a-
uoit naüré, & sa langue facetieuse mettoit le feu à sa playe. A quoy elle
(qui Arlaye auoit nom) il sieroit mal à vne pucelle d'estre sans pitié enuers ceux qui la meritent. Pource ne voudrois denier secours à vostre ma
ladie si ie pensois estre bien recompensée de mes peines & vacations.Luy
offrant corps & ame:l'entends(dit elle)que me seruiez de bon chirurgien
à la playe que ie pourrois receuoir de vous , sans forligner en la loyauté
de vostre race. Fenix luy iure & promet autant qu'elle en veult : dont ilz
prindrent vn baiser sauoureux pour les arres du marché. Ce que voyant
Astibel qui preschoit la sienne de tout son sçauoir, laquelle luy prestoit
l'oreille assez ouuerte. Quoy, dit il, ma damoyselle, serons nous plus fas-
cheux a ferrer que noz cópagnons ? ne passerons nous point nostre con-
trat comme eux? vous voyez qu'ilz marchent deuant & nous seruent de
lumiere qu'il nous faut suyure. Elle persuadée semblablement de la grace
& disposition de son champion, luy donna vn baiser sur le champ pour
closture de compte . Ainsi cheminent en deuis ioyeux, ne desirans que la
nuyt pour prendre possession des choses conuenuës, laquelle esperans
plus secrette & paisible hors le grand chemin de la cité , se destournerent
à costé, ou ilz n'eurent gueres cheuauché qu'ilz trouuerent vne riuiere
non gueable en cest endroit, tellement qu'il leur falut aller trouuer vn
pont pour passer. A l'autre bout duquel y auoit vn chasteau d'ou ilz ouyrent sonner vn cor à l'approcher, & vn escuyer leur venir au deuant, qui
leur defendit de par son maistre Grandoin le fier de ne passer outre,s'il ne
vouloient accomplir les conditions du passage, qui sont telles.qu'vn cheualier doit laisser son escu ou combatre : & s'il meine dames les liurer vne
nuyt au seigneur Grandoin pour le peage : ces loix cy ne me semblent
point

point bonnes (refpond Fenix) i'ayme trop mieux aller cercher autre paffage que perdre ma damoyfelle. L'efcuyer luy refpondant qu'il ne la perdroit que pour vne nuyt feulemét, & que Grandoin ne les aymoit iamais
plus longuement. Quant à moy, dit Fenix, ie ne preſte point ainſi mes
amours, & n'ay que faire de voz mauuaiſes couſtumes : à vous & à mon
compagnon le debat, il me fembleroit trop grand fimpleffe de hazarder
les chofes feures. Aſtibel eſtant de ceſt auis : c'eſt bien fait à vous (dit l'efcuyer) d'euiter le danger : à Dieu vous command, ie m'en vois rapporter
voſtre refponce. Adonc ilz tournent bride, & les damoyfelles quand &
eux : mais elles n'eſtoient contentes de la couardie de leurs cheualiers, &
alloient toutes penſiues fans plus diuifer ne rire auec eux : fe repétans d'a-
uoir donné leur amour à ſi lafches perſonnes. Dequoy Fenix fe doutant,
demande à Arlaye quelle occaſion elle auoit d'eſtre ſi triſte, qui luy reſpódit, à dire vray, pource qu'elle le cognoiſſoit alors autant couard que
bel & auenant : & qu'il fe pouoit affeurer d'eſtre auſi loin de fa grace
qu'il en auoit eſté pres. Autant en dit de fa part Greſte fa compagne : dequoy Fenix & Aſtibel fe rioient l'vn à l'autre, s'excuſans enuers elles que
c'eſtoit folie d'auenturer vn ſi grand bien que leur amour au combat, ou
il n'y a que gaigner pour eux s'ilz eſtoient vaincueurs. Toutesfoys elles ne
prenoient leurs raiſons en payement, difans qu'elles ne pouoient appeller
autrement que couardie de s'enfuyr d'vn paffage de peur de la iouſte : &
que ſi elles n'auoient teſmoignage de leur bonté tel que de leur beauté
il pouoient bien pourchaffer autres amyes. Si eſt ce vn grand tourment
pour nous, refpond Fenix, que nous differer & retarder le bien de voſtre
faueur quaſi preſent. Ainſi debatans rencontrerent deux cheualiers menans auſi deux damoyfelles affez paſſables, qui les conuyent à la iouſte,
fouz condition que les vaincueurs auroient toutes les quatre. A quoy reſpondit Aſtibel, qu'ilz en auoient chacun affez d'vne, & que la cauſe du
combat eſtoit mal fondée. Or à Dieu donc (dient les autres) puis que voulez ſi peu faire par voz dames que ne leur monſtrer voſtre valeur. Fenix
qui auoit ceſte opinion de ne combatre voluntiers à credit & fans raiſon :
leur donna encore ceſte charge : Cheualiers il me femble qu'auez affez
forte partie à vaincre fans vous mettre en danger d'auoir chacun à faire à
deux pour vne. En bonne foy (dit l'vn) ie ne vous deffieray fur ceſte querelle, car vous auriez le droit de voſtre coſté. Et ainſi fe departent, de-
mourans Arlaye & Greſte d'autant plus confermées en leur opinion contre leurs cheualiers. Parquoy s'arreſterent vn peu derriere, fe plaignans
de l'extreme laſcheté qu'elles auoient veuë en eux pour la deuſieme foys,
conſultans de referuer la fleur de leur ieuneſſe en meilleur endroit, fans
la permettre cueillir de mains ſi indignes. A quoy elles fe reſolurent, accordans enſemble comme deux teſtes en vn chaperon (auſi eſtoient elles feurs. Ce conclu, dient à leurs champions que dieu les vueille conduire, & qu'elles ont afaire autre part. Ceux à qui il faifoit mal de perdre ce

K iiii　　　　beau

beau butin, contestent auec elles, que c'est vn tour d'inconstance, veu la promesse & la foy qu'elles leur ont iurée. Nous pensions, dit Arlaye, aller en compagnie de cheualiers, que nous auons cogneuz estre femmes : si nous faut pouruoir d'hommes pour la seureté de nostre conduite. Alors Astibel s'adresse à Greste: ayes patience iusques à demain, & ie vous feray sentir par effect que ie suis vray homme. Il le faut auant, respond elle, experimenter contre les hommes. Ma dame (dit Fenix à Arlaye)ne nous abandonnez pas si legerement sans mieux nous cognoistre. Et quand vous pourray-ie mieux esprouuer, respond. A la premiere occasion iuste de combatre, dit il, à laquelle le preud'homme ne doit reculler nomplus que d'entreprendre chaudement vne querelle sans cause. Sur ce differend auquel les deux seurs persistoient pour se departir, voicy suruenir quatre cheualiers à pointe d'esperon, desquelz Grandoin le fier estoit le premier, & les trois autres ses cousins: qui s'estoient armez en diligence au rapport que l'escuyer leur auoit fait de la beauté d'icelles . Si leur escrierent Mauuais cheualiers quitter vous conuient ses damoyselles que n'estes pas dignes de mener, ayans fuy la lice pour elles à mon pont. Surquoy Arlaye leur dit : mes amys ie suis marrie que n'auez accepté le combat raisonnable d'vn contre vn quand il vous fut presenté : car de ceste charge mal partie vous pourrez tousiours excuser. Non, non(respond Fenix)mieux vaut s'offrir au grand peril par raison : qu'au moindre follement & sans consideration, ce disoient ilz en prenant leurs lances & escuz de leurs escuyers . Puis broche Fenix contre Grandoin , & froissent tous deux l'vn sur l'autre: mais Grandoin & son cheual culbutterent de la puissance du coup, & Fenix en perdit les estriers qui se harpa au col du sien, & soudain se reietta en selle(comme bon besoin luy fut)pour soustenir le cousin de Grandoin, qui n'eust failly à le porter par terre, mais il ne le meut des arçons. Dont Arlaye trop esbahie, dit à sa seur, qu'elle auoit eu grand tort de dedaigner & desestimer son champion , & elle aufsi le sien. Car Astibel auoit de sa lance percé l'espaule à iour à son aduersaire, au retirer de laquelle il rendit l'ame , & estant demeuré à cheual deuant luy, auoit fait faillir le coup à son cousin qui le suyuoit . Parquoy se viennent rencontrer de nouueau à la iouste, & leurs lances volerent en esclatz. puis tirent les espées, desquelles ilz s'entretastent fort brusquement. Fenix de son costé tenoit le sien de pres, tandis que Grandoin estoit couché souz son coursier sans se pouoir releuer. Brief noz deux cheualiers les accoustrerent tellement en peu d'heure , qu'ilz leurs firent confesser la victoire, & iurer de n'ayder iamais à maintenir mauuaises vsances. Ce fait, Fenix met pied à terre & delace l'armet à Grandoin, luy disant qu'il se rendist, & fist tel serment que les autres s'il vouloit sauuer sa vie, ce qu'il fist promptement, puis le tira de dessous son cheual, & l'amenant aux damoyselles la teste nue pour leur monstrer sa deformité incroyable leur dit : Certainement que si l'eust veu au pont à descouuert comme à l'heure

qu'il

qu'i n'eut refufé le conflit en faueur des belles qui fouffroient trop à coucher auecques vne fi laide perfonne. Les damoyfelles s'en rirent, & luy &
fes coufins remercierent Fenix & Aftibel de la courtoifie dont ilz vferent
enuers eux en leur victoire, s'offrans toute leur vie à leur faire feruice, &
noz cheualiers leur promettans amytié fe departirent, eux emportans le
corps de leur coufin. Alors Fenix vient à Arlaye luy demander fi elle le
veut ainfi laiffer, qui refpód auoir bien changé de volunté par l'experience de fa vertu, & que maintenant ne le voudroit auoir perdu pour tout
l'or du monde. Et autant en protefta fa feur Grefte d'Aftibel fon compagnon: difant que la verdeur qu'on void en vn cheualier à la meflée promet beaucoup plus d'exploit aux dames & de bon feruice, que des iouuenceaux douilletz & effeminez. Gardez (refpond Aftibel) d'eftre aufsi
bien abufée en cecy qu'auez efté en l'autre. Quoy qu'il en foit, dit elle, i'ay
maintenant plus de peur d'eftre abandonnée par vous que ie n'auois vou
loir de vous laiffer. A quoy Aftibel : ie ne fçay qu'il en auiendra veu que
vous eftes fi muable. En telz deuis cheuaucherent iufques à iour failly,
qu'ilz s'efcarterent vn peu du chemin, & allerent en vne petite vallée her-
buë à l'abry d'vne colline: ou ilz eftendirent leurs manteaux fur l'herbe &
foupperent de ce que les efcuyers auoient de prouifion, lefquelz fe retirerent loing de leurs maiftres auecq' les cheuaux, lefquelz pafferent la nuyt
ioyeufement auec leurs damoyfelles, qui les tindrent beaucoup plus vail-
lantz qu'au parauant par cefte efpreuue, & tant trouuerent de contentement les vns auec les autres, que de trois moys n'allerent à la cour, ains fe
donnerent du bon temps enfemble, fe pourmenás par l'Ifle qui fort eftoit
delectable, & gaignans pris & honneur en maintes belles rencontres : là
ou nous les faut laiffer, pour traitter de ce qui ce pendant auint en la cour
de la Royne.

De la trifte vie que Daraïde me-

noit en l'amour de Diane.

Chapitre   XXXIII.

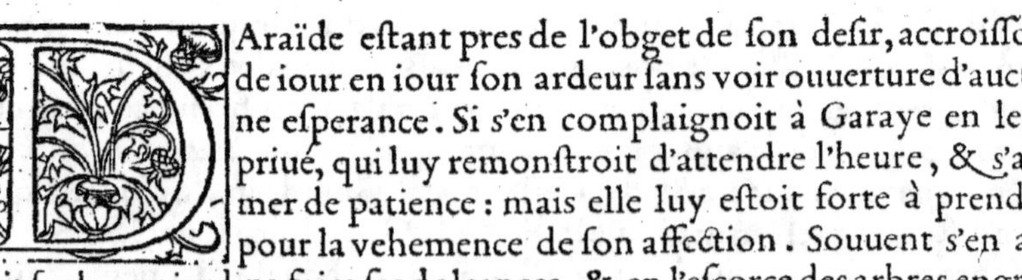

Araïde eftant pres de l'obget de fon defir, accroiffoit
de iour en iour fon ardeur fans voir ouuerture d'aucune efperance. Si s'en complaignoit à Garaye en leur
priué, qui luy remonftroit d'attendre l'heure, & s'armer de patience : mais elle luy eftoit forte à prendre
pour la vehemence de fon affection. Souuent s'en al-
loit feule aux iardins faire fes doleances, & en l'efcorce des arbres engra-
uoit le nom de Diane & le chifre du fien (Agefilan) & les entrelaçoit de
laz & neudz infinis. Surquoy Diane entra en grand refuerie ne le pouant
dechifrer

dechifrer, & elle ne l'auouant à fait . Et quelquefoys la duchesse Lardenie qui l'aymoit cordialement la surprenoit en ces piteux discours : & la
voyant pleurer & souspirer tendrement, en auoit telle compassion qu'elle s'offroit à faire pour son allegence tout ce qu'elle pourroit auiser. Qui
fit penser plus d'vne foys à Daraïde si elle luy descouuriroit sa passion,
mais à la fin delibera de non, craignant de tout perdre (si elle l'auoit trou
ué mauuais) ce qui estoit en termes d'espoir estant conduit secrettement.
Si est ce que vaincuë par son importunité tant affectueuse, elle luy confessa que c'estoit amour qui ainsi la tourmentoit. Lardenie en auoit grand
pitié parce qu'elle luy voyoit la couleur paslir & l'embonpoint diminuër
à veuë d'œil , & ne luy eust gueres differé le remede s'il eust esté en sa
puissance. Et tant la poursuyuit, voulant sçauoir pour quel cheualier elle
souffroit, qu'elle luy declara que c'estoit vne dame, dont sa maladie demeuroit incurable . Finalement luy nomma Diane, auec vn souspir qui
sembloit luy deuoir rompre la poitrine. Ne vous affligez ma mignonne
(dit alors Lardenie) vous estes plus en sa grace que pucelle du monde, &
vous y pousseray & maintiendray tousiours de plus en plus à mon pouuoir. Et ce disant l'embrassoit & baisoit mille foys : qui seruoit de quelque
reconfort à Daraïde, sentant les caresses d'vne si belle fille & de si haut
lieu . Toutesfoys luy disoit : A à ma dame que vous m'obligez de l'honneur & bon traittement que me faittes, lequel ie ne recognois qu'en fascherie & ennuy que ie vous donne. Mais comme pourrois-ie faire autrement qui suis la plus infortunée amante de la terre : contre qui semble que
le dieu d'amour mesme ait cóspiré pour me plonger au fond de malheur,
torment & desespoir. Car quel soustien peut auoir le desir amoureux sans
esperance, qui est le lait de sa douce nourriture? Et que peut esperer celle à
qui il a presenté vn obget non capable d'aucune resource de mutuel plaisir? Fille aymer fille, helàs qu'est-ce sinon estre amoureux de la lune qu'il
faudroit prendre aux dentz ? Làs Pasiphae ne fut iamais si malheureuse
pour auoir aymé vn taureau, combien que beste indigne de son affection
Ne Myrrha semblablement en son amour incestueux. Ne Pigmalion a-
moureux de son ymage que Venus luy viuifia & anima . C'estoient or-
des & honteuses concupiscences : mais assouuies de leur ardent appetit, &
le mien estant sans tache de vice est sans effect de son ardeur : qui me mi-
nera & consumera sans remede, ny ayant moyen de ioïssance aucune qui
le sceust estaindre ny amortir. Lasse chetiue que feras-tu donc ? retirer
ton cueur du lieu ou il est voué, dedié, & destiné, c'est entreprise vaine &
impossible . Que te reste ormais, fors que languir en pleurant, & gemis-
sant continuëllement ta playe incurable, & attendant la mort qui seule
peut mettre fin à ton martire extreme . Or vn iour qu'elles estoient ensemble sur ces complaintes (car la duchesse espioit curieusement ses retraittes) la princesse Diane y suruint qui ne se put tenir de larmoyer, la
voyant estendue au giron de Lardenie cóme demy morte, les yeux tant
mortifiez

mortifiez de pleurer, ſa couleur tant bleſme, ſa parolle foible, ne mouuant bras ne iambes nomplus qu'vne ſtatue. Làs qu'eſt cecy (diſoit la belle
princeſſe) ma Daraïde, qui a il ceans qui vous cauſe triſteſſe? m'amye eſtes
vous point ennuyée d'eſtre icy ſans voir les compaignies qu'auez accou-
ſtumées? ne vous contraignez point ie vous prie, & allez voir la Royne
quand vous en aurez enuie: car ie veux voſtre bien & aiſe, non moins que
le mien propre. La dolente Daride ne parloit point, & la ducheſſe print
la parolle pour elle, diſant : Ma dame ie voy bien que n'entendez pas ſon
mal, veu l'appareil qu'y penſez appliquer. Helas elle languit la pauurette
aupres de vous par vne paſsion ineſtimable, & bannie de voſtre preſence
ne viuroit pas vn ſeul iour. Diane qui l'aymoit ardement (toutesfoys
auecques le frein de l'opinion qu'elle auoit de ſon ſexe & qualité) ne pouuoit comprendre ceſte violence d'amour de fille à fille: neátmoins ſe met
à la reconforter, puis la baiſe doucement, qui ne fut ſans retour de Daraïde: en luy ſuccant le miel de ſa bouche pourprée, & apres vn profond ſouf
pir dit : Làs ma déeſſe comme vous me tuez en me gueriſſant. Sus ma
mignonne (reſpond Diane) reſiouiſſez-vous, car ſi ceſt pour mon amour
que vous endurez (comme ma dit Lardenie) ne faittes qu'auiſer le remede & ie le vous donneray. A ce grãd mot Daraïde ne fut pas ſourde, mais
eut ſoudain la langue ſi ſerrée qu'elle ne put rien dire, ſeulement prend la
main de Diane qu'elle baiſe à longue pauſe. Apres elle luy dit : Ma dame
vienne ores la mort quand elle voudra, elle me trouuera preſte à la ſuyure
puis que i'ay receu de vous ceſte precieuſe parolle, de laquelle ie vous ſupplie eſtre memoratiue. Diane l'en aſſeurant, elle continuë : ma dame en
vertu de ceſte faueur, ſi toſt que ie ſeray en aage de porter armes à la mode de noſtre nation, & receuoir l'ordre de cheualerie, i'eſpere vous faire
tant de ſeruice que me la confermerez. La princeſſe ſe riant de voir ce
gentil courage, luy remonſtra qu'elle ſe contentoit bien de ſon ſeruice do
meſtique, que meſtier ne luy eſtoit de s'expoſer en danger pour aquerir
ſa bonne grace, de laquelle elle ſe deuoit tenir ſeure plus que perſonne
viuante. D'autant me puis-ie donc vanter (reſpond Daraïde) de paſſer
tous les viuans par armes de vous fauoriſée, en l'exaltation de voſtre nom
& gloire : voire en ſorte que la fameuſe Alaſtraxerée ne mettra l'enchere
ſur ma priſée. M'amie (dit Diane) ie ſerois marrie de vous veoir tant belle
& delicate, entreprendre ces lourdes peines, perilz, & treuaux, mieux
ſeans aux hommes robuſtes, & vous proteſte que i'en ſouffrirois trop
pour vous. Sur ces deus amoureux, voicy venir la Royne apportant à ſa
fille les nouuelles de l'arriuée de la royne Cleofile, que la renommée de
ſa beauté auoit attirée à la venir voir. Dequoy Diane reſpondit eſtre treſaiſe pour le rapport qu'elle auoit pareillement ouy faire de ſon excellence. Mais Daraïde ne luy voulut laiſſer paſſer ceſte la, diſant qu'elle n'a-
uoit rien a cercher dehors de ce dont nature auoit theſauriſé ſi richement
en elle. Or dit Diane par modeſtie, que ſi ſeule a ſeule elle deuoit perdre
la par-

la partie contre la royne Cleofile, elle l'esperoit gaigner ayant Daraïde de
son costé, qui respondit qu'il seroit vray si la fenestre estoit ouuerte au
droit de son cueur (comme desiroit Momus) d'autant que lon verroit l'y-
mage de Diane : & ainsi sa beauté redoublée pourroit mieux vaincre la
simple de Cleofile. La royne Sidonie prenoit grand plaisir aux propos af-
fectionnez de Daraïde enuers sa fille : à qui elle dit au partit qu'elle s'apre-
stast l'endemain pour receuoir la Royne estrangere : puis comme en se ra-
uisant : mais i'ay peur dit elle (pour tousiours mettre le feu aux estoupes)
que Daraïde ne vous laisse pour suyure Cleofile quand elle verra sa perfection. Qui releua incontinent la parolle, disant : que son vouloir estoit
immuable, & que le change n'estoit à craindre la ou vne perfection vnique ne soffroit aucune comparaison. Sidonie fort contente de ces gentes
responces, retourne à son palais pour y faire dresser, & ordonner les pom
pes necessaires à la reception de Cleofile : & sa fille demeure en deuis auecques ses dames sur la façon de sa parure & acoustrement.

De l'entrée & reception somptu-

euse de la royne Cleofile en la ville de Guindaye, & le motif de
sa venuë à voir Diane.

Chapitre   XXXIIII.

Ous auez à sçauoir que la royne Cleofile ayant enten-
du le bruit de la plus diuine qu'humaine beauté de
Diane, & en voyant l'apparence par les pourtraitz de
son ymage, conceut telle fantaisie d'aller voir vne mer
ueille du monde, que la distance des païs & le trauail
du chemin ne l'en sceut diuertir. Si fit armer trois nauz
pleines de bons cheualiers, & d'autres chargées de cinquante damoyselles qui entrerent en l'Isle de Guindaye, toutes montées sur bestes estranges de sa region, telles que quand elle vint à Constantinople : toutes ses
femmes furent vestues de veloux verd semé des deuises du Fenix qui par
sa mort se resuscite, & ainsi vit eternellement. La Royne eut sa robe de
satin verd toute couuerte comme d'vne ret pleine de ses oyseaux vniques
tissus de diuerses couleurs selon la diuersité naturelle de pennes du Fenix
les serres & le bec d'or, les flammes ou il se brusle estoient de soye cra-
moysie, sa ceinture & son colier tout de pierrerie enchassée richement.
Elle estoit assise en vn char triumphal composé de huit pilliers reuestuz
de veloux, aboutans en haut en vn centre couuert de sa couronne royalle. Ce char tiroient six licornes regies par six geans chacun portant vn
gros estoc en vne main, & vn sceptre d'or en l'autre : deux cent cheualiers
de sa

de ſa garde alloient entour le char garniz de force pennaches en la teſtie-
res des cheuaux & ſegnalz ſur les armetz. En ceſte mageſté la Royne partit du port pour venir à la cité, marchant deuant elle vn grand nombre de
meneſtriers. Ce pendant Diane ſe paroit pour la recueillir, & tout par le
conſeil de ſa Daraïde, qui luy veſtit vne robe de ſatin blanc decoupé ſur
toile d'or repris à boutons rondz garnis de fins rubis : ſes cheueux luy
laiſſa en partie eſpars, partie vers le front treſſez comme nonchallement,
auec vn chapeau de roſes ſur ſon chef, & vn carquan de gros diamans ſur
ſon ſein deſcouuert. C'eſtoit pitié que de voir les geſtes de Daraïde en
contemplant ſa déeſſe en ceſt eſtat : à qui elle dit : Ha ma dame nous reſ-
ſemblons icy les paintres trop diligens qui ne peuuent oſter la main de
deſſus le tableau, ains touſiours y aiouſtent quelque rempliſſage : car tant
plus que nous vous couurons, nous empirons la beſongne, qui en ſa perfection ſe voudroit voir à nud, au contraire des belles plumes qui ailleurs
font le bel oyſeau. Quand Diane fut accouſtrée de l'ordonnance ſeule de
Daraïde, luy dit, qu'elle la vouloit ſemblablement habiller à ſa fantaſie :
Si luy fit apporter vne robe de toille d'argent dechiquetée ſur toille d'or,
& la coiffa d'vne creſpine enrichie de groſſes perles orientales, auec vne
guirlande de fleurs & maintz autres affiquetz qui rendoient ſa beauté admirable apres celle de Diane, ſinon qu'elle eſtoit vn peu paſle comme de
maladie. Dequoy la princeſſe diſoit auoir occaſion d'eſtre bien aiſe, de
peur que ſi elle fuſt en ſes beaux iours elle ne l'euſt effacée par ſon luſtre.
A à (reſpond Daraïde) ma dame vous eſtes exempte de tous ces dangers :
mais quant à la perte de mon teint elle teſmoigne l'embelliſſement de l'a-
me qui ne ſe fait ſans diminution du corps. O Daraïde (dit alors la ducheſſe) ſi tu fuſſes homme, qui eſt la dame qui euſt peu reſiſter à tes raiſons nomplus qu'à ta beauté, ie ne ſens point en moy tant de force que
i'en peuſſe ſouſtenir les effortz. Diane (craignant la ialouſie de Garaye)
luy fit bailler les pareilz acouſtremens & atours, auec leſquelz il la faiſoit
fort bon voir. La royne Sidonie ne ſe veſtit que de veloux noir, à cauſe
de ſon triſte vefuage de Moraïzel, & fit preparer le logis de Venus prochain à celuy de ſa fille pour la royne Cleofile.

Comme la royne Cleofile alla

diſner auecques Diane, ou Garaye ſe donna à elle.

Chapitre <u>X X X V.</u>

L   Eſtant

Stant le palays de la Royne preparé du tout pour receuoir la royne Cleofile, & tapiſſé de veloux à bordz,
hiſtoriez de l'embaſſade mortelle de ſes dix damoyſelles à Conſtantinople : la royne Sidonie enuoya les
ducz d'Alfarce & de Ganiez au deuant d'elle à vne
lieuë de la ville, ou ilz la rencontrerent en l'ordre &
magnificence qui vous a eſté declairée, dequoy ilz s'esbahirent grandement & beaucoup plus de ſa beauté ſinguliere. Ilz luy firent vne harengue courte de ſa bienuenuë, & luy baiſerent les mains : puis l'amenerent
touſiours coſtoyans ſon char & deuiſans auec elle l'vn deça l'autre delà,
& luy rendans conte de tout ce qu'elle voyoit en paſſant & deſiroit ſçauoir. Elle s'arreſta vn peu à contempler la ceinture de la ville, & le ſuperbe
baſtiment du chaſteau. Apres entra en la cité ou elle fut louée & admirée
de tout le peuple : Les Ducz la deſcendirent du char à l'entrée du palais
royal, & la menerent ſouz le bras iuſques au lieu ou la royne Sidonie l'attendoit : qui la receut en grande pompe & honneur, puis la mena en ſa ſale, ou elles s'aſsirent en deux chaires de veloux ſouz vn ders de drap d'or.
Lors Cleofile commença : Ma dame ie me conte pour ſeule au môde, par
ce que le ſeul qui eſt la fleur des cheualiers ie n'ay ſceu meriter : & comme
ſeule ay deſiré de chercher les choſes vniques : ce qui m'a attiré en voz
païs pour voir voſtre fille vnique en beauté. A quoy Sidonie : ma dame ie
ne vous ſçaurois aſſez remercier de l'honneur que ie ſens receuoir de vous
en ce voyage : mais ie crains que n'en partiez auſsi contente qu'y eſtes venuë, trouuant Diane (que voulez voir) beaucoup moindre que ſa renommée, à cauſe de l'excellence qui eſt en vouſmeſmes, comme le peintre ou
ſtatuaire n'admire pas tant l'œuure d'vn autre que le peuple qui ne ſçait
rien

rien de l'art. Or ma dame il eſt heure de diſner, puis ma fille receüra le
bien & honneur de voſtre arriuée. Cleofile qui eſtoit venuë de ſi loing
pour la voir la pria ne luy differer la veuë de celle qu'elle eſtimoit tant.
Ainſi allerent enſemble par la porte ſecrette au palays de Diane ſans eſtre
ſuyuies d'homme quelconque: laquelle elles trouuerent en ſa ſale auecques ſes dames & ſe leua de ſa chaire pour venir au deuant de Cleofile. Si
s'entrebaiſerent & embraſſerent amyablement: puis s'aſsirent la mere &
la fille aux deux coſtez de Cleofile, qui fut long temps à regarder Diane
par grande admiration, l'eſtimant plus vne creature feée que mortelle,
tant elle la trouuoit accomplie en toute perfection de beauté, & ne ſe put
tenir d'exclamer ſelon qu'eſcrit Galerſis, la beauté eſt montée iuſques au
feſte de ſon excellence: Dieux immortelz vueillez la apparier à vertu vi-
rile pareille & digne d'elle. Adonc Sidonie qui la remercioit de l'honneur
qu'elle faiſoit à ſa fille par deſſus ſon merite, luy dit, qu'il faloit qu'elle viſt ſa compagne: & fit ſigne à Daraïde de ſe leuer, qui ſe vint mettre
à genoux deuant Cleofile auec vne grace & contenance nompareille, &
luy requerans les mains à baiſer, la Royne eſtonnée de ſa beauté l'accolle & baiſe en la face, luy diſant que ſa bouche n'eſtoit faite pour baiſer
rien moindre qu'elle meſme: puis la tenant par ſa main blanche & mol-
lette, s'enquit de Sidonie d'ou elle eſtoit, ce qu'ayant entendu, elle s'a-
dreſſa à Diane: Ie voy icy comme les ſingularitez naturelles s'entr'atti-
rent l'vne l'autre, voyant aupres de vous la princeſſe Alaſtraxerée, à qui
ceſte pucelle reſſemble comme ſont deux gouttes d'eaux. Adonc Daraïde dit: ma dame la comparaiſon qu'il vous plaiſt faire, ſera admiſe comme de la vaſſale à ſa dame lige:car ie ſuis gentifemme du royaume de Sarmate qui luy eſt ſubget. Quoy qu'il en ſoit (reſpond Cleofile) vous meritez eſtre dame vous meſmes, pour les graces dont nature vous a douée ſi
hautement. Alors Diane:ma dame encores vous fault il voir ſa ſeur qui ne
l'empire point & appelle Garaye qui ſe vient agenouiller en ſemblable
maniere (Daraïde luy faiſant place) & regardant la Royne qui ne cedoit
à dame du monde ſinon à Diane) puis receuant d'elle pareille faueur du
baiſer que ſa ſeur, s'enamoura ſi fort qu'onquepuis ſa penſée ne s'adreſſa
en autre lieu, ains en ſouffroit amere angoiſſe & martire, comme l'hiſtoire vous deduira cy apres: non ſans mutuelle affection de Cleofile, qui ſe
contenta fort de ſa taille, maintien, & lineature. Dont elle luy dit: M'a-
mye il me ſemble que ne deuez gueres à voſtre ſeur en ſingularité de voſtre perſonne. Qui reſpondit: ma dame ie remercie les dieux de m'auoir
fait preſentement ceſte grace non eſperée de voir en vous le plus que puis
ymaginer: dont ie me ſens reſter moins de ma liberté qu'auparauant.
Cleofile ſe prend à rire de ce langage. Mais Diane luy dit qu'elle le faiſoit à l'enuy de Daraïde ſa ſeur qui en vſoit ainſi en ſon endroit. Pleuſt
aux dieux (reſpond Cleofile) qu'elle euſt autant de deſir d'eſtre à moy
que ſa ſeur vous porte d'amour. Garaye incontinent prend la parolle:

L. ii   ma dame

Ma dame ie le tiendrois au plus grand heur du monde s'il plaiſoit à ma
dame la princeſſe me l'ottroyer, moyennant que ie fuſſe la plus priuée de
voſtre perſonne, comme ma ſeur eſt de la ſienne. De celà (dit Cleofile)
vous pouez aſſeurer m'amie ſi ma dame voſtre maiſtreſſe vous le veut
permettre, enſemble me faire vn ſi beau preſent. Adonc Diane : Ie voy
bien que c'eſt la ialouſie qu'elle a de la familiarité que ie monſtre à ſa ſeur
qui luy fait deſirer autre party que le mien : vray eſt que ſon vouloir a-
dreſſé en ſi bon lieu me l'excuſe grandement. Parquoy pour l'amour de
vous ma dame à qui ſon ſeruice eſt agreable, auſſi pour conſentir au deſir
d'elle(à qui ie ſouhaitte tout bien)ie m'en priueray pour vous en inueſtir.
Dequoy Cleofile fut treſaiſe, meſmement l'ayant ouy iouër du luthz de
la harpe, auquel elle meſme paſſoit le temps. Et moins ne le fut Garaye,
penſant en elle qu'elle n'eſtoit pourueuë de gueres moins belle maiſtreſſe
que Daraïde. Car combien qu'elle euſt peu pratiquer l'amytié de la ducheſſe Lardenie,ou de la Marquiſe,en y employât ſes cinq ſens,ſon cueur
ne ſe pouoit camper en lieu moindre que royal. Or dit Sidonie qu'il eſtoit
heure de diſner & vouloit remener Cleofile en ſon palais ou il eſtoit a-
preſté: laquelle la pria de ne la diſtraire ſi toſt de la compagnie de Diane
auec qui elle mangeroit plus voluntiers. Parquoy la Royne fit en diligen
ce apporter par ſes damoyſelles les plus exquiſes viandes, la faiſant ſeruir
ce pendât de ce qui eſtoit leans preſt pour ſa fille. A ce feſtin les deux ſeurs
ſeruirent de leur office, tant que Cleofile s'auiſa auec le congé de Diane,
d'employer Garaye en ſon endroit à luy ſeruir de hanap, comme Daraïde à ſa maiſtreſſe. Dequoy la riſée fut grande : & Garaye la remercia de
la poſſeſſion en laquelle elle la mettoit deſia de ſa promeſſe. Apres le diſner, les tables leuées, les deux allerent manger legerement, pendant que
les Roynes deuiſoient de leur ialouſie, qui leur donnoit grand plaiſir. Et
à leur retour(par le commandement deDiane)prindrent leurs luthz dont
elles ſonnerent ſi melodieuſement que Cleofile en eſtoit toute rauie: qui
d'autant plus priſa la proye qu'elle auoit conquiſe, pour le ſoulas qu'elle auroit de iouër & accorder auec elle. Si ſe leuerent Cleofile & Diane & dancerent enſemble au ſon de leurs pucelles. Puis prindrent elles
meſmes des inſtruments, & en ſonnerent fort delicatement. Mais ce fut
vne armonye diuine quand elles y appellerent les deux ſeurs & ſonnerent toutes quatre: car on ne pouoit ymaginer que les hierarchies des anges puſſent rendre au ciel vne melodie plus exquiſe. Apres ceſt esbat Sidonie mena Cleofile en ſon logis c'eſt à ſçauoir au palais de Venus,qu'elle
trouua tapiſſée & meublé de ſes couleurs,& l'admira plus qu'autre qu'elle
euſt iamais veu n'ouy raconter. Là elles ſoupperent ſelon l'ordonnance
de la deſpence du logis qui eſtoit la plus ſomptueuſe de tous, eu egard à
la complexion des perſonnes veneriennes auſquelles il eſtoit deſtiné, qui
ont en ſpeciale deuotion Ceres & Bacchus. Il fut bien tard quand Sidonie la laiſſa, à cauſe du plaiſir qu'elles prindrent à la muſique : & Diane
luy

luy donnant le bon foir , luy recommanda en riant Garaye qui demeuroit auec elle: la priant de luy continuër la priuauté qu'elle luy auoit pro-
mife . Ainfi fe penfoient iouër de celle qui l'entendoit en bon efcient, &
qui n'en dormoit pas toutes les heures de la nuit pour l'accez premier de
nouuelle pafsion.

Comme les Roynes & leurs Da-

moyfelles efprouuerent l'auenture de la caue des deux tours
& auec quelle yffue.

Chapitre   XXXVI.

Lufieurs iours paffa la royne Cleofile auec Diane en
grand deduit & foulas , tant pour le lieu qui leur en
fourniffoit de toutes les fortes , que pour Daraïde &
Garaye qui les refueilloient fouuent par leurs piques
amoureufes . Long feroit à vous reciter tous leurs plaifirs & paffetemps par le menu . Tant vous dy-ie qu'au-
bout de dix ou douze iours, Cleofile qui en vifitant toutes les tours auoit
veu la voute prenant du palais de Febus iufques à celuy de Diane, en laquelle on luy auoit declaré que lon ne pouoit paffer combien que l'entrée
fuft ouuerte . Elle eut enuie de tenter que ce pouoit eftre,& pria la royne
Sidonie de l'efprouuer enfemble.Or faloit que les dames y entraffent par
la tour de Diane , & les hommes par celle de Febus : & defia y eftoient
venuz plufieurs cheualiers de renom qui entroient tous facilement en la
caue ou eftoit la ftatue du Cheualier, mais quand ilz vouloient paffer
outre en la voute obfcure au premier pas qu'ilz faifoient ilz eftoient re-
pouffez rudement par vn fort tourbillon de vent auec vn bruit horrible.
Et s'il auenoit à quelqu'vn d'y entrer vn peu auant,ce n'eftoit que felon la
mefure de fon amour: & à l'endroit ou le vent l'accueilloit, fe pofoit vne
ymage en vn niche de mur auecques fon nom & celuy de s'amye . Vray
eft que ces ymages ne furent veuës finon apres que l'auenture fut acheuée.
Les dames pareillement pouoient venir à l'efpreuue par la tour de Diane, & l'enchantement eftoit accomply quand la dame pafferoit iufques en la caue de la ftatue en la tour de Febus , & que le cheualier allaft
par la voute iufques en la tour de Diane : ce fait le paffage feroit libre &
ouuert à tous venans. La Royne Cleofile (comme ie vous difois) eut volunté de tenter le fort, & Diane l'accompagna iufques en la chambre ou
refpondoit la bouche de la voute . Sidonie y eftoit aufsi pour afsifter à
l'efbat qui fut premierement des damoyfelles de Cleofile qui y entrerent
vne à vne, non fans grand peur d'aller en cefte obfcurité . Mais la plus a-

L iii   uancée

uancée ny conta plus de cinq ou six pas, soudain le tourbillon bruyant les reboutoit si vistement que les attendans y auoient trop dequoy rire. Les filles de la princesse y furent apres, qui ny conterent chacune qu'vn seul pas. Voila (dit Cleofile) comme la retraitte & solitude des damoyselles leur ostent les occasions d'aymer: mais voyons comme il en ira de Daraïde & Garaye, & si leur affection est conforme à leur parolle. Alors Diane commanda à Daraïde de marcher, qui respondit qu'elle n'en esperoit heureuse yssue, parce que son amour estoit d'autre qualibre que les ordinaires: toutesfoys pour obeïr marche vers la voute, au grand ennuy de Garaye, estimant qu'elle deust mettre fin à la preuue: mais elle ny sceut entrer ne peu ne prou, quelque effort qu'elle fist, dont elle retourna fort honteuse & confuse. Et la princesse luy dit pour la reconforter, qu'elle auoit eu raison de ne se vouloir fier aux demonstrations exterieures de la passion que son cueur se plaisoit à tenir close & couuerte : puis dit il faut voir que pourra faire Garaye, & si la Royne gaignera cest honneur sur moy d'estre mieux aymée d'elle que moy de vous. A quoy Daraïde : y aille hardiment ma dame, car ie suis seure que de plus en ce cas nul ne me peut deuancer. Sus donc (dit Cleofile à Garaye) courage m'amye esuertuez vous auec ma faueur dont vous pouez à iamais asseurer, & me conquerez ce pris sur ma dame la princesse d'estre mieux aymée qu'elle, en recompense de celuy qu'elle a sur moy de beauté. Garaye y va, qui s'en reuient auec sa courte honte, sans y auoir rien plus fait que sa seur. Dequoy Sidonie les voyant trop faschées & melancoliques, & leurs dames esbahies de l'experience de leur peu d'affection que leur langue & autres signes declaroient tant, à ceste cause leur dit : qu'elles ne se deuoient esmerueiller de cest accident des pucelles de Sarmatie, à raison de la proprieté de l'auenture que le sage Ciniftides luy auoit exposée : c'est à sçauoir que la damoyselle qui ne seroit amoureuse d'vn cheualier n'entreroit vn seul pas en la voute par le costé de la tour de Diane, aussi peu que le cheualier par celuy de Febus, qui n'aymeroit dame ou damoyselle. Surquoy Daraïde & Garaye cogneurent incontinent d'ou procedoit la faute, & qu'il leur eust falu esprouuer par la tour des hommes : combien qu'elles ne s'en vanterent pas pour l'heure, se santans assez excusées par la declaration de Ciniftides. Adonc Cleofile pria la princesse Diane de vouloir esprouuer l'auenture, laquelle s'en exempta par faute d'amour dont les obietz luy estoient deniez. Parquoy s'adresse à Sidonie, qui luy respond qu'elle ne vouloit monstrer tant de faueur d'amour à celuy de qui elle pourchassoit la mort. Celà vous doit plus inciter (dit Cleofile) à fin de le rendre d'autant plus coupable du tort qu'il vous à fait, veu l'amytié extreme que vous demonstrerez. Finalement apres longue dispute Sidonie si accorde, moyennant que Cleofile marche la premiere : ce qu'elle fait, se representant à la memoire le grand roy Amadis de Gaule, à qui elle auoit donné son cueur. En vertu dequoy elle entre en la voute, &

passe

paſſe auant iuſques à la tierce partie de la longueur. Puis fut chaſſée par
le tourbillon impetueux auſsi rudement que les autres, qui luy en rendi-
dirent la riſée qu'elle leur auoit preſtée. Et elle meſme riant dit à la Royne qu'elle allaſt faire ſon deuoir, la priant en ſe raillant de luy iouër auſsi
bon tour de compagne à ſa ſaillie comme Garaye à Daraïde à ſon entrée
Alors Sidonie marche parlant à ſon Moraïzel : O' deloyal ! que ie ſerois
ſeure d'acheuer ceſte auenture par l'extremité d'amour que ie te porte,
s'il n'eſtoit rebatu & recoigné pas la haine pareille. Ce diſant entre en la
tenebreuſe galerie voutée, & paſſe ſans reſiſtence iuſques à l'autre bouche
& ouuerture de la chambre de Febus, ou elle vid à cler la ſtatue & toute
l'hiſtoire de ſes amours auecques Floriſel : mais elle ne put entrer dedans
nomplus que s'il y euſt eu vn mur. Parquoy voyant en ce lieu la repreſentation de ſes douleurs, tordant ſes mains & verſant maintes larmes exclame : O'ymage de celuy que i'ayme plus ardemment qu'onques dame
cheualier, reçoys en icy le teſmoignage viſible en recompenſe de l'iniure
que ma faitte ton moule, plus laſche que receut iamais dame de ſi haute
guiſe. O' trahiſtre quand tu fauças ma chaſteté & ta verité, que ne rom-
py tu quand & quand le neud de l'amytié que ie te porte encores ? Pendant qu'elle eſtoit en ces doleances, les dames qui l'attendoient voyans ſa
longue demeure, eſtimoient qu'elle auoit mis l'auenture à chef. Parquoy
Diane dit a Cleofile que ſi par amour elle ſe deuoit acheuer, il s'en faloit
aſſeurer par celuy que la Royne ſa mere portoit à ſon ſeigneur & pere Flo
riſel. A ceſte cauſe, diſoit elle, entron dedans, car ſeurement le pouons
eſtant le ſort failly : qui eſt le ſeul moyen de me tirer hors de la priſon en-
nuyeuſe ou ie ſuis. Ainſi ſe prenent par la main & ſe fourrent parmy ces
tenebres & leurs damoyſelles apres, & y entrerent à l'heure que Sidonie
finiſſoit ſes plaintes, & tournoit les eſpaulles pour le retour : auquel le vét
debonde qui l'emporte & ſa ſuitte d'vne merueilleuſe violence iuſques en
la caue de la tour de Diane : dont elles ſe mirent à rire & ſe gaudir enſemble. De là s'en vont ſoupper au palais pour feſtoyer vn grand nombre de
cheualiers arriuez, dont on auertit la Royne. Et à l'heure de la retraitte
Cleofile alla voir Diane, à qui elle conta tout ce qu'elle auoit apris de
nouueau des gentilzhommes ſuruenus, puis s'en alla repoſer en ſon logis.

Du plaiſir que print la royne Cle-

ofile es deuiſes & paintures hiſtoriées au palais de Diane : principalement en vne tranſmutation de Nymphe en
biche blanche, faitte par la déeſſe Diane.

Chapitre　　　　XXXVII.

V N iour que la royne Cleofile estoit allée assez matin au palais de Diane pour le contempler à loysir en toutes ses singularitez, elle ne la trouua encore leuée, mais Daraïde bien, qui luy seruit de guide la menant par tout haut & bas accompagnée seulement de sa Garaye. Beaucoup y vid de choses qui luy plurent, mesmement les fables & histoires figurées tant es verrieres & fenestrages qu'es murailles des cabinetz & galeries. Mais vne sur toutes retint & arresta longuement son œil & son entendement aussi, qui estoit en vne longue galerie du iardin, d'autant qu'elle estoit nouuelle & non veuë ailleurs, voire non encores auenuë. Car le grand Cinistides l'ayant preueuë & cognuë par ses artz astrologiques l'auoit fait peindre en ce lieu si apparent en l'honneur d'vne Diane qu'il sçauoit estre à venir es siecles lointains & en region fort distante, laquelle ne tiendroit le monde en moindre admiration de son excellence que la Diane de Guindaye. Or vous descriray brieuemét l'histoire fatidique pour la dignité & rarité de son suget. En premier lieu y estoit peint vn gentilhomme en accoustrement de chasse, entrant seul auecques deux chiens en vne grande forest peu hantée, lesquelz il perd sur le soir à la suitte d'vne beste. Parquoy apres longue queste sans en sentir nouuelles, monte au haut d'vn chesne pour passer la nuit hors de danger des bestes furieuses dont ce boys estoit plein. Ou apres qu'il eut esté vn espace regrettant ses bons chiens que tant il aymoit, aperceut lumiere en vn coustau, qui l'incite à descendre de l'arbre & droit tire celle part comme les nautonniers au faros d'Alexandrie. La il trouue vn bon hermite qui le reçoit humainement & le traitte des petitz biens que le lieu produisoit, c'est à sçauoir de fruitz & herbes venans sans main d'homme & de l'eau clere d'vne fonteine courant au pied du tertre. L'hermite estoit nommé Eubul, qui apres le sobre repas sondant l'estat du gentilhomme & le but de sa vie, luy remonstre les abuz des bobans, pompes & exces mondains, luy enseignant le train de la vraye vie guidée & conduitte par raison. Le matin Fregos (qui estoit le veneur) prend congé de luy pour suyure la queste de ses chiens, & trauersant l'espesse forest arriue en vn beau pré, par le mylieu duquel passoit vne grosse fonteine. Si auise vn venerable vieillard estendu sur l'herbe aupres de la source à qui il s'adresse pour sçauoir nouuelles de ses chiens. Desquelz le vieillard (qui Apuan auoit nom) luy donna bonnes enseignes comme il les auoit veuz passer par l'orée de ce pré à la suitte d'vne biche blanche, à qui nature n'auoit onques formé la semblable en beauté, & la poursuyuoient si viuement qu'il en craignoit merueilleusement l'yssue, & quasi desia deploroit la pourette. Fregos luy ayant lors demande la sente qu'ilz tenoient, estoit deliberé d'aller apres : mais Apuan ne le voulut souffrir à cause de la nuit qui estoit procheine ioint l'enuie qu'eut aussi Fregos d'entendre l'estre de ceste biche & l'occasion que pouoit auoir le vieillard d'en redouter la pri-

se ou

ſe ou la mort. Sur lequel propos il le mit (apres luy auoir accordé d'heberger en ſon hoſtel) & Apuan en chemin luy raconte : Mon gentilhomme
(combien que vous deduire ce cas ſoit r'ouurir & r'entamer mes vieilles
playes) toutesfoys ie ſouffriray ceſte douleur pour vous ſatisfaire. Or ſçachez donc que m'eſtant retiré en ce lieu ſolitaire eſcarté de toute frequentation & cognoiſſance des hommes, fors que de ceux que l'auenture y
tranſporte comme vous. I'y ay baſty vn chaſteau (que pouez voir) ſur ce
mont, ou ne defaut guere choſe que l'vſage de la vie humaine requiere:
& y ay retiré auecques moy vn perſonnage ſeul, lequel les meurs ſemblables aux miens & la volunté vertueuſe, m'auoient rendu amy indiſſolu-
ble. Nous auons nombre de valetz neceſſaires pour noſtre ſeruice & paſ-
ſons le temps à la chaſſe, à la volerie, au iardinage & à la lecture des liures
de toutes ſciences, ſelon que les occurrences nous donnent le deſir des vnes
ou des autres. Bien vous veuil dire que i'ay en mes ieunes ans ſuiuy les
armes, hanté les cours des princes, cognu l'eſtat de marchandiſe & de iuſtice. En fin, las de tout ay fait ceſte retraitte auec le ſeul amy, loing des
enuies, ſollicitudes, peines, rancunes, curioſitez du monde, ayant ainſi
ſeul auec vn autre moy meſme tout le contentement qu'vn millier de peuple me pouoit dóner. Mais tant fuſſe-ie icy bien caché mon ſort m'y a re-
trouué: au moyen (qu'vn iour que i'eſtois deſcendu à ceſte fonteine comme m'y auez rencontré) i'y trouué vne nymphe belle à merueilles que la
chaleur extreme du iour y auoit amenée & conuié à ſoy baigner, laquelle ie ſalue & elle honteuſe d'eſtre veuë ſi auant, d'autant que l'eau clere ne
cache rien à noz yeux, me pria quelque peu de me retirer & ne luy rompre ſon plaiſir du bain. Mais la ſuppliant de me permettre ce bien incomparable, comme à celuy que l'aage mettoit hors de ſoupeçon de lubricité:
nous entrons en deuis de l'amour, qu'elle diſoit pouoir encores loger en
ma verde vieilleſſe, comme le feu deſſous la cendre griſe, ſelon qu'elle a-
uoit ouy deuiſer aux déeſſes & demy dieux : pource que l'homme eſt né &
yſſu d'amour en forme de fruit ſortant de la conionction amoureuſe par
laquelle il eſt engendré, & que par ce moyen l'amour dure autant en luy
que la vie, voire que moins y a raiſon de le chaſſer de la poſſeſſion tant
plus elle eſt ancienne comme de droit preſcrit & aquis par laps de temps:
que l'aage meur en vſe beaucoup plus diſcrettement & que telles amours
procedent du ciel & des Genies eſtans de ſemblable nature, qui ſont les
gouuerneurs des eſtoilles dominantes en la naiſſance des deux perſonnes
Tandis que i'eſcoutois ceſte belle & ſage nymphe & que mes oreilles pen
doient de ſa bouche tant faconde, voicy arriuer deux de ſes compagnes
deſquelles ie ne penſay à euiter la ſuruenuë à cauſe du priuilege de ma
barbe blanche: mais elles luy firent vne ſalutation maigre qui me fit retirer triſte & confus, & depuis ay entendu que par leur accuſation la grand
Diane l'a conuertie en vne biche blanche, qui eſt celle meſme que voz
chiens ont elancée. La royne Cleofile print grand plaiſir à ceſte meta-
morphoſe

morphose & au partement que fit Fregos l'endemain du chasteau incon-
nu: & comme desirant retrouuer ses chiens & voir aussi la biche, entra en
vn quartier de la forest, ou il fut pris par des coureurs & mené prisonnier
au chasteau d'Amour:duquel sortant souz sa foy,fut de rechef pris, lyé &
garotté par les gardes du chasteau de Diane(qui auoit guerre continuëlle contre celuy d'amour) ou il vid la biche blanche & ses leuriers. Puis se
retirant vers Apuan moyénerent par sacrifices ordinaires à l'honneur de
la grand déesse & par traittement gracieux de ses nymphes (que l'ardeur
du iour destournoit souuent à la fonteine) moyennerent dy-ie la restitu-
tion de la nymphe en sa premiere forme : Et estoit graué en l'autel qu'il
fit eriger.

DE TOVS AVTELZ DE DÉESSES ET DIEVX.
LE VOSTRE SEVL (DIANE) ENCENSERAY
CAR PAR EVX SEVR EN VN SEVL LIEV SERAY
ET PAR VOVS TRIPLE EN LA TERRE ET AVX CIEVX.

Cleofile s'arrestoit à regarder la diuersité de la contrée de Diane seche
& deserte & de celle d'amour tousiours verde & fleurie:quand la princesse y suruint, qui la mena au parc voir les bestes noires & de compagnie,
& les rousses & hardres en attendant l'heure du disner·

Comme arriua à la cour vn beau

*ieune cheualier menant la duchesse de Bauiere : & de la requeste
qu'ilz firent à la royne Sidonie.*

Chapitre   **XXXVIII.**

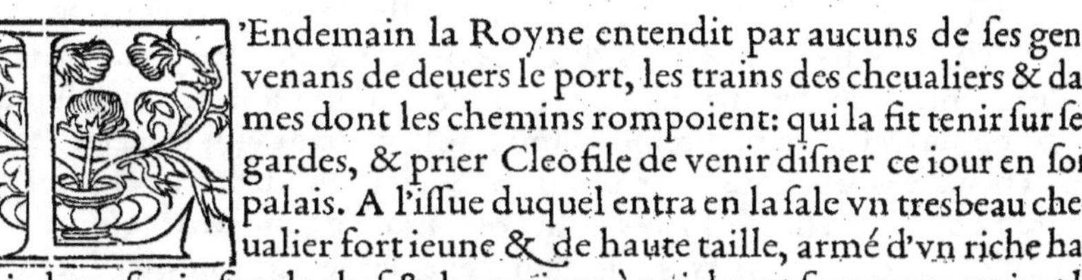

'Endemain la Royne entendit par aucuns de ses gens
venans de deuers le port, les trains des cheualiers & dames dont les chemins rompoient: qui la fit tenir sur ses
gardes, & prier Cleofile de venir disner ce iour en son
palais. A l'issue duquel entra en la sale vn tresbeau cheualier fort ieune & de haute taille, armé d'vn riche harnois damasquin fors le chef & les mains : à qui deux escuyers portoient la
lance & l'escu, & il menoit par la main vne pucelle de beauté exquise, vestue somptueusement,ayant sur ses cheueux tressez en rond vne guirlande enrichie de maintes perles & autres pierres precieuses , & six damoyselles la suyuoient. Les Roynes les iugeans de haut lieu à leur port & parure, se leuerent à leur arriuée, & les estrangers s'humilierent bien fort:
puis estant le silence grand à cause de la nouueauté, & les Roynes rassises
en leurs

en leurs chaires, le cheualier commença en ceste façon. Royne excellente
ie suis cheualiers à qui l'obligation de mon lignage commande de celer
mon nom, iusques à ce que l'experience de mes œuures le me permette.
Ceste belle damoyselle auec qui ie viens icy, est la ducheſſe de Bauiere,
nommée Siluerne, laquelle i'ayme de tout mon cueur : & pour le luy faire cognoistre, sommes venuz en vostre cour vous faire vne requeste c'est
à sçauoir qu'auec vostre congé ie puiſſe planter vne tente en la grand place deuant vostre palais, ou ma dame Siluerne se rendra pour estre iuge de
mon deuoir enuers tous les cheualiers qui oseront maintenir autre dame
estre plus belle, ou cheualier aymant plus cordialement que moy . Et au
cas qu'ilz soient vaincuz emporteront mon escu en signe de victoire pour
eux & la guirlande de la ducheſſe Siluerne pour leur dame, sans que ie
leur demande rien de ma part, me tenant aſſez payé de la iustification de
mon droit. Vne seule condition ie requiers, que celuy qui tombera en la
iouste ne puiſſe demander le combat aux eſpées . Or ay choyſi de m'a-
dreſſer en vostre cour plustost qu'à autre du môde, pour le bruit qui court
du grand amas de cheualiers que la souueraine beauté de vostre fille y attire: me confiant en vostre courtoisie de n'estre esconduit de ma demâde.
La royne Sidonie luy respondit fort gracieusement qu'elle le remercioit
& la ducheſſe, de l'honneur qu'ilz estoient venuz faire à sa cour de leur
presence & magnanime emprise . Et quant à la seureté qu'il luy deman-
doit, elle luy deuoit, & à tous ses semblables : que du reste il en ordonnast à sa discretion, sans espargner chose qui luy fust duisante. Le cheualier (qui Rosaran auoit nom comme entendrez cy apres) remercia la royne treshumblement, & auec vne grande reuerence se retira, estant la ducheſſe fort esbahie de l'excellence des deux Roynes de qui elle n'auoit iamais veu les pareilles . La Royne leur fit bailler logis au palais de Mars,
ou ilz furent seruiz exquisement par le maistre d'hostel ordinaire . Ce
pendant ses gens dreſſoient sa tente en vn coin de la grand place, laquelle
estoit fort spacieuse & diuisée en deux pauillons: desquelz l'vn estoit pour
la ducheſſe & ses damoyselles, l'autre pour luy & ses escuyers. Au deuant
de la tente ilz poserent vn perron, auquel pendoit son escu ou Siluerue e-
stoit pourtraitte au naturel. Et faloit que l'aſſaillant vint toucher l'escu, &
le cheualier sortoit de son pauillon auquel il tenoit deux coursiers tous
prestz & vn attelier de lances. Mais ce iour il ne combatit (combien qu'il
y eust aſſez de cheualiers qui le desiroient deffier) à cause qu'il fut tard a-
uant que la tente fust dreſſée.

Comme

Comme Fenix de Corinte & A-
stibel de Mesopotamie vindrent à la ioufte contre Rosaran,
& y perdirent leurs Damoyselles.

Chapitre   XXXIX.

E iour ensuyuant des le matin les Roynes apres auoir defieuné allerent aux fenestres du palays respondans sur la grand' place pour voir les ioustes de plusieurs cheualiers qu'on leur auoit annoncé estre desia prestz à combatre. Huit se presenterent de la premiere volée, qui tous hurterent l'escu de Rosaran l'vn apres l'autre. Lequel(pour le vous faire court)les abbatit tous d'vne seule lance. Apres en vindrent quatre autres qui n'en eurent pas pire marché: en sorte que lon le prisoit tant qu'on l'estimoit estre chose enchantée. La duchesse Siluerne n'en estoit pas trop mal contente, ains se reputoit heureuse d'estre aymée de si vaillant cheualier : duquel vous puis dire que soustenant huit iours son emprise, il porta cinquante cheualiers par terre, sans qu'il perdist oncques la selle: dequoy les nouuelles estoient rapportées à Diane voire qu'il y auoit en ce nombre plusieurs champions de son ymage. Ce qu'oyant Daraïde luy dit: Mal auiennent à telz vauneans qui osent conceuoir si hautes pensées. Il n'y a nulle raison, ma dame, de souffrir si longuement ce deshonneur qu'on vous fait en vostre cour, de maintenir qu'il y ait dame qui vous surpasse en beauté, & qu'il ne s'y trouue personne qui

ne qui chaftie l'orgueil de ce fol eftranger en fi iufte querelle. Les dames rirent vn bon coup du defpit de Daraïde : à qui Cleofile demanda quel remede elle cognoiffoit à tel mefchef : qui refpondit qu'il falloit que Garaye ou elle prinfent lordre de cheualerie comme leur naturalité leur permettoit, pour defabufer ceft outrecuidé cheualier, ou fe mettre hors de leur martire y laiffant la vie. A quoy Diane dit qu'elle ne confentiroit veu fon peu d'aage, & que c'eftoit amour qui luy enfloit le cueur plus gros que le ventre, en faueur duquel elle ne la fouffriroit entrer en fi grand danger. Daraïde continuë qu'elle ne fçauroit plus endurer cefte honte, & que l'obget fouuerain de fon amour qui eftoit fa beauté parfaitte luy infpiroit affez de hardieffe pour entreprendre ce fait, & luy redoubloit la force outre la vigueur des ans. La royne Sidonie conclud que Daraïde auroit l'ottroy de fa requefte, fi dedans huit iours ne furuenoit autre qui la deliuraft de cefte peine. Ainfi s'esbatoient les Roynes auecques noz deux pucelles : car Garaye aufsi ne s'en voulut taire, pour l'intereft de Cleofile fa chere maiftreffe. Ce iour apres le difner (qui fut au palais de Venus) les Roynes allerent aux feneftres de la grand place, & y menerent Daraïde & Garaye. Gueres ny eurent efté que voicy arriuer deux cheualiers de belle taille, aufquelz deux damoyfelles veftues d'efcarlatte portoient la lance & l'efcu. Si vienent toucher à celuy du cheualier tenant, a qui ilz dirent : Cheualier confeffez que noz damoyfelles font plus belles que la voftre, puis que la veuë en defcouure le fait, fans entrer en combat à mauuais droit. Lequel leur refpondit en riant : Certes ie ne fuis pas encores au lit la chandelle au poing, pour auoir necefsité de confefsion, mefmement de telle menfonge. Alors s'eflongne l'vn d'eux contre luy les lances en l'arreft, lefquelles ilz rompirent en leurs efcuz, paffans l'vn deça, l'autre delà, puis reprindrent deux autres lances plus groffes, & la deufieme rompirent comme deuant : mais ilz s'entrehurterent fi lourdement que le cheualier affaillant fut réuerfé auec fon cheual, fans que l'autre fuft en rien d'efmeu de la felle. A l'heure la damoyfelle qui luy auoit feruy d'efcuyer s'en va à luy ainfi qu'il fe releuoit, difant qu'elle le commandoit à dieu, pour aller cercher autre qui mieux fouftiendroit la caufe de fa beauté : & fans attendre refponce donne de la houfsine à fon palefroy, & s'en va, laiffant vne grand rifée au peuple de fon propos. Et Cleofile s'adreffa à Daraïde qui eftoit debout aupres d'elle, l'interrogeant fi elle voudroit entreprendre le combat pour la princeffe Diane à telle condition, qui refpondit que fa beauté & conftance l'en exemptoit, mais elle replique à la Royne fi elle l'ottroyroit voluntiers à Garaye : laquelle s'auança de dire qu'elle l'accepteroit en toutes les formes qu'il plairoit à la Royne luy commander. Sur ce point la ioufte commence entre le cheualier de l'autre damoyfelle (qui eftoit Fenix de Corinte & le premier Aftibel de Mefopotamie) fi fe rencontrerent fi rudement, qu'apres le froifsis des lances ilz s'entrechoquerent des corps, en telle maniere

M   que l'af-

que l'affaillant vuida les arçons en la place, & Rofaran perdit les eftriers,
en danger de trebucher s'il n'euft embraffé le col de fon courfier : dequoy
le cry des affiftans s'efleua. Ia le diable robufte a perdu les eftriers : mais
il fe remit incontinent en la felle, voyant fon aduerfaire venir vers luy l'ef
pée en la main, qui luy dit : s'il eftoit fi preux combatant qu'il defcendift,
afin de ne s'attribuer à gloire la faute de fon cheual . Qui refpondit, qu'il
eftoit d'autant tenu au fien s'il auoit eu par luy quelque auantage, & qu'il
luy auoit fait grand bien en fupplcant la faute de fa valeur enuers luy.
Pourtant qu'il fe tiendroit aux conuenances de fon emprife : fi ne laiffaft
pas de remettre fon efpée au fourreau. Sur leur difpute furuint l'autre damoyfelle demãder à fon champion s'il auoit que mander à fa compagne,
priant dieu luy enuoyer plus d'heur en autre affaire qu'il n'auoit eu en la
defence de fa beauté. Si chaffe fa haquenée apres l'autre, dont la huée fut
grande : & deuez fçauoir que les bonnes commeres auoient fenty du re-
froidiffement en leurs cheualiers, qui fe commençoient à laffer de ce meftier mener, comme on fe degoufte aifement de telles prouifions de facile
conquefte, & elles n'attendoiét que l'occafion de preuenir le congé qu'ilz
leur vouloient donner , allant au pourchas de frefche compagnie.

Du combat perilleux entre le che

ualier au Fenix & Rofaran & la fin d'iceluy par vn
eftrange enchantement.

Chapitre   **XL.**

Peu a-

Eu apres le partement des deux Damoyſelles, arriue
en la grand place vn cheualier fort bien fait ſur vn deſtrier rouan, monſtrant vn port de quelque rare bonté.
Il auoit deux eſcuyers, dont l'vn portoit ſa lance, l'autre ſon eſcu à la figure du Fenix. Qui vous doit faire
entendre que c'eſtoit le gentil Florarlan, lequel apres
auoir acheué maintes grands auentures en diuers lieux, dont ſa renommée voloit par tout le monde, eſtoit venu en ceſte Iſle, auerty que la royne Cleofile y eſtoit, pour qui ſon cueur ſouffroit tant par admiration du
bruit de ſon excellence. Si piqua du coſté des feneſtres d'ou les Roynes
regardoient, leuant ſa veuë vers celle qu'il recognut par ſon pourtrait, à
qui il dit: Ma dame voicy vn champion que voſtre cler renom vous a a-
quis, qui vous vient icy rendre graces de la valeur que la ſeule penſée de
voſtre perfection & contemplation de voſtre ymage à peu mettre & in-
fluër en luy. La Royne qui auoit ouy celebrer ſes hautz faitz d'armes (non
ſans mention de ſon beau trait, proportion, & auenance) luy reſpondit
qu'elle ſe ſentoit fort honorée de ſi braue champion de ſa deuiſe, & qu'elle eſperoit par luy ſatisfaction de l'entrepreneur eſtranger. En celà (reſpond Florarlan) le bon droit de voſtre préeminence m'aſſeure. Si baiſe la figure de ſon eſcu en ſa preſence, puis rabaiſſant ſa viſiere s'en va vers
Roſaran. Ce pendant Daraïde s'attache à ſa ſeur Garaye luy diſant qu'elle la voyoit hors de peine d'entrer au combat pour la cauſe de la Royne, veu la reputation du cheualier au Fenix : voire qu'elle ne ſe reſiouiſ-
ſoit gueres de luy voir ſuruenir vn tel cócurrent au ſeruice de ſa maiſtreſſe. A quoy la Royne s'ingera de reſpondre que Garaye n'auoit que craindre en ceſt endroit pour l'aſſeurance qu'elle auoit de ſa faueur commune
à nul autre, qui ne fut pareſſeuſe de l'en remercier treshumblement, & la
Royne à luy affermer encores plus fort. Vray eſt que lon l'interpreta à
ieu & raillerie pour l'heure, mais le temps ne tarda trop à le verifier par
effet. Or va Florarlan toucher à l'eſcu de Roſaran, lequel à ſa venuë monta ſur vn cheual frais, l'eſtimant beaucoup par ſa renommée. Si l'aborda
Florarlan auec tel langage: Cheualier qui tant auez conquis d'honneur en
ceſte empriſe, regardez à ne le perdre par faute de bon droit que ne pouez
auoir contre moy eſtant champion de la royne Cleofile que voyez en ces
feneſtres, qui eſt l'outrepaſſe des belles dames du monde: pource contentez vous de ce qu'auez fait iuſques icy pour la ducheſſe Siluerne, ſans la
mettre en comparaiſon iniuſte auecques la Royne, ſinon elle me pardon-
nera ſi ie rends le deuoir à mes conceptions. A quoy reſpondit Roſaran
non moins gracieuſemét: qu'il le remercioit de la courtoiſie dont il vſoit
enuers luy & ſa maiſtreſſe, de laquelle la perfection l'obligeoit à la ſouſtenir contre toutes auec la reuerence qu'il deuoit à la Royne. Adonc ſe
departent, puis reuienent l'vn contre l'autre de telle furie que leurs lances vollerent en eſclatz, leur ayant fauſé les eſcuz, & ilz ſe vienent ren-

M ii   contrer

contrer de telle verdeur qu'ilz vont par terre cheualiers & cheuaux enfemble : dont fut grand le cry du peuple : Or eft Lucifer tombé du ciel.
Dequoy fi la royne Cleofile receut grand' ioye, autant la ducheffe Siluerne en porta de trifteffe: mais les deux champiós fe releuent & embraffans
leurs efcuz fe ioignent aux efpées nues, defquelles ilz fe chamaillerent
d'vne cruelle forte, abbatant pieces des efcuz, mailles des hauberts, plus
d'vne groffe heure fans apparence qui deux auoit l'auantage : tellement
que les afsiftans difoient qu'ilz auoiét trouué leur pareil. Apres cefte longue efcrime ilz fe retirerent vn peu à quartier pour reprendre aleine, &
Rofaran regardãt s'amye qui auoit perdu la couleur d'ennuy & de crainte, tout iré retourne vers Florarlan, qui le reçoit brufquement & recom-
mencent l'eftour plus chaut qu'auparauant, s'entrechargeant de coups
fi lourdz que chafcun fit mettre la main en terre à fon ennemy, & faifoient faillir les viues flammes de feu de leurs harnois. Ainfi combatoient
les deux braues champions fans qu'on y cognuft autre conclufion de leur
conflit que par la mort de tous deux. Lors auint vne eftrange merueille
qui les departit ayant duré leur combat deux heures entieres . Voicy venir en la grand place vne vieille dame de plus de cinquante ans, veftuë de
drap noir auec voiles blancs de deuil à la mode des vefues . Elle eftoit fur
vne haquenée fuyuie de douze damoyfelles de femblables parure, & firent la proceffion à l'entour des cheualiers & de la tente au galop de leurs
palefrois. Et quand elles eurent fait quatre voltes, à la derniere toutes enfemble lancent en l'air chacune vne fiole qu'elle tenoient en leurs mains,
qui retombans en terre fe caffent , & en fort vne fumée noire & efpoiffe
comme des fours de tuillerie, qui occupe vne partie de la place, & fe va
eftendre iufques au haut des nuës. Adonc on veid la dame & fon train retourner la voye qu'elles eftoient venuës, lefquelles ne furent fuyuies de
perfonnne, tant auoit chacun grand defir de voir la fin de ce myftere. Or
la fumée alla long temps en efpoifsiffant toufiours , puis foudain s'aluma
en vne flamme claire en maniere d'vn efclair, qui efpouenta merueilleufement tout le peuple, comme font la nuit les comettes flamboyanz à
l'impourueu par les tenebres. Apres ce feu toute fumée difparut, & apparut au lieu mefme vn beau chafteau maçonné de pierre reluifante comme
fins miroër d'acier. Le corps du chafteau eftoit party en deux tours, l'vne
pres de l'autre, & ceintes d'vn mur de femblable pierre. Au fefte des tours
vn grand nombre de meneftriers fonna longuement, puis ilz cefferent,
& Florarlan fe trouua vis à vis du portail : auquel auifa vn efcritteau en
lettres grecques de telle fubftance.

*Ciniftene ducheffe de Bauiere magicienne, en memoire & vengence de fa fil-
le Siluerne & du gentil cheualier defcendu du lignage de Grece a bafty ce chafteau à la gloire de ceux qui prouueront l'auenture auec tiltre de loyauté d'a-
mour : lefquelz y feront acertainez du fecret de leur partie mais fe gardent d'y
entrer*

entrer sur la vie ceux qui frauduleusement pretendent & vsurpent le nom d'a-
mour. Ceste preuue durera iusques au temps que la paire des plus beaux &
loyaux amans y entrera, qui remettront les deux enchantez en leur estre naturel.

Quand Florarlan eut leu l'escrit, ne sentant en soy aucun point de des-
loyauté, entre sans crainte par la porte du chasteau, & les menestriers re-
commencent à sonner en haut. Là dedans il se trouua en la plus belle
chambre ou il eut onques mis le pied : qui estoit painte de toutes les histoires amoureuses du monde. Et vid vn nombre de damoyselles toutes
droittes contre vn mur, ayans chacune l'arc en main, & la flesche entoi-
sée dessus, toutes tournées pour descocher vers l'huys de la chambre. Au
mylieu de laquelle estoit la duchesse Siluerne assise en vne chaire de drap
d'or : ayant sa precieuse guirlande sur son chef descheuelée, appuyant sa
iouë sur sa main, accoudée sur vn oreiller de veloux. Elle se plaignoit
douloureusement les yeux clos, d'ou sortoient larmes en abondance. Dequoy Florarlan esmeu à compassion prend son armet à la main & se va
planter à genoux deuant elle disant : Ma dame d'ou vous procede l'angoisse tant amere ? à son parler Siluerne ouure les yeux, & sembla à Flo-
arlan que se fust la royne Cleofile, qu'il luy fit telle responce : Florarlan
n'abuse point ton cueur en mon amour, d'autant que le mien est saisi de
celuy du roy de la grand' Bretaigne, qui ne veut ceder à nul autre. Tu
aymes Cleofile qui ne t'ayme point, & es aymé de Lucenie de tout son
cueur, à qui tu dois le tien. Ce dit referme les yeux sans plus mot sonner,
pour quelque propos que Florarlan luy peust tenir. Dieu de paradis (dit
il) la belle auenture que voicy, qui met les amans hors de vaine esperance:
Or suis-ie à ceste heure sans aucun remord en liberté de rédre amitié mutuelle à celle qui si affectueuse me la porte, & a estre vray & fidele mary à ma bonne & sincere espouse. Auant que partir de la il arraisonna les
damoyselles archieres sur la tristesse de leur dame, qui ne luy firent aucun semblant de vouloir respódre, ayans tousiours leurs yeux fichez vers
l'huys de la chambre. Il s'obstinoit à importuner de rechef la duchesse,
quand il sentit vn esclair violent qui luy esblouït la veuë, & tost apres se
trouua deuant le portail en la grand place : là ou tout le peuple attendoit
son retour pour en sçauoir des nouuelle.mesmement les Roynes qui l'enuoyerent prier de leur en venir conter. Dequoy il s'excusa sur ses playes
(mal content de ce qu'il auoit entendu de Cleofile) leur mandant aussi
bien que les choses estoient telles qu'elles ne se deuoient reueler, ains a-
prendre personnellement en l'espreuue. Ainsi se retira en son logis, ou la
Royne luy enuoya ses chirurgiens luy offrant le palais de Mars s'il y vouloit heberger. Ce iour nul n'entra au chasteau de Ciniftene, mais on ne
parloit par toute la ville d'autre chose. Et Daraïde courut la premiere
vers Diane pour luy raconter tout ce qui estoit auenu la iournée. Dequoy
elle fort estonnée se plaignoit des dieux qui l'auoient ainsi condannée à

M iii   conti-

continuëlle prifon, fans auoir la liberté de voir les chofes publiques comme la gent menuë, regrettant qu'elle n'eftoit de baffe côdition pour iouïr
des plaifirs & deduitz communs. Eñquoy Daraïde tafchoit à la reconforter à fon pouuoir: luy demandant congé pour aller l'endemain efprouuer
l'auenture du chafteau, afin de luy rapporter le conte de tout ce qui y pou
uoit eftre de merueille: ce que la princeffe luy accorda fort volûtiers. Mais
auant vous veux ie declarer la fource & origine de ceft enchantement.

Du lignage de Rofaran & la cau-
fe du chafteau enchanté.

Chapitre XLI.

A feconde partie de la cronique d'Amadis de Grece
vous a deduit comme Perion de Gaule eftant fegneur
du royaume de Turquie y mena fa chere compagne &
efpoufe la royne Gricilerie, apres la mort du roy Ali-
zaran, de laquelle à fucceffion de temps il eut vn beau
filz nommé Rofaran, lequel parcreu en aage de rece-
uoir l'ordre de cheualerie le receut de la main de fon pere, fors que l'efpée
qu'il ne voulut prendre que de la main de la ducheffe Siluerne pour la renommée de fon exquife beauté ornée de pareille vertu. Parquoy part incontinent de la cour de fon pere, ne menant auec luy que deux efcuyers
& s'en va droit en Bauiere, ou de fortune la vieille ducheffe mere de Siluerne

uerne n'eſtoit pas pour lors : eſtant allée aux montaignes artifarie , pour
recouurer cartaines herbes neceſſaires aux œuures de magie , dont elle e-
ſtoit grande ouuriere . En ſon abſence gouuernoit le païs vn ſien frere
vaillant preud'homme nommé Galdan de Playarte : ſouz la puiſſance
duquel eſtoit la ieune ducheſſe Siluerne en l'aage de ſeize ans quand Roſaran y arriua. Lequel ſe preſenta deuant elle requerãt l'eſpée de ſa main:
qu'elle ſe tint heureuſe de luy donner, ſçachant le lieu d'ou il eſtoit, & le
voyant autant beau & de bonne grace que nature auoit peu former . Si
deuint extremement amoureuſe de luy dés l'heure premiere qu'elle le
vid (vray eſt qu'en intétion de mariage)& il s'embraſa de ſon coſté à outrance, la ſuppliant le receuoir pour ſon cheualier. Or ſeiourna il aupres
d'elle enuiron vn moys, durant lequel il eut loyſir de luy decouurir ſes a-
mours, & requerir remede pour ſa vie . Elle n'en fit pas moins de ſa part,
ſi bien qu'ilz ſe fiancerent ſecrettement: à la charge de ne le manifeſter a-
uant qu'elle euſt le conſentement de ſa mere: auſsi que ce pendant il ne la
toucheroit point de plus pres que le droit des fiançailles permettoit. Roſaran fut ſi fier des faueurs de ſa dame, que pour luy faire cognoiſtre ſa valeur , vn iour apres maintz deuis amoureux il luy requiſt vn don qu'elle
ne luy oſa refuſer: c'eſt à ſçauoir que ſans en rien communiquer à perſonne ilz s'en iroient ſecrettement en l'Iſle de Guindaye pour maintenir qu'il
n'y auoit dame ſur terre qui luy fuſt egale en beauté & en ce luy monſtrer
par experience qu'il auoit en luy vertu pour meriter ſa bonne grace. Elle
ſi accorde & par vne belle nuit (en tel train & equipage que vous a eſté
dit) s'eſloignerent de la cité : tellement que ſon oncle Galdan n'en ſceuſt
rien que l'endemain aſſez tard . Dequoy il cuyda forcéner , & monte incontinent à cheual auec quatre cheualiers, & tant piquerent qu'ilz les at-
taignirent ſus le ſoir : la ou y eut vne dure meſlée entre luy & Roſaran
pour la ducheſſe Siluerne, lequel y fit tant d'armes qu'il naüra & demon-
ta Galdan & ſes cheualiers : Puis continuërent leur chemin iuſques à la
mer, ou ilz s'embaquerent & paruindrent en fin en l'Iſle de Guindaye en
laquelle ilz s'equipperent de tout ce qui eſtoit neceſſaire à leur empriſe.
Galdan de Playarte (qu'il laiſſa fort blecé) s'en retourna en la cité auec
deux de ſes cheualiers, car les deux autres moururent. Peu apres la vieille
ducheſſe reuint de dehors qui fort ſe courrouça du fait de ſa fille : & ſe
rendit au combat auec ſes femmes , à l'heure que Roſaran & Florarlan a-
uoient grand beſoin de departement pour l'importance de leurs vies . Et
ainſi dreſſa ceſte belle priſon pour ſa fille & ſon amy , en punition de ce
quelle auoit fait ſans ſon congé, & de l'offence que Roſaran auoit faitte à
Galdan ſon frere . Par ce moyen retardoit la ioüiſſance de leurs deſirs, &
les ſeparoit l'vn d'auec l'autre . Et pour rendre le charme plus propre &
plus conuenable, eſtablit que luy & elle prendroient la forme & figure
des ſeigneurs ou dames dont ſeroit queſtion en la preuue : auſquelz deſ-
couuriroient le ſecret que plus deſiroient ſçauoir pour la conſequence de

M iiii　　　la pur-

la pourſuitte ou abandon de leurs amours, ainſi qu'il en auint à Florarlan
& à tous ceux & celles qui l'eſprouuerent : s'accompliſſans les choſes du
tout ſelon la teneur de l'eſcritteau qui eſtoit au deſſus du portail graué en
vne lame d'or. Ce qu'ayant fait la vieille ducheſſe s'en retourna en ſa ville de Bauiere.

Comme les Roynes & Daraïde,

& Garaye eſprouuerent l'auenture du chaſteau enchanté.

Chapitre   X·L I I.

Araïde l'endemain au matin s'habilla le plus propre-
ment & ioliement qu'il eſtoit poſſible d'vne robe de
ſatin cramoyſi que Diane luy donna, ſans oublier le
chapeau de pierrerie ſur ſes cheueux, & la riche ceinture & le colier, tellement qu'apres la princeſſe nulle
des belles luy faiſoit honte. Si s'en va en la grand pla-
ce pour eſprouuer l'auenture: ou elle rencontra les Roynes qui y alloient
& Garaye apres elles fort richement parée. Les gens de la ville hommes
& femmes (qui accoururent pour les voir) eſtimerent fort les beautez de
Sidonie leur Royne, & de Cleofile. Mais Daraïde en ceſte fleur de ieuneſſe garnye de ie ne ſçay quelle vigueur plus que feminine, attrayoit des
cueurs infiniz à ſon amour. Or vont les deux Roynes s'entretenans par la
main entrer à la porte, laquelle elles ne ſceurent paſſer vn ſeul pas : dont
elles cogneurent qu'il n'eſtoit permis d'y aller qu'vne à vne: & apres la di-
ſpute qui iroit la premier, Sidonie marcha auant, & incontinent les meneſtriers commencerent à ſonner d'vne grand' douceur. La Royne monte en l'eſcalier, & trouue vne chambre fermée, puis va à l'autre qui eſtoit
ouuerte ou elle vid force cheualiers au circuit du mur ayans tous l'arc tendu & la fleſche deſſus tournée vers la porte. Elle eut grand peur à les voir
en ceſt arroy, mais ilz fleſchirent tous vn genouil en terre par reuerence,
& ſe tindrent ainſi tant que la Royne fut là. Alors entre ſeurement, &
apperçoit le ieune Roſaran aſsis en vne chaire au milieu de la chambre
acoudé ſur vn oreiller, deſarmé de la teſte & des mains, ſon armet & eſcu es deux coſtez de ſon ſiege. Son chef ainſi appuyé & les yeux clos il
faiſoit de piteuſes doleances, qui reſueillerent à Sidonie les ſiennes: encores plus quand elle auiſa entre autres hiſtoires peintes es verrieres, celle
des amours de ſon Moraïzel, qui la tira en merueilleuſes complaintes, que
les lamentations de Roſaran luy rompirent ſemblans preſſées & requerir
ſoudain confort: duquel elle s'approche luy demandant qu'elle douleur
il ſentoit. Adonc ouure les yeux, & prend à l'inſtant la forme & ſemblance de

ce de Florisel : dont Sidonie fut si estónée qu'elle s'afsid à terre ne se pouant soustenir sur ses piedz, puis iettant l'œil sur luy, commença : A` à tra-
histre Moraïzel que tu as grand confiance en ta beauté, de t'oser icy presenter deuant moy, à qui tu as ioué vn tel tour de deloyauté. Adonc ce
personnage d'vn visage gay luy respondit:ma chere dame Sidonie, la force de l'obligation de l'amitié du prince Falanges d'Astre me fit vser en
vostre endroit de celle dont vous plaignez sur moy, de sorte que ie receu
effort auant que vous en liurer. De vous maintenir amour, vous sçauez
que le mariage de mon Heleine m'empesche,à qui ie faucerois la foy plus
qu'à vous : vous asseurant que ie sens neantmoins souuent vn eguillon &
remord de la fruition de vostre beauté qui sortiroit en euidéce sans l'obstacle manifeste que vous voyez:qui ne me tient en moindre martire que
vous, pour la distraction forcée de vostre presence. Ce dit, le personnage retourna soudain en sa premiere figure : dequoy la Royne outrée de
deuil luy escrie : A` à Moraïzel comme tu augmentes mon tourment, de
me faire entendre vne amytié mutuëlle, la ou ie pensois qu'il ny eut que
contemnement & oubliance. Làs si tant tu m'aymes pourquoy te trans-
portes-tu si tost hors de ma veuë ? laisse moy vn peu iouïr de ta figure,
puis qu'il ne m'est loysible en ta propre personne. Apres elle prioit de
respondre, mais en vain : car le rayon de splendeur vint battre sus elle,
dont elle se trouua hors du chasteau en la trouppe ou Cleofile l'attendoit
qui l'interroga en riant, la voyant toute espouentée, que c'estoit qu'elle
auoit veu. A quoy elle respondit que chacun y estoit pour soy, & que ce
n'estoient choses à diuulguer ne publier, sinon qu'elle la pouoit asseurer
estre la plus estrange & plaisante auenture qui iamais fut, moyennát que
la gloire qu'on y sent ne se perdist si tost. Puis qu'ainsi est (dit Cleofile) ie
ne voy que reculler. Si s'en va à la porte ou elle eut son aubade comme
les autres puis monte en la mesme chambre d'ou Sidonie venoit de sortir.
Là elle receut grand plaisir de recognoistre es histoires des verrieres la
pompe en laquelle elle auoit fait son entrée à Constantinople, & le combat des roys Amadis & de Tir, & (d'vne suitte) l'acte memorable de sa
damoyselle Silersic trenchant la teste au cousin du roy Breon.Sur laquelle,elle fit de grandz regretz,que ceux de Rosaran luy firét cesser. Auquel
elle va, luy demandant qu'il auoit à gemir & lamenter.A` l'instant il ou-
ure les yeux & prend la forme du grand roy Amadis de Gaule & luy dit:
Excellente Royne de Lemnos l'affection de mon Oriane me priue de liberté pour le seruice de vostre valeur & vertu : reste d'accomplir ma parolle de subroger en mon lieu vn prince de mon lignage à vostre contentement. Ce dit Rosaran reprend sa face:dequoy Cleofile trop esmerueillée luy dit ? O' Roy sans per qui m'ordonnez vous pour mary, veu
que n'auez pareil au monde? respondez moy, & me le faittes cognoistre,
puis que ie le dois prendre de vostre main. Mais Rosaran ne s'en esmeut
en rien, & l'esclair vint rayer sur elle, dont elle se trouue auecques Sidonie,qui

donie, qui luy demanda ſi elle en auoit à conter, qui luy reſpondit ſouzriant, que c'eſtoient affaires à bouche cloſe. Adonc elles firent marcher
Daraïde, qui receut vne aubade fort melodieuſe à l'entrée de la porte : &
trouua l'huys de la tour de Roſaran fermé, & celuy de Siluerne ouuert.
Si entra en ſa chambre ou il s'adreſſa droit à elle, la voyant epleurée &
deconfortée, & luy en demanda l'occaſion : Incontinent il luy fut auis
qu'elle voyoit Diane en perſonne, deuant laquelle elle s'agenouille, qui
luy dit : Daraïde ie t'ayme d'auſsi feruente amour que dame ayma iamais
autre, auiſe le remede de ta langueur qui ne te ſera denyé. Ce mot acheué Siluerne ſe repreſente comme parauant, au grand ennuy de Daraïde,
qui luy vouloit diſcourir ſes afflictions, mais c'eſtoit temps perdu : parquoy ſe mit à lamenter grieuement : Làs ou ſuis-ie reduit, qui par tant de
peines & longues diſsimulations n'ay aquis vn ſeul point de faueur qui
rien me vaille? O' infortuné Ageſilan que tu fis peu pour toy, quand ſuyuant le conſeil de ton couſin Arlanges tu te vins icy bruler comme le pa-
pillon à la chandelle. Tu t'es approché pres du feu pour mieux t'embraſer, trop plus euſſes gaigné de prendre les armes vertueuſement & pourchaſſer ſon amour par faitz & geſtes inſignes en eſtat de cheualier. En ce
deguiſement tu t'abuſes le premier, & elles apres : qui ſera fondée ſur ſes
premieres excuſes & defences quand tu commenceras à aſſaillir ſa chaſteté. Que feras-tu maintenant ? ſi tu ne te deſcouures, tu te perds en peine
& langueur : ſi tu le fais, tu te mets en danger de la perdre & toymeſme
par ce moyé. Auſsi de perir en ce martire ſans eſtre cognu te feroit moins
regreter & eſtimer pour n'auoir hazardé ſon nom à quitte o u à double
à eſpoir ou deſeſpoir. Daraïde s'y fondoit ſi auant qu'elle y fuſt treſpaſſée,
ſi l'eſclair ne l'en euſt iettée dehors, eſtonnée & rauie trop plus que les autres. Parquoy Sidonie luy dit qu'elle retournaſt à ſoy en eſtant ſi loing
tranſportée. A quoy elle reſpódit, qu'elle voyoit bien que ceſtoit influence commune à tous ceux qui reuenoient de ce lieu, veu qu'elle eſtoit touſiours ainſi hors de ſoy pour eſtre mieux en vn autre, dequoy la Royne
ne s'eſtoit apperceuë qu'à l'heure. Or fut le reng de Garaye qui y alla &
eut ſon aubade, & arraiſonna Siluerne comme les autres, qui ſe tranſmua
ſoudain en Cleofile, diſans : Garaye tu te peux aſſeurer d'eſtre aymée de
moy plus que damoyſelle qui viue. Dequoy elle peu contente vouloit
plaider ſa cauſe, mais elle perdit la veuë de ſa maiſtreſſe, ne voyant plus
que la ducheſſe Siluerne. Si eſt ce (dit elle) qu'il me faut perdre la vie en
eſtat de cheualier ainçois que de tant languir ſouz ce maſque de damoyſelle. Lors la lueur du rayon la rend en la grand place, ou elle eut ſa part
de la riſée pour l'eſtonnement qu'elle monſtroit. Puis les Roynes ſe retirerent en leurs palais, & Daraïde en celuy de Diane, à qui elle dechifra
la ſingularité du chaſteau, & comme elle l'y auoit veuë en propre figure
& le propos qu'elle luy auoit tenu de l'aymer plus que damoyſelle du
monde : A quoy la princeſſe reſpondit qu'elle n'auoit en rien auancé ſon

credit

credit par l'auenture, qui luy eſtoit ſeur & certain en ſon endroit. Dequoy
Daraïde luy baiſa les mains humblement, & Diane ſoupiroit tendrement
diſant: Laſſe chetiue à qui la deſtinée eſt ſi contraire qu'elle bannit & priue ma grandeur de tant de plaiſirs & ioyes, ſans que ie voye moyen d'iſſir de ceſte captiuité, ne que ie le doiue ne puiſſe deſirer, veu que ce ne peut
eſtre ſinon par le mariage de celuy qui aura occis mon pere, auquel mon
cueur creueroit ainçois que de iamais conſentir. Daraïde & la ducheſſe
Lardenie s'employerent à la conſoler, luy remonſtrant qu'elle ſe deuoit
aſſeurer en la prouëſſe incomparable de Floriſel de Niquée ſon pere: qu'il
ne ſeroit en la puiſſance de cheualier quelconque de luy oſter la teſte. Et
qu'au reſte elle ne pouoit tarder veu ſa perfectió nompareille d'eſtre bien
toſt apparié à quelque grand Prince de la terre. Par ces remonſtrances elle appaiſa ſon deuil, les priant de ne rien dire de ce propos à la Royne ſa
mere. Et Daraïde demeura fichée en ſon deſein de vouloir prendre les armes pour combatre auec le congé de la Royne tous ceux qui viendroient
en la querelle contre Floriſel: eſtimant par ce moyen rendre ſeruice trefagreable à ſa dame, & luy donner cognoiſſance de ſa vertu. En laquelle
intention nous la lairrons encores quelque temps entretenant la playe de
douleur, & Florarlan faiſant penſer celle de ſon corps.

Comme l'empereur Amadis de

Grece deliura vne Damoyſelle des mains de deux Cheualiers qui la vouloient forcer.

Chapitre   XLIII.

L'empereur

'Empereur Amadis de Grece & sa damoyselle Finistidée
apres qu'ilz se furent departiz d'auec la belle Angelée
continuërent leur chemin rendant iustice à plusieurs
qui l'en requeroient, & deffendant maintes damoyselles des tors & outrages qu'on leur vouloit faire. Desquelles la derniere il rencontra en vne forest sur le mi-
dy, estant sur son palefroy entre deux escuyers montez sur leurs roncins,
& assez pres leurs maistres combatoient à outrance à qui l'auroit pour sa
proye. Ce que voyant l'Empereur, irrité grandement s'approche d'elle
pour sçauoir l'occasion de ce conflit. Qui luy respond que ces faux cheualiers l'auoient prise en chemin & combatoient pour l'enleuer côtre sa volunté, l'ayant mise ce pendant entre les mains de leurs Escuyers, à fin que
celuy l'emmeine de qui le maistre sera vaincueur. Adonc Amadis dit aux
Escuyers qu'ilz la laissent, ou il leur feroit laisser à leurs despens. Lesquelz
s'escrierent à haute voix qu'on leur tollissoit la damoyselle, qui fit cesser
le combat aux deux cheualiers, & venir ensemble vers Amadis le mena-
cer, s'il ne se deportoit du fait auquel il n'auoit aucun interest. Amadis
leur respondit que tout preud'homme estoit obligé par loy de cheualerie à soustenir le droit des dames, & les preseruer d'iniure. Ilz luy repli-
quent qu'il suyue sa vôye auecques la sienne, sans empescher ceux qui se
veulent pouruoir comme luy. A quoy Amadis: la mienne me suit de son
bon vouloir, & vous voulez rauir ceste cy par force. Les deux cheualiers
voyans qu'ilz ne se depescheroient de luy sans coups ruer, s'accordent de
le charger ensemble, l'vn quittant la damoyselle à l'autre qui s'empare-
roit de Finistée. Alors vienent les espées nues contre l'Empereur, disans
qu'ilz luy aprendroient à exercer iustice sur ceux qui n'estoient de son
territoire, parce qu'il auoit deliuré la damoyselle des mains de leurs escuyers à coups de plat d'espée laquelle, vint à Finistée l'auertir de fuyr a-
uec elle pour le danger ou elles estoient, n'ayant qu'vn champion à les defendre contre deux. De qui Finistée l'asseuroit, voire y en eut il quarante telz. Or cômençoient leur combat, quand les escuyers qui les voyoient
en la meslée retournent & saisissent chacun la sienne, dequoy elles s'escrierent, Amadis tourna la teste vers elles qui la luy eschaufa tellement
qu'il rameine vn coup sur l'armet de l'vn à qui il le fend iusques aux
yeux : dont l'autre espouenté tourne les espaules & broche à trauers
champs. Mais Amadis bouillant de colere pique apres & par l'auantage
de son cheual l'attaint sur le chinon du col, tellement qu'il trebuche mort
à terre. Les escuyers ne se firent prier à l'heure de quitter les damoyselles
qui s'en vont fuyans comme si tous les diables les emportassent. Alors
Amadis va à elles, demandant à l'estrangere quel chemin elle auoit à tenir. Qui luy respond (apres vne humble action de graces de son honneur
qu'il luy auoit garenty) qu'elle tenoit le sien iusques à vn chasteau d'vne
de ses parentes, qui seroit iustement leur giste, l'asseurant qu'il y seroit
bien

bien traitté. Au nom de Dieu soit (dit Amadis) & ainsi s'en va ayant les
deux damoyselles à ses costez, desquelles Finistée prend son escu: & l'autre qui auoit veu sa grand prouësse, & contemploit son port & sa taille
luy dit: Quelle se sentoit tant redeuable à luy & tant conquise de sa bonne grace, que son cueur desiroit se vouër à luy pour son premier seigneur
sans vn certain destourbier : à quelle fin? respond l'Empereur. De vous
choisir pour amy, dit elle, mais ie craindrois faire tort à ceste Damoyselle que menez quand & vous d'entreprendre sur ses marches, il luy respondit, qu'elle se pouoit asseurer de vraye amitié de sa part (elle luy remettant deuant les yeux la difficulté de satisfaire à deux) il promettoit d'en
faire entierement son deuoir. Dequoy l'estrangere fort contente le laisse
vn peu passer, & tire Finistée par le manteau pour en appointer auec elle.
Qui luy presta voluntiers l'oreille pour en donner l'esbat à Amadis, qui
ne les deuançoit gueres afin d'entendre la farce. Si demanda l'autre à Finistée : Ma bonne amye que vous semble de nostre propos, en auez vous
point froid aux piedz? Finistée ne se pouoit tenir de rire, dequoy elle
luy demandant la cause : par ce, dit elle, que vous estes fort loing de ce
que cuydez tenir de pres. Ha vrayement(respond l'estrangere) ie le croy
bien s'il depend de vostre volunté. Finisté respondant que tout gisoit en
celle du cheualier mesme. L'autre luy repliquoit qu'elle presumoit donc
estre si belle qu'il ne la deust iamais changer pour autre . Lors Finisté luy
declaira qu'il auoit son cueur obligé en vn lieu qui le priuoit de toute liberté. Ainsi comme elles en alloient deuisans, rencontrerent vn cheualier fort laid & difforme, qui requit Amadis de luy faire part de ce dont
il auoit trop, en luy donnant vne des damoyselles pour soy solacier : qui
luy respond que c'estoit à elles qu'il se deuoit adresser pour sçauoir leur
vouloir. Son visage n'y est pas fort attrayant, dit l'estrangere : à qui le
cheualier indigné: Si n'auez vous pas beauté pour faire mourir beaucoup
de gens. Nous voila d'accord, dit elle, moy de n'aymer si beau que vous,
& vous de dedaigner si laide que moy, si allez à la bonne fortune. Ce sera
donc en m'eslongnant de vous, respond il, quis dit à dieu à Amadis, luy
ramenteuant que qui trop embrasse peu estraint, & qui trop embrase feu
estaint, dequoy il se mit à rire. Et Finistée dit à la damoyselle, c'est nostre
desastre, nous refusons celuy qui nous desire, & desirons celuy qui nous
mesprise. Sur ce propos arriuent au chasteau ou la damoyselle estoit bien
cognuë, qui les y fit loger & seruir honorablement.

Du mauuais tour qu'vne damoy-

*selle brassa à l'empereur Amadis qui auoit la nuit refusé
sa compagnie.*

Chapitre   XLIIII.

N   La dame

A dame du chafteau auertie par la Damoyfelle (qui e-
ftoit fa parente) de la vertu du cheualier qu'elle amenoit leans , & de la refcouffe de fon honneur par fon
ayde, le bienuiegna & traitta à fon pouoir. Or y auoit
la dedans de belles filles auecques la vieille dame, def-
quellles l'vne deuint fort efprife d'Amadis durant le
foupper. Elle le feruoit fongneufement à la table , & fe plantoit vis à vis
de luy ne retirant l'œil de deffus fa face: qui le caufa de la regarder quelquefoys s'en riant en fon cueur, ce qu'elle print à fon auantage, comme fi
ce fuft œillade d'affection reciproque . Parquoy apres le foupper elle s'a-
dreffe à Finiftée, la priant de luy faire ceft honneur de la receuoir à coucher auec elle,fouz ombre de vouloir entendre de l'eftat & des auentures
des cheualiers errans telz que celuy qu'elle fuyuoit: & penfoit bien que
Finiftée feruift au fien de bonne compagnie tant de nuit que de iour. Finiftée fi accorde , & couchées enfemble (apres auoir mis Amadis en fon
lit)elle a print fon nom, & entendit par menuz propos qu'elle n'eftoit pas
l'amye de ce gentilhomme . Mais fi toft que la fentit endormie fe leue &
va en la chambre ou Amadis dormoit profondement à caufe du trauail
de la iournée.Si fe couche nuë en fa chemife aupres de luy & le commence à baifer & entreietter la iambe coquine : dequoy il fe refueille en furfaut demandant qui c'eftoit qui le prenoit pour vn autre . A quoy la ga-
lande: mon amy c'eft voftre Finiftée. Comment Finiftée (refpond Amadis) eft ce la promeffe que m'auez iurée fi faintement?vuidez, vuidez d'i-
cy & ne vous trouuez iamais en ma compagnie . Adonc l'honnefte fille
qui cogneut Finiftée ne luy eftre fort agreable, luy dit qu'elle fe moquoit
& eftoit celle qui l'auoit feruy à foupper, & l'auoit veu ietter l'œil fur elle,qui l'incitoit à luy venir remedier à fa paffion. M'amye(replique l'empereur) puis qu'eftes venuë à ma faueur ie vous en remercie, & ne m'ou-
blierois tant que de honnir voftre chafteté pour la recompenfe du bon
traittement que i'ay receu céans. Mon gentilhomme (refpond elle) ie ne
vous puis nyer que ie ne fois attainte au vif de voftre bonne grace, vous
priant d'auoir pitié du mal que ie fouffre pour vous,fans reietter honteu-
fement celle que plufieurs defirent à credit , qui fe liure toute voftre . A-
madis qui auoit fes penfées trop haut affifes pour les abaiffer là, luy dit
qu'il eftoit intereffé d'vne maladie fecrette, luy oftant la puiffance de luy
faire tel feruice. Dequoy elle ne fe tint à bien payée, ains l'importuna tant
qu'il luy dit, que fi elle n'eftoit plus hónefte & ne fortoit de fon lict il feroit contraint d'eftre peu courtois en fon endroit.Alors la bonne damoy
felle craignant quelque rudeffe, faute dehors & s'en retourne , non pas en
fon lict (car il ne luy tenoit plus de repofer) mais fe reueftit du tout , attendant le iour pour fe venger de luy . Sur l'aube duquel arriuerent quatre cheualiers au chafteau parens de la dame, defquelz l'vn eftoit fort affe
ctionné feruiteur de cefte damoyfelle . Qui la voyant fi trifte & les yeux

to ut

tout batus d'auoir pleuré, l'interrogea de la cause, qu'elle luy dit estre
pour vn cheualier logé leans qui l'auoit voulu forcer comme elle alloit en
sa chambre luy porter quelques besongnettes. Ce que l'amoureux declare
à ses compagnons, qui sans tarder môtent en la viz grongnans & mur-
murans hautement. Amadis de bon heur estoit desia habillé, & oyant
ce bruit met armet en teste, & prend son escu en vne main, & l'espée en
l'autre, qu'il n'auoit à peine degainée quâd les cheualiers entrerent: crians
à mort, à mort le trahistre. Le courtisan de la damoyselle marche le premier qui descharge sur l'escu de l'Empereur, & il luy rend son change
souz le sien de telle force qu'il le detranche iusques aux courroies. Ce qui
refroidit vn peu les autres, & il va vers eux demandant qui les mouuoit
à telle trahison: mais vous paillard (dirent ilz) vous la comparerez. Alors
l'enuahissent de toutes parts & il escrime frappant & parant de telle a-
dresse qui les blessa tous sans receuoir vn seule playe en son corps. Fina-
blemêt s'euertue en telle façon que d'vn reuers il coupe la moytié du col à
l'vn. Ce que voyans les autres gaignerent l'huys à la course: mais il les
suit de si pres qu'il fauche les iarretz à l'vn, & l'autre qui descendoit l'esca-
lier il pousse du haut en bas la teste premiere: dôt il demeura long temps
en guise de mort, sans mouuoir tant ne quant. A ce tumulte la dame estoit
accouruë auec ses damoyselles, qui voyant ses parens en tel arroy, & luy
l'espée sanglante au poing: Dea (dit elle) cheualier est ce cy l'escot que
payez à voz hostes. Bonne dame, respond, ilz sont payez de la trahison
qu'ilz m'auoiêt machiné pour me meurdrir, sans que ie sçache pourquoy
Ce dit, doutant qu'il y eust encores à qui parler, remonte en sa chambre
& Finistée apres, qui luy ayde à armer. Puis descendent en la court &
prenent leurs cheuaux & s'en vont, sans qu'Amadis comptast onques à
Finistée le bon tour de la damoyselle: lequel fut declairé au contraire à
la dame du chasteau par les cheualiers qui en rechaperent. Mais elle qui
prudente estoit consideroit le fait, & comme son hoste n'estoit pas armé,
aussi qu'elle ne luy en auoit premier fait la plainte, iugea qu'il en alloit
autrement: & rendit la damoyselle à ses parens, presumant que la faute
deuoit proceder de son costé.

Comme l'empereur Amadis de

*Grece deuisant auec Finistée en chemin, rencontra vne littiere
que deux geans conduisoient auec plusieurs cheualiers.*

Chapitre   XLV.

L'Empereur cheuauchoit en grãd melancolie & tristesse
pour le peu de nouuelle qu'il aprenoit de sa chere Niquée: & en faisoit de douloureux regretz que Finistée
luy appaisoit à son pouoir: de qui il prenoit les remon
strances en bonne part, pour l'affection honneste qu'il
cognoissoit en elle. Toutesfoys sa resolution estoit si
au bout de l'an qu'il s'estoit prefix il n'en auoit asseurance, de s'aller rendre solitaire en quelque desert pour y acheuer ses iours en deuotion &
contemplation de la diuinité. Or auint que par leurs iournées ilz se trouuerent au païs de Vienne, membre dependant de la couronne de France.
Laquelle il entendit auoir esté posée de nouueau sur le chef de Lucidor
son beau frere, comme successeur legitime du Roy son pere que Dieu a-
uoit apellé, & qui estoit lors en grand guerre contre vn duc de Bourgongne pour le duché de Sarne. Surquoy pensa qu'il deuoit secours à sa seur
Leonorie, puis que fortune l'auoit porté la si à propos: à quoy l'epoin-
çonnoit d'auantage la vieille playe de Lucelle qui saignoit encores & ne
se pouoit consolider ne clorre pour laps de temps ne distance de lieux.
Mais Finistée luy côtredisoit & debatoit ce voyage, d'autant qu'il ne deuoit oublier sa chere espouse qui pouoit encores estre viuante, ne rechercher ses premieres amours qui sont si gluantes & aisées à renouër : parquoy deuoit fuir l'occasion de sa presence, pour euiter le peril de ce qui
en pouoit auenir. L'Empereur trouua ce conseil si sain qu'il l'embrassa de ioye, determinant d'en passer du tout par son auis. Or auint qu'vn
iour en cheuauchant qu'ilz entrerent en vne campagne ilz choisirét d'assez loing vne belle forteresse, ou ilz virend approcher par vn autre chemin vne

min vne litticre couuerte de veloux cramoysi que deux geans conduisoient armez de toutes pieces, & accompagnez de plusieurs cheualiers,
& deux nains gouuernoient les mulets. Amadis s'arresta pour les voir,
passer, & dit à Finistée qu'en tel temps il eust peu rencontrer ceste auenture qu'il en eust sceu tout ce qui en estoit. Et elle luy conseilla de ne s'en
mettre en peine & danger pour si legere occasion, à quoy il s'accorda
puis les voyant entrer dedans le chasteau se r'auisa d'espier s'il sortiroit
quelqu'vn qui leur en peust raconter. Ce qui echeut aussi tost par vn page qui estoit demeuré derriere. L'empereur luy couppe le chemin, & luy
demande ou il alloit si hasté, & qu'il y auoit dedans la littiere que deux
geans conduisoient. Le page dit que c'estoient deux damoyselles, dont
l'vne estoit la plus belle qu'il eust iamais veuë. Ce dit, donne du fouët
à son roncin, & s'en va apres ses maistres au chasteau, laissant Amadis en grand pensée sur ses dames, si ce seroit point de fortune sa Niquée
& Anaxare, & apres y auoir pensé, determina d'aller enquerir la verité
par amour ou par force, quelque remonstrance que Finistée luy sceust
faire au contraire, qui trouuoit ceste entreprise gradement perilleuse:
laquelle il pria d'attédre la dehors en quelque lieu comme la fortune luy
succederoit: si s'en va droit à la porte du chasteau heurter fort & ferme
d'vn marteau de fer qui y pendoit. Au bruit vint vn cheualier à vne fenestre sur le portail qui luy demande qu'il vouloit à hurter ainsi. Il respondit qu'il desiroit parler aux geans pour entendre qu'elles gens ilz a-
uoient amenez en vne littiere. Vrayemant, dit l'autre, c'est bien à vous
qu'ilz en doiuent rendre conte: si attendez vn peu & ie les vous feray venir presentement. Lors se retire, & voicy incontinent vn des geans à la
fenestre la teste desarmée qui crie à Amadis d'vne grosse voix de taureau:
Cheualier qui te meut de nous vouloir icy controller? ie croy que ne
sois pas en bon sens: Pource te conseille de t'en aller diligemment faire
guerir ton cerueau, si n'aymes mieux mal traitter icy ton corps en dure
prison, ou en brieue mort. La courtoisie dont i'vse enuers toy maintenant c'est à raison du besoin que nous auós de cheualiers pour le present.
A quoy Amadis: Geant ie ne te doy sçauoir aucun gré de ceste humanité
forcée dont tu vses pour ton affaire plus qu'à ma faueur: car la vertu ne regarde autre fin que le droit de bien faire: mais si tu me veux obliger d'v-
ne autre plus grande, laisse moy entrer dedans afin de parler à toy de plus
pres. Il luy respond, que s'il auoit autant de prouësse que de philosophie
il feroit folie de luy ouurir la porte: toutesfoys que pour luy faire plaisir
il luy donneroit la veuë de la forteresse. Amadis repliquant que c'estoit
luy qu'il desiroit voir & affronter, non pas le bastiment, moyennant qu'il
l'asseurast de tout autre fors que de luy. Ce que le Geant luy accorda en se
riant: & retourne prendre son armet, puis luy fait ouurir & le reçoit en
la court auecques Finistée, qui ne le peut abandonner, estant resoluë de
suyure telle fortune que Dieu luy enuoyroit prospere ou diuerse. Or ça

N iii   (dit le

(dit le Geant) folaftre puis que tu en veux manger plus n'en feras efcou-
duit: & le ieu me plaift à caufe de cefte damoyfelle que i'emporteray
pour le pris fi ie gaigne. Ie mettray peine (dit Amadis) de la garder, &
garde bien ta tefte. Adonc eftoit venu l'autre geant nommé Mandroc,
feigneur de ce chafteau d'Aldarin: à qui fon frere dit: Mandroc ie vous
vois donner le paffetemps d'vn debat finy par vn feul coup, & fi i'y fauz
ne m'eftimez iamais cheualier. Ce qu'ayant prononcé par maniere de
profetie, hauffe à deux mains fon grand cimeterre, cuydant tailler Amadis en deux pieces, lequel comme non aprenty de tel meftier, fe lance à
cofté d'vne merueilleufe agilité: tellement que le Geant defcharge fur les
carreaux, & fon glaiue luy vole des poings. Et à l'inftant l'Empereur employe les deux mains auec toute fa force, & luy fauche le foy du corps qui
n'eftoit couuert que de la maille: en forte que le tronc chet d'vn cofté &
les iambes de l'autre. Surquoy dit Galerfis le croniqueur qu'Amadis de
Grece fut le plus rude fpadacin de tout fon lignage, & qui de l'efpée donna en fa vie de plus horribles coups: Que vous diray-ie de la contenance
de Mandroc quand il veid l'accompliffement du prefage de fon frere? finon
qu'il fut d'vne part autant outré de douleur qu'homme pouoit eftre
par la mort de celuy qu'il aymoit fraternellement: & d'autre eftonné def-
mefurément de l'eftrangeté de la viteffe enfemble & force du cheualier.
Dont il s'efcria? O' Iupiter! qu'eft-ce que ie voy finon que nulle puiffance n'a lieu contre la mort qui eft icy venuë fouz la figure d'vn cheualier,
comme le monftre le blafon de fon efcu & l'effect de fes œuures. En cefte
ire demande fes armes, & ce pendant qu'on l'armoit Amadis s'approche
qui luy dit: Geant, crainte de toy nomplus que de ton frere ne m'induit
à te prier de te deporter du côbat duquel ie fçay que la fin gift en la main
de Dieu, non pas en la puiffance de tes bras: la feule honefteté dont toy &
ton frere auez vfé enuers moy de ne me haller voz maftins à vn coup à la
mode de voftre race, m'incite à t'eftimer & defirer plus ton amytié que ta
hayne. Declaire moy feulement ce que ie demande à fçauoir qu'elles dames auiez en la littiere que conduifiez enfemble. A quoy Mandroc: Cheualier l'experience de ton fait me force de te prifer beaucoup, & te veux
affeurer (quant à noftre conflit) de tous mes gens autant que l'as efté contre mon frere, & ie les en auertis maintenant fur peine de leurs vies: mais
le fang de mon frere que tu viens d'efpandre me crie vengence que nulle
raifon ne me peut diuertir. A l'heure eftoit acheué d'armer, & defcend de
la galerie confultant en fon efprit de fe tenir mieux fur fes gardes, fans en-
toifer ces grandz coups & lourdz qui font beau ieu à l'ennemy. Parquoy
au premier choc il attrempe fa fureur, en vfant autant d'art que de force
contre celuy qui en eftoit le maiftre, luy rendant toufiours deux pour vn
par fon adroiffe: tellement qu'ilz continuèrent plus de demye heure à
chapeler & chamailler l'vn fur l'autre, abbatans pieces de leurs harnois &
s'entretaftans fouuent la viue chair, dequoy le fang vermeil portoit tef-

moignage

moignage. A la longue le Geant comme pesant & lourd, commença à se lasser par la viuacité d'Amadis qui le contraignoit à vne promptitude non acoustumée, & ne manioit plus son coustelas de la premiere verdeur. Ce que ses gens apperceuans (nonobstant ses defences) descendent pour le secourir, & enuahissent l'Empereur de toutes parts, qui s'escrime parmy eux d'vne hardiesse plus que d'homme mortel, dont il en abbat de trois coups trois à ses piedz. Le Geant n'en fait pas moins sur ses gens mesmes, leur criant, paillardz, coquins, aymez vous ma vie mieux que mon honneur? n'obeïrez vous point à mes commandemens? fuyez, fuyez, ou ie feray de vous tous piteux carnage. Ainsi les repousserent hors de la court. Or dit Mandroc, ie t'ay gardé ma parolle, parfournissons nostre querelle. Amadis luy remonstroit qu'il se contentast du deuoir qu'il auoit fait pour satisfaction de l'ombre de son frere : quant à luy qu'il se reclamoit vaincu de sa courtoisie, qu'il deuoit reputer à plus grande victoire que celle du corps. Mais le Geant ny peut renger son entendement, & recommence à le charger comme deuant, & Amadis beaucoup moins, l'espargnant pour la franchise naïue qu'il auoit veu en luy. Vray est que l'effort de Mandroc estoit trop amoindry, & estoit aisé à l'Empereur de le soustenir. Ce qu'il fit, parant plus que le chargeant, & de luy mesme le reduit hors d'aleine & si flac que de lascheté il s'estendit de son long sur les carreaux. Soudain Amadis iette les mains à son armet pour luy delacer : ce que voyant vne ieune geante (qui fort belle estoit) accourt d'vne sale basse, escriant : A' à gentil cheualier ayez pitié de ma vie que tollirez quád & la sienne. Elle estoit femme de Mandroc nommée Gandalesse, de nature douce & benigne, & pensoit que l'Empereur allast trancher la teste à son mary, en ce qu'il faisoit pour luy donner air, & luy dit. M'amye ie le vous donne tel qu'il est, combien que ie l'espere vif : vous asseurant que s'il en rechappe, il aura par ce conflit vn bon amy en moy, tant sa vertu m'a conquis. La dolente femme luy pose la teste en son giron qu'elle baigne de ses chaudes larmes. Lors y vient Finistée qui luy remonstre qu'elle ne s'amuse à pleurer, ains à le faire desarmer hastiuement & luy bander ses playes par lesquelles il perdoit son sang qui de plus en plus l'affoiblissoit. Ce qu'elle fit, & ses gens luy vindrent ayder, qui apres le porterent en vne chambre & coucherent sur vn lit pour luy appareiller ses playes, dont il n'en auoit nulle mortelle.

N iiii   Comme

Comme les cheualiers du Geant

faillirent de rechef fur Amadis, qui les rembara. Et comme il trouua leans la princeffe Lucelle.

Chapitre   XLVI.

Es cheualiers du chafteau qui s'eftoiét retirez en quelques chambres pour euiter l'ire de leur feigneur, quãd ilz entendirent l'eftat auquel il eftoit, fortirent dehors & vindrent courir fus à l'empereur, à l'heure qu'il auoit plus grand befoing de repofer que de combatre. Qui les traitta felon leur defferte, coupant les bras aux vns, les iambes aux autres, bref n'affenant coup à moins que de la perte de quelque membre. Et en la colere ou ilz le mirent ne s'en fut pas fauué vn, fi la geante oyant le bruit n'y fuft venuë, qui requit mifericorde pour eux, laquelle Amadis à fa faueur leur ottroya. Mais quand Mandroc eut entendu leur temerité obftinée, enuoya prier l'empereur de parler à luy, qui y alla promptement. Lors le Geant l'importuna extrememement (veu qu'il n'auoit force d'exécuter la punition fur fes gens qui tant l'auoiét offenfé d'enfraindre fes cõmandemens, voire en affaillant celuy à qui il deuoit la vie) qui les mift tous à l'efpée & s'en fift la raifon par fes mains: autrement il fe pouoient affeurer (s'il gueriffoit) de la receuoir de la fienne & n'en perdre que l'attente. L'empereur luy contredit, remonftrant que celà leur partoit de bon cueur pour l'ennuy qu'ilz portoient de l'accident de leur maiftre, auffi qu'il leur auoit pardonné, & d'autant qu'il y auoit le principal intereft, que Mandroc le deuoit tenir à fait pour fon regard. A la fin il s'y confentit puis qu'ainfi plaifoit à Amadis, à qui il donnoit plein pouoir & auctorité en fa maifon de difpofer de tout à fon vouloir. Puis le fupplia luy declarer fon nom, à fin de fçauoir de qui il fe reclameroit toute fa vie ferf & efclaue. Quand l'empereur luy eut refpondu qu'il eftoit cheualier nommé Amadis de Grece, le pauure Mandroc fe fouzleua par effort la larme à l'œil, luy requerant les mains à baifer. O cheualier voirement (dit il) & la fleur de cheualerie, que ce nom me femble de plus haut pris que la grandeur des eftatz defquelz fortune iufte a paré & orné voftre vertu : laquelle ie remercie de m'auoir fait cefte grace d'experimenter l'vnique proëffe du monde à fi bon marché. Heureux ie me fens d'auoir tel reconfort en la perte de mon frere & de mes gens, & en tel arroy de ma perfonne, que ce me foit auenu par cefte victorieufe & triomphante main du plus vertueux & illuftre Prince de la terre. A' à fire ie vous fupplie me pardonner ce que ie vous puis auoir fait d'offence, & fans y auoir egard me receuoir au nombre de voz trefaffection-
nez fer-

nez feruiteurs, & me conuertirez tout ce malheur en trefgrand heur & felicité. Amadis prifa fort la prudence & debonnaireté de Mandroc, lequel
il affeura de fa part d'amytié entiere & indiffoluble. Surquoy s'entredonnerent les accollades: puis il fe retira pour faire aufsi penfer de fes playes.
Et eftant en vne bonne chambre ou Gadaleffe le mena & ayda à Finiftée
à le coucher, elle retourna vers fon mary, & ne tarda gueres à ramener à
l'Empereur fa chirurgienne qui beaucoup entendoit de ce meftier. Lors
eftant la geante afsife aupres de luy, il la pria de luy dire qui eftoient les
damoyfelles arriuées leans ce iour mefme en vne littiere. Qui luy refpondit que fi fa difpofition le fouffroit elle les feroit venir en fa chambre, à fin d'entendre d'elles mefmes qui elles eftoient : eftimant en cela
luy gratifier (comme elle auoit propofé en tout ce qui luy feroit pofsible) d'autant qu'elle fçauoit que cefte demande auoit efté le fondemét de
toute la meflée. Or auoient elles veu par les galeries les grands armes de
l'Empereur, mais ne l'auoient fceu recognoiftre ainfi couuert, & ne l'euffent iamais deuiné en celle côtrée, combien que fa vaillance extreme leur
caufaft grande admiration. Gadaleffe les va voir, qui les auoit recueillies
fort honorablemét, ainfi qu'il luy eftoit commandé par fon mary, & fans
leur declairer l'eftre du cheualier qui auoit iuré amitié intrinfeque à
Mandroc: prie la princeffe vouloir foupper auecques luy, d'autant qu'elle l'eftimoit perfonnage de haute guife, & qu'elle feroit meilleure chere
en telle compagnie. Ce que la princeffe à la fin luy accorda (apres quelque petite difficulté) defirant grandement cognoiftre qui pouoit eftre le
tant preux & hardy cheualier qui de taille & de vaillance reffembloit fi
fort à fon Amadis de Grece. Dequoy elle deuifa auec Anaftafiane fi toft
que la geante fut partie : mais il ne luy pouoit tomber en la penfée que
l'Empereur peuft eftre en ce païs. L'heure venuë du foupper elle fut en la
chambre de Mandroc comme dame bien aprife & dediée à l'hofpitalité
& charité, & de la Gadaleffe la mena en celle de l'Empereur, lequel elle
ne put voir de loing parce qu'il eftoit en lieu fombre: mais quand elle fut
fi pres qu'elle le put recognoiftre deuint plus morte que viue, & fans A-
naftafiane qui l'afsid en vne chaire pres du cheuet du lit, elle s'alloit de
foibleffe loger bien plus bas. Amadis d'autre cofté voyant fi pres de luy
celle du monde qu'il aymoit alors le plus (dormant vn peu fa Niquée,
comme le feu fouz les cendres) bien luy feruit d'eftre couché pour ne cercher plus dur gifte : long temps furent tous deux fans pouoir parler : &
Anaftafiane commença à dire : Seigneur Dieu que tes merueilles font in-
comprehenfibles. Peu à peu l'Empereur reuint à foy & prenant la main
de la princeffe : Ma dame, làs ma dame, dit il, eft-ce fonge ou verité! que
ie tienne aupres de moy ce à quoy mon cueur afpiroit nuit & iour fans re-
lafche? Ne fuis-ie point trop heureux à qui le malheur de ma Niquée ait
prefté telle occafion de voftre tant defirée rencontre? Elle toute tranfpor-
tée luy refpondit: Môfieur ie ne fçay fi ie doy conter cefte fortune à bon-

ne ou

ne ou mauuaife, ou pource que ie fuis tant endurcie en mefchef & auerfi-
té que ie n'ay plus de gouft de la profperité, ayant perdu nagueres monfeigneur & pere : ayant laiffé mon frere en guerre forte & dangereufe: &
moy captiue auecques fon filz que vous voyez. Ie tais le plus grief mal de
tous qui me procede de vous mefmes. Parquoy ne me puis refiouïr de
vous auoir trouué comme la fource de mõ cruel martire : qui me fait mener vne vie penitente & reclufe indigne de mon eftat & ieuneffe. I'ay mis
grand peine à diftraire mon efperit de voftre fouuenance, maintenant
l'obget fe prefente qui ne feruira qu'a engreger mes douleurs. Dieu qu'eft
ce à dire que quand fortune m'affaut & plonge en quelque deftroit, tu
m'enuoye toufiours fecours par cefte main feule fans iamais choyfir autre heraut de ta diuine clemence? A quoy Amadis: ma dame le iufte createur m'ayant ofté le moyen de vous rendre le feruice que voftre beauté
meritoit aumoins me prefte les occafions de vous feruir en voz plus vr-
gens affaires, de fi peu que ce corps peut exploitter: qui m'eft le plufgrand
contentement que ie fçaurois receuoir en ce monde. Sur ces propos furuindrent les officiers qui couurirent, & toft apres ceux qui apportoient
la viande, de laquelle ilz ne firent pas grand degaft, tant ilz auoient les
ames rauies en profondes penfées. La geante les vint voir fur la fin ayant
fouppé auec fon mary, bien aife de voir leur cognoiffance. En la prefence
de laquelle (l'empereur qui ne vouloit rien defguifer) demanda à la princeffe quelle chere faifoit Leonorie fa feur. Elle la feroit meilleure, refpond, fi elle eftoit auertie de la noftre. Puis il embraffa le petit Lucendos & le baifa plufieursfoys, le beniffant, en fouhait qu'il peuft reffembler
à fon pere. Apres quelques autres deuis la princeffe donna le bon foir à
l'empereur qui ne dormit gueres la nuit pour redoublement de playe fur
playe, ayant à vn coup le corps & l'ame affligez trop grieuement.

Des difcours de la princeffe Lu-

*celle auec fa damoyfelle Anaftafiane, & aprés auec Amadis, à qui
elle recita l'occafion de fa venuë au chafteau d'Aldarin.*

Chapitre   XLVII.

Vand la princeffe Lucelle fut retirée en fa chambre, &
que Lucendos fut couché, elle commença à faire de
merueilleux difcours auec Anaftafiane, fe plaignant
de fon deffein qui l'auoit adreffée fi mal pour elle entre les mains de l'empereur, iaçoit que ce fuft au grand
bien de fon frere, & de tout le royaume de France. La
bonne damoyfelle luy remonftroit qu'elle auoit tort de fe plaindre du
plus

plus grand heur qui luy euſt ſceu auenir, veu l'amour incroyable qu'elle
portoit à Amadis de Grece: auquel fortune ne pouoit appreſter opportu
nité plus ſouhaittable. Que vous vaut diſsimuler ce que ie cognois ſi certainement par voſtre confeſsion, ce que voſtre vie deuote teſmoigne: bref
ce qui eſt notoire à tout le monde, que vous aymez l'empereur Amadis de
Grece plus que vous-meſme? n'eſt-ce pas grand folie de deſirer vn bien
deſeſperement pour en euiter la fruition quand elle ſe preſente? vſez, vſez
de l'occaſion au front cheuelu, à qui ſi laiſſez vne foys tourner le derriere
de la teſte qui eſt chauue, vous ne la pourrez plus empoigner au poil.
Vous voyez que ſa Niquée eſt en termes de perdue ou bien egarée: ſi elle
eſt morte, vous voyla au comble de voz deſirs pour eſtre mariez enſemble: ſi elle vit encores, aumoins eſt elle demyoubliée en luy qui l'eſtime
morte: dont ne ſera plus ſon affectió bridée de ce mordz, ains libre & pleine s'eſpandra en vous. La princeſſe en l'eſcoutant ſe couche & Anaſtaſiane aupres d'elle la preſſant d'en faire vne reſolutió qui la miſt à coup hors
de tant de langueur. A quoy elle reſpódit. M'amye bien ſçay que ne vous
ſçaurois deguiſer l'amour de l'empereur dont ie bruſle & ardz miſerable-
ment: mais le dedain de m'auoir poſtpoſé à vn autre & violé le gage precedant de ſa foy, puis la conſcience de ma grandeur, ce ſont cloudz qui repouſſent l'autre. Si ie voyois l'aſſeurance de legitime conionction, ie ny
ferois difficulté aucune: mais ia mon cueur ne conſentira à vne deſtrouſſe
& derobée d'amour, la ou ie ſen le merite de vray mariage. En telz deuis
paſſerent la pluſgráde partie de la nuit: & l'endemain vn peu auant l'heure de diſner alla faire ſes viſitatiós commençant à Mandroc & s'arreſtant
auec l'empereur, qui ſe plaignit à elle du peu de repos qu'elle luy auoit
laiſſé la nuit: & elle en ſouzriant luy reſpondit, qu'elle n'en auoit pas eu
trop grand prouiſion pour en faire largeſſe. Or, dit il, ma dame vous ex-
cuſerez, s'il vous plaiſt, la vehemence de ma paſsion, qui ne me permit
hier d'entendre la cauſe de voſtre venuë en ce lieu. A quoy Lucelle, c'eſt le
moins qu'on peut deuoir à l'auteur de la deliurance, que de luy reciter
l'occaſion de la priſon. Sçachez donc monſieur que contre le nouucau
Roy mon frere à ſon auenemét à la couronne le duc de Bourgongne s'eſt
eſleué auec pluſieurs autres de ſes vaſſaux pour la contention du duché de
Sarne. Et eſtant entré dedans le royaume à main forte, enuoya de nuit v-
ne embuſche pres d'vn chaſteau ou il ſçauoit que la Royne eſtoit & ceſt
enfant & moy: pourpenſant (comme il auint) que ne nous deffierons pas
de luy ſi loing de ſon cáp. Brief à l'iſſue de la voulans aller en la ville prochaine, ilz nous ſurprindrent en vne littiere & nous menerent au duc qui
les en guerdonna magnifiquement: & nous liura aux deux geans cóme à
ſes plus feaux amys pour nous tranſporter en ce chaſteau hors de cognoiſ
ſance de gens. Qui luy fait eſperer non ſeulement le duché de Sarne qu'il
querelle, ains la moytié du royaume pour noſtre rançon. O' Dieu (dit
Amadis) oyant ce conte, ie te requiers cóme iadis Philippe roy de Mace-
doine,

doine (ayant receu trois nouuelles de fuccez tresheureux) de ne me troubler cefte grande profperité que par leger infortune, pour le cours ordinaire de fortune qui empoifonne toufiours fes biens de quelque amertume de mal. Ie l'ay affez ouy dechifrer telle (refpond Lucelle) mais ie ne l'ay
iamais cogneuë qu'ennemye, dont ay à luy faire requefte toute contraire
à la voftre: qu'elle me vueille recompenfer tant de rudeffes & affautz par
vn bon heur qui tous ces maux efface. A quoy Amadis: Si ce bien que de-
firez, ma dame, eftoit en ma puiffance la iouïffance ne vous en feroit tardiue. Ie n'ay pas occafion de le croire, refpond, parce que i'en ay cogneu
par cy deuant. Làs ne me remettez, dit il, le paffé deuant les yeux duquel
ne me fçaurois purger que par la longue penitence que i'en ay faitte, mais
penfez aux feruices confecutifz, vrays tefmoins de la repentance qui fuy-
uit de pres le peché. Sur ce point la difpute eftoit forté entre eux, qui fut
rompue par les feruiteurs furuenans pour le difner. Mais la table oftée recommença plus afpre, luy pourfuyuant roidement & ellle fe defendant
de telle force qu'amour luy departoit. Ce qu'auifant Anaftafiane, tira Finiftée plus loing en vn coin & l'entretenoit des meilleurs propos qu'elle
pouoit inuenter. Bien vous dis que quand la princeffe eut affez efcouté les
prieres, plaintes & inftances de l'empereur, & cogneu l'eftat auquel il e-
ftoit par fes larmes & foufpirs, elle ne fut de fi dure pafte de fon cofté qu'el
le ne fouffrift fa part de l'efmotion, qu'Amadis fentit bien au tremblemét
de fa main qu'il tenoit auec chaleur, puis froideur fuccefsiue. Parquoy elle craignant qu'il ne s'oubliaft en cefte alteration, luy alla attremper fon
ardeur par vne grand rufe, difant: Helàs monfieur, ou tendez vous par
voz raifons, finon à combatre celle qui fe confeffe vaincuë? au fort ie croy
que vous ne m'aymez pas plus qu'eftes aymé de moy. Mais cuidez vous
que i'ays le cueur de me donner à vous toute, pour receuoir de vous vne
part? Quand voftre Niquée n'aura plus rien en vous, faittes alors eftat de
Lucelle. Car vous ne deuez pas efperer vne legere defpouille de volunté
diffoluë, de celle que proteftez reputer digne de voftre lit nuptial. Amadis eut quelque fatisfaction de cefte refponce, & tellement la preffa qu'ilz
fe donnerent parolles de fiançailles, fouz condition du decez de Niquée:
en vertu defquelles il gaigna plus de priuauté enuers la princeffe qu'il n'a-
uoit iamais eu: qui luy auança fort fa guerifon, eftant vifité d'elle deux
foys chacun iour: & prenant aucunefoys de fauoureux baifers: puis cou-
lant la main dedans le fein ferme & poly contre vne petite refiftence, fe
maintenoit en aleine, en attendant la fin qui couronne l'œuure.

Comme

Comme l'Empereur & Mandroc

le geant, gueris de leurs playes, s'embarquerent à la persuasion
de Lucelle pour aller en France.

Chapitre   XLVIII.

L'Empereur garda quelque iour la chambre auant qu'estre guery de ses playes, & fut seruy & honoré par Gadalesse au mieux qu'il luy fut possible. Toutesfoys se leua deux iours plustost que Mandroc & l'alla visiter & deuiser auecques luy fort ciuilement, comme tresbien le sçauoit faire. Ou entre autres propos le Geant luy declaira qu'il estoit du sang de Furio Cornelio, & qu'il auoit gaigné sur ceste race double victoire, l'vne par armes, l'autre par courtoisie. Et venant l'heure de disner, le supplia luy faire cest honneur de le vouloir prendre en sa chambre, parce qu'il receuoit tant d'aise de sa presence qu'il en auanceroit beaucoup sa guerison, laquelle il deuoit desirer comme du plus cordial seruiteur qu'il eust onques aquis. Gadalesse l'en pria pareillemét, disant qu'elle alloit querir la princesse pour mieux se resiouïr tous ensemble: ce qu'elle fit au grand ennuy de Lucelle qui n'en sçauoit point de gré à Amadis, la priuant ainsi de la commodité qu'ilz auoient d'en conter plus familierement en sa chambre. Neantmoins y vient, menant le petit Lucendos par la main & passerent le temps assez ioyeusement auecques Mandroc & sa femme: à qui ilz ne tindrent longue compagnie

O   apres

apres difner, & l'Empereur conduit la princeffe en fa chambre, à qui il liura de rechef vne chaude alarme d'amour, fe fentant trop mieux de fa
perfonne que le iour precedant, entrant en plus grand chaleur par les li-
bertez & prerogatiues de baifers & atrouchemens que leurs fecrettes fian
çailles luy permettoient. A quoy Anaftafiane ne failloit à prefter oppor
tunité, tirant Finiftée en la garderobe fouz couleur de luy monftrer mille
nouueautez d'affiquetz & atours à la françoyfe. Trop eftoit grief à Amadis d'eftre fi pres du pommier comme Tantalus fans en manger du fruit,
& en l'eau iufques au menton fans en boire. Mais la fage princeffe qui
n'en fentoit moindre efcarmouche en fon cueur que luy, réfrénoit fes
appetitz, fouz efperance d'en iouïr bien toft à fon honneur : doutant
auffi que le contentement qu'il prendroit fur & tant moins du mariage
l'en peuft deftourner & degoufter, ou par affouuiffement d'vne concu-
pifcente defordonnée, ou par opinion mauuaife de celle qui fe feroit laiffé aller de façon non legitime . Parquoy le voyant en exces de defir luy
dit: Mon cher & ancien amy fi voftre affection a toufiours continüé en
mon endroit depuis l'heure de fa naiffance (comme vous me donnez à
entendre) vous auez bien encores la conftance de differer l'accompliffement de voftre volunté iufques à peu de iours que ie vous afsigne pour
terme. C'eft que i'ay penfé que deuons perfuader à Mandroc (qui de rien
ne vous efconduira) de nous remener en France au pluftoft que fa difpofition le pourra fouffrir, pour ne laiffer long temps le Roy mon frere en
affliction de noftre prife . Auquel ie declaireray mon vouloir conforme
au voftre, dont il fera plus content que nous mefmes. Car au lieu de pere
qu'il me tient, ne feroit raifonnable à moy de paffer vn tel fait fans fon
confeil & confentement: ce que Lucelle luy difoit tant pour luy amortir
fon feu à l'heure, que pour le vray defir qu'elle auoit que les chofes fuffent
accomplies en la forme qu'elle difoit. Làs (refpondit Amadis) ma grand'
amye il ne me femble pas que ie puiffe viure au tourment que ie fens iufques à ce iour : car la patience que me prefchez & ramenteuez que i'ay euë
iufques icy, eftoit trop plus aifée en voftre abfence que pres de vous, ou ie
fuis batu des rayons continuëlz de voftre beauté, contre lefquelz la debilité de ma raifon eft eblouye, comme noftre foible veuë au regard direct
du foleil. Lucelle pitoyable en ce martire luy auançoit en cent baifers &
mignardies les vfures de la fomme principale retardée & atermoyée. Dequoy force luy fut de fe contenter à faute de mieux, en efperant le bien
total qui ne pouoit gueres tarder felon le deffein de leur voyage. Pendant
lequel la Princeffe luy dit qu'elle eftoit d'auis de trouuer moyen fecrettement de faire entendre au roy Lucidor la fortune de leur deliurance, de
peur qu'à l'occafion de leur captiuité il ne côdefcende à termes trop def-
auantageux . Ce qu'Amadis loua grandement, & ainfi fut executé : ie
laiffe à vous dire auec quel aife du gentil Roy qui defia auoit offert au
duc de Bourgongne fon ennemy le duché de Sarne qu'il querelloit, dont
il ne

il ne s'estoit voulu contenter. Auquel (apres auoir receu ces bonnes nouuelles) manda que puis qu'il n'auoit entendu à la raison, qu'il n'estoit plus deliberé de luy rien offrir ne liurer. Or ce soir Lucelle faignit se trouuer vn peu mal pour s'exempter de soupper auecques Mandroc, mais l'Empereur y alla pour dissimuler son affection, & en se retirant en sa chambre fut donner le bon soir à la princesse non sans grand soupeçon de Finistée, voire plusgrand que la verité, comme elle luy sceut bien reprocher à son coucher (ne voulant prendre de luy aucune excuse en payement & que sa Niquée si elle viuoit y estoit outrageusement offencée: si elle estoit decedée, auoit bien merité pour le moins qu'il en portast le deuil plus lon-guement. Surquoy elle accusoit la legereté & inconstance des hommes, & l'hypocrisie de la race des princes grecz qui se vantoient de loyautez en peinture. Lors elle pleuroit & souspiroit, le suppliant luy donner con-gé de se retirer de sa compagnie: ou elle souffroit tant, pour le respect de la fidelité qu'elles s'estoit persuadée. Amadis eut beaucoup de peine à luy oster ceste opinion: combien qu'à la fin elle creut aux sermens & adiura-tions qu'il luy en fit. L'endemain se trouuerent l'Empereur & la princesse à sa requeste à disner auecques Mandroc pour luy entamer le propos de son retour en France vers son frere: lequel eut tel secours en sa guerre de la part des empereurs Lisuart & Esplandian, qu'il occit le duc son ennemy & s'empara de ses terres. Mandroc qui n'eust voulu desobeïr en rien à Amadis de Grece, luy respondit qu'il en ordonnast du tout à sa volunté: & sur le champ commanda à sa femme de faire tenir preste vne nef, esti-mant le plus seur d'aller par eau, d'autant qu'il sçauoit tous les chemins estre gardez par les ennemys du Roy. Si s'embarquerent deux iours apres laissans Gadalesse auec quelques cheualiers pour la garde du chasteau d'Aldarin, & voguerent par bonace: passans le temps fort gayement en-semble. Car Mandroc estoit facetieux & bien apris, & l'Empereur & sa compagnie ne voyoient occasion que de faire tresbonne chere.

Comme Florisel & Anastarax

auec leur compagnie partirent du chasteau des Geans, & par
tourmente furent iettez en vne autre Isle.

Chapitre   XLIX.

Es Princes Florisel de Niquée, Anastarax & Filisel se-iournerent l'espace de quinze iours au chasteau des geans auec la princesse Siluie & Leonide: durant les-quelz tous les habitans de l'Isle vindrent rendre foy & hommage à Florisel comme à leur seigneur lige, qui y laissa pour capitaine & gouuerneur vn des cheualiers

O ii   d'Anasta-

d'Anaſtarax nommé Gaſtab . Iamais n'eſtoient là ſans plaiſir, que leur
apreſtoit Darinel, ou Buſando le nain auec Xamiaque la naine qui eſtoit
toute apriuoiſée de la main de Siluie, & gazouillet plaiſamment d'amou
rettes auecques Buſando comme à bille pareille . Et Darinel ſi voulant
entremeſler, eſtoit attaché quelquefoys par tous les deux . Il leur reprochoit leur haute corpulence, & eux à luy ſa beauté (car il eſtoit diforme
& aſſez contrefait) laquelle il diſoit auoir toute en l'ame . Voluntiers à
cauſe de voſtre ſageſſe, diſoit Buſando. Non reſpond Darinel, mais pour
la figure de ma dame Siluie qui y eſt pourtraitte au naïf. Quant à toy tu
es ſi petit que tu monſtras peu de ſens à te cacher dedans le rocher: car ces
diables de geans ne t'euſſent apperceu non plus qu'vne vermine. Buſando ſe cuida courroucer de ceſte raillerie qui touchoit trop au vif & paſſoit
les bornes de ieu, ſi la naine n'euſt adoucy ceſt aigreur regrettant qu'elle
ne le cognoiſſoit alors pour le mieux loger & traitter : iugeant qu'il y a-
uoit trouuer vn dur giſte, & ieuné vne ieune non commandé. Ha dit Darinel la vraye amour ne ſe peut gueres celer, oyez vous la pitié qu'elle a
de ſa fortune . Vrayement Buſando tu faillirois bien à mieux rencontrer
ton party qu'auec Ximiaque, veu la ſemblance de voz perſonnes, & ie
croy que les meurs enſuyuent le corps, & qu'accorderez bien de comple-
xions pour faire vn bon meſnage . Va va (replique Buſando) nous ſommes tous d'vn païs comme les perroquetz : que ſçais-tu ſi ſommes parens
proches? pour le moins eſt elle ma mere d'aage ſi autrement non, & quád
i'y entendrois ie penſerois faire plus ſagement que toy qui te baſtis des a-
mours en l'air, ou tu ne bées qu'aux grues, & ie croy que ma mignonne
(prenant Ximiaque par le menton) ne me traitteroit pas mal ſi nous e-
ſtions mariez enſemble . De telz propos ces folz appreſtoient à rire aux
princes: leſquelz voyans le temps opportun s'embarquerét en leurs nauz.
Tant tournerent & virerét à l'entour de maintes Iſles qu'ilz vindrent entre autres ſurgit à vne, pour s'enquerir touſiours du fait de leur queſte tou
chant Niquée . Si prindrent terre & s'allerent aſſoir ſur l'herbe en vn pré
deuiſans les princes & princeſſes enſemble, & rians de Buſando & Ximiaque qui auoient les chapeaux de fleurs ſur la teſte & bailloiét de fort
bonne grace au ſon de la cornemuſe de Darinel. Eſtans en arroy, arriue
vne vieille dame veſtue de deuil & atournée de voiles blancz & larges,
montée ſur vne haquenée, & ſentoit bien ſa dame d'honneur, & vn ieune Geant la menoit de bride, & ſix vilains à pied les ſuyuoient : laquelle
auiſant ceſte belle compagnie dit tout bas au Geant : Il nous conuient icy
ſuppléer par ſubtilité la faute des armes, car nous auons vne belle proye
en noſtre main . Si s'approche de la troupe les ſalüant courtoiſement &
leur demádant: Mes bons ſeigneurs quelle bonne fortune vous emmene
en ceſte contrée ? La mer, reſpond Floriſel, qui tient les nauigans ſugetz
à ſon vouloir contre le leur . Ce ne ſera pas contre le mien , dit la dame,
qui ſuis aiſe d'auoir occaſion de ſeruir & honorer telles perſonnes que me

ſemblez

femblez eftre. Grand mercy, refpond Florifel, vous portez aufsi le maintien de dame de qui lon ne doit efperer que tout bien . Or mes bons feigneurs (dit elle) ie vous prie de venir prendre la patience auecques moy
en mes tentes qui font dreffées pres d'icy, & ie vous y feray la meilleure
chere qui me fera pofsible, iufques à ce que la mer s'acalme pour voftre
voyage. Ilz s'accordent à fon offre, à demy par necefsité, & elle enuoye
deuant vn des vilains nommé Marfupion à qui elle commande de faire
aprefter vne des tentes pour cefte trouppe, & donner ordre qu'ilz trouuaffent le foupper preft & les napes mifes. Marfupion y court qui eftoit
fait au badinage, & la dame & le geant mettent pied à terre pour monftrer careffe & gayeté à la compagnie, qui eftoit encore plus grande interieure que par dehors, pour l'opinion qu'elle auoit d'auoir fait vne belle
prife fe doutant qu'ilz fuffent de la maifon de Grece. Surquoy elle les interrogea, & ilz luy refpondirent qu'ilz eftoient gentilzhommes de Tunis
qui alloient faire vn mariage d'vne pucelle de leur lignage (monftrant
Leonide) auec vn gentilhóme de Sicile. Elle leur repliqua qu'ilz deuoient
eftre de bon lieu veu leur accouftrement : en quoy s'excuferent qu'il n'a-
uoient pas oublié de fe parer du plus beau & du meilleur de leurs coffres
pour honorer leur mariée. Adonc fonnoit Darinel de fa cheurie & les
nains dançoient : à quoy elle faifoit femblant de prendre grand plaifir.
Puis le conuia d'aller à fes tentes ou elle fit entrer les cheualiers, comman
dant au Geant fon filz, nommé Bazaranc de les faire defarmer & bailler
manteaux à fe veftir, ce pendant qu'elle entretenoit les dames aupres de
la fonteine qui la eftoit · ou les feigneurs fe rendirent n'ayans que l'efpée
au cofté & les manteaux d'efcarlatte fur les efpaules . Gueres n'y furent
qu'on leur dit que la viande eftoit fur table, fi allerent foupper & la dame
& Bazaranc leur firent compagnie auecques toute ciuillité & courtoifie.
Les tables leuées ilz ne tarderent gueres à s'aller repofer es litz qui leur e-
ftoient accouftrez en leur tente, ou ilz dormirent de profond fomme à
caufe du trauail de la marine.

Comme Florifel, Anaftarax, &

leurs dames furent pris par fraude de la dame de l'Ifle & de fes enfans.

### Chapitre	L.

Stans les princes & princeffes repofans en la tente de la
dame en toute feureté (ce leur fembloit) arriuerét dou-
ze cheualiers armez auecques deux Geants que le valet
Marfupion auoit efté auertir au prochain chafteau
fouz ombre du mâdemét en chifre que la dame luy fit
de faire aprefter le foupper. Laquelle entra la premie-
O iii	re qui

re qui fit faifir les efpées qu'ilz auoient pres de leur cheuet puis les efueilla . Dieu fçait en quel effroy fe voyans nudz & tant de gens en armes à
l'entour d'eux & ne trouuâs leurs efpées: parquoy auifans la dame qu'ilz
cognoiffoient luy demanderent que vouloit dire ceft alarme en lieu ou
elle les auoit affeurez . Qui leur refpondit qu'ilz ne fe miffent en peine de
fe couurir enuers elle qui les tenoit pour princes Grecz, ou leurs parens &
alliez, & pource les prenoit prifonniers. Florifel qui vid la force & vaillan
ce ny auoir lieu, voulut iouër du plat de la langue : remonftrant qu'elle
s'abufoit de les eftimer de la race de Grece , & qu'elle fe faifoit grand tort
de rompre la foy qu'elle leur auoit iurée , mefmement pour butin qui ne
le valoit pas . Mais ce fut en vain , car elle leur dit qu'ilz auifaffent à s'habiller foudain s'ilz ne vouloient eftre menez tous nudz : dont fe virend
contraints de faire rempar de feule patience contre le prefent coup de for
tune, & fe veftirent fans monftrer aucun eftonnement . Pareillement furent les princeffes menées qui ne deguifoient point leur deconfort en telle trahifon: & les nains crioient & hurloient comme qui les euft trainez à
l'efcorcherie . En mefme inftant la dame enuoya à leur nef & fit amener
leurs gens (de peur qu'ilz n'en allaffent porter ler nouuelles) fouz couleur
de leurs feigneurs qui les mandoient pour leur feruice, lefquelz furent fi
auifez qu'on ne leur fceut tirer les vers du nez de l'eftat & nom de leurs
maiftres. Or furent tous logez en vn quartier du chafteau, & les nains en
vne baffe foffe: les princes en vne chambre ferrée à grilles de fer : les princeffes en lieu affez honefte. Lefquelles la dame alla voir incontinent, les
fommant de fe declairer, fi elles vouloient eftre bien traittées & felon leur
dignité. A quoy Siluie luy refpondit qu'elle ne voyoit occafion de fe fier
aucunement en fa parolle, quelque promeffe qu'elle leur fçeuft faire veu
fon infidelité manifefte. Ma dame (refpond elle) dol ou vertu en l'ennemy eft tout vn , c'eft à fçauoir pour le fait important d'hoftilité, mais au
refte ie vous traitteray humainement : Elles ne firent que rire & hocher
la tefte de fes propos, parquoy les laiffa en leur chambre paffer la nuit affez maigrement: en laquelle ne leur fut poffible de cligner l'œil pour l'ennuy qu'elles portoient de leur prife, & la peur qu'elles auoiét de l'iffuë qui
en pourroit enfuyuir . L'endemain la dame les reuint voir tafchant toufiours à les cognoiftre au certain : ce que ne pouant faire par la rufe de fa
langue, leur dit parce qu'elle les trouuoit trop defolées, quelle leur donneroit compagnie pour les refiouïr . Si fort & retourne tantoft amenant
par les mains deux fort belles dames (qui eftoient l'emperiere Niquée &
la pucelle Anaxare) car la dame de l'Ifle eftoit Garçarace mere du duc Brabon, nommée en fes titres ducheffe de Gazen . Or quand la princeffe Siluie apperceut l'emperiere qu'elle tenoit pour morte (eftant Garçarace for
tie pour les efcouter parlans en leur priué) luy tend les bras au col, & Leonide à Anaxare, faifans piteux regretz meflez toutesfoys de ioye pour
cefte heureufe rencontre. Poffible ne fut aux vnes ny aux autres en fi

foudaine

foudaine veuë & non efperée de rien faindre ny diſſimuler leurs noms.
Lefquelz Garçarace ayans entenduz, court le rapporter à Gandalat &
Masfaudel les deux geans qui en menerént grand ioye : eſtimant que ces
princeſſes fuſſent accõpagnées de princes de leur ſang. Ce pendant l'emperiere Niquée embraſſoit Leonide plaignant ſa belle ieuneſſe ſi mal em
ployée en captiuité & ſouffrance. Qui luy reſpondit, qu'il n'eſtoit raiſonnable qu'elle ne ſentit ſa part du meſchef auenu à elle qui eſtoit chef
de leur lignée. Adonc luy fut raconté le cours de leur fortune & la ſuruenuë du prince Florifel qui les auoit deliurées de ſi grand peril, & auſſi
d'Anaſtarax & Filiſel. Dequoy l'emperiere fut fort eſtonnée, craignant
(comme elle deuoit) d'auoir trop parlé à l'acollée de Siluie, & les auertiſſant d'auoir bon bec au demeurant, de peur que les princes fuſſent deſ-
couuertz par elles. Ce qui leur ſeruit grandement contre la ſeconde embuſche que Garçarace leur dreſſa. Qui par le conſeil des geans les laiſſa
enſemble pour vn peu les reconforter, & le iour enſuyuant leur amena
les princes qui tindrent bonne morgue, ſe deffians de la trahiſon de la
fauce femme : à qui les dames demanderent comme ilz ſe trouuoient de
la fortune preſente. Qui reſpondirent : de la ſorte que gens de cueur doiuent porter les ſemblables : quand à nous (dirent elles) noſtre deuil ne
nous a gueres donné de relaſche à penſer au voſtre. Lors prierent Garçarace de les bien traitter comme gentilzhommes de bon lieu qui eſtoient
leurs ſeruiteurs domeſtiques, conſiderant que nulle courtoiſie n'eſt ſi mal
ſemée qu'vn iour elle ne rapporte quelque fruit. Ce que Garçarace leur
promit qui remmena les princes liez & garrottez en leur chambre grillée
& fermée à huis de fer. Toutesfoys elle & les geans perdirent l'opinion
qu'ilz auoient qu'ilz fuſſent des princes de Grece. Apres le partement deſquelz, Niquée à qui le cueur creuoit de voir ſon filz en ceſt eſtat ſi pres
d'elle, ſans qu'il luy peuſt liurer aucun ſecours, pleuroit & lamentoit tendrement : plaignant d'autre coſté ſon cher eſpoux Amadis de Grece que
Siluie luy auoit conté eſtre allé errant par le monde en ſa queſte : ce qu'elle ſe repentit bien de luy auoir declairé, pour la peine qu'elle eut à la rap-
paiſer, luy remonſtrant qu'il leur faloit vſer de magnanimité en ce deſaſtre qui n'auient iamais moindre aux plus grandes perſonnes & au demeurant eſperer brieue deliurance en la miſericorde diuine couſtumie-
re de fauoriſer & ſoulager leur maiſon. Puis embraſſe & baiſe la petite
Fortunie luy ſouhaittant heureux progrez de ſi miſerable naiſſance, &
en leur infortune ſi douloureux ſe conſoloient, tant elles que les bons
princes de s'eſtre rencontrez enſemble : & quelquefoys Garçarace les menoit en la chambre des dames pour leur donner quelque reſiouïſſance en
leur priſon.

O iiii   Comme

Comme les roys de Gaze & de

Bugie enuoyerent Galtazar de Barberousse & ses freres deffier
la royne Sidonie, au cas qu'elle & sa fille ne les vou-
sissent accepter pour mariz.

Chapitre   LI.

Ous auez entendu cy deuant comme Bruzeon roy de
Gaze auoit esté fort irrité des parolles de la royne Sidonie, outre le dueil qu'il portoit du deshonneur du
combat passé entre luy &Florisel:lequel auerty depuis
de la pareille fortune escheuë à Bultazar roy de Bugie,
se transporta en son royaume & cómuniqua auec luy
de la honte que tous deux auoient receuë à l'occasion de la royne de
Guindaye & de sa fille : qui ne luy sembloit deuoir demeurer sans vengence. Que le moyen seroit de les demander en mariage, & à leur refus
entrer en l'Isle auecques leur puissance, & s'emparer d'elles par force puis
qu'amour ny auoit lieu. Ce Roy qui estoit feru à outrance par l'imagé de
Diane ne fut trop difficile à conuertir & persuader à ceste emprise. Mais
apres y auoir pensé vne nuit, luy dit l'endemain qu'il auoit trouué vn
moyen de paruenir à leur fin, à moindres frais & trauail de leurs personnes : c'est à sçauoir d'enuoyer vers elles nostre embassade, pour requerir
leur alliance au hazard du combat de trois cheualiers que luy presente-
rons de nostre part contre trois de la sienne: souz condition que si les nostres sont vaincuz, nous les importunerons desormais sur ceste demande: &

de & s'ilz font vaincueurs qu'elles nous accepteront pour mariz : finon
que leur denonçons guerre mortelle à feu & à fang . Quand à noz trois
champions, i'en fourniray de telz que tous les princes Grecz ne feroient
pas pour fouftenir leur force defmefurée : car ie manderay Galtazar de
Barberouffe & deux de fes freres qui n'ont point leur pareilz au monde
en vaillance & hardieffe:lefquelz ne me refuferont point, & d'autant deuons defia tenir noftre deffein pour accomply . Le roy de Gaze trouua
ce confeil fort bon, qui gueres ne luy couftoit, cognoiffant la cheualerie
des trois freres, mefmement de Galtazar qui eftoit filz du duc Brabon &
d'vne belle damoyfelle non geante : aufsi ne l'eftoient ilz pas, mais bien
membruz & de haute taille, ayant les yeux grandz, & les nazeaux gros
& patuz, les leüres groffes, & le poil roux, & eftoient tous d'vne ventrée.
Et dit Galerfis qu'ilz eftoient arriere neueuz d'Ardan Canileon le redouté à qui Amadis de Gaule eut affaire en la ville de Femifamate pour la
querelle de Madafime touchant l'Ifle de Mongafe, & eftoient neueuz
de Dinarde, qui par fraude tira le roy Perion & fes enfans en la prifon
d'Arcalaüs l'enchanteur apres la bataille du roy Arabigon, ainfi que la
tierce partie de cefte grande hiftoire vous a raconté. Or ne faillirent tous
trois à venir incontinent au mandement du roy Bultazar, & aufsi peu firent de difficulté d'entreprendre pour luy le conflit fur le party de leurs
dames : n'eftimans cheualiers au monde pouoir refifter à leur effort, veu
que trois ans y auoit que nul n'ofoit entrer en camp contre eux, ne les
geans mefmes contre le plus grand . Parquoy leur fut equippée vne nef,
en laquelle ilz vindrent aborder en l'Ifle de Guindaye, affez long temps
apres le partement de la royne Cleofile qui auoit emmené fa Garaye
quand & elle: laiffant la cour peuplée de plufieurs cheualiers venans auec
diuerfes auentures . Entre lefquelz celuy du Fenix auoit deffendu l'emprife de Diane contre tous ceux qui recherchoient Florifel, & y auoit có-
quis cinquante efcuz à fa figure qu'il auoit fait pendre fur le portail de la
tour de Febus, auec tel los & reputation que plus ne fe trouuoit qui luy
ofaft faire tefte . En cefte faifon arriuerent en cour Galtazar & fes deux
freres auec leurs efcuyers portans leurs heaumes & efcuz, armez au refte
de toutes pieces fort richement. Et deuez fçauoir qu'en leurs efcuz ne por
toient autre peinture qu'vn dicton en lettres d'or: LES VENGEVRS DV
SANG RVSSIAN. Paffans par la ville furent fuyuis du peuple pour leur
fierté, & corpulence rare & peu veuë, tant qu'ilz vindrent à la place ou e-
ftoit le chafteau enchanté du ieune Rofaran & de la ducheffe de Bauiere,
ou ilz trouuerent le cheualier au rouleau, ayant gaigné plus de vingt efcuz qu'il auoit attachez auec ceux du cheualier au Fenix: & eftoit lors en
propos de vouloir prouuer l'auenture luy & vn autre cheualier frefche-
ment arriué. Ce qui arrefta les trois freres pour en voir l'iffue, laquelle
fut merueilleufement eftrange : car ce cheualier fe confiant en fa bonté
feulement, fans lire l'efcritteau de la porte, entre dedans le chafteau . A`
l'inftant

l'inſtant on veid vne nue noire & eſpeſſe ſe leuer à mont, circuye de flammes de feu en guiſe d'eſclairs, paroiſſans & ceſſans incontinent, auec ſi
grand bruit de tonnerre qu'il ſembloit que la terre ſe deuſt ouurir. A
l'heure entra le cheualier en la chambre de Siluerne, ſur lequel toutes les
damoyſelles archeres decocherent leurs fleſches, de ſorte que tout heriſ-
ſonné de trait fut reietté deuant la porte roide mort. Alors la nue diſparut, & fut veu ſur le feſte du chaſteau l'arc des loyaux amans en forme de
l'arc en ciel, & ſur iceluy le grand roy Amadis de Gaule armé, hormis le
chef, ſon eſcu en la main gauche, & en la droitte ſa verde eſpée qu'il tenoit haute & nuë en geſte de vouloir ferir comme executeur de la iuſtice
preſente pour la deſloyauté d'amour : de laquelle le troſne du iugement
luy appartenoit ſur tous les humains. Vray eſt que tous les aſſiſtans ne le
virend pas (pource qu'il diſparut ſoudain) mais le cheualier au Fenix l'ap
perceut & celuy du rouleau pareillement. Ceſte punition horrible retar-
da maints cheualiers d'eſprouuer l'auenture, s'ilz ne ſe ſentoient ſeurs de
leur loyauté. Et la Royne en memoire du cas, fit enterrer le cheualier en
la place meſme, & luy eriger vne tumbe de marbre, ſur laquelle fit entail-
ler: LA FAVTE DE LOYAVTE' SENT L'EXPLOIT DE CRVAVTE'. Touteſfoys le cheualier du roulleau ne perdit pourtant le courage d'y entrer.
& eut ſon aubade douce & melodieuſe. Puis montant en la chambre de
la ducheſſe, la voulut conſoler comme les autres : & fut tout esbahy qu'il
auiſa Diane, qui luy dit : Artaxerxes ie ne te cognois ny ayme, & auſsi toſt
ſa figure euanouït. Et il exclama : ô beauté plus diuine qu'humaine ie
conſeſſe ne meriter la fruition d'vn ſi haut bien : ſi eſt-ce que ie t'adore-
ray touſiours en mon cueur, ſans eſperance de ta bonne grace : & te remercie de l'auertiſſement que me donnes à fin de ne m'abuſer en vain
pourchas. Adonc la ſplendeur le vint battre, & il ſe trouua planté deuant
la porte.

Comme Galtazar de Barberouſſe

executa ſon embaſſade enuers la royne Sidonie : & comme Flor-
arlan, Artaxerxes & Daraïde, accepterent le def-
fy contre les trois gemeaux.

Chapitre   LII.

Pres l'eſpreuue de l'auenture, Galtazar de Barberouſſe
accompagné de ſes freres monta au palais, & pluſieurs
cheualiers apres luy, pour ſçauoir l'occaſió de ſa venuë
Si ſe preſenta deuant la Royne à qui il expoſa ſa charge, monſtrant la promeſſe des Roys ſignée & ſéellée
autentiquement. Dequoy Sidonie fut grandement
troublée

troublée, leur respondant, que les Roys ne faisoient en ce acte de Cheualiers, de vouloir vsurper sa fille & elle par force : toutesfoys qu'elle af-
sembleroit son conseil pour leur faire responce. Ce pendant les enuoye
loger au palais de Mars, lequel ilz trouuerent le plus beau, & mieux garny de tous biens meubles precieux qu'ilz eussent iamais veu, iusques aux
officiers & valetz, qui tous estoient habillez de la liurée martiale, c'est à
sçauoir de soye de couleur rouge ou cramoisie. La beauté de la royne leur
sembla singuliere & digne du combat qu'ilz en auoient entrepris, ioint
le bruit qui couroit de la perfection de Diane sa fille: laquelle la Royne
alla voir toute triste de ceste nouuelle : & la trouua en son iardin pres de
la fonteine auec Daraïde qui lors estoit de l'aage de quinze ans, & de plus
haute stature que cheualier qui fust en la cour, & à vray dire, portant
en son cueur vn aussi grief faiz de passion croissant en elle quand & les
ans. Or n'osoit elle la descouurir à Diane, craignant que son honnesteté
offencée de tel propos, la bannist à iamais de sa presence. A ceste cause
resuoit creux toute pensiue pres de sa belle maistresse quand la Royne y
suruint: qui s'adressa premier à elle, luy requerant conseil en son vrgent
affaire, comme à celle que les dieux auoient douée de tous dons de grace.
Ce dit, elle se mist à pleurer & sa fille par compagnie, luy demandant qui
estoit la cause de sa destresse: laquelle la Royne luy declaira brieuement:
comme trois cheualiers de fierté & puissance estrange, voire plus diables
qu'hommes estoient venuz de la part des roys de Bugie & de Gaze pour
les auoir à femmes souz la condition de leur victoire en combat de trois
contre eux : ce qu'elle n'estoit deliberée de iamais consentir, ne de fausser
la foy à son Moraïzel, nó plus que liurer sa fille à autre qu'à qui sa parolle publique & notoire l'auoit obligée, ains que plustost endureroit l'extremité de toute misere. De ce propos Daraïde fut si esmuë que les yeux
luy rougirent tous enflambez, & respondit à Sidonie : ma dame la saison
n'est pas de vous desconforter ainsi, & monstrer vostre courage failly a-
lors qu'il se doit plus esuertuer : mais assemblez voz barons pour auiser
sur ce cas : & ce pendant vous diray, qu'il me semble que deuez accepter
ce deffy: vous asseurant qu'il se trouuera assez de champions pour soustenir vostre querelle, mesmement de ceux qui portent l'ymage de Diane:
ayans iuste raison de combatre ceux qui tendent à leur fin mesme d'es-
pouser vostre fille. Aussi qu'ilz ne doiuent craindre de faire teste à cheualier quelconque, ayans empris de s'attacher au prince Florisel. Lequel en
faute d'eux i'iray chercher & les empereurs Lisuart de Grece, & Amadis,
ou le fort Anaxartes les requerans de ce don comme damoyselle. La royne l'embrassa de grande affection, luy disant que bien elle monstroit au
besoin la vraye amour qu'elle portoit à sa fille: auquel si elle auoit la force pareille auecques deux autres cheualiers, elle ne douteroit de mettre
son droit entre ses mains. A quoy Daraïde : ma dame, i'ay apris le mestier des armes en ma ieunesse & suis de païs qui me permet l'ordre de
cheua-

cheualerie : or vous plaiſe trouuer les deux & vous repoſer ſur moy pour
le troſieſme : car la beauté de ma dame Diane m'influera vne force autre que damareſque . Elle oyant ce mot , luy ietta le bras au col , diſant:
Làs m'amie en quel dangervous m'expoſerez quand & vous entrant en ſi
perilleux conflit . Qui reſpondit , qu'elle n'en penſoit de grand, apres celuy ou elle eſtoit pour ſon amour touſiours à vn pas pres de la mort . Finablement la Royne fort contente de Daraïde retourne en ſon palais , &
mande ſon conſeil , qui fut de ceſt auis meſme , conſideré qu'elle demeuroit en ſon entier apres le combat de deffendre ſes païs , & le hazard de
trois perſonnes len pouoit garentir . Parquoy elle enuoye querir Galtazar & ſes freres , auſquelz elle accorda le combat , prenant terme de dix
iours pour nommer ſes champions . Dequoy Galtazar trop esbaudy luy
requit les mains à baiſer comme à royne de Gaze , l'eſtimant deſia telle
par l'acceptation du combat, & ſa fille royne de Bugie: aiouſtant que par
ce moyen elle aſſeuroit de vie les deux Roys , & de mort les champions
qui ſeroient ſi hardis de ſoy preſenter . La royne irritée de l'outrecuidance de ſa parolle luy dit , qu'il auroit plus d'honneur à bien faire qu'à tant
dire, & qu'il ſeoit mieux à vn bon cheualier eſtre humble & modeſte que
braue en langage . A l'inſtant elle ſe leue comme faſchée & ſe retire en ſa
chambre. Les nouuelles coururent incótinent par la ville du combat qui
eſtoit accordé au trois freres , mais nul de toute la cour oſoit s'offrir à leur
faire teſte , ſans le cheualier au Fenix , & celuy du rouleau , qui gueres ne tarderent à venir vers la Royne couuerts de leurs manteaux ſeule-
ment.Laquelle s'eſtonna fort à la veuë du ſecond,qui luy lança vn ſouuenir du prince Falanges par ſa ſemblance , qui eſtoit la ſource de tout ſon
mal . Si les fit aſſoir comme perſonnes de grand lieu , & Artaxerxes print
la parolle pour eux deux . Royne excellente nous auons entendu preſentement le deffy qui vous a eſté enuoyé & accepté par vous : pour lequel
auez à fournir trois cheualiers:nous voicy deux tous preſtz de vous y faire ſeruice s'il vous eſt agreable de noſtre main.Et cognoiſſons tant la fierté accouſtumée de ceſte nation de geans , & la droiture de voſtre cauſe,
que nous eſperons (ſouz la grace de Dieu) vous deliurer de leurs outra-
geuſes menaces. La Royne aſſeurée de la prouëſſe ſinguliere de ces deux
champions, receut grand ioye de leur offre,& les remercia treshumaine-
ment : & depuis les feſtoya ordinairement au palais de Mars ſelon leurs
dignitez.Plus ne reſtoit que le tiers à trouuer pour acheuer la partie:mais
nul ne s'y ingera de tous les cheualiers qui voltigeoient par l'Iſle de Guin
daye , iuſques au penultieme iour du terme: auquel Sidonie trop triſte &
eſperdue s'en alla chez Diane paſſer ſa melancolie . Ce que Daraïde apperceuant ſe mit à genoux deuant elle luy requerant (& à ſa fille pareillement) vn don (qui eſtoit le premier qu'elle euſt oncques requis à prince
ne dame) les ſuppliant de le luy ottroyer. Ce qu'elles luy promirent penſans qu'elle leur vouſiſt demáder quelque choſe à ſon proffit & auantage.

Lors

Lors leur declaira Daraïde que le don que la Royne luy auoit accordé
estoit de luy faire donner l'endemain l'ordre de cheualerie par les mains
du cheualier au Fenix (quelle prisoit grandement) à fin de le tiercer au
combat contre les trois freres. Et vous ma dame (s'adressant à Diane) entendez que m'auez promis par cest ottroy de fauoriser mon emprise de
vostre presence, vous rendant en tel lieu qu'il plaira à ma dame pour voir
sans que puissiez estre veuë: à fin que la pensée de vostre assistence m'in-
flue la vertu necessaire à la defence de vostre querelle, pour exploitter
souz l'habit feint de cheualier en la façon que le prince Grec en accoustrement de Nereide. Les princesses furent troublées du don qu'elle leur exposa: & se plaignoit fort Diane à elle de ce qu'elle l'auoit trompée à donner en lieu de receuoir. A qui elle respondit, que pour elle ne deuoit a-
uoir aucune doute comme estant asseurée & enhardie par la dangereuse
guerre qu'elle auoit ordinairement auec sa beauté. Or dit la Royne: force nous est de luy tenir promesse, & i'espere (la contemplant de pied en
cap) qu'elle sortira de ce combat auec tiltre de seconde Alastraxerée. Peu
apres la royne se retira en son palais, pour ordonner des armes de son
tiers champion. Auquel Lardenie vint incontinent ietter les bras au col
en larmoyant piteusemét: A' à m'amie quel cueur vous auez, d'oser entreprendre ce dont ie tremble en le pensant & ymaginant. O' couardz cheualiers qui presumez de porter l'effigie de Diane, ou vous cachez vous,
que vous ne venez defendre son droit, sans qu'il faille que par vostre faute vne tendre pucelle preigne les armes ? Toutes les damoyselles suruindrent admirans la magnanimité de Daraïde, laquelle la Royne manda
apres le soupper, y estant Florarlan, auquel elle côta la volunté de la Damoyselle à la compagner au combat, & à desirer auant l'accollée de sa
main. Elle venuë, s'alla mettre à genoux sur vne marche au dessous du
siege de la Royne qui luy tenoit les mains. Lors dit Florarlan : ma dame
ie croy qu'il ne faudroit que ce champion seul, & sans autres armes, pour
vaincre & defaire voz ennemys: & qu'il nous seroit de mauuaise compagnie, comme nous combatant nous mesmes par son excelléce: vous nous
la voulez bailler pour tierce, mais ie ne sçache homme qui ne la souhait-
tast pour premiere. Adonc Daraïde le regardant & trouuant fort à son
gré: Seigneur cheualier, peu puis-ie faire des armes que vous dittes, aupres
de ma dame Diane, mais si me voulez demain mettre les autres au poing,
i'espere par l'influence de sa beauté, & de vostre compagnie en elongner
fort loin les presumptueux qui la cuident tenir de si pres. Apres quelques
autres ioyeux propos, elle fut reconduitte au palais de sa maistresse, & la
royne appella le duc d'Alface, luy enchargeant de donner ordre à tout ce
qui seroit necessaire l'endemain pour Daraïde, mesmement du harnois
qu'elle luy commanda choisir le meilleur de son armurie, comme pour
celle en qui son cueur luy iugeoit que son honneur gisoit & sa vie.

P   Des

Des propos que Diane tint à Da-

raïde sur le combat qu'elle auoit accepté : & comme elle receut
l'ordre de cheualerie par la main de Florarlan.

Chapitre   LIII.

Araïde retournant vers Diane la trouua plus penſiue
qu'onquemais : ce qu'elle luy dit eſtre a cauſe du peril
ou elle la conſideroit entrer pour l'amour d'elle : &
qu'elle ne s'eſtimoit auoir le cueur d'aſſiſter à ſi dangereuſe meſlée. A quoy Daraïde reſpondit que la grand
gloire ne pouoit redonder que des grandes auentures
& hazardeuſes : & qu'il eſtoit conuenable de commencer le train des armes par vne belle entrepriſe, meſmement pour le ſeruice de la prime prin
ceſſe du monde. Diane vaincuë de ſes raiſons l'embraſſa, priant les dieux
monſtrer en elle autant de vaillance qu'ilz y auoient logé de beauté. A
quoy Daraïde : ma dame ſi voſtre deſir eſt tel, faittes que ie ſçache le lieu
ou vous rendrez, a fin que i'en tire hardieſſe : ce que Diane luy promit.
Lors la ducheſſe Lardenie la prend par vne main , & la contemplant vne
eſpace (comme en extaſe) auec vn grand ſouſpir luy dit. A' à ma mignonne que les dieux vous ont créé admirable auec deux perfections ſi contraires, de delicate beauté, & dure force : Ie les ſupplie vous donner telle
yſſue de ce combat que ie deſire . Apres quelques autres menuz deuiz,
elles allerent repoſer iuſques au iour enſuyuant, que Daraïde ſe rendit

matin

matin au palais de la Royne, ou elle trouua les ducz d'Alfarce & de Ganiez qui l'armerent d'vn harnois ineſtimable. La Royne y vint bien toſt.
portant vne eſpée de bonté & richeſſe nompareille, qui auoit eſté au feu
Roy ſon pere. Les cheualiers du Fenix & du Rouleau arriuerent, qui pri-
ſerent beaucoup ſon port & diſpoſition en armes. Si deſcendirent en la
place, & la Royne auſsi pour l'honorer, ou on luy tenoit vn deſtrier blāc
comme neige, enharnaché de garniture de haut pris. Le cheualier du
Fenix la baiſe en la face, puis la laiſſe monter, diſant, qu'auec telle compagnie il ne redoubteroit d'entreprendre ſi grand acte qui puſt eſtre. Lors
luy chauſſe l'eſperon droit, & receuant l'eſpée de la main de la Royne luy
dit : A Dieu plaiſe vous rendre autant parfaitte cheualiere, qu'il vous a
donné de beauté. Grand mercy (dit elle) i'eſpere que le bon heur de
voſtre main tirera à bonne & heureuſe fin pour vous bien ſeruir en l'e-
ſtour. Adonc ſonnerent les haubois les remenans en la ſale, & Daraïde ſe
retira en vne chambre pour ſe deſarmer, puis retourne en la ſale veſtuë
d'vne robe de ſatin blanc decouppé ſur toille d'argent, ſes cheueux trouſ-
ſez de laz de ſoye blanche auec vn chappeau de groſſes perles pour ſuyure la liurée de ce iour. La Royne manda incõtinent les trois freres, pource que le temps de ſon delay expiroit, auſquelz venuz elle dit : qu'ilz ſçauoient l'accord fait entre eux & elle touchant le combat de trois contre
eux trois, leſquelz elle leur mõſtroit preſentement:c'eſt à ſçauoir, les cheualiers du Fenix, & du Roulleau, & la damoyſelle de Sarmate pour tierce : parquoy auiſaſſent quand bon leur ſembleroit d'entrer en camp, veu
que ſes champions eſtoient preſtz. Ilz furent esbahis de trouuer gens qui
les oſaſſent affronter, meſmemeñt de Daraïde, qui ſembla ſi belle à Barberouſſe, qu'il dit auoir plus de peur de ſa face nuë que des deux autres
cheualiers armez de toutes pieces. Voire qu'il s'eſtimeroit heureux ſi en
lieu de combatre encamp cloz à outrance, elle le voudroit receuoir plus
mollement entre les courtines, & paſſer enſemble vne capitulation de
plus douce guerre, d'amour pour mort, & de noces pour combat. Auſsi
qu'il luy ſeroit reproché à grand honte de s'eſtre adreſſé à vne tendre pucelle, ayant accouſtumé d'eſpouenter les geans de ſa ſeule contenance &
geſte. Surquoy Daraïde apres l'auoir conſideré du haut en bas, & iugé
homme que lon ne deuoit meſpriſer luy dit: Galtazar i'eſtime plus voſtre
dedans que le dehors:voſtre langue fait tort au demeurant de voſtre perſonne: ſi ie ſuis telle que vous effraye plus que les geans,tant plus acquer-
rez vous d'honneur à vaincre celle qui oſe attenter ce qu'ilz craignent à
entreprendre: & afin que ie vous conferme ceſte opinion,ie vous requiers
que la partie du conflit ſoit entre vous & moy, afin de vous faire ceſte
grace pour l'amitié que me monſtrez, de vous tirer des mains furieuſes
de mes deux compagnons,pour vous traitter des miennes que iugez tant
ſouëues & delicates. Ma damoyſelle, dit il, bien me plaiſt moyennant
que ce ſoit à condition d'eſtre voſtre mary ſi ie ſuis vaincueur. Peu ie ha-
P ii   zarde

zarde en celà (refpond elle) de m'allier d'vn fi bon cheualier : parquoy ie
le vous accorde de tout le pouoir que i'y ay : & ce dit luy iette vn de fes
manchons de crefpe doré pour gage que Galtazar receut le plus ioyeux
du monde d'auoir (ce luy fembloit) conquis defia la plus belle pucelle qui
fuft fur terre. Sur ceft accord de combatre l'endemain, chacun fe retire en
fon logis : & la Royne commande aux ducz d'Alfarce, & de Ganiez de
dreffer les barrieres du camp vis à vis de la tour de Saturne, ou elle vouloit
faire venir fa fille pour voir le combat & qu'ilz s'y trouuaffent côme iuges auec cinq cens cabacetz. Quât à Diane & fes damoyfelles elles ne pafferent la nuit qu'en prieres & oraifons pour Daraïde, qui fe leua fort matin, & alla baifer les mains à fa chere maiftreffe, s'agenouillant deuant celle qui la baifa pleurant en la face, & luy dit, qu'elle ne pouoit efperer en
elle que toute faueur des dieux, veu celles qu'ilz auoient fi largement de-
ployées fur fa perfonne. Ainfi leur plaife (refpond elle) pour voftre feruic-
ce. Alors vindrent la ducheffe & la marquife l'accoller, puis toutes les filles l'vne apres l'autre. Puis fe departit de Diane, qui en vne littiere s'en va
au palais de Saturne eftant defia la Royne aux feneftres du fien, & le peuple en la place, attendant la venuë des combatans.

Du combat des trois freres contre

Daraïde & les cheualiers du Fenix & du Roulleau.

Chapitre   LIIII.

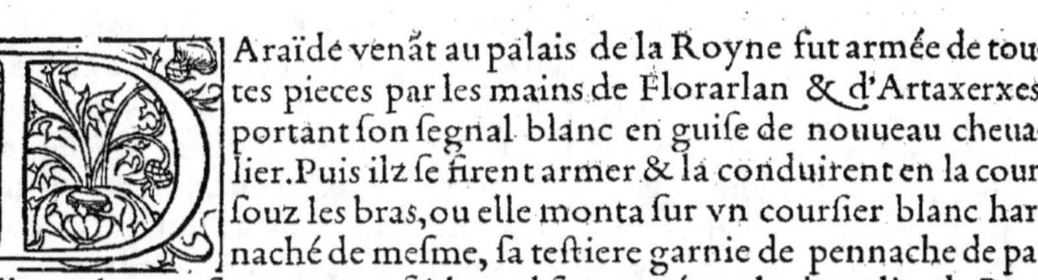

Araïde venãt au palais de la Royne fut armée de toutes pieces par les mains de Florarlan & d'Artaxerxes,
portant fon fegnal blanc en guife de nouueau cheualier. Puis ilz fe firent armer & la conduirent en la court
fouz les bras, ou elle monta fur vn courfier blanc har-
naché de mefme, fa teftiere garnie de pennache de pa-
reille couleur, & fon armet aufsi, lequel fut porté par le cheualier du Roul
leau, elle ayant la toque efpagnole fur fon chef, & fes cheueux treffez en
vne coiffe d'or. Son efcu porta le cheualier du Fenix, auquel eftoit efcrit à
l'entour. LA VRAYE VAINCVE DE DIANE, POVR ESTRE VICTO-
RIEVSE. Ces deux champions eftoient montez fur deux bons deftriers
moreaux, & armez d'armes noires, & menerent Daraïde au milieu d'eux
pour luy faire honneur, les trompettes marchans deuant entrerent au
camp, criant le peuple qui la veoyoit fi belle : voicy la creature enuoyée
du ciel pour effacer les dames en beauté & les hommes en proüeffe. Dequoy la royne Sidonie fentit grand plaifir, prenant à bon prefage la voix
de la multitude eftimée celle de Dieu. Diane & fes filles d'autre part con-

ceurent

ceurent vne grand ioye à la contempler tant bien à cheual & de telle fierté
en ses armes. Ces deux compagnons luy liurerent escu & armet: puis chacun print le sien de son escuyer. Si furent posez en vn costé du camp par
les iuges: & gueres ne tarderent à venir les trois freres, Baltazar de barberousse, Galtier, & Aurizan, qui furent parquez de l'autre costé, ayás leurs
cottes d'armes verdes, & la parure de leurs cheuaux pareille. Ilz cause-
rent vn triste silence à tout le peuple à leur arriuée, par leur braue maintien & corpulence membruë: & menoient entr'eux Baltazar pour l'op-
poser à Daraïde. Les lances tant des vns que des autres furent grosses, &
les fers luy sans & bien acerez: desquelles (apres que les iuges furent en
leurs eschaufaux, & les trompettes eurent sonné) ilz se vindrent rencontrer tous six, dont nul ne faillit d'attainte. Car Aurizan & Galtier rompirent contre Florarlan & Artaxerxes (qui n'en firent pas moins) & se
porterent tous quatre par terre, hommes & cheuaux en vn monc, si estour
diz qu'ilz n'en releuerent pas trop soudain. Galtazar adressa en lescu de
Daraïde qu'il luy faussa entre le bras & le corps sans l'offencer, paroissant
vne grand partie de la lance par derriere: qui estonna grandement ceux
qui regardoient de loing, cuidans qu'elle en eust à trauers le corps : mais
elle luy perça l'escu & s'arresta au harnois qui estoit de bône trempe, toutesfoys couchant de droit fil luy fit vuyder les arçons, & elle passe outre
sans rien varier ne chanceler en la selle : puis saute en terre legere comme
vn oyseau, & tire le tronçon hors de son escu qu'elle iette loing emmy le
camp, dequoy la Royne & sa fille eurent vne liesse incroyable. Elle embrassant son escu son espée au poing, va vers Galtazar, qui s'estoit releué
à grád despit de sa cheute. Si marche au deuant d'elle & s'entretastent des
espées si brusquement qu'ilz faisoient estinceler leurs harnois, lesquelz
pour le rebat de la lueur du soleil en estoient souuent la veuë aux regardans. Les quatre qui estoient tumbez auec leurs cheuaux, se releuent à
chef de piece, & vienent à marteller les vns sur les autres, de telle impetuosité qu'il sembloit que ce fust vne forge, & maintindrent leur estour
sans reposer plus d'vne grand' heure, tant ilz estoient tous preux & hardiz cheualiers. Toutesfoys ilz auoient fort detrenché leurs armes, & entamé leurs corps en diuers lieux : ce qui les affoiblissoit peu à peu. Mais
Daraïde (qui n'auoit encores accoustumé la saignée) s'eschauffa fort contre son ennemy par la premiere playe qu'elle sentit : lequel elle recharge
aussi freschement qu'auoit fait à l'entrée, & le paya auec si grosses vsures
que toute sa parure verde fut bien tost teinte en vermeil: & il perdit tant
de son sang qu'il auoit plus besoin de repos que de bataille. Les iuges du
camp s'esmerueillerét trop de la dexterite que Daraïde monstroit à lheu
re que tous les autres estoient las & recruz: car les deux freres & leurs ad-
uersaires s'estoient retirez à quartier pour reprendre haleine. Galtazar s'e-
stonnoit sur tous de l'agilité de sa partie, & de l'adresse tant à luy tirer les
coups, qu'à robatre & parer aux siens. Parquoy la redoutant plus que

                  geant

geant, ny autre à qui il fe fuſt onques attaché, luy dit qu'ilz deuoient faire vn peu de pauſe comme leurs compagnons, veu qu'ilz auoient encores
aſſez de temps pour acheuer leur combat. A quoy Daraïde : ie me ſens
tant mal traittée de vous qui deſirez mon amour, & le cognois auoir eu ſi
peu de force en voſtre endroit, que ie ne repoſeray iuſques à ce que vous
ayez recognu que mes mains en ont plus que ma face. Dequoy Galtazar
irrité luy reſpond qu'il luy fera entendre promptement le contraire, &
qu'il auoit voulu au parauant eſpargner ſa beauté. Si luy decharge vn ſi
peſant coup, que ſi Daraïde n'euſt ietté l'eſcu au deuant, il luy euſt pour-
fendu la teſte : car il en fit deux pieces, & l'eſtonna ſi fort qu'elle en chan-
cela vn peu. Mais reprenant ſes eſperitz elle luy en rameine vn tel qu'il en
ploya vn genouil en terre, ne luy demeurant non plus de ſon eſcu qu'à elle. C'eſtoit merueilles de voir comme apres ce coup elle redoubla ſi dru
& menu, que ſon ennemy ne ſçauoit de quel coſté tourner, tellement elle
voltigeoit à l'entour de luy, derobant ſes coups, & mettant tous les ſiens
à proffit. Pas ne faut demander qu'el aiſe en ſentoit la princeſſe Diane &
la ducheſſe Lardenie qui en trepignoit à la feneſtre & perdoit toute contenance, diſant: Ma dame, vous auez veu voſtre Daraïde bien manier le
luth & en tirer les doux accordz : maintenant vous luy voyez remuër les
doitz d'autre façon & ſonner vne treſrude note. A qui Diane dit : vous
dittes vray m'amye, mais le ſang que ie voy iſſir de ſon corps m'altere le
mien & trouble la ioye que pourrois auoir de ſon auantage. Certes (reſpond Lardenie) elle reçoit les playes, & il me ſemble que ie les ſents. O'
mõ ange que n'es-tu hors de là, pour les appareiller ſoudain afin que n'en
tombes en danger de ta perſonne? Puis diſoit: ma dame, ſans doute ſi Daraïde eſtoit cheualier la terre n'en porte vn plus digne de vous que luy.
Làs (dit la princeſſe) ie ne le doy ſouhaitter, Lardenie, pour la ſeureté du
prince Floriſel monſeigneur & pere. Ce pendant elle & Galtazar for-
geoient l'vn ſur l'autre, comme ſur vne enclume : mais la viſteſſe de Daraïde le trauailloit & ſurprenoit merueilleuſement. Dequoy trop indigné, & qu'vne damoyſelle luy duraſt tant, empoigne ſon eſpée à deux
mains, penſant la fendre iuſques aux dentz : ce que certainement il euſt
fait, ſi par ſa legere demarche elle n'euſt euité ce lourd & dãgereux coup,
lequel eſtant ainſi donné à faux & en vain, emporta l'homme par terre a-
denté & eſtendu de ſon long comme mort. Alors ſes deux freres qui n'a-
uoient encores recommencé leur meſlée, deſirans voir la fin de celle cy,
quaſi forcenez de ceſte cheute, vont recharger les deux champions de la
Royne d'vne eſtrange furie, qui ne les receurent de cueur failly. Et Daraïde approchant de Galtazar le roulle & tourne, puis luy delace le heaume pour luy donner air : ſi luy dit: Galtazar tu te voys à ma mercy qui
ne te ſera denyée pour la valeur que i'ay eſprouuée en toy : moyennant
que tu te departes des conditions du combat:& ne t'ennuye d'eſtre vaincu par moy comme damoyſelle, car du naturel de ma naiſſance ie ſuis
cheualiere

cheualiere. A quoy Galtazar: ie ne doy refuſer la grace que me voulez fai
re, & cognois tresbien à ma grand honte quelque naiſſance que puiſsiez
auoir qu'auez vraye nature cheualureuſe. Au fort, bien vous deuez contenter de l'heureux commencement de voſtre cheualerie, auquel ie vous
ſers de ſuget de gloire. Pourtant vous accorde les articles du combat, &
vous vouë mon amytié immortelle. Adonc elle le leue, & en ſigne de ceſte confederation s'embraſſent l'vn l'autre, qui dura pure & loyale ainſi
qu'il l'auoit iurée. Si deuiennent de combatans ſpectateur des quatre autres, qui ſe maintindrent longuement ſans qu'on veid au certain qui en a-
uoit le meilleur. Mais Florarlan & Artaxerxes, qui eſtoient deux des
plus vaillans & adroitz cheualiers de ce temps, vſerent de tant de tours &
ruſes d'eſcrime à leurs ennemys (qui ny alloient que de plaine force &
puiſſance) que la fortune tournoit de leur coſté, quand Galtazar l'apperceuant clerement vint vers eux les prier de l'eſcoutter vn mot: qui fut de
remonſtrer à ſes compagnons de ſuyure ſon exemple, en laiſſant l'eſtour
ou il ne voyoit plus que gaigner pour eux. A quoy ilz luy reſpondirent
ſicrement que telz exemples que le ſien n'eſtoient fort honorables à imiter, & qu'il ſe tint à ſon deshonneur & confuſion, ſans y attraire les autres.
Si renouellent vn chamaillis auſsi braue que du commencement: mais à
la fin Florarlan charpéta tant Galtier qu'il le rengea à la raiſon: dont Aurizan perdit le courage, ſe voyant ſeul à en ſouſtenir trois auant qu'obtenir la victoire: parquoy il ſe rendit, renóçant à la querelle des deux Roys:
remercians luy & ſon compagnon les deux vaincueurs, qui ne voulurent
executer leur pouoir ſur leurs vies. Incontinent par le commandement
des Iuges les trompettes ſonnerent: & les trois champions de la Royne
remonterent à cheual en grand pompe & triomphe eſtans les eſpées des
trois freres portées deuant eux: leſquelz furent menez honorablement
au palais de Mars, & traittez & ſeruiz de tout ce que meſtier leur fut. La
Royne deſcendit iuſques au bas de la court pour recueillir ſes cheualiers,
qu'elle baiſa & accolla en grand' ioye. Mais à peine furent en la ſale haute, qu'il y entre vne damoyſelle de Diane, ſuppliant la Royne ne vouloir
tenir & arreſter Daraïde, iuſques à ce qu'on euſt mis ordre à ſes playes: &
qu'il luy pleuſt enuoyer ſes cirurgiennes & medecines incontinent apres
elle: car la Royne en eſtoit garnie pour les inconueniés qui pouoient auenir à la princeſſe ou à ſes filles. Ie vous laiſſe à penſer ſi Daraïde fut mal
contente de cognoiſtre le ſoin & ſoucy que ſa dame auoit d'elle. A laquel
le la Royne donna congé, ſouzriant de l'affection de Diane, & demeura
pour entretenir & traitter Florarlan & Artaxerxes, qui s'eſtoient ſi vaillamment employez en ſon important affaire. Daraïde trouua la princeſſe à l'entrée de ſa ſale baſſe, deuant laquelle elle ſe ietta à genoux diſant:
Ma dame, vous plaiſe me donner les mains à baiſer, qui ont peu mettre
force & vigueur es miennes pour vous faire ſeruice. Diane toute troublée
de la voir ainſi en ſang, l'embraſſe & baiſe en la bouche, luy cómandát de

P iiii   s'aller

s'aller reposer pour penser de ses playes, & puis elle parleroit à elle à loisir. Adonc la duchesse & la Marquise la menent souz les bras en sa chambre, & la desarment elles mesmes, la baisant plus de cent foys par grand amour. Surquoy Daraïde dit à Lardenie en raillant qu'elle se faisoit tort de luy prester telle priuauté de faueurs en l'habit que lors elle auoit, lesquelles elle ne deüroit pour son honneur à nul prince du monde. Il n'y a remede (respond la duchesse) i'vse & vseray de telles faueurs à Daraïde qui qu'elle soit. Apres vindrent autres femmes à la despouiller & coucher en vn riche lit: & tost suruindrent les cirurgiennes qui l'appareillerent, & firent sortir toutes les damoyselles pour la laisser en repos.

Des choses estranges que Florar-
lan & Artaxerxes veirend au palais de Mars ou la Royne les fit loger.

Chapitre   LV.

LA Royne ayant (comme vous a esté descrit) gaigné la iournée contre les trois gemeaux, en partie par la vertu de Florarlan & Artaxerxes, n'oublia à les heberger au palais de Mars selon leur qualité: auquel ilz furent seruiz à souhait de tout ce que mestier leur fut par officiers & valetz tous en liurée rouge. Long temps demeurerent au lit pour la grieueté de leurs playes: mais si tost qu'ilz se purent leuer & pourmener allerent visiter les singularitez du palais qui estoit basty en façon de forteresse: & auoit la grande carriere ou ilz voyoient de leurs fenestres piquer les coursiers, cheuaux turcz, ienetz & courtaux. La dedans veirend l'armurerie garnie de corseletz & animes sans nombres, grauées & dorées exquisement, harnois à pieces doubles & simples, autres de maille, autres à la legere, salades, morions, armetz, targues albanoises, boucliers, escuz, pauois, & toutes sortes d'armes offensiues. En vne autre galerie estoient selles de guerre, selles de iouste, selle à la ienette & caramane, selles turquesques, françoyses, bardes d'acier de toutes pieces, comme chanfrains à corne, & sans corne, crinieres poitrines, flancars, cropieres de fer, bardes de cuyr, caparaçons de maille, criniere & testes de mailles, resnes couuertes de chaynes, & mordz de façons infinies. Qui estoient choses peu cogneuës en ces marches la en si grande diuersité, que Cinistides auoit recueillie de toutes nations pour rendre le lieu accomply autant es meubles qu'en l'architecture. Beaucoup de plaisir aussi leur donna la tapisserie des sales & chambres, historiée des gestes & faitz insignes de tous les grandz empires qui auoient esté, comme des Perses, Medes, Assiriens, Babiloniens, Romains, c'est à sçauoir de tousceux que comprenoit la

noit la vision de la statue de Nabuchodonozor . Mais en vne grand sale
ou estoient plusieurs diuers engins de batterie & machines de guerre leu-
rent es verrieres vne histoire profetique d'vn empire auenir qui desseroit
& ruyneroit tous les autres comme la pierre tombant de la montagne exposée par Daniel: & estoit chantée en vers Latins par vne nymphe Chlo-
ris en vn boys assez pres d'vne ville de grandeur admirable es parties de
l'Europe Occidentale . Ceste nymphe estant sur la cime d'vn roc dedans
la forest (laquelle ha à son orée vn chasteau de plaisance nommé de fon-
tainebelleau) se tormentoit & escumoit par esperit fatidic, au plus beau
iour de l'esté la tempeste se leuc en ce boys, puis se rassied & aquoise soudain, signifiant l'arriué de quelque deité: lors commence à chanter vn re-
frain sonnent en françoys.

Tordez, tordez ó parques infernales.
Fatalement voz fusés finales.

Adonc descrit les enormitez & crimes detestables dont toute la terre
estoit pollue, les infidelitez, vsurpations & cruautez de guerre dont l'Europe principalement ardoit en feu impiteux & baignoit tout en sang.
Puis estoit peinte vne harpie d'hesperie qui voloit par tout & ne laissoit
rien exempt de sa proye, d'autrepart vn coq royal combatant vn serpent
en Insubrie, & trois lyepars insulaires en autre costé fuyans deuant luy a
cause de la proprieté qu'a cest oyseau de la vertu solaire par dessus le lyó.
Apres demeuroit le combat à demesler entre le coq royal à la grand cre-
ste & le cheual turc, & par vn fusil s'allumoit vn flambeau pour brusler
l'Europe que cest oyseau féé soufloit & estaignoit du vent de ses ælles.
Qui en fin victorieux repose en vn delicieux iardin entre les fleurs de lis
celestes: & l'aage doré regne par l'vniuers . Les deux cheualiers s'arreste-
rent longuement à considerer ceste peinture qu'ilz ne purent entendre: ce
qu'ilz desiroient ardemment pour sçauoir à quelle gent ceste grande mo-
narchie à triple coronne estoit reseruée . Et dirent bien que cest edifice de
Guindaye estoit sans controuerse la souueraine merueille du monde.

Des deuis de Diane auec Daraïde

estant au lit naürée & d'vne Damoyselle qui vint en cour
requerir vn don à la Royne.

Chapitre   LVI.

Pres

PRes d'vn moys demeura au lit Daraïde auant que pour
uoir estre bien guerie de ses playes : & Florarlan & les
quatre autres plus d'vn & demy, si viuement s'estoient
entretastez en ce combat, ioint la longueur d'iceluy
qui grandement les debilita par la perte de leur sang.
La Royne les visita tressoigneusement & riglement,
& Daraïde sur tous qui gueres n'estoit sans la compagnie d'elle ou de
Diane: à qui ce long seiour oysif engregera beaucoup sa passion: considerant
à par elle comme elle n'auoit auancé le succez de ses amours d'vn
seul point plus qu'au commencement, & que c'estoit bien pour brusler à
petit feu, & mourir en fin d'vne mort obscure sans qu'on cogneust le nom
& merite de si vray & loyal amant. Il entroit en ses plaintes douloureuses
si tost qu'il perdoit la presence de sa dame: & elle l'y surprint vne foys iusques
à auoir baigné l'oreiller de ses l'armes, dequoy elle fort esmuë luy
demanda s'il sentoit si grieue douleur de ses naürures. Ouy ma dame, respond
il, iusques à approcher du pas de la mort, laquelle me voyát si pres,
me le ferme pour me laisser languir & souffrir plus longuement: mais ce
ne sont pas les blessures que i'ay receuës en mon corps de l'espée de Barberousse
: ce sont les traitz des fleches empennées de vostre beauté diuine
que sans cesse decochez au profond de mon cueur, qui plus ne pourra sou
stenir ce martire s'il ne luy vient quelque remede & confort. Diane ne
pouoit penser le sens misterial de ce propos, ne iuger ceste affection desmesurée
autrement que folie ou rage d'vne fille à autre : toutesfoys en auoit
grande compassion, se cognoissant en estre la cause, & en luy maniát
la main, & luy essuyant les larmes de son mouchoir, l'arraisonnoit qu'elle
le raison pouoit auoir d'ainsi lamenter, veu l'amytié reciproque qu'elle
voyoit & cognoissoit certainement, veu la compagnie ordinaire qu'elle
le luy faisoit, qui luy sembloit estre le comble du desir d'vne femme amoureuse
de l'autre. A quoy Daraïde: ma dame ce que me proposez pour
soulas, m'est renfort de mes maux & vn continuël attisement de mon feu
que vostre veuë ne laisse aucunement refroidir ny amortir. Làs estimez
vous que le sage Ciniftides (par l'ordonnance duquel vous estes icy enclose)
estimez vous bien qu'il l'ait conseillé à la Royne pour autre raison
que de la cónoissance qu'il auoit de la puissance de vostre beauté, qui eust
mis tout le monde en passion & tourmét? Ie dy pour ceux qui seulement
vous eussent veuë. Mais moy que (de vostre grace) vous regardez souuent
& qui reçoy de si pres les rayons & esclatz de vostre splendeur, qu'estimez
vous que ie sente moins que de l'œil du basilic ? moins que d'vn esclair
celeste qui offusque aucunesfoys les yeux mortelz ? Est il, à vostre auis,
vn plus grand ensorcellement & aueuglemét de veuë que par l'œil ou
amour semble iouër & volleter en personne qui delà lance des dardz ardens
à ceux qui trop ouurent les leurs pour les receuoir: suyuant l'opinion
des philosophes qui diét que l'acte de voir se fait par iet de rays, lesquelz
entrent

entrent aifément en matiere à eux femblable, & fe meflent parmy ceux
d'vn autre œil qu'ilz infectent & corrompent du venin qu'ilz peuuent a-
uoir commele tefmoignent les tachcs des miroërs desfemmes en certaine
faifon du moys: & les fafcinations dont les bergers magiciens gaftent les
tendres aigneletz. Diane eftoit esbahie de la fubtilité des propos de fa
Daraïde, & ne s'ennuyoit gueres en cefte efcole. Si luy refpondit (pendant qu'elle luy tenoit les mains contre fa bouche, les baifant & rebaifant
fans ceffe) mais ma mignonne que voulez vous dire ? que voulez vous de
moy pour voftre contentement ? vous ay-ie tenu quelque rudeffe ? auez
vous onques apperceu aucun refroidiffemét de mon amour en voftre endroit ? Que puis-ie faire d'auantage pour affouuir voftre defir ? penfez le,
dittes le hardiment : vous affeurant de tout le pouoir de la Royne & du
mié en ce que voudrez fouhaitter. Pource ie vous prie de ne pleurer ainfi,
me donnant occafion de mutuelle trifteffe. Làs ma déeffe(refpondDaraï-
de) les pleurs que voyez font eaux diftillées des fleurs de voz graces eftás
en ma poitrine, & montans à mes yeux, comme par vn alembic, quand
le feu de voftre amour les chaffe en haut. Mon ame (dit la princeffe, en la
baifant doucement)ie me tiens plus fiere de l'amitié tant honefte que me
portez, & plus fatisfaitte de la liqueur & odeur des fleurs que ie voy diftil
ler, que le roy Amadis ne fut onques au palais d'Apolidon, ou il fut fi
fouëuement embafiné, paffant fouz l'arc des loyaux amans : lequel vous
me reprefentez par celuy duquel vous plaignez de receuoir tant de trait
de mes yeux. Parquoy tenez vous ioyeufe, & me declairez entierement
voftre defir, afin que ie le puiffe contenter. A l'heure Daraïde perdit la
force de plus luy tenir la main, & ietta vn foufpir cóme fi là compaction
de tous fes nerfz fe deuft rompre, & à coup luy faillit la parolle,& la couleur fuit hors du vifage. Dequoy Diane fut fi effrayée qu'elle fortit pour
apeller Lardenie qui y accourut, & à quelque peine reftaura les fens ega-
rez de Daraïde. Puis pria la princeffe en recompenfe des feruices de la pa-
tiente, de vouloir prendre le luth pour la refiouïr, pour effayer à trouuer quelque armonie qui peuft guerir fes maladies, comme fut celle de
Saül par Dauid l'Hebrieu, & en vne contrée, ceux qui font piquez des
ferpens nommez Tarantes. A' à (dit lors Daraïde) ie n'eftime point de
mufique qui tant puiffe recréer l'ame amoureufe que la gracieufe parolle
de la perfonne qu'il ayme. Lardenie eftonnée de cefte eftrange forme de
pafsion, dit à Diane: Mais ma dame, fi Daraïde eftoit aufsi bien cheualier qu'il eft damoyfelle, en bonne foy quelle pitié auriez vous de fa langueur. Telle, refpond, que fon eftat & valeur meriteroit, pour luy donner ma foy en amitié & conionction de mariage,en le receuát pour mien
& me liurant toute fienne. O' ma dame (s'efcrie Daraïde) mes oreilles
ont efté fi heureufes de recueillir le fon de cefte melodieufe parolle. Ma
dame me voudriez vous promettre de ne prendre iamais mary s'il ne me
paffe en difpofitió naturelle, & en armes & en amour enuers vous.Com-
ment

ment (respond Diane, auec vn gracieux souzris) vous ne me pourriez
mieux vouër nonne en chasteté perpetuelle que de me conditionner vn
mary de vertuz & qualitez impossibles puis qu'elles auoient à surmonter
les vostres. Mais il me semble que les articles de mes noces battisez par ma
mere vous en doiuent assez asseurer, quand mon espoux ha si forte partie
que Florisel de Niquée à combatre. Ie remercie les dieux, dit Daraïde,
de m'auoir donné tel champion pour defendre ma vie quãd & la sienne.
Car si ie sentois autre que moy auoir accez à vostre bonne grace, ie ne
pourrois iamais viure vne seule heure. Telz propos continuërent souuent
durant la guerison de Daraïde, laquelle reduitte en pleine conualescence
eut congé de Diane d'aller visiter Florarlan & Artaxerxes, qui furent
fort aises de la voir, la vertu suppleant en eux la faute de leur cognoissance, estans tous trois cousins. Apres elle eut congé de la Royne d'aller voir
Galtazar & ses freres, le duc d'Alfarce luy faisant compagnie & la menant
de bride. Les louanges du peuple estoient admirables par ou elle passoit,
disant, les dieux sauuent & gardent celle qu'ilz ont enuoyée icy de leur
trouppe: dequoy elle sentoit grand ioye, que neantmoins dissimuloit deuisant auecques le duc. Arriuez au logis des trois freres, elle visita Barberousse premier, puis les deux autres qui receurent grand plaisir de sa venuë, principalement Galtazar(qui en estoit amoureux, suyuant l'opinion
qu'il auoit de son sexe) lequel luy dit entre autres propos qu'elle pouoit
à bon droit comme Alexandre le grand : ne conter pas les iours ains les
victoires, d'autant qu'il luy affermoit auoir vaincu cinquante cheualiers
de nom, & douze geans, lesquelz elle auoit tous deffaitz en le vainquant.
Dont à bonne raison le disoit ce sage prince considerant le merite des gestes plus que le nombre. Aussi l'honneur que i'ay conquis en si long e-
space de temps, vous l'auez acquis de moy en vne heure. Mais ie pense en
perdant y auoir trop plus gaigné que vous, y faisant conqueste de vostre
amour. Daraïde luy respondit fort gracieusement, le laissant trescontent
de sa bonne grace: puis alla visiter ses deux freres, qui en receurent grand
plaisir. Or estant retournée de là vers sa Diane(à qui elle rendit conte de
tout) arriua en la sale de la Royne sur la fin du soupper, vne damoyselle
portant le deuil accompagnée de deux anciens cheualiers armez fors la
teste & les mains : laquelle se vint mettre à genoux deuant la Royne, disant: Ma dame la renommée de vostre courtoisie & debonnaireté m'à in-
duitte à prendre adresse vers vostre grandeur, pour vous supplier m'ottroyer vn don en allegeance de ma destresse. La bonne princesse qui en
eut compassion, & qui la iugea de façon meritant confort & ayde, luy accorda. Lors la damoyselle la remercie treshumblement, luy declairant
que le don par elle requis estoit que l'endemein matin Daraïde partiroit
auec elle pour la secourir en vn sien affaire d'importance, de laquelle elle
auoit ouy faire merueilleuse estime, venant à sa cour pour luy demander
quelque vaillant cheualier. La Royne entendant la substance de ceste

requeste

requeſte, fut grandement troublée, & ſe repentoit aſſez d'auoir ainſi promis en general ſans ſçauoir quoy: remonſtroit à la damoyſelle qu'elle ne
pouoit faire plus grand tort à elle & à ſa fille que de les priuer de la compagnie qu'elles auoient plus chere & agreable : ioint que pour ſon affaire elle luy pouoit fournir de tresbons cheualiers de ſa cour. Mais la ſup-
pliante ne la voulut quitter de ſa promeſſe, ains la pria de rechef affectueuſement de vouloir commander à Daraïde de ſe tenir preſte pour l'endemain, afin de la luy rendre d'autant pluſtoſt, qu'elle feroit diligence de
partir. Parquoy la Royne ſe leue triſte & penſiue ſans mot luy reſpondre
& s'en va au logis de Diane qu'elle trouue ſonnant auecques ſa Daraïde.
Gueres ny fut ſans que ſa fille s'apperceuſt de ſon ennuy, duquel luy demanda l'occaſion. Laquelle ayant entendue, en fut ſaiſie au cueur extremement : & cuidoit perſuader à ſa mere qu'elle ſe pouoit honneſtement
excuſer de la promeſſe qu'elle auoit faitte à la damoyſelle, d'autant que
Daraïde n'y pouoit eſtre compriſe, comme eſtant à ſa fille, nõ à elle: mais
Daraïde qui vint la deſſus à conſiderer qu'il luy eſtoit neceſſaire de ſe departir de ſa Diane quelque temps pour publier ſa vertu (qui demeuroit là
cachée & enſeuelie en tenebres) & pour mettre ſon ſexe viril en lumiere,
lequel luy donneroit apres la hardieſſe de deſcouurir ſon cueur à ſa chere
maiſtreſſe, eſtant ſon nom cogneu, & le haut lieu de ſa naiſſance : pource
dit à Diane que la Royne ne deuoit en rien deſmentir ſa parolle, ne pretendre couleur ne couuerture, que les gens ne iugeroient raiſonnable: que
c'eſtoit elle meſme qui y ſentoit perdre le plus & le diſoit contre ſon deſir pour la raiſon: que l'enuie qu'elle auoit de ſon brief retour la feroit eſuertuer outre meſure, pour accourcir le temps de ſon abſence. Eſtant ceſte departie accordée, la Royne ſe retire en ſon palais & aſſeure la damoyſelle de ſa requeſte, qui s'alla repoſer attendant le matin. Làs Daraïde n'en fit pas ainſi: ains apres que Diane fut couchée deſcend ſecrettement au plus eſpois du iardin, cuydant y faire ſes adieux aux arbres & à
la fonteine : mais Lardenie qui auoit plus grand regret à ſon partement
que nulle autre, l'eſpie & la ſuit pour l'eſcouter vn peu & la ſurprendre.
Ou ſuis-ie reduitte (diſoit Daraïde) d'auoir tant pené & diſſimulé, ſans
donner telle cognoiſſance de moy que i'en puiſſe rapporter aucun guerdon de mon amoureux ſeruice ? Làs ſi en l'entrepriſe (qui m'eſt demain
preparée) il auient que ie meure (comme les yſſues de Mars ſont douteuſes & variables) de quelles larmes & trophées ſera decoré mon ſepulchre?
Que regrettera Diane? pour tout ſa douce meneſtriere, & vne femme au
plus qui auoit quelque humeur de folie de l'aymer paſſionnément, ſans
effect voire ny eſperance. Ce propos fit douter à Lardenie (ioint la preuue
de ſa prouëſſe non feminine) que Daraïde eſtoit homme. Parquoy pour
eſſayer ſi à la faueur des tenebres & commodité du lieu ſi ſecret, elle en
pourroit d'auenture cueillir le premier fruit du demaſquer, s'approche
d'elle, diſant : A à Daraïde eſt-ce le ſalaire de l'amour ſi vehement qu'a-

Q   uez peu

uez peu cognoistre de moy, de vous retirer ainsi, & deffier de moy, au lieu de me rechercher pour donner les piteux adieux ? Asseurez-vous de moy que n'aurez iamais plus loyalle amante, quoy que plus grande la rencontriez : & que ne pouuez auoir secret de si grosse consequence que ne deuiez hardiment respandre & vomir en mon sein. Sur ce propos la baise & accolle, luy arrosant la face de ses chaudes larmes, tellement que l'amour de Diane fut en hazard de receuoir playe veu la ieunesse & beauté de la duchesse, & l'affection violente qui forceroit vn cueur d'acier à recognoissance mutuëlle. Mais l'idée de la diuine perfection de Diane se representant alors en son ame, fit disparoir & euanouïr ceste passion comme vne nue ou fumée. Ie ne dy pas que s'essayans l'vne aupres de l'autre, quand Daraïde vint à luy descouurir la verité de son estre & estat, qu'il n'y eust quelque tour de plaisir & priuauté non accoustumée, toutesfoys la borne ny fut passée. Si se retirerent en leurs chambres, Daraïde la priant de ne vouloir rien faire entendre à Diane de son pere le prince Falanges d'Astre & d'Alastraxerée sa mere, ne comme il estoit deuenu amoureux d'elle à Athenes, dont il se deguisa en ceste sorte pour iouïr de sa veuë: sinon au cas qu'elles receussent nouuelles de sa mort, auant qu'il eust eu le moyen de se faire cognoistre luy mesmes. Lardenie le tenant en sa chambre en se desabillant le cuida encores solliciter, remonstrant la cruauté & ingratitude qu'il auoit si long temps couuée contre son amytié si ardente & non feinte: neantmoins il ne passa outre quelques baisers friands & attouchemens voluptueux, au grand desplaisir de la duchesse : à laquelle il iura de faire tant qu'il recompenseroit ceste feruente amour par moyen dont elle se pourroit contenter, cóme il accomplit par effect. L'endemain auant que le soleil fust leué, Daraïde va en la chambre de Diane encores couchée, & se iettant à genoux pres de son lit luy baise les mains pour prendre congé: elle se souzleue & la baise au visage amoureusement, luy enchargeant expressémét de diligenter son retour sur l'amour qu'elle luy porte. A qui Daraïde: ma dame ie ne sçay comme voulez commander de reuenir à celle qui ne part point : car il n'y a que le corps qui s'en aille, & l'ame vous demeure, que ie vous supplie de bien traitter comme elle merite pour estre vostre. Ainsi se separe d'elle toute transie de douleur, & va baiser & accoller la duchesse & la marquise, puis toutes les autres filles qui n'y auoient moindre regret que si on leur eust rauye leur propre seur: tant elles auoient de plaisir en la douce & affable compagnie de Daraïde maudissant bien la damoyselle qui leur causoit ce grief ennuy. Ce fait, armée de toutes pieces alla trouuer la royne en son palais : en la cour duquel estoit desia l'estrangere auec ses deux cheualiers, attendant sa venuë en grand deuotion. Or print elle congé de la Royne, non sans pleurs reciproques, & monta à cheual, ayant (par le recit de la damoyselle) à cheminer vingt lieuës de terre auant que s'embarquer en mer. Ie n'oubliray à vous dire que les damoyselles qui luy auoient veu sans armes defai-

re les

re les cheualiers en vn boscage, & depuis oyant de ses merueilles en la cour de Guindaye y estoient venuës, & furent receuës par la Royne en faueur d'elle. Ces deux supplierent la Royne d'auoir congé d'accompagner Daraïde, & luy porterent ses accoustremens & son luth. Si s'en alla la gentile Daraïde, apres auoir pareillement pris congé des chevaliers du Fenix & du Rouleau, puis de Galtazar & de ses freres: lequel luy afferma auoir grand regret de ne se sentir en estat de luy pouoir faire compagnie: l'asseurant que si tost qu'il le pourroit faire il iroit en sa queste. Dequoy elle le remercia, luy disant qu'elle l'auroit fort agreable. Ainsi part, tournant souuent la teste vers la tour de Diane, ou elle laissoit son cueur en hostage, iusques à ce qu'elle la perdit de veuë. Tant vous dy que le long du chemin elle auoit la langue si serrée d'angoisse qu'elle ne parla vn seul mot à personne. iusques à tant qu'elle paruint au port: ou nous la laisserós quelque temps, pour reuenir à sa compagne Garaye.

Comme nauigant la royne Cleo-

fille & Garaye, rencontrerent en mer vn corsaire nommé Grandan le bossu, qui leur liura vn perilleux assaut.

Chapitre LVII.

N grande peine & gloire entremesslée alloit Garaye auecques la royne Cleofile non moins vaincuë de beauté qu'elle auoit laissé Daraïde de celle de Diane. Cleofile de son costé prenoit grand plaisir en sa compagnie, & passoient le temps ensemble à sonner & chanter: ne perdant Garaye l'occasion de faire cognoi-

Q ii   stre sa

ftre fa paſsion es rymes de fa muſique. Or finglant vn matin en haute
mer virent approcher quatre naux armées en guerre que les mariniers re-
cogneurent de loin eſtre à vn braue & fier corſaire nommé Grandan le
boſſu, à cauſe d'vne excreſſence de chair qu'il auoit ſur le doz en façon de
chameau: lequel ſi toſt qu'il euſt decouuert le vaiſſeau de la Royne, adreſſa à luy, & monté ſur le chaſtelet du ſien, eſcrie qu'ilz ayent à ſe rendre.
La Royne ſe met au plus hault du ſien pour encourager ſes gens qui ſe mi
rent en quelque appareil pour receuoir l'ennemy, plus par honte que par
hardieſſe ne volunté bien deliberée de combatre, redoutans trop la force de ceſt eſcumeur, au rapport que les pilotes en faiſoient. Neãtmoins firent ilz teſte es trois nauz de la Royne: es deux deſquelles eſtoient deux
capitaines preud'hommes, & en la ſienne vn vieil Conte ſon vaſſal. Elle
tenoit Garaye par la main, qui deſiroit fort en ſon cueur de ſe voir en autre habit que de femme pour luy ſeruir en ce peril. A qui dit Cleoſile: ma
mignonne ie voy d'vn conflit l'appareil le plus dangereux qui peut eſtre:
Ie te prie & commãde ſi tu voys que la fortune nous ſoit contraire de me
trancher incontinent la teſte, à fin que ie ne tumbe es mains de telz brigandz qui ſouilleroient mon honneur que i'ay trop plus cher que la vie:
ainſi ie ſuyuray l'exemple de ma loyalle Silerſie, & l'iray trouuer la part
ou elle eſt allée deuãt preparer mon logis. A ce Garaye ne reſpondit rien,
voyant que les nauz s'affrontoient, & venoient au trait qui voloit dru &
eſpais comme nege. Puis Grandan qui auoit choyſi celle de la Royne la
cognoiſſant pour principale apres les fleſches, commanda aux ſiens d'approcher & ietter les mains & croz de fer pour s'attacher de pres: ce que
firent tous ſes vaiſſeaux. Lors euſsiez veu dur combat, les vns s'efforçans
d'entrer, les autres à les repouſſer, qui dura longuement. Mais à la fin le
meſchef tournoit ſur ceux de la Royne, quelque reſiſtence que fiſſent ſes
capitaines & ſouldatz, eſtans les autres en plus grand nombre & mieux
aguerris à ce meſtier. Sur toutes eſtoit la nef de Cleoſile en grand danger,
ayant à ſouſtenir l'effort de Grandan meſme qui en abatoit autant qu'il
s'en preſentoit deuant luy. Parquoy Garaye en tire vn des mortz au bas
du nauire, & le fait deſarmer legerement par les damoyſelles, puis s'en re-
ueſt ſoudain auec leur ayde (eſtant lors de l'aage de dixſept ans) ſi monte
l'eſpée au poing & l'eſcu en l'autre, toute esbahie de rencontrer trois cheualiers deſcendans au contraire: à qui elle reproche leur couardie daman
dant qui les chaſſoit ainſi honteuſement: qui luy dirent que tout eſtoit
perdu au moyen que Grãdan le boſſu eſtoit deſia entré en la nau qui mettoit tout à ſang, cõme il eſtoit vray. Adõc s'eſtoit la Royne retirée au cha
ſteau de prouë auec quelques cheualiers qui ſouſtenoient Grandan tellement quellement, ayant eſtendu ſur le pont le bon conte Rodan toute-
ſtourdy. Or dit Garaye à l'vn des cheualiers fuyans) ça donne moy l'ordre de cheualerie puis que tu le veux abandonner, & que ne le puis receuoir de qui bien ie voudrois: ce que l'autre fit à l'inſtant, & elle monte
ſur le

fur le tillac encourageant les fuyarts à la fuyure . Si s'en va charger le doz
des Grandannois qui point ne fe doutoient de telle embufche, & en furent grandement efpouentez . Car Garaye commença à y faire vn horrible aprentiffage d'armes, elle fiert à dextre & feneftre, taillant braz &
iambes : tellement que Grandan fut contraint oyant le bruit de tourner
vifage celle part, ou il auife Garaye faifant merueilles fur fa mefgnie.
Pource s'adreffe à elle qui ne cherchoit autre que luy, fçachât que le point
de la victoire ne confiftoit qu'en luy feul . Si luy entoife Grandan vn pe-
fant coup qu'elle reçoit fur fon efcu, ou il enfonça iufques à la moytié:
& elle auant qu'il en peuft retirer fon glaiue, luy donne fur le bras qu'elle
luy couppe iufques au coude, & tumbe à terre l'aiffant l'efpée pendue à
l'efcu. Lors fe voyant ainfi manchot, môftre les efpaules penfant gaigner
fa nef : mais Garaye trop contente de ce bon commencement, le voulut
coronner de pareille fin, & fuyuant Grandan luy tire tel coup fur fa boffe
quelle luy entre fort auant dedans l'efpaule, & le couche mort à fes piedz.
A l'heure tous fes foldatz efperduz fuyent vers leur vaiffeau, & Garaye
en fait vn cruel carnage, moyennant le fecours qui luy vint de renfort des
gens que la Royne anima de fuyure, outre la volunté qu'ilz en prenoient
de fon exemple. Parquoy vfans de leur fortune, non feulement chaffe-
rent leurs ennemys hors de leur nau, ains entrerét en leurs vaiffeaux pefle
mefle quand & eux, les mettans tous à l'efpée, ou les iettans en leau . Puis
tranfporterent tous les meubles precieux dedans les nauires de la Royne:
à laquelle Garaye fe vint prefenter l'armet hors de la tefte, dont elle fut
trop efmerueillée, ne l'ayant cognuë durant le conflit . Si la reçoit les bras
ouuerts en la plus grand' ioye du monde, difant : A à ma chere Garaye, à
la bonne heure les dieux me donnerét cognoiffance de vous, ayant mon
honneur & ma vie à eftre fauuez par voftre main . Et qu'elle fatisfaction
vous pourray-ie iamais faire de tel bien? A quoy Garaye : Ma dame elle
eft toute faitte me tenant en la meilleure part de voftre bône grace. Alors
la Royne apperceut fes armes toutes teintes en fang, dont elle luy dit : làs
m'amye faittes vous foudain defarmer qu'on appareille voz playes, comme ie voy que voftre harnois en porte tefmoignage par l'efmail de voftre glorieux fang. Adonc Garaye : Ma dame vous auez raifon de penfer
que ie fois naürée, veu que voftre beauté mefme m'a donné le coup mortel, mais la bleffure n'eft pas fi heureufe d'en efpandre fignes exterieurs,
lefquelz vous inciteroient à pluftoft confentir ma guerifon : aufsi eftoit il
vray qu'elle n'auoit autre playe fur fon corps & le fang eftoit de celuy
mefme de qui elle auoit pris les armes. La Royne fut fort contente de fa
refponce, luy difant qu'elle fe refiouïffoit de fon tourment qui l'affeuroit
de ne la perdre point. De celà ne deuez douter, dit Garaye : apres com-
mâda qu'on iettaft tous les mortz en mer, & qu'on defferraft les nauz de
Grandan, puis fit mettre le feu dedans. Cefte fortune augmenta tellemét
l'affection de Cleofile enuers Garaye, qu'elle ne fçauoit quelle chere &
Q iii   bon

bon traittement luy faire : dont Garaye conceut la hardiesse de luy vouloir descouurir son estat, sans luy dissimuler plus longuement ayant excuse de passé sur Daraïde, à qui elle eust fait tort en se declairant plustost.
Sur laquelle pensée laissa couler quelques iours, passant le temps ioyeu-
sement auecques la Royne, au tablier ou aux cartes.

Comme Garaye decouurit à la

royne Cleofile qu'elle estoit homme, & du debat qui fut entre eux sur ce propos.

Chapitre   LVIII.

Insi auint qu'vn soir (qui estoit fort serein) apres que la
Royne & Garaye eurent acheué leur ieu, & le soleil
sa iournée : lors que les nuës d'occident coulouroient
les ondes par le rebat de leur vermeille lueur : elles se
tirerent seules en poupe, là ou Garaye print occasion
de luy declairer entierement son estre (sans plus diffe-
rer) en telles parolles. Ma dame, la douleur que ie souffre par l'effort de
vostre beauté est si vehemente qu'elle me consumeroit interieurement, si
ie ne luy faisois ouuerture pour l'exhaler. Et afin que ie ne vous laisse plus
longuement en erreur de moy & de mon estat, i'ay icy à vous confesser
que ie ne suis pas fille comme mon acoustremét demonstre, ains suis Arlanges prince d'Espaigne voué & destiné à vostre perpetuel seruice. Ce
que ne vous ay peu faire plustost entendre à l'occasion de Daraïde mon
compagnon qui est deguisé pres de Diane en pareille façon, nous deux
ayans fait ceste entreprise pour l'amour d'elle. En quoy ie vous supplie (au cas que mon amour ne vous fust agreable) de ne vouloir pourtát
diuulguer ce fait, au preiudice de la foy que luy ay iurée. Ce que toutesfoys ie n'espere de vous, veu le bon accueil dont m'auez tousiours vsé, duquel le merite n'est point amoindry par la vraye cognoissance de mon sexe, lequel me donne trop plus de moyen de m'employer pour vous &
d'exploitter voz commandemens. Cleofile qui l'aymoit de vraye amour
sentit vne estrange alteration en son esperit de ce propos inopiné, qui la
tint vn espace sans parler. Puis discourant en elle mesme la beauté de dom
Arlanges, sa vaillance n'agueres esprouuée, son amitié sincere, le lieu dont
il estoit issu, estima qu'il n'estoit pas à refuser. Encores luy vint à souue-
nir de ce que le ieune Rosaran luy auoit dit souz l'ymage du roy Amadis
luy permettant de se marier. Ce qui sembloit estre fait par mistere, s'offrant tel party qui attouchoit à son sang : si luy respondit : Dom Arlanges i'ay occasion de me plaindre de vous, de vous estre occultement rengé a-

gé auecques moy, vous eſtant homme, & moy femme de telle eſtoffe.
Vous pouez penſer quelle tache peut mettre ce tour en mon hóneur, par
les opiniós & ſoupeçons voluntiers plus enclins à la mauuaiſe part. Mais
entendu le conte de voſtre menée auecques Daraïde, ie ne voudrois exempter de la ſubiection d'amour ſi ie n'allouois ceſte excuſe. Au fort
puis que le cas eſt ia ainſi paſſé, reſte au ſortir au plus honeſte moyen
qu'il ſera poſſible. C'eſt que vous me declairiez voſtre eſtre en preſence
de mes gens, comme ſi i'en fuſſe encores ignorante, alleguant qu'auriez
pris ce deguiſement pour accompagner Daraïde. Ce qui ne ſera en danger d'eſtre deſcouuert à ſon deſauantage, veu la diſtance des lieux & la
defence que i'en feray apres à toute ceſte trouppe. Alors pourrez neantmoins conuerſer auecques moy, gardant le point d'honneur que ſçauez
eſtre deu à ma grandeur, vous aſſeurant que ie trouue voz conditiós tant
aymables que ſi mon deſtin me tiroit au lien de mariage, à peine ſe de-
ſtourneroit mon ame en affection d'autre quelconque. Vous auez à ymaginer quel aiſe receut dom Arlanges de ceſte gracieuſe reſponce. Auſſi ne
laiſſa il paſſer l'endemain ſans faire ceſte declairation deuát tous ceux des
nauz: luy requerant pardon de ſa longue diſſimulation: lequel elle luy
ottroya ſans grande difficulté:& ainſi l'accepta en ſon ſeruice,comme celuy qui luy en auoit deſia fait, & eſtoit pour luy en faire encores. Diſant
d'auantage (ſans declairer ſon origine) que quand aux biens de fortune
s'il n'en eſtoit gueres pourueu, elle luy en donneroit des ſiens largement.
Adonc Arlanges luy baiſe les mains,& par telle ruſe demeure ſon cheualier domeſtique: receuant touſiours d'elle gracieux traittement, iuſques
à tant qu'ilz arriuerent es païs de la Royne: auquel elle fut receuë à grand
lieſſe par ſes vaſſaux, non ſans grand contentement d'Arlanges,qui ſembloit participer à ſon bien,viuant en eſperance de conquerir tellement ſa
bonne grace, qu'il ſeroit vn iour ſon eſpoux. Parquoy ne ceſſoit de dreſſer iouſtes & tournois pour luy faire de plus en plus cognoiſtre ſa valeur,
iuſques à ce que fortune le ſepara d'elle quelque temps,comme il vous ſera cy apres raconté.

Comme allant Daraïde auec la

damoyſelle Galdazire deſcendirent pres d'vne fonteine ou ſur-
uint vn chenalier qui leur ioua vne trouſſe.

Chapitre   LIX.

Q iiii   Dont

Eux iours apres que Daraïde partit de Guindaye & sa compagnie, vn matin qu'ilz sentirent l'ardeur du soleil trop violente, mirét pied à terre en vn lieu fraiz & ombrageux pres d'vn canal d'eau viue, & repurent des viandes qu'ilz auoient portées. Vray est que ce ne fut pas en tróp grand liesse, au moyen que Daraïde ne se pouoit resiouïr, eslongnée de ce que plus elle aymoit au monde : & Galtazire songeoit creux en son affaire. Mais les deux damoyselles Galinde & Sirende escuyers de Daraïde voulans diuertir les fantasies de leur maistresse, luy presenterent le luth, la priant de leur sonner vn bal. Ce qu'elle fit par sa courtoysie naïue, & elles se mirent à sauter & volter sur l'herbe de fort gente grace : dont les deux anciens Cheualiers eurent grand plaisir, qui Barbaran & Moncan estoient nommiez. Et apres auoir demené cest esbat vne demie heure, ilz estoient prestz à monter à cheual pour continuër leur chemin, quand voicy arriuer vn cheualier armé sur vne pauure aridelle & vn laquais à pied quád & luy, qui les saluë disant:qu'il auoit trouué là beaucoup plus de ioye qu'il n'en portoit. A quoy luy respondit Galinde qu'il en pouoit prendre sa part auecques elles s'il vouloit descendre pour refraischir son cheual qui sembloit en auoir besoin. A à (dit il)i'aurois plus grand mestier de la cópagnie de ces honorables vieillardz que de la vostre s'il leur plaisoit m'en faire la grace. Daraïde qui l'estima à son port quelque honneste cheualier, ne faillit à luy offrir incontinent sa personne, laquelle il refusa, pretendant auoir plus affaire de conseil que de force, pour vn differend entre vne damoyselle & luy,touchát sa fille qu'il auoit fiancée & s'entr'aymoient parfaittement, toutesfoys la mere ne vouloit consentir la consommation du mariage. Vrayement en ceste cause d'amour vous ayderois-ie voluntiers (dit Daraïde) si i'y auois quelque puissance : vous m'y pouez faire vn bon tour d'amy, respond l'autre) si me voulez prester vostre cheual, à cause que le mien est laz, & n'y a que demy lieuë d'icy à son m'anoir : & tant mieux ie seray monté, plustost vous rameneray ces bons seigneurs s'il leur plaist me faire ce bien d'y venir. A celà ne tienne (dit Daraïde) puis que c'est si pres : l'autre la prend tresbien au mot, & monte incontinent sur son bon cheual, & les deux vieillardz le suyuent pour l'aller appointer auec la belle mere. Or gueres n'eurét cheuauché qu'il les fourre dedans vne forest, ou il leur cóte en allant qu'il y auoit vne fonteine de merueilleuse proprieté(mais cogneuë à peu de gens du païs)c'est à sçauoir qui noircissoit le poil de ceux qui en beuuoient & en lauoient leurs barbes & cheueux.Certainement il y a de grandes vertuz es eaux(respond Moncan) cóme lon void es baings naturelz qui passent par terres sulphurées ou alumineuses.Mais celle que vous dittes seroit vne vraye fonteine de Iouuence,comme celle ou lon dit que les sages Philosophes transportent par interualles le vieil roy Amadis, pour le conseruer en santé & vigueur par dessus ses ans : ou telle que

contrefit

contrefit Medée par ſon art pour ramener le pere de Iaſon en fleur d'aa-
ge.Ainſi qu'ilz en approchoient:l'experience dit l'eſtranger vous en cou-
ſtera peu, pour le moins vous ſeruira d'autant de refraiſchiſſement. Les
deux vieillardz deſcendirent rians ſoit qu'ilz doutaſſent de la vertu de
l'eau,ſoit que la chaleur les y conuiaſt.Ce ſera (diſoit l'eſtranger)vn plaiſir quand voz dames au retour ne vous recognoiſtront plus, ayans ainſi
changé de poil . Si toſt que Barbaran & Moncan furent couchez à terre
pour ſoy lauer, le valet du cheualier monte ſur vn de leurs cheuaux, &
prend l'autre en bride . Puis s'en va deuant, & ſon maiſtre demeure derriere, diſant aux viellardz : Beuuez d'autant, hardiment mes amys, &
cognoiſtrez ma parolle veritable: lauez fort, tellement que tout s'en
ſente, à fin que ne ſoyez bailletz.Ouy mez (dit Barbaran regardant derriere) voſtre valet ameine noz cheuaux . Non fait non (reſpond l'autre)
il les promeine . Si ſe leue Barbaran, & luy eſcrie qu'il retourne, mais il
luy hoche la teſte & cheuauche plus roide . Dequoy ilz commencerent
à conteſter auecques le cheualier, luy diſant que le ieu eſtoit plaiſant iuſques là,moyennant qu'il ne paſſaſt outre.A quoy l'autre: Ne voyez vous
pas qu'eſtes raieunis promptement, faiſans deſia telz actes de ieuneſſe:
Contentez vous pour ce bien que vous ay fait, de me preſter voz cheuaux
pour vn mien vrgent affaire, & m'attendez au lieu ou ie vous priz ſi deſirez ſçauoir de mes nouuelles.Auſſi vous requiers dire à voſtre ieune com
pagnon (iugeant Daraïde cheualier à cauſe de ſes armes) que ie vous ay
dóné charge de luy departir de voſtre ſens qu'auez laiſſé en raieuniſſants
icy en recompenſe de ſon deſtrier qu'il m'a preſté . Ie vous laiſſe à penſer
ſi les deux vieillardz demeurerent courroucez de ce tour ineſperé . Toutesfoys apres qu'il fut party s'entreregardans ne ſe purent contenir de rire
& ſe moquer l'vn de l'autre, dequoy en peu d'heure ilz eſtoient ainſi de-
uenuz ieunes & nices . Si s'en retournent à pied chargez de leurs harnois
à la freſcade ou ilz auoient laiſſé leur compagnie,laquelle eſtoit en grande doute de leur longue demeure.Et quád ilz les virent retourner à beau
piedz las & ſuans dahan,&qu'ilz eurent entédu le diſcours de leur voyage,ne ſçauoient bonnemét s'ilz en deuoient rire ou gemir. Alors ſouuint
à Daraïde qu'elle l'auoit veu autresfoys, & ç'auoit eſté quand il debrida
les cheuaux de Fenix , & d'Aſtibel, & les damoyſelles Galinde & Sirende,oyant ſon nom qu'il mandoit eſtre le trompeur des plus auiſez,dirent
qu'il faiſoit eſtat de bailler de telles trouſſes aux cheualiers errás,& qu'on
ne pouuoit ſçauoir le lieu de ſa retraitte . Or apres que le feu de la prime
colere en fut ietté, Dieu ſçait comme les vieillardz furent gaudis, principalement par les deux damoyſelles qui leur offroient liberalement leur
amour comme à iouuenceaux. Lors ilz expoſerent leur meſſage à Daraïde qui en rit, & reſpódit que pour le bon auertiſſemét qu'il luy enuoyoit
il meritoit quelque ſalaire:& que ce qu'il cuydoit auoir conquis par fraude bien luy pourroit à la fin eſtre cher vendu . I'ay peur, dit Barbaran,
qu'il

qu'il ſoit fort malaiſé à trouuer, à cauſe qu'il s'emboſque au trauers d'vne
eſpoiſſe foreſt. A qui Daraïde : l'ancienneté qu'il m'a enuoyée par voſtre
deſpouille vous inueſtiſſant de ceſte iouuéce me vient d'inſpirer le moyen
de retrouuer le paillard : car ie monteray ſur ſon aridelle, que i'eſtime ſçauoir le chemin de ſon logis, & la laiſſeray aller à ſa volunté vous deux
menerez mes eſcuyers en crouppe ſur leurs palefrois pour vous remettre
ſur les erres du ſeruice des femmes à cauſe de voſtre nouuel aage. Ilz ſe
mirét tous à rire tant de ce ioyeux propos, que de l'auis de Daraïde, qu'ilz
accorderent de ſuyure & exploitter promptement.

Comme Daraïde & ſa compagnie

ſe mirent à rechercher le Fraudeur & affineur des fins, & de leur ſuccez.

Chapitre   L X.

A Vſſi toſt qu'ilz l'eurent approuué l'executerent par effect : montant Daraïde ſur le courtaut, à qui elle mit la
bride ſur le col pour aller ou bon luy ſembleroit. Si les
mena droit à la fonteine, que les vieillardz confeſſerét
eſtre celle de leur iouuence. Surquoy leur dit Sirende
qu'ilz auoient lors cóſpiré de les mettre toutes en torment pour leur beauté. Mais Daraïde dit qu'il ne les en faloit pas tormen
ter d'auantage, ayant punition ſuffiſante de mener les filles en telle peine
que Tantalus en l'eau iuſques à la bouche ſans pouoir boire, & ſi pres du
pommier

pommier ſans pouoir gouſter du fruit de vie. De ce ryoient tous & toutes, alors que paſſa vn cheualier qui ſe gaudit encore d'eux, diſant: En
bonne foy mes bons peres vous monſtrez bien eſtre fermes en l'amour
continuant en ſon ſeruice ſi pres du bord de voſtre foſſe. Mais ie ne ſçay
ſi les dames trouuent auſsi bonne voſtre volunté qu'elles ont fait autrefoys. Barbaran tout honteux luy reſpond, qu'il ne faloit iamais ſe laſſer
de bien faire: mais qu'il luy feroit plus grand plaiſir de luy dire, s'il aůoit
point rencontré vn cheualier auecques vn valet menant deux cheuaux:
dequoy ilz auoient plus de beſoin que de ſes railleries. Ouy, voz damoyſelles (dit l'autre) que voſtre ieuneſſe met en trop grande tentation. Quãt
au cheualier que querez ie ne l'ay point veu, & à dieu vous command. Si
pique outre, & Galdazire leur dit: Nous n'aurós point faute de bons propos de tous ceux que nous rencontrerons en ceſt equipage: qu'en mal an
ſoit le boufon qui nous cauſe ceſt esbat, au grand deſtourbier & retardement de mon affaire. Et auoit la damoyſelle enuie de s'en degorger à
plain ſur les deux vieillardz (ſi Daraïde ne l'euſt appaiſée) & diſoit que
ce leur eſtoit grand honte d'auoir ainſi perdu le ſens ſur la fin de leur aage, & de l'eloigner de l'exploit de ſon affaire au lieu de l'auancer. Rien
rien (dit Daraïde voyant que ſa beſte s'alloit emboſquer en vn ſentier e-
garé de la foreſt) ma damoyſelle ne vous en tourmentez plus, car nous allons droit par ce chemin chercher le ſens qu'ilz ont perdu. Ainſi deuiſans,
or en ioye, or en triſteſſe, le cheual à iour faillant les rendit en vne vallée
pres d'vn chaſteau: en laquelle trouuerent vne damoyſelle aſſez aagée,
accompagnée de ſix autres, ſe promenans à la freſcheur de la ſerée: qui ne
faillirent à l'arriuée de ſe gaudir des vieillardz, par le prouerbe qu'onques bon cheual ne deuint roſſe: mais la maiſtreſſe leur impoſa ſilence.
Et ayant ſalué la compagnie, Daraïde luy demanda s'elle luy pouoit dire nouuelles d'vn cheualier qui luy auoit emmené vn puiſſant deſtrier
luy laiſſant ceſte aridelle. A qui elle reſpond en riant qu'il n'auoit pas eſté
trop fol au troquer: mais qu'il eſtoit deſia tard, & s'ilz vouloient heberger en ſon chaſteau qu'elle les traitteroit à ſon pouuoir, voire leur rendroit bon conte de ce qu'ilz alloient querans. On ne pourroit pas moins
eſperer de telle damoyſelle que vous, reſpond Daraïde, ie ne refuſe pas offre ſi liberale. Ie me fay fort (dit elle) de vous monſtrer le galland, moyennant que me iuriez que ne l'offencez aucunement: par ce que ie ne voudrois pour vous faire plaiſir qu'il en receuſt ennuy ne dõmage, puis qu'il
s'eſt venu rédre en ma maiſon comme en franchiſe, dont ie luy doy ceſte
ſeureté. Daraïde le luy iure, & deſcend de cheual, & les deux vieillardz
quand & elle, ſuyuans la damoyſelle chaſteﬂaine, qui dit aux femmes de
leur trouppe qu'elles attendiſſent vn peu là. Si s'en vont apres elle, & paſ-
ſent en vne court, puis entrent en vne allée fort obſcure: ou elle dit à Daraïde qu'elle la ſaiſiſt à la queuë, de paour de hurter ou tomber. A' la fin
furent esbahiz qu'elle ſe deffit d'eux, & ferma vn huys de fer menant

grand

grand bruit. Qu'eft ce-cy? dit Daraïde? Patience, refpond Moncan: la
dame me femble honefte, elle eft allée appeller de la lumiere. Peu apres
reuint vers eux auec trois flábeaux, & le fraudeur fon filz quand & quád.
Lequel commença à les faluër, & reprocher à Daraïde qu'elle auoit mal
receu la vieilleffe de fes deux compagnons, qui auoient fi bien recouuré
ieuneffe à la fonteine. Or fe virent alors logez en vne grand cage de fer à
gros barreaux, aufsi mal contens que pouez eftimer: & le fraudeur leur
vint dire qu'il eftoit bon maiftre de tranfmutation, veu qu'il auoit les
vieilz rendu ieunes, & les hommes oyfeaux en cage. Sus, fus, dit il, chan-
tez chacun voftre ramage, en voicy l'heure & la faifon. Ma damoyfelle
vous auez la trois beaux papegays, deux gris, & le tiers d'aufsi belle couleur que i'en vy onques. Alors Daraïde: Gens de bien vous ferez mieux
d'améder voftre vie, que d'offencer les cheualiers, il vous en pourra mef-
choir. A qui l'affineur des fins: Ie n'ay garde de prendre confeil de vous
iouuencel qui en auez vfé fi mal pour vous mefmes: on dit bien vray que
chacun eft abufé en fon fait, & void mieux aux affaires d'autruy: auffi eft ce raifon que parliez maintenant gentil perroquet, & voz compagnons parleront le matin à leur tour. Ainfi les laiffe, & enuoye derober à leurs damoyfelles les palefrois & les valifes; puis fe monftre à elles
par vne feneftre, efcriant que leur depefche eftoit faitte, & pouoient partir quand bon leur fembleroit, par ce que leur compagnie demeuroit a-
uecques eux, pour aprendre certain langage qu'ilz ne fçauoient pas. Ce
dit fit entrer les damoyfelles du chafteau, puis fermer la porte aux eftran-
geres, qui demeurerét dehors triftes & defconfortées à merueilles. Si pafferent la nuit en ce lieu fans dormir ne manger aucunement, attendant la
matinée pour prendre tel party que Dieu luy infpireroit. De Galdazire,
ie vous dy que fa douleur eftoit fi vehemente & fa lamentation, qu'elle
augmétoit beaucoup celle que les autres fentoient de leur part. Elle mau-
diffoit fa fortune qui tant luy eftoit contraire, & la fimpleffe de fes vieillardz qui l'auoient reduitte en telle extremité. D'autre cofté, Daraïde,
Barbaran, & Moncan eftoient fort confuz de fe voir ainfi pris & deceuz:
tellement que ces deux ploroient comme femmes, confiderans qu'ilz e-
ftoient caufe de ce mefchef, duquel ilz ne voyoient efperance d'iffuë. Lors
Daraïde fe mit à les confoler, remonftrant que les larmes ne feruoient de
rien, ains faifoient tort à ce qu'ilz deuoient à cheualerie, & que c'eftoit en
tel temps que fe monftroit la magnanimité de l'hóme. Sur ces entrefaittes
eftant mynuit paffé, voyent venir vne chandelle qu'vne ieune fille portoit en vn chandelier deuant la dame du chafteau qui leur dit: mes papegays nous vous venons voir à cefte heure que ne voyez goutte, à fin de
mieux faire entrer en voz oreilles le chant que vous voulons apprendre,
quand l'ouye n'eft point deftourbée par la veuë. A qui Daraïde: Vrayement telle parolle reffemble au vray fon de l'oyfeleur, qui nous a trahis
fouz couleur de bonne foy. A quoy la vieille: Que mangerez vous bien
mes oy-

mes oyſeaux ? ie vous voys faire apporter du pain trempé en l'eau, c'eſt
voſtre propre mangeaille. Ie m'esbahy (dit Moncan) qu'il n'y a plus de
honte & vergongne en ſi vieille perſonne. Et moy (reſpond elle)qu'il ny
a plus de ſens en teſtes ſi griſes : mais puis que tranchez ainſi des braues,
il ſe trouuera moyen de vous abaiſſer voſtre orgueil. Lors les laiſſe, & s'en
va conter ce beau deuis à ſon filz le fraudeur . Ce pendant, la damoyſelle
qui luy auoit eſclairé, rauie de la beauté dé Daraïde, reuient ſecrettement
à la cage, leur diſant, qu'il luy peſoit de l'outrage qu'on leur faiſoit en ce
lieu, & que voluntiers leur donneroit ſecours ſi elle penſoit en auoir quelque recompenſe. De celà vous pouez aſſeurer la belle (reſpond Daraïde)
que n'auriez employé voſtre courtoyſie en gens ingratz. A à (dit elle) i'en
voudrois auoir aſſeuré ce de voſtre parolle meſme: & ſçachez que ne vous
requiers autre guerdon que voſtre amour cordiale & entiere. A quoy Da
raïde, m'amie ce que me demandez eſt engagé en tel endroit qu'il n'eſt
plus en ma puiſſance d'en diſpoſer. La fille oyant ſa reſponce, s'en alla fort
mal contente pour l'enuie qu'elle auoit d'eſtre couuerte de la race d'vn ſi
beau gentilhomme : lequel paſſa auſſi piteuſe nuit leans auec ſes compagnons que firent leurs pauures damoyſelles dehors ſans repoſer ne boire,
ne manger, iuſques à ce que le iour fuſt venu, qui leur ramena le fraudeur
menant ſa mere en dance auec ſix gentilzhommes, & autant de damoyſelles qui menerent leur branſle en rond à l'entour de la cage de fer au ſon
d'vn pſalterion & d'vne fluſte, regardans par grand moquerie les trois
priſonniers & ſe rians d'eux . Puis firent ceſſer leurs inſtrumens, & dan-
cent ceſte chançon à gorge deployée.

> *Qui vid onques telz oyſeaux?*
> *Ny en telle cage?*
> *Qui vid onques eſtourneaux*
> *De ſi beau ramage?*

Et au bout s'eſclaterent tous enſemble en vne voix de riſée. Qui eſmeut
Daraïde à ſi terrible fureur que degainant ſon eſpée (que la Royne luy a-
uoit dónée d'acier d'amaſquin)en donna deux telz coups ſur les barreaux
de fer, qu'elle les trancha & paſſa à trauers. Mais ces beaux danceurs gaignerent bien toſt au pied, & ſe ſauuerent en la prochaine ſale, dont ilz tirerent la porte apres eux. Barbaran & Moncan ne ſe firent gueres prier à
ſortir de la cage apres Daraïde : & firent enſemble leur effort d'entrer en
la ſale pour chaſtier le fraudeur, mais l'huys eſtoit ſi fort & ſi bien barré,
qu'il ne leur fut poſſible de le forcer . Ce voyans chercherent par tout, &
trouuerent les pacquetz & mallettes de leurs damoyſelles: puis entrans en
l'eſcuyrie recouurerent leurs cheuaux & haquenées, & incontinent ſortirent hors du chaſteau & virent leurs femmes couchées à terre, acoudées
ſur leurs mains, loin du chaſteau à vn iet de pierre. Auſquelles Daraïde eſ-
R

cria qu'elles

cria qu'elles prinfent courage,& que les trompeurs auoient efté trompez.
Elles fe leuent foudain & vienent au deuant receuoir leurs hardes & leurs
montures: mais adonc Moncan péfoit retourner au chafteau pour y mettre le feu quand il auifa vn valet fermant la porte, & le fraudeur incontinent en vne feneftre, qui les voyant monter à cheual,crie: voylà mes papegaux lafchez ilz s'en vont à l'effor. A qui Barbaran: Si tu voulois fortir
de l'eau cannepetiere, tu trouuerois faucon à t'empietter d'vne eftrange
maniere. Atten moy (refpond il) & ie m'en voys armer. Ce fera donc
pour dancer quelque morifque, dit Barbaran. Si picquerent & s'en vont
racontans aux damoyfelles le traittement qu'ilz auoient receu leans,& la
façon de leur deliurance par la main de Daraïde.Or n'eurent gueres cheuauché plus de demye lieuë qu'ilz oyrent crier après eux : Attendez cheualiers, car il vous conuient laiffer ce que vous portez à caufe de ce qu'a-
uez pillé & enleué. Parquoy tournans incontinent vifage apperceurent
que c'eftoit le fraudeur malicieux qui les pourfuyuoit, accompagné de
fix autres armez de pied en cap: & leur reprochoit en ces parolles de lar-
cin quelques menuës hardes que Barbaran & Moncan auoient prifes par
mefgarde auecques les leurs. Daraïde ne fut pas la plus marrie de fa venuë,pour le defir qu'elle auoit de le tenir à fon gré, & remercier de fa bóne chere d'hofte. A cefte caufe le recognoiffant ne faillit d'adreffer à luy,
& les deux vieillardz à deux de fa compagnie. Si rompit le fraudeur en
l'efcu de Daraïde laquelle luy fauffe le fien & harnois & cotte de maille,
iufques en la chair viue bien auant, tellement qu'il volle par terre. Et elle
parfait fon poindre nonobftant les autres quatre qui la chargerent apres
luy, dont les vns rencontrerent brifans leurs lances: les autres gauchirent
leur coup fans l'attaindre.Sur lefquelz elle retourne l'efpée brandiffant au
poing, & au premier qu'elle fiert pourfend la tefte iufques aux dents.
Ce que voyant le fraudeur à qui en fa cheute la bride eftoit demeurée en
la main, fe leue & remonte, eftimant grand folie de vouloir attendre telz
coups,à qui en pouoit efchaper bagues fauues. Si broche & s'en va fuyant
laiffant deux de fes compagnons emmy le champ , abatuz par les deux
vieillardz (qui pour leur aage eftoient encore bons Cheualiers) toutesfoys ilz fe releuent affez toft, & vienent à l'efcrime des efpées, tandis que
Daraïde traittoit brufquement les trois autres, les femonnant de dancer
à la notte qu'elle leur fonnoit, pour voir s'ilz l'entendoient auffi bien que
celle d'entour la cage de fer,& pleine de mal talent(par la fouuenance de
cefte honte) tranche le col à vn d'vn reuers : dont les autres efpouantez
tournent le doz & decochent de vifteffe. Lors penfoit bien retrouuer le
fraudeur ou elle l'auoit eftendu, quand elle l'auife fuyant à bride abatue:
parquoy va vers les deux qui maintenoient fierement leur conflit contre
Barbaran & Moncan, lefquelz la voyant approcher fe iettent de genoux
en terre,luy prefentás leurs efpées, & requerás mercy de la vie.Ce que Da
raïde par fon humanité accouftumée leur ottroya: fouz condition qu'ilz

iureroient

iureroient de ne ſuyure ne hanter deſormais la compagnie de ce trahiſtre
fraudeur, & d'auantage qu'ilz s'iroient rendre priſonniers de la royne Sidonie au nom de Diane ſa fille, luy racontant tout ce qui leur eſtoit auenu en leur endroit. Ainſi le iurerent, & prindrent congé: Puis Daraïde &
les vieillardz vont retrouuer leurs femmes, trop esbahies de ce qu'elles
luy auoient veu faire. Si luy dit Galtazire : ma dame Daraïde ie n'eſtime-
ray dorenauant gueres bien conſeillé qui vous viendra faire faſcherie &
ennuy puis qu'en ſçauez prendre telle ſatisfaction. C'eſt (reſpondit) le vice qui touſiours à la fin paye ſon maiſtre. Mais ie vous ſupplie (replique
elle) de ne vous empeſcher plus d'autre auenture qui nous puiſſe deſtourner & retarder noſtre chemin, d'autant que la longueur de ma demeure
me porte treſgrieue nuyſance. I'en ſuis la plus deplaiſante (dit Daraïde)
ayans plus d'enuie de retourner que n'auez de me mener. Adonc entre en
ſes profondz penſers de Diane iuſques à ce qu'ilz vindrent au port ou ilz
s'embarquerent en la nef de Galtazire qui les attendoit : & incontinent
font voile au grand contentement de la maiſtreſſe qui cognoiſſoit le bon
ſecours qu'elle menoit.

Comme les cheualiers que Da-

raïde enuoya à la royne Sidonie, ſe preſenterent à elle luy faiſans
le diſcours ioyeux de l'aɛte du fraudeur: Et comme Lardenie decouurit à Diane le ſecret d'Ageſilan.

Chapitre   LXI.

ES cheualiers à qui Daraïde enchargea d'aller vers la
royne Sidonie accomplirent leur promeſſe, & arriuerent vn iour qu'elle acheuoit de diſner en compagnie
des cheualiers eſtrangers qui tous eſtoient gueriz: leſquelz à l'heure tenoient auec elle vn propos recreatif,
& deuiſoient de la bonté extreme de Daraïde, que la
Royne diſoit auoir laiſſé ſa fille & elle en grand ennuy par ſon abſence.
Les autres entrerent en la ſale & s'agenouillans deuant elle luy expoſerét
le contenu de leur charge, laquelle receut grand plaiſir pour les nouuelles
de Daraïde, & pareillement ceux qui eſtoient auec elle: non ſans bien rire du tour qui auoit eſté ioué aux vieillardz. Elle les remiſt en pleine liberté, dequoy l'ayant remerciée hautement, ne firent gueres long ſeiour
en la ville. Apres leſquelz, prend auſsi congé le cheualier du Fenix & les
autres, les vns pour aller chercher les auentures de l'Iſle, les autres pour
trouuer Daraïde ainſi qu'ilz luy auoient promis. Adonc s'en va la Royne au palais de ſa fille : à qui elle demanda d'entrée quel preſent elle luy
R ii   feroit

feroit pour les bonnes nouuelles qu'elle auoit à luy dire. La princeſſe la
voyant ſi gaye luy demande ſi Daraïde eſtoit venuë. Non (dit la Royne) mais gueres plus ne tardera à venir, & vous puis aprendre de grandz
preuues de ſa vertu. A quoy Diane: ma dame ce n'eſt rien de nouueau pour
moy que le teſmoignage de ſa proëſſe que i'ay tant cognuë. Et quãt à ſon
retour que promettez ſi brief il ne me pourra ſembler que long veu le deſir que i'ay de la reuoir, qui me fait durer chacun iour de ſon abſence autant que mille. La royne faignoit alors de ne luy en vouloir rien declairer
puis que ce n'eſtoit nulle nouueauté pour elle, quand elle reſpondit que la
valeur de Daraïde ne luy pouoit eſtre nouuelle, mais ſes faitz & geſtes elle entendroit voluntiers qu'elle eſperoit les plus eſtranges & admirables
du monde, la ſuppliant luy en declairer ce qu'elle en ſçauoit. Ce que fit la
Royne, luy narrant tout ce que les cheualiers luy auoiët raconté: dequoy
elle rit merueilleuſement & raillerent fort enſemble ſur l'accident ioyeux
de Moncan & ſon compagnon: ſpecialement Lardenic (qui rencontroit
fort bien) dit à Diane: Ma dame que dõnerez vous à ce cheualier affineur
pour vous apporter ces trois papegaux en cage à mettre en voſtre iardin:
Ie ne ſçay rien (reſpond) que ie ne luy donnaſſe, & ſi luy lairrois les deux
gris pour en diſpoſer à ſon gré, car ie me contenterois du plus beau, lequel
ie vous aſſeure que ſi nous le retenons vne foys icy il ne nous eſchappera
plus ainſi pour eſtre pris par autre au trebuchet. Aumoins vous ſeruiroit
il de pie (dit Lardenie) car de papegay ne peult il. A quoy Diane reſpondant que les dieux luy auoient fait ceſte grace qu'elle fut fille non pas hõ-
me, afin de pouoir iouïr de ſa douce conuerſation. Mais combien vous
l'euſſent il faitte plus grande (replique la ducheſſe) s'ilz vous euſſent enuoyé vne autre Nereïde deguiſée: la princeſſe ſe ſouzriant reſpond que
ce n'euſt pas eſté grace ains tromperie qui euſt eſté commune à elles toutes. Vrayement ie le croy (dit elle) & qu'elle euſt tiré les ſecretz de beaucoup de belles damoyſelles ſelõ le ſtile qu'elle auoit. La Royne s'en print
à rire, diſant: par ce moyen elle euſt bien ſceu qui choiſir, ſans eſtre abu-
ſée aux atours. A quoy Lardenie: ma dame vous auez grand raiſon de le
dire: car ſouuent apres que ma dame la princeſſe eſtoit couchée nous en
allions iouër au verger à la lune, demenans enſemble mille ieux en cotte
ſur la verdure: mais ie vous aſſeure que pour damoyſelle le ſecret embonpoint ne reſpondoit à l'apparent. Ie ne m'en esbahy pas (dit la Royne)
veu qu'il n'y a pas quatre ans qu'elle vint icy tant greſle & menuë, & ſa
croiſſance s'eſt eſtendue en longueur, que l'aage remplira apres & fournira. Ma dame (dit Diane) ont dit que la princeſſe Alaſtraxerée eſtoit
ainſi: au fort fuſt il cheualier, pas ne ſe vantera (ny autre) d'auoir veu de
moy à nu plus que le viſage & les mains (ce diſant à ſa mere quaſi que ſon
honneſteté la rendiſt eſtrange, voire à ſes femmes meſmes) Mais au cas
(recharche Lardenie) que c'euſt eſté vne autre Nereïde qu'en diriez vous?
Que s'il euſt eſté (reſpond elle) de tel lignage que le prince Amadis de

Grece

Grece, ie n'eusse rien perdu à estre vne autre Niquée. La duchesse se re-
siouïst fort de ceste respóce, & luy dit: Quoy qu'il en soit ma dame, pleust
à Dieu qu'elle fust icy, pour continuër les esbatz que prenions auec elle
durant vostre repos en ce iardin dansans en cottes & nous baignans à la
fonteine. Et me souuiét qu'vn iour que nous debatiós qui estoit la mieux
garnie pour fille de ce que la robe cache: elle nous disoit que pour le
moins elle auoit vn auantage sur nous d'estre en meilleure disposition de
cheualier quand elle si vouloit acoustrer: ce que nous ne sçauiós faire que
ne fussions tousiours cogneuës pour damoyselles. Est il vray (dit Diane)
que me derobiez ces esbatemens: en bonne foy si ie l'eusse sceu ie vous y
eusse surprises plusieurs foys. Vous y auez trop perdu (respond Lardenie) de n'auoir veu noz folies, & comme nous luy faisions contrefaire le
cheualier pour nous faire la cour. Dieux qu'elle grace elle auoit à iouër
ce personnage & nous requerir d'amours ? C'estoit triomphe de voir les
passions que nous faignions d'vne part & d'autre, les requestes, les petites
coleres: ores s'adressoit à la marquise, ore à moy, & monstrions semblant
d'estre ialouses de luy l'vne & l'autre. Finalement nous espousions, & de
son luth elle faisoit dancer toutes voz damoyselles à noz espousailles, &
banquetions des fruitz du iardin beuuãs à la fonteine en vn si grand plai
sir que souuent le soleil se vouloit leuer auant quasi que fussions couchées
que mal en ayt qui nous la ainsi soustraitte, car onquespuis n'eumes aucun bien ny aise, & toutes tant que nous sommes ne valons pas maille
sans elle. Alors Diane: vrayement mes gentes dames vous ne faisiez pas
mal voz partages de prendre tout le plaisir de Daraïde, & ne m'en laisser
que la tristesse: comme vous sçauez que deuant moy tousiours estoit mor
ne ou pensiue, dequoy ie souffrois beaucoup pour l'amour d'elle: mais asseurez vous que vous ne m'y tromperez plus. A quoy Lardenie ? Ie vous
iure, ma dame, par les dieux en qui ie croy qu'elle estoit trop plus melancolique hors de vostre presence: mais malgré qu'elle en eust la tirions à
nostre cordelle & la contraignions de rire, encores qu'elle eust enuie de
pleurer, & comme gracieuse & bien aprise ne nous pouoit refuser ny es-
conduire. Et pense si elle est auiourd'huy viuante qu'elle ne tient vie que
de nous qui la faisions ainsi resiouïr par force. Si est ce qu'au mylieu du
ieu bien souuent elle iettoit de gros souspirs qui sembloient luy deuoir
arracher le cueur de la poitrine, s'escriant, helàs ma déesse comme la gloire de mon martire m'acroche & efface tout deduit. Ce que nous oyans
nous laissions toutes tumber de rire : puis luy venions remonstrer qu'elle
deuoit auoir grand honte en compagnie de tant de belles ieunes dames
& si fort à son commandement de refuaster ainsi en vne autre laide & re-
belle. Voylà comme nous luy resueillions les espriz quand elle entroit sur
ses songes creux. La Royne prenoit grand plaisir à entendre le passetéps
des filles auec Daraïde. Si se retira en son palais, & incontinent Lardenie
prend Diane par la main à qui elle voyoit que ce conte plaisoit, & la me-

ne au plant du iardin ou elle luy dit : Ma dame si vous me baillez la foy
de tenir secret tout ce que ie vous diray ie vous aprendray merueilles de
vostre Daraïde. La princesse eut vn sursaut au cucur de ceste parolle, toutesfoys promit à Lardenie de ne reueler chose qu'elle luy diroit, laquelle commença. Scachez donc ma dame que la nuit precedant le partement
de Daraïde, elle qui me portoit grand' amytié & non sans retour, me prie
d'aller au iardin ensemble ou nous passames presque toute la nuit assises
aupres de la fonteine : & deuisant de la dure departie de vous qui estoit
si prochaine, faisoit des exclamations tant douloureuses & se pasmoit si
dru en mon giron que i'eusse bien voulu estre hors de là pour la peur
que i'auois qu'elle ne rendist l'ame entre mes bras. Làs (disoit elle) que se-
ra-ce de moy ? comme pourray-ie viure & me soustenir sans amer que ne
me puis-ie mettre en deux pars pour en laisser vne icy tandis que l'autre
s'absente ? Ce disant s'esuanouïssoit de rechef, & dieu mercy nous estions
pres du secours de l'eau dont ie luy baignois la face . Apres qu'elle estoit
reuenuë à soy ie luy demandois que ce pouoit estre qui la rengeoit en telle agonie, qui n'estoit croyable proceder d'affection de fille à autre, & la
priay de se fier en moy & me declairer hardiment le fond de sa pensée. A-
lors apres m'auoir aiurée plusieursfoys de ne vous en parler aucunement
si ie n'entendois nouuelles de sa mort, à fin de vous faire cognoistre par
icelle le respect qu'elle auroit porté à vostre honneur, aymát mieux souffrir continuëllemét que de s'exposer au hazard de vous offencer en pour-
chassant son remede. L'ayant donc asseurée de le celer à son vouloir, elle
me conte comme elle n'estoit pas fille, mais gentilhomme nommé Agesilan filz du prince Falanges d'Astre & de la princesse Alastraxerée, &
comme en sa tendre icunesse il n'auoit sceu denier le tribut que tout le
monde deuoit à l'ymage de vostre beauté : qui l'auoit meu pour iouïr de
la veuë d'icelle à se deguiser, & estre ainsi auecques vous sans soy descouurir de crainte d'encourir vostre indignation . Ce qu'il me deffendoit sur
l'amour que ie luy portois de ne vous dire auant sa mort, laquelle i'estime
estre auenuë à son departement, & que ma foy est deliée pour le vous
pouoir faire entendre. Or considerez maintenant si la Daraïde deguisée
doit rien à la Nereïde, & si la Diane trompée doit ceder à la Niquée.
Que vous dirons nous de Diane ? quand elle entendit ce propos elle di-
scourut sur le sang d'Agesilan, sur la beauté & vaillance, sur la grande
hónesteté qu'i luy auoit gardée contre la complexion de l'amour si har-
dent que sa longue penitence acertenoit. Adonc l'amour qu'elle luy auoit
porté comme à fille ouure les portes de son cueur & osté les tayes dont
parauant il estoit couuert, s'embrasant d'vne flamme nouuelle non moin
dre que celle dont son amy brusloit, perdát des l'heure sa liberté & souffrant aussi bien à celer son alteration que Daraïde auoit fait pour la sienne . Pource demeura quelque pause sans pouoir parler : puis dit à la duchesse : Ma grand' amye ie ne sçaurois dissimuler que les perfections d'A-

gesilan

gesilan ne meritent beaucoup: ausi ne pourriez vous nyer que quand le
fait sera descouuert qu'il ne me laisse vn chapeau sur la teste d'opinion se-
neistre qu'on pourra conceuoir de nostre si longue conuersation. A ceste
cause ne suis pas d'auis que luy faciez cognoistre que i'en aye esté auertie
par vous, d'autant que ma grandeur me contraindroit de le rudoyer &
chastier de telle hardiesse comme fut Acteon pour auoir veu la déesse de
qui ie porte le saint nom. Car quant à moy la continence dont il a vsé en
mon endroit tant de fait que de parolle me tient lieu de satisfactió: & l'a-
mour que i'ay cogneu si pur & si cordial ne me permet de tourner ceste
occasion en hayne & malueillance, mais ie trouueray bien moyen de l'e-
stranger d'icy doucement. A quoy Lardenie : ma dame il me semble
que tenez le vray langage que vostre estat vous commande, mais que la
faute ou audace dont blasmez Agesilan doit estre imputée à la Royne
vostre mere qui vous tient ainsi prisonniere, & enuoye par le monde les
pourtraitz de vostre excellence, pour allumer le desir de vostre veuë.
Quant à reculer & estráger vn tel prince(que n'en pourriez trouuer souz
la lune vn plus digne de vous pour mary & espoux)ie n'en puis compren
dre la raison, veu que son amour seule si feruente & sincere, merite meilleur traittement. Parquoy deuez (à mon iugemét)le receuoir d'ausi bon
visage que iamais, & le retenir auec vous (de peur qu'vn' autre ne le vous
volle) attendant l'oportunité de vous marier ensemble. Diane (quoy
que ces remonstrances luy agreassent)respondit à Lardenie, que son conseil luy sembloit perilleux & contre son honneur, d'autant qu'en si estroi
te frequentation entre parties si desirables faloit craindre le danger de
quelque fragilité : & qu'il ne conuenoit soy fonder sur l'espoir des noces
qui pourroient estre destournées par quelque meschef, & l'honneur de
la dame en demeureroit là pendu au croc. Adonc Lardenie : c'est tresbien
hablé ma dame, si vostre langue & le cueur son accord, que ie trouue
(pardonnez moy)vn peu dur à croire:consideré que rien ne sçauroit empescher le mariage de vous deux, soit qu'on regarde à la hautesse des
maisons, ou à la prouësse & valeur. Lors Diane : bien vous confesseray
m'amye que i'ayme Agesilan autant ou plus que pense estre de luy aymée, mais que seroit ce des dames si elles ne combatoient pour la chasteté contre l'appetit sensuel, ainsi que les cheualiers font les effortz pour les
iustes querelles? Si la beauté d'Agesilan me brusle & enflamme, asseurez
vous que ie seray salemandre, & que mon integrité se maintiendra viue
en ceste fournaise. A ce coup la duchesse vaincuë de raison quitta les armes, admirant le cueur pudique de la princesse egal au merite de l'affection vehemente d'Agesilan : concluant qu'elle esperoit voir en eux la
plus parfaitte paire qu'amour eust onques acouplé de ses lyens, ainsi que
l'effect ensuyuit, tant y eut d'honnesteté du costé de Diane, & de loyauté
de la part d'Agesilan.

R iiii   Comme

Comme l'Empereur Amadis de

Grece & la princesse Lucelle trauaillez & ennuyez de la mer prindrent terre : & comme par mal contentement il se deroba d'elle qui le suyuit auec Mandroc.

Chapitre LXII.

L'Empereur & la princesse Lucelle voguerét deux iours par bonace, au bout desquelz le temps se tourna qui leur fit prendre terre auec leurs cheualiers & damoyselles. Ilz passerent ce iour en vne forest prochaine, estant tousiours Amadis pres de Lucelle de qui il tenoit la plus part du temps les mains dedans les siennes, les baisant souuentesfois, ce qu'elle consentoit, pour donner plus grand couleur à la finesse qu'elle luy brassoit : combien que de son costé elle ne sentist moindre chatouillement d'amour. De tout cecy rien ne plaisoit à Finistée, croyant pour certain que le mariage se consommast entre eux, veu la gayeté non accoustumée qui gisoit en la face de l'Empereur. Mais auint la nuit que la princesse se retira apart auec le prince Lucendos & Anastasiane, & Amadis & Mandroc d'autre costé. Or l'Empereur (qu'amour ne laissoit en repos) se reueille auant mynuit, & tout bellement se leue pour aller voir que faisoit la princesse: si s'en va iusques à vn buisson ou il la sentit deuisant: parquoy se coulla si auant qu'il la pouoit bien entendre, & ouyt qu'Anastasiane disoit:Et bien ma dame qu'auez vous determiné de faire auecques l'Empereur quand aurez trouué le Roy vostre
frere

frere? Ne vous l'ay-ie pas dit tant de foys, refpond, que ie luy porte affection plus cordiale qu'onques dame à cheualier : mais mon defaftre voulut qu'il me delaiffaft au temps qu'il me pouoit meriter pour me reduire
à ne le prendre iamais pour mary ny autre quelconque. Comment (dit
Anaftafiane) maintenant qu'il eft veuf & libre ne vous marirez vous pas
auec luy. Mon cueur (dit elle) ne me peut permettre d'accepter celuy qui
m'a dedaignée. Ie ne puis trouuer bon (refpond l'autre) que vous iouyez
ainfi à abufer vn tel feigneur en luy faifant tant de faueurs, pour luy redoubler fa peine, en le defauorifant. A quoy la princeffe : Ce que i'en fais
eft pour moderer doucement fa pafsion, tandis que fuis en fa puiffance,
de peur de l'efmouuoir à m'vfer de quelque force. Ha ce n'eft pas vn perfonnage (dit Anaftafiane) de qui vous deuez craindre qu'il vfurpe rien de
vous contre voftre gré, pourtant luy en deüriez faire entendre voftre
vouloir. Nous auiferons (refpond Lucelle) lequel fera meilleur de faire,
vous affeurant que ie me fais plus grand force qu'à luy mefme en luy en
faifant. L'empereur qui efcoutoit cecy à peu qu'il ne defefpera, & fe tirant vn peu à quartier (apres auoir difcouru en maintes penfées) fe leue
& va là ou eftoit la princeffe, laquelle fentant le bruit demanda qui c'e-
ftoit : c'eft celuy (dit il) de qui le corps vient chercher fon ame ou il l'a laiffée. Elle qui gifoit fur fon mâteau fe mettant en fon feant luy dit : O' monfieur eft ce vous? venez vous foir icy vn peu auec nous : à quoy il obeït
tant douloureux & plaintif que la princeffe en fouffroit grande angoiffe,
& luy en demanda la caufe, à qui il refpond, qu'elle qui l'eftoit elle mefme ne la pouoit ignorer, luy rendant fi peu d'amour en recompenfe de
l'extreme qu'il luy portoit, auquel fi elle ne donnoit bref fecours la mort
rendroit tefmoignage de fon martyre & de la cruauté d'elle : pource la
fupplioit auoir pitié de luy, & puis qu'elle auoit promis de l'efpoufer que
fecrettement Anaftafiane leur prinft là les mains, & qu'elle donnaft allegence à fon cueur, comme honneftement elle pouoit faire fouz telle condition & conuenance. La princeffe fort troublée de ces parolles, certes
monfieur (refpondit) ie n'euffe pas penfé que l'amour que me portez fuft
fi leger que n'eufsiez autant d'egard à me contenter qu'à vous mefmes :
puis qu'auez eu patience fi long temps, ne pourriez vous encores vn peu
durer en aleine, à fin que tout fe face fans offence de noftre honneur? Car
quant à moy ie ne penfe fatisfaire au mien accompliffant voftre vouloir,
fans le congé du Roy mon frere. Cefte refponce tranfperça le cueur à A-
madis fi viuement qu'à demy mort pofa fa tefte au giron de Lucelle laquelle fans mot fonner l'arrofa de tant de larmes qu'elle le fit reuenir de
pafmoifon. Lors il luy dit : puis que ie cognois voftre volunté ma dame,
ie vous prometz mettre la mienne en tel lieu que la voftre fe pourra tenir
feure. Si fe leue, & la princeffe demeure plorant auec fa damoyfelle, qui
la tance dequoy elle n'auoit fatisfait à l'Empereur, & elle s'excufe de n'a-
uoir eu la hardieffe : mais qu'elle chercheroit l'opportunité de ce faire, & à
chef

chef de piece, laſſez de conteſter & gemir elles s'endormirent. L'empereur ſe retire en tel deconfort que n'euſt eſté vn autre il ſe fuſt fait violen
ce à ſa perſonne, & diſoit que ce tourment luy eſtoit bien employé pour
auoir voulu faucer l'amour à celle qui tant l'auoit aymé qu'il ne luy deuoit moins de loyauté apres la mort qu'en la vie, auſsi qu'il s'en payeroit
par ſes mains, & de ce pas bride ſon cheual & va eſueiller Finiſtée ſans
mener bruit, luy cõmandant de prendre ſon palefroy, ce qu'elle fait bien
esbahie qu'elle mouche l'auoit piqué. Et Amadis eſtant à cheual s'en va au
lieu ou Mandroc repoſoit qu'il eſueille de la hante de ſa lance, lequel ſe
reueillant tout eſtourdy & voyant vn cheualier ainſi monté luy demanda qui il eſtoit qui luy venoit rompre ſon repos. Mon bon amy Mandroc
c'eſt moy, dit Amadis. Le geant qui le recognoiſt à la parolle ſe leue ſur
piedz & le voyant ainſi preſt à cheminer auec ſon eſcuyere luy demanda
tout eſmerueillé que ce pouoit eſtre qui le haſtoit ſi matin. Il luy reſpond
que force luy eſtoit partir de la en diligence, le priant affectueuſement de
vouloir cõduire la princeſſe & ſon neueu, & l'excuſer au roy Lucidor de
ce qu'il ne l'eſt allé voir. Au ſurplus qu'il n'auertiſt la princeſſe de ſon partement iuſques au iour, luy diſant qu'il eſtoit allé accomplir ce qu'il luy
auoit promis pour la deliurer de la deffiance qu'elle auoit de luy, en qui,
ſi elle auoit cognu faute de loyauté ne deuoit toutesfoys douter de ce
qui concernoit le deuoir de tout prince ou cheualier. Adonc commande
à Dieu Mandroc: lequel eſtonné de ce propos luy dit : Monſieur comme
me laiſſez vous ainſi ſeul auecques la princeſſe? En mon lieu vous y laiſſe,
dit Amadis, car en meilleure garde ne la puis mettre, vous priant mon
bon amy que la ou me ſçaurez de ſeiour me veniez voir. Mandroc luy dit
à Dieu, l'aſſeurant de la charge qui luy donnoit eſtant bien faſché de ſa
departie, & luy monta incontinent en la fantaſie que quelque defaueur
de Lucelle le banniſſoit ainſi. Or s'en va l'Empereur auec ſa damoyſelle,
& Mandroc demeure attendant que le ſoleil fuſt leué, mais il trouua la
princeſſe dormant encores & ayant patience qu'elle fuſt eſueillée : alors
luy dit : Madame vous n'eſtes pas ſi diligente à vous eſueiller que l'Empereur a eſté à deſloger d'icy. Quand elle oyt ce langage, toute troublée
luy dit: qu'eſt ce que vous dittes? Mandroc luy deduit ſa piteuſe ambaſſade, laquelle ayant entenduë en eut le cueur naüré deſmeſurément, & tordant ſes blanches mains, ha dit elle, quel creuecueur m'a voulu liurer A-
madis de Grece à ce coup! A' à Dieu, que tes iugemens ſont iuſtes de me
punir encores de la folie que ie fis en ma tendre ieuneſſe de mettre mon
amour en ce prince. Lors elle pleure & ſoupire : en quoy Anaſtaſiane &
le petit Lucendos luy tiennent compagnie. Helàs (diſoit elle) Amadis de
Grece ſi i'euſſe eu ſens & entendement, ie deuois comprendre que le dernier ſeruice que me fiſtes ne pouuoit eſtre que de la condition des autres
paſſez, c'eſt à ſçauoir pour me tourner finalement en quelque malheur &
tourmét. O' vray amy! & comme me laiſſez vous ainſi ſeule au pouuoir de
mes en-

mes ennemys? ſi amour ne vous induiſoit à faire tant pour moy que de
me rendre à port de ſalut, à tout le moins le vous commandoit la loy de
courtoyſie & cheualerie. Anaſtaſiane m'amye, que vous en ſemble de
nous auoir ainſi abandonnées en ce danger? Ie croy (dit elle) qu'il ait oy
tous les propos que la nuit nous tenions de luy. Ie n'en fais doute(dit Lucelle) veu ce qu'il m'a mandé par Mandroc: mais quand bien i'y penſe ie
ne trouue autre fons en ceſt affaire que de la fortune qui touſiours me
court ſus. Adonc ſuruient Mãdroc à qui elle dit : làs mon bon amy & qui
pourroit aller apres luy pour le ſupplier de ma part de ne s'en aller ſans
parler à moy , il ne ſera ſi mal gracieux qu'il ne le face. Apres que le gean
luy euſt reſpondu qu'il eſtoit en grand doute de ne le pouoir trouuer, par
ce qu'il l'auoit veu emboſquer au plus eſpois de la foreſt, elle ne ſe pouant
contenter luy demãde ſi ce luy ſeroit point ennuy qu'ilz montaſſent tous
à cheual en ſa queſte. Mandroc luy reſpondant que c'eſtoit le moindre
ſeruice qu'il luy voudroit faire, ioint le grand deſir que luy meſmes auoit
de le trouuer, adonc les mene la voye qu'il luy auoit veu prendre, mais il
eſtoit deſia trop loing d'eux , & auoit deſcouuert vne plaine à main gauche ou il fit ſon conte de paſſer la nuit, toutesfoys il n'y voulut entrer a-
uant ſoleil couché de peur d'y eſtré trouué ſi la princeſſe l'enuoyoit pour
ſuyure, parquoy ſe retire en vn hallier , ou de foibleſſe s'eſtendit ſur l'herbe faiſant auſſi piteuſes doleances que s'il euſt eſté aux traitz de la mort.
La pauurette Finiſtée n'oublia à le reconforter à ſon pouoir ſe ſeant aupres de luy pour luy faire cheuet de ſon giron, à qui il ne tenoit autre propos que du dernier à dieu, regrettant n'auoir eu le moyen auant que mou
rir de recognoiſtre ſes bons ſeruices. Comment (diſoit elle) vous vaincueur des plus braues, feriez vous bien vne fin ſi puſillanime? M'amye, reſpond il, ie ſuis aſſailly de deux ſi fortes lances, de Niquée morte, & de Lu
celle viue, que iamais ie n'eſpere releuer de la place ou ie ſuis: vous priant
que ſi toſt qu'auray l'ame rendue (qui n'eſt pas pour voir plus autre lumiere) d'en porter auſſi toſt les nouuelles à celle qui m'a mis les armes
mortelles au poin: ce dit, s'eſuanouyt & ne parla de longue pauſe apres.

Comme allant la princeſſe Lucel

*le auecques le gean Mandroc en queſte de l'Empereur Amadis
ſe virent en grand peril, & quelle fut l'iſſue.*

Chapitre   LXIII.

La prin-

LA princeſſe auecques Lucendos & Anaſtaſiane ſuyuoient Mandroc, & alloit par la foreſt Lucelle pleine
de grand angoiſſe d'eſtre ainſi ſeparée de la compagnie de ſon Amadis, combien que ſa volūté ne ſe puſt
condeſcendre à luy vſer de plus eſtroitte faueur. Or
cheminerent iuſques à ſoleil couchant qu'ilz arriuerét
à la grand' plaine que vous auons dit, & tenans vn ſentier qui coſtoyoit
l'orée de la foreſt, voyent venir vn chariot à quatre cheuaux, auquel e-
ſtoient pluſieurs dames & damoyſelles plorans amerement. Au deuant
du chariot marchoiét deux grans & terribles geans armez de toutes pieces, & derriere venoient dix cheualiers. La princeſſe en receut grand effroy, & Mandroc non moindre ennuy, voyant le danger qui leur pouoit
eſtre appareillé : mais ilz furent ſurpris de ſi pres qu'il n'y auoit lieu de
conſeil, ains l'vn des geans leur cria à haute voix : cheualier vien en priſon toy & ta compagnie, ſi l'as plus chere que la mort. A qui Mandroc,
la mort ne craindray iamais tant que ſeray obligé de la payer à mon hon
neur. Or en es tu donc venu au payement, dit l'autre : & à ce mot la princeſſe demye morte, tumbe du haut de ſon pallefroy : & ſa damoyſelle
non gueres moins eſperdue, deſcend & ſe va ſoir aupres d'elle , laquelle
Lucelle embraſſe diſant : Anaſtaſiane m'amie que cher me couſte touſiours l'amour d'Amadis de Grece. Or ſommes nous bien perduës : laſſe
moy qui vois cherchant celuy qui me fuyt pour ſi toſt trouuer mon meſchef. Anaſtaſiane ne luy reſpondit que de larmes, & le petit prince eſtoit
ſur ſa haquenée comme tranſi quand les deux geans couuertz de leurs eſcuz & les lances baiſſées ſe vindrent rencontrer : leurs eſcuz furent bons
ſur leſquelz rompirent leurs boys de telle force qu'ilz en firent maintes
pieces,

pieces, & outrepaſſans l'vn l'autre reuoltent leurs grandz couſtelas es
mains, deſquelz ilz s'entrechamaillerent ſi horriblement que le retentiſ-
ſement redoublé par la reſonnance de la foreſt auec les criz des femmes
eſtans dans le chariot vint iuſques aux aureilles d'Amadis qui eſtoit couché en vn fort halier, à qui dit Finiſtée: Monſieur le cueur me iuge qu'il y
ait icy pres vn eſtour ou voſtre Mandroc peut eſtre, que la princeſſe aura
enuoyé apres vous. Làs Finiſtée (reſpond il)ie ſuis plus en eſtat d'eſtre ſecouru que de ſecourir les autres, & ne ſenz force ne vigueur en moy pour
reſiſter au plus failly & chetif cheualier de la terre: & telle eſtoit la verité
pour la debilité que la triſteſſe mortelle auoit cauſée en ſes membres. La
pauure damoyſelle le voyāt en tel eſtat ioignant les mains vers le ciel, les
yeux fichez ſur luy qui eſtoit eſtendu ſur l'herbe diſoit larmoyant : Hee
dieu comme permettez vous ainſi mourir le meilleur prince & cheualier
du monde. Alors oyrent pluſgrand bruit que parauant, au moyen que
celle du chariot crioit à la deſeſperade voyant les deux geans enſemble
aux priſes auecques Mandroc, & que les cheualiers menoient la princeſſe
priſonniere auec le prince & ſa damoyſelle. Car vous deuez ſçauoir que
gueres n'auoit duré le combat entre Mandroc & le gean, quand l'autre
gean voyoit le deſauantage de ſon compagnon l'eſtoit venu ſecourir.
Dont Finiſtée oyant les voix plaintiues des femmes eſcria en ſurſaut: A
à monſieur i'oy voſtre Lucelle en danger. A ce nom l'Empereur comme
s'eſueillant de profond ſommeil ſe leue & à coup enlaſſe ſon heaume, &
pend ſon eſcu au col, puis monte à cheual, qu'il n'eut gueres piqué la part
ou le bruit le tiroit qu'il vit le piteux deſordre, lequel le tranſporta en telle extremité de fureur que ſi la compagne euſt eſté pleine de cheualiers
auſsi peu de conte euſt il fait de les aſſaillir, & eut ſi grand' haſte d'y courir qu'il ne luy ſouuint de ſa lance: parquoy l'eſpée au poin à l'heure que
le ſoleil s'abſconſoit, & que la princeſſe eſtoit deſia coffrée dedans le char
il arriue à pointe d'eſperon criant à haute voix:traiſtres brigandz & vol-
leurs, à la bonne heure eſtes vous tombez es mains de voſtre preuoſt des
mareſchaux. Anaſtaſiane qui l'apperceut ſe cuyda paſmer de ioye, & dit
à la princeſſe (qui comme morte auoit la teſte en ſon giron)en la tirant
par les mains : Hee dieu ma dame efforcez vous & verrez noſtre ſecours
venu quand & celuy que nous cherchons.Lucelle leua le chef & le vid au
plus grand reconfort qui luy euſt ſceu auenir. Les dix cheualiers vont à
courſe de deſtriers au deuant de luy,dont les vns rompent leurs lances en
ſon eſcu(les autres faillanz de rencontre)ſans le mouuoir non plus qu'vne
tour paſſa outre en portāt vn bien elourdé par terre du choc de ſon corps:
& comme s'il n'euſt trouué aucun deſtourbier voyant les geans acharnez
ſur Mandroc qu'ilz ne pouuoient faire rendre , broche vers eux & entoiſe
vn tel coup de toute ſa force ſur le haut de l'armet de l'vn qu'il luy pourfend la teſte iuſques au menton . Et voyant le coup de marque qu'il auoit
fait eſcria : Grece, Grece, amy Mandroc prenez courage, voicy voſtre

S   Amadis

Amadis de Grece. Le gean tomba par terre qui fit meilleur marché de
son compagnon à Mandroc: lesquelz recommencerent leur conflit comme deuant, bien qu'vn peu alentis pour le trauail qu'ilz auoient eu en l'effort de la lutte. L'Empereur les laissa pour faire contre care aux cheualiers qui le venoient assaillir, lesquelz il rembarre d'vne furie nompareille : car il ne tiroit coup à droit qu'il n'en occist ou abatist quelqu'vn : de
sorte qu'en peu d'heure quatre d'eux gisoient sur l'herbe. Anastasiane
voyant ses merueilles dit à sa maistresse : & qui est le cueur de dame qui
peust tenir fort contre celuy deuant lequel fondent les braues cheualiers
& fiers geans comme la neige au soleil? pour dieu regardez ses faitz merueilleux, & les voyant verrez le tort que luy tenez. A quoy elle respond
que les prouesses d'Amadis ne luy estoient nouuelles, ne la merueille d'e-
stre elle mesme viue depuis la faute qu'il luy auoit faitte. Et quand au tort
qu'elle luy faisoit s'estoit en souffrant aussi grád martyre que luy, & pour
euiter la playe mortelle de son honneur. Adonc Amadis auoit repoussé
les cheualiers iusques aupres du char, la ou voyant sa dame, abat à l'vn le
bras auecques l'espée, & à l'autre trenche le quartier gauche de l'espaulle
iusques à luy ouurir la moytié du cueur. Alors Anastasiane dit à Lucelle
que c'estoit bien raison d'ouurir le cueur à celuy qui luy monstroit celuy
des autres ainsi ouuert pour son seruice. Qui respondit qu'il n'estoit besoin d'ouurir ce que de long temps estoit ouuert, sans le grand obstacle
qu'il auoit mis au deuát. Et comme la damoyselle luy repliquoit qu'il n'y
auoit deffence qui sceust tenir contre tel cheualier, alors ceux que si mal
il menoit ne l'oserent plus attendre, & luy faisant voye il pique vers Man
droc qu'il trouua traittant le gean presque à sa volunté. Lequel voyant
arriuer Amadis tourna ses yeux vers luy, craignant ce qui estoit auenu à
son compagnon, qui donna lieu à Mandroc de luy descharger vn coup à
descouuert du gorgeriz, dont il luy trencha la teste. Alors luy dit l'Empereur: En bonne garde sçauois-ie bien Mandroc, que ie laissois ma Lucelle
à qui ie te prie de dire qu'elle couche ce secours en ligne du conte des autres seruices que luy ay fais, & que ie m'en voys accomplir le reste de sa
volunté, & me payer en piteuse monnoye du trop d'amour que ie luy
porte. Or à Dieu mon bon amy. Mandroc (combien que fort naüré &
trauaillé) s'auance pour l'empoigner par le bord de sa cuirace, luy disant:
Mósieur pour la part que me touche vostre bon secours ie vous en remer
cie treshumblement: mais quand à elle, si vous auez esté cause du remede, vous l'auiez esté de l'inconuenient, l'ayant mise en ce danger pour aller en vostre queste : pource vous supplie ne vouloir partir ainsi sans parler à elle, car vous luy redoubleriez l'ennuy qu'elle a receu de vostre premier depart sans prendre congé, la laissant seule en telle contrée. A quoy
Amadis Si ie pensois, Mandroc, que ma demeure luy seruist ie ne luy faillirois, veu que ma volunté ne se gouuerne que par la sienne: & pource que
ce que ie fais, luy est agreable, vous me pardonnerez la salüant en mon
nom

nom. Ce dit, tourne bride & s'en va & sa damoyselle Finistée (acheuant de côter à la princesse l'angoisse ou elle auoit veu l'Empereur depuis qu'il l'eut laissée) le voyant partir donne de la houssine à son pallefroy & va apres. Ce que voyant Lucelle fut tant troublée qu'elle ne sçauoit que penser ne dire. A laquelle vint Mandroc ainsi qu'elle estoït descédue du char & luy ayant fait son embassade elle dit : Certes s'il faisoit ma volunté il m'vseroit de plusgrand' courtoisie que de me fuyr quand ie le quiers: mais puis que ma compagnie ne luy plaist ie serois bien simple de plus chercher la sienne:ce qu'elle disoit auec si grand destresse qu'elle en estoit quasi hors de son sens. Adonc dit Anastasiane : & ia Dieu ne m'ayde s'il s'en va ainsi, sans qu'il ayt l'estour à moy & que ie ne le rameine malgré ses dents. Si monte sur sa haquenée & court apres Amadis. Ce pendant la princesse & Mandroc desliérent & mirent en liberté celles qui estoiét dedans le char entre lesquelles y auoit vne dame auec deux siennes filles qui les prierent de venir heberger en leur chasteau qui prochain estoit:ce que la princesse luy accorda apres le retour de sa damoyselle, & se coucherent sur l'herbe deuisans de la façon que ceste dame auoit esté prise: qui luy conta que ce auoit esté en la chasse par vne grande surprise, d'autant qu'elle auoit treues & abstinence de guerre auec les geans, dont l'vn auoit nom Gourdeau & l'autre Lazaron estans seigneurs du fort chasteau d'Ar gantas situé en vne presqu'isle, c'est à sçauoir tenant d'vn costé à la terre duquel l'approche estoit vne deffence de maintes tours & boulleuers : & de la faisoient plusieurs saillies pour piller & rober le païs. Or sont puniz de leur desserte (respond la princesse) mais ma dame (dit l'autre) on ne croyroit pas la richesse qu'ilz auoient amassée en ce chasteau par leurs pilleries & larrecins. Surquoy la princesse luy disoit que Dieu par sa iustice acheueroit d'y donner ordre comme il auoit commencé. Ainsi deuisoient ensemble, & vne de ses filles qui entendoit la cirurgie se mist à estancher le sang & bander les playes de Mandroc en attendant le retour d'Anastasiane.

Comme Amadis de Grece (apres

auoir deliuré de danger la princesse) partit sans parler à elle.
& comme elle alla apres luy.

Chapitre　　　**LXIIII.**

S ii　　　　L'Empe-

'Empereur ayant laiſſé Mandroc tant piqua, & Finiſtée apres luy, qu'ilz arriuerent à l'orée d'vne foreſt, là
ou eſtant paſſée la chaleur de ſon ire, ſe voyant ainſi e-
longné de ſa dame, ſon cueur ne put porter qu'il ne s'a-
tendriſt comme parauant: parquoy rencheu en ſa debilité premiere il ne ſe pouoit plus tenir à cheual, du-
quel il deſcend & ſe iette ſur l'herbe ou il ſe tourne & roule douloureuſe-
ment: ce que voyant Finiſtée met ſoudain pied à terre, & craignant qu'il
euſt rapporté quelque playe mortelle du conflit, luy dit: Làs monſieur e-
ſtes vous fort naüré? Comment Finiſtée(reſpond) t'eſt-ce choſe nouuelle
que ma playe? n'as tu point veu ce que i'ay ſenty & ſouffert? ne cognois-tu
pas la bleſſeure qui eſt ſi vieille & renouuelle & engrege tous les iours? car
Dieu mercy ſur mõ corps ie n'en ſens nulle. Finiſtée ſe r'aſſeura de la peur
qu'elle en auoit, le reconfortant & priant de s'eſuertuer pour remonter,
à fin d'aller gaigner les logis, par ce qu'il eſtoit tard. A quoy il reſpond
qu'il auoit deliberé de loger par les champs & montaignes, auſſi qu'il
n'auoit pas en luy la force de ſe pouuoir leuer de là. Sur ces entrefaittes
voicy venir Anaſtaſiane qui le voyãt en ceſt eſbat eut pareille crainte que
l'autre, que ce fuſt quelque coup qu'il euſt receu en la meſlée: ſi deſcend &
s'aſsied aupres de luy prenant ſes mains qu'elles trouue mouillées d'vne
ſueur froide. Alors luy demande s'il eſtoit bleſſé, qui recognoiſſant ſa
parolle luy dit que ſi cruellement l'eſtoit, qu'il eſtimoit ce iour la auoir
fait à la princeſſe le dernier ſeruice qu'il pourroit iamais: pource ma bonne amye portez luy les nouuelles de ma fin comme celle qui en auez touſ
iours procuré le remede. A quoy la pauurette pleurant: monſieur efforcez vous & nous vous banderons voz playes, puis irons trouuer ma dame
au lieu ou l'auez laiſſée, d'ou elle ne partira iamais qu'elle ne vous ayt veu
A' à (dit l'Empereur) il n'y a qu'vne qui puiſſe eſtancher mon ſang. Quãd
elle entendit que ſon mal n'eſtoit qu'en l'ame: ſus ſus (dit elle) monſieur
fiez vous en moy car i'en ay trouué le moyen: pource vous ſupplie de
monter promptement à cheual pour l'aller prendre. L'empereur iettant
ſes bras à ſon col ſe met en ſon ſeant, & s'efforçant de toute ſa puiſſance
pour ſe leuer ce qu'il ne put faire. Dont il luy dit: m'amye ie ferois voluntiers ce que me dittes, mais la vertu me deffaut, vous iurant la foy que ie
dois à dieu & à elle que ie n'ay le pouoir tant ne quant, & que ie ne penſe
durer en vie iuſques au matin: pource la priez de me pardóner & d'attendre mon eſperit qui s'ira rendre la ou le corps ne peut plus . Ce diſant il ſe
paſme entre les bras d'Anaſtaſiane qui le remet doucement entre ceux de
Finiſtée, & penſant qu'il n'y auoit autre remede que d'amener la princeſſe en ce lieu remonte ſur ſon palefroy, & à bride abatue l'alla retrouuer
luy diſant: Ma dame i'ay à parler à vous, pource vous prie de monter ſur
voſtre haquenée, afin que nous promenions vn peu: ce qu'elle fait, & ſi
toſt qu'elles furent vn peu loing des autres luy demanda qu'il y auoit, &
qu'elle

qu'elle eſtoit toute troublée de ſon effroy. C'eſt (dit Anaſtaſiane) qu'il
faut que veniez preſentement quand & moy ſi voulez iamais voir voſtre
Amadis de Grece en vie. La princeſſe ſentit vn dur eſtoc de ceſte parolle
& ſon cueur n'auoit encore ſouſtenu vne ſi rude eſpreuue. Helàs (dit elle)
ſon remede eſt il venu, & le mien auſsi? penſant qu'il fut feru à mort, &
qu'elle ne viuroit gueres apres luy. Or ma dame (dit Anaſtaſiane) à ce
coup ſa vie eſt entre voz mains. La princeſſe fut vn peu conſolée quand
elle entendit que ſa maladie eſtoit de l'eſpece de la ſienne, & dit: Allon
de par dieu : car il ne mourra par faute de ſecours qui dependra de moy.
Adonc s'en vont en grand diligence, & le trouuerent la teſte couchée dedans le giron de Finiſtée, qui ne ceſſoit de l'armoyer ſur luy. Anaſtaſiane
deſcend & reçoit la princeſſe entre ſes bras & s'en vôt ſoir aupres de l'empereur, à qui elle demande comme il ſe trouuoit: Helàs ma dame (dit Finiſtée) depuis qu'Anaſtaſiane partit d'icy il n'a remué pied ne main : A
l'heure la lune ſe monſtroit au ciel quand l'Empereur (qui rien ne leur reſpondoit) comme eſtant hors de ſoy tenant les yeux fermez, s'eſcria: ô a-
buz pour me deſabuſer, qui euſt penſé que ma dame euſt eu ſi peu de fian
ce en ma vertu que de craindre vilennie la ou onques ne repaira. Ce dit,
fut encores long temps ſans parler. Mais la princeſſe ſentit vn grief choc
en ſon cueur de ceſte parolle, tellement que reſiſter ne put à vne ſoudaine deffaillance qui luy en print. Ainſi eſtoient les deux amans eſtenduz
tous tranſiz l'vn aupres de l'autre, dont Amadis reuint à ſoy le premier,
à qui dit Finiſtée : Et quoy monſieur ne voulez vous autrement penſer
de ma dame Lucelle qui eſt icy en telle diſpoſition pour l'amour de vous?
A ce nom il s'efforce tant qu'il ſe releue en ſon ſeant, & la voyant aupres
de luy comme morte luy prend les mains qu'il luy baiſe ſans ceſſe, & tant
la tire & manie qu'il luy reſueille les ſens & luy dit: Làs, ma dame, a-
uezvous voulu tant faire pour voſtre ancien cheualier que d'aſsiſter à ſon
treſpas. Ie vous ſupplie me pardonner le trauail que ie ſuis cauſe de vous
auoir fait prendre, vous aſſeurant que i'en porte la peine ſur le champ,
d'autant que par voſtre viſitation me prolongez la vie en langueur, qui
n'euſt pas encore duré ceſte nuit. Làs laiſſez moy mourir pour mettre fin
à mon cruel martyre, ſans me tuer ſi ſouuent par voſtre rigueur, & puis
me reſuſciter par quelque faueur fainte & emmiellée de vaine eſperance:
en quoy ie reſemble à Prometheüs de qui le foye reuenant d'autant qu'il
eſt rongé ſert de continuëlle viande à l'autour de Caucaſe. La princeſſe
ſe trouua en plus grande perplexité qu'onques mez. Toutesfoys luy eſtât
bien auis que la reſponce qu'elle luy feroit à ceſte heure ſeroit l'arreſt de
ſa vie ou ſa mort, & ainſi vaincuë de l'amour à qui nul ne peut en fin reſiſter, luy reſpondit. He Amadis de Grece, ſi ie rendois le payement deu
à voſtre deloyauté vous ſeriez chaſtié de voſtre faute de m'auoir delaiſ-
ſée, & moy de la mienne de vous auoir trop aymé : ce qui ne ſe pourroit
faire ſans la mort de tous deux. Mais obeïſſant à la puiſſance d'amour qui

S iii	me pri-

me priue de liberté, ie ſuis venuë vous chercher(& n'en ſçachez gré à autre) plus pour vous ſauuer la vie que pour fuyr ma mort, eſtant deliberée de ne partir de voſtre compagnie, tant qu'ayons trouué le Roy mon
frere, auec le conſentement duquel ie me rendray voſtre de tous pointz
par le lien de mariage, dont à preſent ie vous donne la foy, & de plus ne
me requerez car ie n'en ferois rien . L'empereur oyant ceſte ſentence ne
ſçauoit s'il ſongeoit ou reſuoit, ne la pouant quaſi croire, ne s'en fier à ſes
oreilles, ſi dit afin de piece : O' bienheureux tourment qui es coronné de
ſi glorieuſe recompenſe: Heureuſe bataille de qui ſort tant precieuſe victoire. Anaſtaſiane eſtoit merueilleuſement aiſe de ce bon appointemét,
& voyant qu'ilz s'oublioient en ce plaiſir , les auertit qu'il eſtoit temps
d'aller retrouuer Mandroc & la cópagnie des damoyſelles. Ce que l'Empereur acorda, & ainſi monterent tous à cheual, mais ilz rencontrerent
le bon Mandroc en chemin, lequel Amadis embraſſa par grand' amour
diſant: Ha à cher amy, n'auiez vous pas ce iour aſſez fait pour moy ſans
vous donner ce trauail, à l'heure qu'auez ſi grád beſoin de repos . A quoy
le gean : vous ſçauez bien monſieur, que ie ſuis voſtre iuſques au dernier
ſouſpir. Or eſtoit il trop content de voir l'Empereur retourner auec Lucelle, & ainſi s'en vont enſemble tous reſiouïz au lieu ou le char eſtoit demeuré, dedans lequel la princeſſe monta auecques les autres pour aller
gaigner le chaſteau ou ilz deuoiét loger celle nuit qui n'eſtoit qu'à deux
petites lieués de la : auquel ilz furent fort honorablement receuz & traittez. Or ay-ie à vous dire qu'ilz rencontrerent pres de la vn des cheualiers
des dix qui eſtoient de la iournée, que la foibleſſe d'vne playe par effuſion de ſang auoit la arreſté en fuyant. Si l'empoigna Amadis à qui il ſe
rendit & l'emmenerent au chaſteau, ou il ſceut de luy tout l'eſtat de la for
tereſſe d'Argantas, qui eſtoit imprenable par force humaine , & qu'il n'y
auoit dedãs qu'vne vieille geante acompagnée de quatre cheualiers pour
la garde du lieu , auec quelque menue gent de ſeruice . A ceſte cauſe penſa l'Empereur qu'il le conuiendroit ſurprendre par quelque ruſe auant
qu'ilz ſceuſſent plus amples nouuelles du conquerát. Parquoy apres ſou-
per print congé ſecrettement de la Princeſſe(qui le luy euſt voluntiers refuſé)& ne meine quand & luy que ſon priſonnier à qui il promet ſa deliurance, moyennant qu'il le mette dedans le chaſteau . Ainſi s'en va vers
Argantas qui n'eſtoit qu'à vne lieuë de là, voire ſi fier & braue de ſon nou
ueau contentement qu'il ne penſoit entrepriſe au monde qu'il ne miſt incontinent à fin.

Comme l'Empereur Amadis par

ſa haute cheualerie conquit le chaſteau d'Argantas & deliura
les priſonniers.

Chapitre   LXV.

Madis de Grece & le cheualier arriuans pres du chasteau d'Argantas entendirent de grans criz & gemisse-
mens dedans, & se douterent assez tost que ce pouoit
estre, car trois autres cheualiers qui estoient fuiz de la
meslée auoient apporté les nouuelles de la mort des
deux geans, qui estoit la cause de doleance & lamenta-
tion que faisoit leur mere & les seruiteurs. Amadis fit hurter le cheualier à vn gros marteau de fer qui estoit à la porte, qui fit venir vn homme
à vne fenestre au dessus, leur demandant qui ilz estoient, & qu'ilz alloient
querant. Ie suis Brescor (respond le cheualier) qui par grand auenture
suis eschapé de l'estour auec mon compagnon que voicy, pource ouure
nous, à fin qu'allions faire nostre deuoir de mener le deuil de noz seigneurs auecques les autres. L'homme qui le recogneut luy dit qu'il atten-
S iiii   dist, &

dist, & reuint incontinent auec les clefz par le commádement de la geante &deux valetz portans deux chandelles.Lesquelz si tost qu'Amadis fut
entré le cogneurent aux enseignes que les cheualiers de leans en auoient
baïllées:parquoy ietterent sur luy leurs chandeliers& s'enfuyoient au dedans crians à haute voix . Trahy, trahy , seigneurs cheualiers sortez , ou
nous sommes perduz. A ce bruit l'effroy fut grand par le chasteau, & les
trois cheualiers qui ne s'estoient encores desarmez estoient prestz de saillir au secours pendant que les quatre de la garde s'armoiét,& huit vilains
couroient à leurs haches & cabassetz de fer. Mais Amadis ayant sondain
mis pied à terre print vne des chádelles & à grand pas marche droit vers
la sale ou il les trouua auec la geante . Quand ilz apperceurent, s'escrierent: Dame Foralaste nous sommes tous mors, car voicy la mesme mort
qui a tolly la vie à voz enfans. La vieille leur dit : mettez le à mort, il
n'euadera point de noz mains . Adonc ilz l'enuahirent de tous costez,
& il les escarmouche tellement qu'auant que ceux de la garde vinsent il
en auoit depesché deux. Alors arriuent les quatre autres qui recommencerent le conflit,lesquelz en peu d'heure Amadis charpenta en piteuse sor
te. A ceste cause Foralaste comme vne Lyonne enragée fait allumer vne
torche par vn valet & s'en va en vne loge ou elle tenoit deux tigres enfermées les plus terribles bestes de la terre : si les met dehors esperant par
elles la vengence du cheualier. Mais la premiere chose qu'elles firent fut
de deschirer leur maistresse & la despecer à beaux ongles & dents . Ce
que voyant le seruiteur quitte sa torche & s'enfuit en vne chambre ou les
femmes du chasteau s'estoient retirées. Les tigres ayans mis la geante en
pieces vont par la court ou elles rencontrent les huit vilains encapelinez,
allans vers la sale pour charger Amadis de renfort: desquelz elles en de-
membrerent & escorcherent deux piteusement, contraignans les autres
de gaigner le haut par les escaliers. De la les bestes tirerent vers la lumiere ou Amadis combatoit, & s'attacherent à deux des cinq cheualiers qui
n'en eurent pas meilleur marché que les autres. Mais les trois qui restoiét
les voyans ainsi encharnées sur les corps de leurs compagnons s'adresse-
rent à ellles à leur damp:car elles en firent hideuse boucherie, hormis vn
qui se sauua de vitesse. AdócAmadis:Ia Dieu ne plaise(dit il)que ie m'efface à ses animaux qui tant m'ont fait de bien : & de ce pas empoigne vne
torche & s'en va amont la viz laissant les tigres en leur pasture qu'il en-
ferme en la sale : & va à l'autre ou les vilains s'estoient serrez de peur des
bestes. A l'huys de laquelle trouua le cheualier qui s'en estoit fuy : lequel
aussi tost qu'il le vid se prosterne à ses piedz luy requerant mercy,qu'il luy
ottroya , moyennant qu'il fist ouurir celle porte aux vilains . Ausquelz
il parla, leur remonstrant qu'ilz ne pensassent tenir fort contre celuy qui
seul auoit fait œuure de cent cheualiers , autrement faisans ceste folie ilz
ne se pouoient asseurer que de la mort . Les pauures diables qui iugerent
à ce langage que tout estoit souzmis à la puissance de l'estranger, dirent
que

que sur sa parolle ilz ouureroient. Lors Amadis leur promet sur sa foy de
ne leur faire aucun outrage. Parquoy ilz luy ouurent & se iettent à genoux deuant luy, s'offrans à son seruice. Il les reçoit, & de la descend en
la sale basse ou ilz trouuerent les tigres mortes des playes qu'elles auoiét
receuës. Si s'en va à la chambre ou les femmes estoient retirées qui pleuroient tendrement, ausquelles il fit ouurir l'huys sur sa promesse, & eut
grand compassion de leur tristesse. Puis se met à vne fenestre qui regardoit dehors & apella le cheualier sa guide, lequel n'auoit osé entrer dedans le chasteau, iusques à ce qu'il veid comme le fait succederoit. Adonc
luy demanda qu'il vouloit de luy. Que vous alliez soudain vers ma dame la princesse luy dire que le chasteau d'Argantas est à nous, & qu'elle
m'enuoye gens à mettre dedans pour le garder, puis ie les iray trouuer
incontinent. Le cheualier fit diligence, & Dieu sçait la chere qui luy fut
faitte de si bonne embassade, pour laquelle fournir Mandroc enuoya vn
hôme du chasteau ou ilz estoient à sa nau pour amener partie de ses gens
qui y estoient demeurez, lesquelz ne faillirent l'endemain de se rendre
au chasteau d'Argantas. Amadis ne dormit gueres celle nuyt, combien
qu'il en eust grande necessité, ains l'employa à faire enterrer la geante &
ses gens, & à faire traitter les prisonniers qui estoient en grande souffrette
Si leur fit le matin rendre tout ce qui leur auoit esté pris, & leur en donna encores autant des grandes richesses qu'il trouua leans, les commandant tous à dieu. Et ilz s'en allerent le benissant & remerciant de tout leur
cueur. De moindre largesse il n'vsa enuers les damoyselles du chasteau,
& arriuans les cheualiers de Mandroc les mit en possession du chasteau,
receuant hommage d'eux au nom de Mandroc qu'il en faisoit seigneur.
Ce fait part de là & va trouuer la princesse qui les recueillit fort gayemét
comme si elle eust senty sa part de la gloire de la conqueste faitte par celuy qui tant estoit sien. Or dit l'Empereur à Mandroc qu'il luy donnoit
le chasteau auec tous les biens qui y estoient en grande affluence comme
à celuy qui l'auoit bien achetté au pris de son sang : Mandroc le remercia
vn genoil en terre, disant que ce n'estoit que le commencement & arres
de ce qu'il auoit enuie de faire pour luy, & que trop estoit payé de son
seruice du seul tiltre d'estre son vassal, mais puis que sa grandeur luy faisoit ce don, il le tiendroit d'elle non plus ne moins que sa personne & le
reste de ses biens. Amadis l'embrassa tout riant & luy dit : La fin des richesses ne gist pas à les posseder, ains à les distribuer par liberalité, & le
tresor de ceste largesse est le plus grand que les princes puissent auoit sur
lequel le temps la fortune, ne la mort n'ont aucune puissance. Bref il n'est
richesse que d'amys que vous aquerez par bienfaitz, sans lesquelz vous ne
pouez asseurer la iouissance & garde de voz biens. L'empereur & la princesse tindrent bonne compagnie à Mandroc iusques à ce qu'il fut guery.
Lors remercierent la dame du chasteau du bon traittement qu'ilz auoient
receu d'elle. A qui Amadis fit present d'vn precieux ioyau qu'il auoit a-
porté

porté d'Argantas . Puis firent voile par bon temps pour reprendre leur
route paſſans le temps enſemble en la nef à pluſieurs ieux & esbatz.

Comme le prince Falanges n'ayãt

*nouuelles de ſon filz Ageſilan ne de l'emperiere Niquée & de tous
ceux qui eſtoient allez en ſa queſte, s'expoſa à la fortune
pour les aller trouuer, & la princeſſe Alaſtraxerée ſa femme auec luy.*

Chapitre   LXVI.

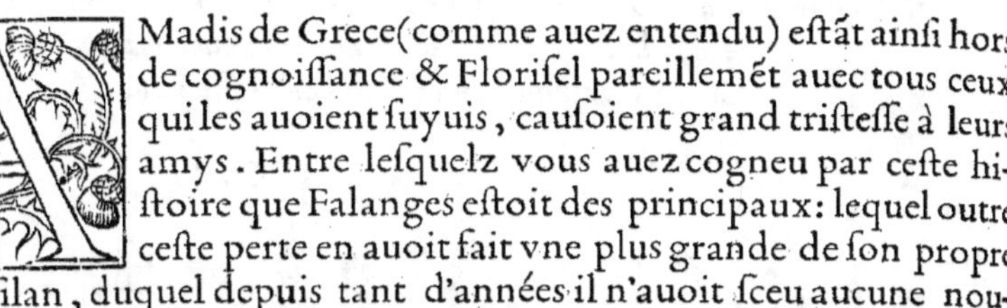

A Madis de Grece(comme auez entendu) eſtát ainſi hors
de cognoiſſance & Floriſel pareillemét auec tous ceux
qui les auoient ſuyuis, cauſoient grand triſteſſe à leurs
amys . Entre leſquelz vous auez cogneu par ceſte hiſtoire que Falanges eſtoit des principaux: lequel outre
ceſte perte en auoit fait vne plus grande de ſon propre
filz Ageſilan, duquel depuis tant d'années il n'auoit ſceu aucune nouuelles, ne dom Arlanges ſon compagnó . Parquoy vn iour qu'il eſtoit ſur
ce propos auecq' la princeſſe ſa chere eſpouſe luy dit qu'il ne pouoit plus
ſouffrir ce grief ennuy de la ſi longue abſence de tous ceux qui luy touchoient de plus pres au cueur, meſmemét de leur filz vnique. Dont eſtoit
deliberer auec ſon bon conſeil de monter ſur mer au premier iour & tenter l'auéture de leur queſte . A qui Alaſtraxerée reſpondit qu'ilz n'eſtóiét
pas nez pour viure touſiours en voluptez & délices, & qu'elle eſtoit d'a-
uis qu'il fit ce que l'honneur & le deuoir d'amitié luy commandoit. Dequoy il fut treſaiſe, &donna charge à l'inſtant qu'on luy tint vne nef preſte & equippée pour le lendemain. En laquelle(apres auoir pris congé du
bon Roy & de la Royne) il entra accompagné de trois cheualiers ſeulement. Et commanda à ſon patron de ne tenir aucune route, ains alle à la
fortune puis qu'il ne ſçauoit quelle part il deuoit pluſtoſt tirer, eſperant
queDieu le guideroit.Vous deuez croire que la princeſſe(cóbien que magnanime) eut grand regret à ſon partement. A laquelle la nuit prochaine auint vn ſonge qu'il luy ſembloit oyr la voix de ſon cher mary, l'apel-
lant à ſon ayde comme s'il fuſt en extreme danger : qui la fit reueiller en
ſurſaut, mais conſiderant que c'eſtoit vanité que ſonges, ſe remit à dormir, ou gueres elle ne fut que ce meſme ſonge luy reuint. Alors ſe leue le
cueur fort triſte , eſtimant que ce deuoit eſtre quelque auertiſſement diuin, puis qu'il auoit eſté ainſi rechargé pour la deuſieme foys . Et ſi toſt
qu'il fut iour alla vers le Roy& la Royne leur raconter,qui remirent tout
à ſa diſcretion . A ceſte cauſe enuoya choyſir le meilleur vaiſſeau qui fuſt

au port

au port & y mettre ſes armes , dedans lequel elle monta vne heure auant
la nuit ne menant quand & elle que deux damoyſelles & douze cheualiers . Si fait leuer l'ancre & ſingler ſans quadran ne buſſolle comme le
prince auoit fait, ainſi que les vens & ondes la porteroient, ſe mettant en
la main de Dieu , & le peuple fort triſte l'auoit ſuyuie iuſques au port les
larmes aux yeux de voir ainſi partir leurs deux princes ſans ſçauoir ou ilz
alloient, ayans deſia perdu leurs filz Ageſilan, dont la coronne de Colchos eſtoit en danger de forligner & choir en main eſtrange.

Comme Gandaſtes le braue, roy

de Frigie vint à Trapezonde pour entrer en combat ſingulier contre
Floriſel ſur la querelle de Sidonie. Et comme Rogel de
Grece le vainquit en la deffence de ſon pere.

Chapitre LXVII.

D'Autre coſté grand eſtoit l'ennuy de la princeſſe Heleine pour le long temps qu'elle auoit eſté ſans entendre aucunes nouuelles de Floriſel ſon mary ne de l'Em
pereur Amadis . Et n'auoit autre ſoulas en ſa triſteſſe
que du prince Rogel ſon filz, qui adonc eſtoit en aage
pour eſtre cheualier, eſtant doué & acomply de graces
& perfections, telles que vous ont eſté deduittes au commencement de
ce liure . Or commençoit deſia à courir l'ordre de ſes deſtins contenu par
les pro-

les profeties efcrittes en fon nom: aufquelles fortune fit ouuerture par vn
accident non efperé par luy, qui ne penfoit alors qu'en l'ordre de cheualerie qu'il defiroit receuoir de l'Empereur fon ayeul. Mais fa longue abfence luy tardoit trop, & à cefte caufe fupplia la princeffe fa mere plufieursfoys de luy donner congé d'aller à Conftantinople pour le receuoir
de l'Empereur Lifuart. Ce qu'elle luy deftourna tant qu'elle put, n'ayant
autre plaifir ne reconfort que de fa compagnie, aufsi le voulant referuer
pour le fouftien de la maifon de Grece, au cas que fon pere & ayeul fuffent periz, en la quefte defquelz il vouloit aller. Or auint vn iour qu'il e-
ftoit en ce propos auec elle qu'vn cheualier entra en la fale du palais, fort
grand membru, & monftrant apparence de parcille prouëffe : deux efcuyers luy portoient fes armes, & auoit en fon efcu l'ymage de Diane.
Si demanda fierement lequel eftoit la Florifel de Niquée, & la princeffe
luy refpondit qu'il n'y eftoit pas. Ie fçauois bien (dit il) que ma fortune
me le deftourneroit au temps que ie le chercherois, mais il ne gaigne rien
à fe cacher de moy, parce que ie le trouueray toft ou tard pour garnir ma
main de fa tefte. Rogel fut grandement efmeu de ces braues parolles:
toutesfoys comme fage & bien apris attrempa fon ire & luy refpondit:
Cheualier, le prince monfeigneur eft en reputation par tout le monde de
ne fe deuoir cacher & abfconfer pour autre qui viue : & croy quelque
part qu'il foit que plus grans faiz & emprifes le detienent que la voftre:
pource deportez vous d'vfer de ce langage, que fans la feureté qu'il a dónée à fes affaillans, on ne vous fouffriroit pas. Le cheualier fut fort irrité
de ce que Rogel luy difoit, & luy refpondit: Damoifel referuez telles parolles d'audace à quand vous aurez moyen d'en monftrer les œuures, &
que ferez cheualier : car vous ne fçauez pas que vous parlez à Gandaftes
roy de Frigie, qui vous en donneroit bon chaftiment fi vous eftiez en e-
ftat pour le receuoir. A quoy Rogel : Gandaftes, ie garderey mes menaces iufques au temps que m'afsignez, vous promettant de vous aller rechercher d'aufsi bon cueur que querez le prince Florifel mon feigneur.
Quant à vous cognoiftre, ie croy qu'aufsi peu me cognoiffez vous : car
vous n'entreprendriez iamais cofrection fur le filz de tel que celuy à qui
ie fuis, qui tient luy & les fiens de plus grãds feigneurs à vaffaux que vous
n'eftes: pource auifez à parler plus fobrement de telz princes. Gandaftes
cuida enrager de cefte refpóce, & luy dit qu'il le vint hardimét chercher,
& qu'il ne fe cacheroit comme fon pere de luy. Adóc Rogel faify d'impa-
tience s'agenouille deuont fa mere la fuppliant luy permettre d'eftre cheualier par la main du roy de Bregne, pour le deliurer de peine d'aller cher
cher ce Roy qui eftoit tout porté, & que fon aage & l'honneur d'elle ne
pouoient fouffrir telz outrages. Helene (combien que fort ennuyée des
braueries de ce Roy)ne luy voulut accorder fa requefte, craignant trop la
puiffance de Gadaftes felon fa corpulence, qui (à la verité) eftoit trefvail-
lant & hardy, n'ayant encores rencontré cheualier ne Gean qu'il n'euft

outré

outré & vaincu . Parquoy elle adreſſe à luy ſa parolle : Roy de Frigie le
prince Floriſel n'eſt pas en ce païs, à ſon retour y pourrez venir , tout aſſeuré qu'il ne ſe celera point pour vous:ce pendant ce n'eſt acte de cheualier d'outrager vn autre (meſmement tel prince) en ſon abſence , & dire
parolles au preiudice de ſon honneur . A quoy il reſpondit n'auoir rien
dit qu'il ne maintint de fait , & que ſi toſt qu'il ſentiroit nouuelles de ſa
venuë il le viendroit trouuer . Ce dit, ſort de la ſale & monte à cheual tenant le chemin d'vn port diſtant devint lieuës de là ou ſa nau l'attendoit.
Rogel le voyant ainſi partir ne ſe pouoit côtenter, & de faſcherie ne voulut ſoupper pour quelque inſtance qu'Helene luy en fit, & diſoit: Ma dame quelle raiſon auez vous de me diuertir de mô deuoir & me garder de
prendre les armes au temps qu'elles me ſont deuës?puis qu'ainſi va faittes
moy bailler vn acouſtrement de damoyſelle , afin que ie m'aſſeye ſur les
carreaux aupres de vous auec mon eguille , & qu'aumoins ie vous ſerue
de quelque choſe . Elle (ſe ſouzriant d'vne bonne grace) luy reſpondit
qu'elle ne le faiſoit pour deffiance qu'elle euſt de ſa vertu , ains à fin de ne
perdre ſa preſence en l'eſtat ſolitaire ou il la voyoit, luy tenant maint autre propos pour luy deſtourner ceſte fantaſie,mais il n'eſtoit pas poſsible
veu l'ardeur qui luy rongeoit le cueur: tellemét que la nuit (eſtant Rogel
retiré en ſa chambre)fit ſortir tous ceux qui y eſtoient fors qu'vn damoy
ſel nommé Seruid filz du duc d'Antile (qu'il aymoit plus que nul autre)
à qui il fait prendre vn flambeau & s'en va au cabinet de l'Empereur ou il
choyſit vn harnois blanc de fort bonne trempe,duquel il s'arme, &prend
la meilleure eſpée qu'il y trouue & la baille à Seruid à porter : puis deſ-
cendent tout bellement en l'eſcuyrie ou il choyſit les deux plus braues
deſtriers à ſon gré. Et ainſi ſortirent hors la villes, ſuyuant le trac du roy
de Frigie, & ſi bien piquerent qu'ilz furent à quatre lieuës de Trapezonde auant le iour,pres d'vn chaſteau ou il eſtima que Gandaſtes auroit logé, veu l'heure qu'il eſtoit party de la cité, comme auſsi auoit il fait. Parquoy dit à Seruid qu'il leur faloit paſſer outre iuſques à l'entrée d'vne foreſt qu'ilz voyoient, pour feindre de venir de l'autre coſté quand le Roy
ſortiroit, de qui il ne vouloit eſtre cogneu tant qu'il euſt fait ſon deſein.
Ainſi le font,& gueres ne tarda Gandaſtes à ſe mettre aux champs . Dequoy Rogel aiſe extremement lace ſon armet &va au deuant du Roy qui
luy demande à la rencontre s'il alloit à Trapezonde . I'y allois (reſpond
Rogel) mais Dieu mercy que ie vous trouue icy vous me faittes ſurſeoir
ceſte peine : car i'auois grand deſir d'eſtre armé cheualier de la main de
l'Empereur Amadis de Grece, lequel i'ay entendu n'eſtre pas de preſent
en ce païs , & enſemble que vous y eſtiez arriué: qui eſtes celuy pour voſtre renommée de qui ie me tiendrois plus heureux de receuoir ceſt honneur . Vous n'en ſerez pas refuſé (dit le Roy) & à l'inſtant luy donna l'a-
collée, & Rogel print l'eſpée de la main de Seruid luy voulant faire ceſte
faueur . Alors commença à dire à Gandaſtes : roy de Frigie ſi l'ordre de
T　　cheuale-

cheualerie fe préd en intention d'executer les hautz faitz ie n'y veux faillir de ma part. Et pource ayát deliberé de vous chercher, ores que ie vous
trouue : i'eftime le meilleur de vous deffier prefentement, pour adreffer
mon coup d'effay en bon endroit. Gandaftes fe print à rire comme par
dédain, luy difant que ce commencemét luy fembloit tresbeau mais qu'il
fortift pareille yffue, & luy confeilloit de differer cefte folie iufques à ce
qu'il euft vn peu plus de poil au menton. Du poil on ne combat pas (refpond Rogel) i'efpere le vous faire cognoiftre. Puis qu'ainfi va (dit Gandaftes) efloigne toy & tu en auras le cueur net. Ce qu'il fait, & brochent
l'vn contre l'autre de telle furie que leurslances rompent & fe rencontrent
de piez & de teftes fi lourdemét que le Roy va par terre, & Rogel perd les
eftriers faififfant le col de fon cheual comme le plus adroit cheuaucheur
qui fut en fon temps. Toutesfoys le cheual fentant fes refnes lafches ainfi
efchauffé qu'il eftoit, tant faute & bondit que Rogel ayma mieux fe ietter en terre: voyant le Roy venir vers luy à pied l'efpée au poin il fe prefente garny de la fienne, & adonc commencerent vn combat autant cruel
qu'il en eut iamais efté, trenchans leurs efcuz en pieces, faifans voler le feu
de leurs armes, & à beau ieu beau retour fans qu'on puft cognoiftre aucun
auantage de l'vn fur l'autre de plus d'vne heure. Dequoy Seruid eftoit en
grand angoiffe pour le peu d'experiéce du ieune prince s'attachant pour
fon apprentiffage à vn fi braue champion: lequel aufsi eftoit trop eftonné de la verdeur qu'il trouuoit en fon nouueau cheualier, & principalement de l'adreffe & legereté dont il euitoit fes coups & luy en dónoit par
furprife. Le fang fortoit à tous deux par maints endroitz de leurs corps,
dont fe fentit le Roy fort affoibly, & monftroit contenance de vouloir
faire paufe, quand Rogel (qui auoit le cueur plus gros que le ventre, com
bien que gueres moins de befoin il n'en euft) luy vint reprocher qu'eft
cecy Gandaftes? il femble comme m'auez tantoft iargonné que voulez
mettre la fin au commencement du conflit. Vous deuez fçauoir que le
chef de Florifel ne fe conquiert point par repos, & faut maintenát qu'on
fçache de qui de nous deux les parolles & œuures font plus reprehenfi-
bles. Alors le Roy cogneut que c'eftoit le damoyfel & filz de Florifel à
qui il en auoit eu à Trapezonde, & le prifa fort en fon cueur. Neantmoins
irrité de ces reproches, luy dit: Comment Rogel de Grece penfes tu en cefte enfance auoir fubiugué en moy les forces qui ont efté inuincibles aux
plus puiffans cheualiers & geans de la terre ? Ce dit, luy defcharge vn
coup fur le heaume, que Rogel pare de fon efcu, mais il luy en fit deux
pieces, & la pointe de l'efpée luy attaignit au deffus de l'orcille ou elle
l'entama grieuement, & l'elourda en forte qu'il cuyda tomber: toutesfoys fe refueillant & euertuant plus que parauant en ramene vn autre
fur l'armet de Gandaftes lequel il fendit (nonobftant l'efcu) iufques à la
chair viue, qu'il efgratigna affez profondement au front, dont le fang
commença à couler fur l'œil droit du Roy, qui luy porta tant de nuyfan-
ce à la

ce à la veuë que Rogel eut moyen de luy redoubler vn autre coup à deux
mains dont il l'eſtourdit grandement:& le voyant chanceler le heurta &
renuerſa emmy le champ . Lors ne fut pareſſeux de luy couper les las du
heaume, & luy mettre l'eſpée ſur la gorge, criant qu'il eſtoit mort s'il ne
faiſoit ſon commandement . Qui luy reſpondit que bien fol ſeroit de n'y
obeïr, n'eſperant de ſi bon cheualier choſe qui peuſt tourner à l'intereſt
de ſon honneur . Ie veux (dit Rogel) que tu ailles vers la royne Sidonie
luy dire comme au nom de mon pere (de qui n'auons nouuelles depuis
long temps) ie luy fay preſent de ta teſte,& qu'à la meſme condition que
monſeigneur le prince ie ſouſtiendray tous ceux qu'elle enuoyra en ſon
abſence ſoit icy ou la part qu'ilz me trouueront. Gandaſtes luy iura d'ain
ſi le faire: & Rogel monte ſur ſon cheual,& s'en va par vn deſtour au logis d'vn foreſtier pour faire appareiller ſes playes, n'eſtant deliberé de
retourner ſi toſt à Trapezonde. La princeſſe Helene fort dolente de ſon
depart, enuoya le duc d'Antile apres luy accompagné de nombre de
cheualiers, lequel arriua le ſoir au chaſteau meſme ou s'eſtoit retiré Gandaſtes pour ſoy faire penſer. De qui il entendit le combat paſſé, dont il ſe
reſiouit merueilleuſement de ſi hault commencement de ſon prince.Puis
l'ayant cherché es villes prochaines ſans en rien entendre, retourna vers
la princeſſe qu'il reconforta par l'eſperance grande de ſes premiers faitz.
Ce pendant Gandaſtes gueriſſoit, qui ne faillit ſi toſt qu'il peut monter à
cheual d'accomplir ſon embaſſade en Guindaye.

Comme Rogel guery de ſes playes

deliura trois damoyſelles des mains de trois cheualiers qui les
vouloient forcer: & des menuz propos qui
paſſerent entre luy & elles.

Chapitre　　　　LXVIII.

Stant Rogel de Grece guery de ſes playes commanda
à Dieu le foreſtier, luy deffendant expreſſement de ne
reueler qu'il euſt eſté en ſa maiſon . Si part auec Seruid
ſon eſcuyer, tirant au port le plus prochain pour s'expoſer à la mercy des vens & courir ſans routier ne com
pas . Deux iours cheuaucherent ſans auenture trouuer
digne de recit, & au troiſieme comme ilz entrerent en vne foreſt oyrent
vn cry de femmes,qui luy fit mettre armet en teſte & prendre eſcu & lance de Seruid pour aller voir que c'eſtoit : ſi trouua trois ieunes damoyſelles perchées en vn arbre, & trois cheualiers qui les poinçonnoient de
leurs lances pour les faire deſcendre. Auſquelz il demanda pourquoy ilz

T ii　　　　leur

leur faisoient fascherie: qui respondirent: pource qu'elles leur sembloient
belles & ilz en desiroient iouïr ceste nuit. A quoy Rogel repliqua, que ce
n'estoit acte de cheualerie de poursuyure les dames outre leur gré, &
qu'ilz s'en deuoient deporter. Qui nous a amené ce prescheur? dirent ilz:
passez, passez vostre chemin sans vous entremettre du fait d'autruy qui
en rien ne vous touche, vous estes encores bien ieune pour mettre police
au païs. Aumoins en vous la mettray-ie bien (respond Rogel) si vous retirez de la, ou ie vous en tirerez par force. A ceste parolle s'esloignerent
de luy & tous trois viennent les lances couchées, desquelz le premier rompit sur luy, & il luy passa la sienne à trauers du corps plus d'vne brasse:
puis acheuant la carriere rencontra le second qu'il choqua & renuersa par
terre, vne iambe prise souz le cheual. Adonc tire l'espée & vient vers le
tiers qui luy estoit demeuré au camp. Ce que voyans les filles esbahies de
sa prouësse: Dieu benye (dirent elles) le bon archer, qui a d'vn coup abbatu deux passereaux. Le trosieme le voyant venir vers luy fut sage par
l'exemple de ses deux compagnons, & pour le plus seur piqua au loing
sans retour: nonobstant la huée des damoyselles qui luy crioient qu'il reuint & qu'elles luy octroyroient leur amour s'il vengeoit la honte de ses
compagnons. Rogel & Seruid ne se purent tenir d'en rire, & il descend
de cheual & va à celuy qui estoit couché souz le sien (cognoissant que l'au
tre estoit mort) auquel il fit semblant de vouloir trancher la teste. Ce que
l'autre craignant luy requiert pardon, que Rogel luy accorde, souz le serment de ne faire iamais outrage à dame: puis luy ayda à soy releuer. Ainsi
s'en va, & les filles luy dient qu'il les recommande à son compagnon qui
estoit si hardy contre les femmes & fuyoient deuant les cheualiers. Il s'en
alla la teste baissée sans leur respondre, entendant bien qu'on battoit le
chien deuant le lyon. Lors Seruid amene le cheual à Rogel, luy disant:
Montez monsieur, ie croy qu'effacerez le renom de vostre pere. Ie feray
beaucoup (dit Rogel) si ie luy puis ressembler de quelque partie. Les damoyselles descendirent à l'heure de l'arbre & le saluèrent courtoysement
le remerciant du bien qu'il leur auoit fait, & monterent sur leurs palefrois: puis le prierent (estant heure de soupper) de venir prendre la patience en leur chasteau qui prochain estoit: Ce qu'il ne refusa, & se met
entre elles qui luy semblerent toutes trois cointes & iolyes: & en chemin
leur demanda comme ceste fortune leur estoit auenuë. A quoy l'aisnée:
Monsieur sçachez que nous sommes seurs & filles d'vne dame chastelaine
du lieu ou vous menons. Or estions sorties apres disner de nostre chasteau sur noz haquenées pour prendre l'air, & estions montées en cest arbre pour cueillir des pomme quand ces trois gallans arriuerent qui nous
requirent d'amours, & voyás que ny voulions entendre nous molestoient
ainsi qu'auez veu pour nous faire descendre. Ilz en ont esté chastiez selon
leur merite, dit Rogel. Ouy (dit elle) & nous fort satisfaittes de vostre
bon secours: mais ie vous prie de vouloir oster le heaume puis que n'auez

plus a

plus à combatre, & vous mágerez auec nous du fruit que portons en noz
manches qui eſt fort beau. A quoy Rogel: il s'en pourroit cueillir auecq'
vous de trop plus delicieux , & voſtre beauté peut liurer vn dur aſſaut,
toutesfoys ie feray voſtre volunté. Quand il fut deſcouuert elles furét eſ-
merueillées de ſa beauté, & de la vaillance qu'il auoit monſtrée en ſi grád
ieuneſſe: dequoy l'vne d'elles luy dit, qu'elle accontoit à double bien d'a-
uoir eſté deliurée de ſi bonne main. Elle eſt touſiours preſte (reſpond il)
à s'employer pour telles que vous eſtes, belles & de bóne grace. Mais vous
(monſieur) eſtes tel que vous nous dites, qui moins ne coquerez les dames
que vainquez les hommes . Car pour le peu que vous ay veu ie ne voudrois iamais partir de voſtre compagnie. Ne moy pareillement de la voſtre, dit il . Vous voyla tresbien d'accord (dit l'vne des autres) s'il eſtoit
raiſonnable que vous euſsiez tout ma damoyſelle, ſans que nous y euſsiós
aucune part. Puis qu'il le veult (dit elle) ie ne vous fay point de tort, & re-
mettons noſtre differend à luy meſme. Rogel prenoit grand plaiſir à leur
debat, & leur dit qu'il les trouuoit toutes trois ſi gentilles qu'il ne ſçauoit
bonnement laquelle choiſir. Comment (dit l'aiſnée) monſieur, ſouz vmbre de nous appointer vous nous mettez en plus grand diſcord: ſçachans
bien que ſi nous ſommes trois à vn, nous entretuerons de ialouſie. Il faut
donc ietter au ſort, dit la troiſieme. Ce que la premiere ne voulut conſentir, aymant mieux y auoir part certaine, que ſe hazarder à n'y auoir rien
du tout . Ainſi rians & gaudiſſans à ſoulas arriuerent en leur chaſteau : là
ou leur mere (qui eſtoit treshonorable dame) recueillit Rogel fort humainement, & ne ſçauoit quelle chere luy faire quand elle eut entendu de
ſes filles ce qu'il auoit fait pour elles , dont l'aiſnée auoit nom Sinide, l'autre Galinde, & la troiſieme Sireſe. Elles le menerent en vne bonne chambre ou il fut deſarmé: puis luy apporterent vn manteau d'eſcarlate bordé
de paſſement d'or , & le conduirent en vn iardin ou les tables eſtoient
dreſſées pour le ſoupper: lequel attendant, ſonnerent des luthz aſſez melodieuſement, & les ayans laſchez il en print vn & ſonna vne chançon
ſur le propos de l'amour des trois enſemble , compoſée par vn des meilleurs poëtes de ſon temps.

> *D'en aymer trois ce m'eſt force & contrainte:*
> *L'vne m'aymant trop, pour ne l'aymer point.*
> *Et l'autre m'a donné ſi viue attainte,*
> *Que plus la fuis, plus ſa grace me point,*
> *Et l'autre tient ſon cueur vny & ioint,*
> *Voire attaché de ſi treſpres au mien,*
> *Que ie ne puis ne veux eſtre que ſien.*
> *Ainſi Amour me tient en ſes deſtroitz:*
> *Et me contraint à toutes vouloir bien*
> *Mais ie ſçay bien à qui le plus de trois.*

Elles eurent grand plaiſir à l'ouïr ſonner & chanter, comme celuy qui
bien le ſçauoit faire. Mais ce fut à recommencer la plaiſante noiſe, laquelle il preferoit aux autres . Ce qu'il refuſa à leur dire, afin de les tenir toutes en aleine, pour meriter la préeminence: car il n'y auoit celle qui ne fut
feruë de ſon amour, & qui voluntiers ne luy euſt obey ſon honneur ſauf.
Or fut le ſoupper plantureux & bien ſeruy : apres lequel ne fut queſtion
que de dancer ſur l'herbe, & paſſer le temps iuſques à l'heure de repos.
Mais ce fut la pitié quand les filles cogneurent qui Rogel eſtoit, & comme elles ſe fouruoyent de vouloir pour mary ou amy leur ſeigneur lige.

Comme Rogel reprenant ſon che

*min abbatit à la iouſte les cheualiers de la dame des quatre cha-
ſteaux, & des amourettes qu'il demena auec elle.*

Chapitre　　　　LXIX.

Ogel ayant repriz ſes erres deuiſoit auec ſon eſcuyer
des trois ſeurs qui le guignoient de bon œil, & ne han-
niſſoient à autre auoyne: quand ilz ſe trouuerent pres
d'vn chaſteau ou ilz virent en vne prairie dix cheualiers armez & autant de damoyſelles s'eſbatans enſemble. Rogel les voyant ſe voulut deſtourner du che-
min afin d'euiter l'occaſion de quelque deſtourbier & demeure, n'ayant
enuie de iouſte ne combat ſans grande & iuſte cauſe pour le deſir qui l'eſ-
peronnoit

peronnoit à la queste de son pere & ayeul. Les cheualiers qui l'apperce-
uoient tirer à gauche luy enuoyent vn escuyer pour le deffier. A l'approche duquel il print son armet de peur d'estre cogneu, & l'escuyer luy
dit: Seigneur cheualier, ces cheualiers vous mandent que sortiez de ce
sentier, laissant vostre nom pour enregistrer, si ne voulez vous auenturer
à gaigner le pris des abbatuz. A qui il respondit. Mon amy dittes leur
qu'ilz me pardonnent, car ie n'ay à present loysir de iouster. Il vous conuient donc sortir de ce chemin, dit l'escuyer. A cela ne tiene (respond Rogel) & en va prendre vn autre. Ce pendant l'escuyer retourne à ses maistres auec la responce, qui iugerent que c'estoit quelque couard qui ne de-
mandoit qu'amour & simplesse. Pourtant l'vn d'eux monte à cheual diligemment & luy va trancher le pas, criant, demeurez cheualier, vostre
lascheté ne vous exemptera pas ainsi de la iouste. Rogel oyant ce langage couche contre luy sans parlamenter, & ayant l'autre rompu en son es-
cueil le fait voller par dessus la crouppe du cheual les iambes contremont.
A sa cheute vne des damoyselles dit qu'il luy sembloit que meilleur eust
esté d'auoir laissé aller ce cheualier sa voye. Ie suis de vostre auis (dit vn
autre) tant il se monstre adroit & vaillant. Bon mestier luy sera (dit vn des
cheualiers qui montoit pour aller contre luy) & approchant luy escria
qu'il attendist (car il s'en alloit pensant en estre quitte pour vne iouste) Or
deuez vous sçauoir qu'à cestuy en auint autant qu'à son côpagnon, voire
aux autres huit qui vindrent apres, lesquelz Rogel desarçonna tous luy
demeurant sa lance entiere. Adonc s'en vouloit aller, combien que les
cheualiers hôteux de leur cheute le voulissent combatre à l'espée: dequoy
il s'excusa, disant, que ce n'estoit la coustume de venir aux espées sans occasion de plusforte querelle. Ainsi les laissoit fort empeschez à reprendre
leur cheuaux qui penadoient par la compagne : & les dames en grand risée de leurs cheualiers tresbuchez, quand vne damoyselle le suyuit sur
son palefroy qui luy dit de bonne grace : Sire cheualier, Sardenie dame
des quatre chasteaux (qui est en ceste trouppe) vous requiert affectueusement de ne partir d'icy sans parler à elle, & qu'elle desire cognoistre si la
supplication de dames vous (que la force des hommes n'a sceu contraindre à cause de vostre vaillâce) pourra gaigner à raison de vostre courtoysie. I'obeïray voluntiers (dit il) à cest effort côme celuy qui ne desire que
seruir telles dames. Pourquoy tourna auec la damoyselle, & entrant en la
prairie void de tresbelles filles, mesmement vne sur toutes vestue de satin
blanc portant vn chappeau de fleurs sur son chef nud, qui estoit Sardenie
dame des quatre chasteaux riche & belle en perfection, & requise en mariage de maints hautz & puissans barons. Or estoit elle ieune, & ne pensoit qu'à soy dôner du bon temps, & estoient toutes ses damoyselles de sa
maison & pareillemét tous ses cheualiers luy faisoiét la cour pour l'auoir
à femme. Rogel la salüa, iugeant bien que c'estoit la maistresse : & elle prie
d'oster les armes (comme ayant gaigné la seureté de ses cheualiers) & a-

T iiii   pres elle

pres elle luy diroit le furplus . A quoy il refpondit: qu'il eftimoit à pareil honneur de rendre les armes à fa beauté que de les defendre contre les hommes: & que pour entendre ce qu'elle luy vouloit dire , il feroit fon commandement. Soudain ofte fon armet qu'il baille à fon efcuyer, demeurant en couleur fi vermeille de l'efchaufement de la loufte qu'il mift toutes les pucelles en admiratió: pour lefquelles Sardenie print la parolle difant: Certes cheualier voftre veuë n'a moins de puiffance fur les dames que voftre vertu fur les cheualiers.Ie fuis(refpond il)à en attendre l'experience. Or (dit elle)puis qu'auez gaigné le loz de la loufte c'eft raifon que fçachez les conditions d'icelle, pour ne perdre le pris & loyer que fi vaillamment auez conquis . Entendez donc que ces dix cheualiers m'auoient fait requefte de leur permettre de garder ce paffage dix iours en ma prefence & de ces filles, fouz telle loy que ceux qui refuferoient la loufte auroient à laiffer leur nom, & de ceuxqu'ilz abatroient, les cheuaux feroient à eux.Et ie leur promis de ma part que celuy qui les renuerferoit tous auroit pouoir de requerir vn don à qui mieux luy plairoit de mes damoyfelles, qu'elle feroit fugette à luy ottroyer: voylà ce que vous auez gaigné & nous aufsi n'auons pas perdu à cognoiftre vn fi gentil perfonnage. A quoy Rogel: Ma dame quant aux cheuaux ie les donne à leurs premiers maiftres d'autant que i'en fuis pourueu de ce qu'il m'en faut. Quant aux filles ie les trouue toutes fi belles que fans en preferer vne aux autres, les prie pour don de fe tenir de moy en ce qui fera en mon pouoir . Ie vous en remercie pour elles, dit Sardenie : & puis que ne leur voulez requerir autre don, ie vous en requier vn, c'eft de demeurer icy auecques nous pour ce foir . Ie reçoy plus que ie ne donne en cecy (dit Rogel)pource ne vous en efconduiray-ie pas . Alors met pied à terre & elle le prend par la main, fort ioyeufe de le tenir , & luy gueres moins d'elle : & à caufe qu'il eftoit heure de foupper s'en vont tous au chafteau, ou il fut mené en vne chambre pour fe defarmer, puis alla trouuer Sardenie en la fale ou lon aauoit couuert . Rien ne fut oublié à le bien traitter, & les dix cheualiers fouperent auecques luy, qui confidererent leurs contenances, & virend qu'ilz ne retiroient les yeux l'vn de deffus l'autre . Les tables leuées elle le mene à vne feneftre regardant fur la riuiere, ou leur furent apporté deux chaires.Eftans ainfi afsis loing des autres, elle commença à le prier de luy dire fon nom . L'efclaue de Sardenie (dit il) tant voftre beauté me captiue. Elle fouzriant luy demande s'il auoit pas autre nom. A quoy refpondit que non, iufques à ce qu'il euft recouuré le pouoir qu'il auoit perdu par fa veuë . Qu'eft il de faire, dit elle, pour le recouurer? qu'ayez pitié de moy, refpond.Lors Sardenie trop aife de ceft amoureux deuis(luy demandant dequoy elle deuoit auoir pitié)il luy expofe comme il fouffroit beaucoup pour elle en fon cueur , & que la playe eftoit profonde & perilleufe de la main dont elle venoit. A quoy elle contredifoit,à raifon du peu de temps qu'ilz fe cognoiffoient, aufsi que ces autres cheualiers auroient

roient trop grande occasion de mal contentement de voir vn si nouueau
venu, en ioïssance de ce qui leur auoit esté refusé nonobstãt leurs si longs
seruices. Rogel luy repliqua, que ce n'estoient pas gens (comme ilz l'a-
uoient bien monstré) qui meritassent vn si grand heur. Mais cóme peult
(dit elle) estre vostre douleur ainsi extreme ? Comme vostre beauté, respond. Ce sont (dit Sardenie) menuz propos & doleances qu'estes stilé de
faindre entre les dames. Lors Rogel la suppliant de ne tenir à moquerie
ce qu'il disoit au meilleur escient qu'il eust, elle luy dit que la nuit luy en
donneroit conseil, & que le matin à son partement elle luy rendroit responce. A la fin poursuyuie roidement se laissa tant aller qu'elle luy dit,
qu'elle luy en manderoit nouuelles sur le tard par vne de ses damoyselles.
Gueres ne tarderent depuis à se retirer chacun en sa chambre, ou Rogel e-
stoit en grande passion de l'ardent desir qu'il auoit de iouïr de la beauté
de Sardenie, & en cueillir (à son auis) la prime rose. Toutesfoys il se couche en son lit, & Seruid en vn autre : mais il ne faisoit que tourner, ne viser, sans pouoir cligner l'œil : estimant à chasque bruit qu'il oyoit que ce
fust son embassade: laquelle vint à la fin (bien attendue) c'est à sçauoir, v-
ne des dix damoyselles nommée Gandile vint hurter à son huys, à qui il
demanda qui c'estoit, & elle respondit, Gandile que ma dame enuoye
vers vous. Pensez s'il fut paresseux de se leuer & luy aller ouurir, pendant
que Seruid dormoit profondement en son premier somme : qui toutesfoys s'esueilla oyant ouurir & fermer, sans en faire aucun semblant. Or fit
Gandile son message court, que sa maistresse vouloit parler à luy secrettement en tout hóneur, sans qu'autres de sa maison en eussent cognoissance, & que s'il vouloit tant faire pour elle qu'il la suyuist promptement.
Mais pour moy (dit Rogel s'affublant de son manteau & prenant son espée) marchez deuant m'amye, garde n'ay de faillir à si bon mandement.
Ainsi le mene en la chambre de Sardenie, ou ardoient deux cierges de cire blanche en deux chandeliers d'argét, elle estant en son lit fort mignon
nement attiffée, à qui ceste lumiere sombre causoit vn plaisant lustre. La
seruante fidelle l'ayant mis dedans, sort & tire la porte apres elle, retournant en la chambre de Rogel, ou elle raconte le fait à Seruid, & iouèrent
leur ieu ensemble, pendant que Rogel & Sardenie se tenoient embrassez
au plus grand soulas du monde, les bouches iointes comme deux pigeós:
qui y passerent la plusgrand partie de la nuit, sans discontinuër les sauoureux baisers que par quelques propos mignardz & riz amoureux de leur
besongne. La damoyselle (qui bien en auoit fait son deuoir d'autre costé)
ne s'oublia pas à l'aller denicher, & le ramena au lieu ou elle l'auoit pris
bien dolét de si soudaine departie, & gueres moins que luy celle qu'il laissoit femme, pour fille qu'il l'auoit trouuée. Or sachez qu'il ne luy fut possible d'obtenir lendemain son cógé, tant il l'auoit naürée au vif, ains le retint la dame encores six iours en contant les nuitz qui leur valoient trop
mieux. Mais si couuertemét ne purent códuire laffaire que les autres cheualiers

ualiers ne s'en doutaſſent premieremét: & à la fin deux de la trouppe(qui plus y curét l'œil)ne le tinſſent pour certain:auſsi vn feu ſi allumé ſe void touſiours clerement, qui plus que parauant s'embraſa en elle,quand elle ſceut qui Rogel eſtoit, eſtimant ſa faute couuerte de l'auctorité d'vn tel ſeigneur:vray eſt qu'il la pria grandemét de le tenir ſecret . Ceſte affectió ſi enflambée laſcha la bride à l'indiſcretion , tellemét qu'ilz eſtoient preſ-que tout le long du iour enſemble, fuſt à ſoy promener, ou à ſe recréer à quelque ieu. Qui conformoit les deux principaux côtreroleurs en leur o-pinion,cognoiſſans le peu d'affaire que l'eſtranger auoit en ce lieu.Le pis fut au ſixieme iour apres ſoupper qu'elle fit dancer ſes filles en vn iardin auxchançons,ou elle dit la ſiéne qui eſtoit telle,tenát Rogel par la main.

Qui dames chantera ſi ie ne chante.
Qui de tout mon deſir ſuis ſi contente.
   Vien donc Amour de mõ bien ſource entiere,
De tout eſpoir & tous ioyeux esbas
Chantons enſemble vn peu
Non de ſouſpirs, ou quelque peine amere
Qui fait plus doux me ſembler tes ſoulas
Mais de ce tien cler feu
Auquel ardant viz en ioye & en ieu
Dont telz honneurs qu'à vn Dieu te preſente.
   Qui dames chantera &c.
  Deuant mes yeux tu me mis en bon heur,
Le premier iour qu'en ce tien feu entray
Vn iouuenceau, mais quel
Que de beauté hardieſſe, & valeur,
Plus excellent onc ie ne racontray
Voire ne ſon pareil:
Tu m'as de luy cauſé vn plaiſir tel
Que d'en chanter à bon droit ne m'exempte.
   Qui dames chantera &c.
  Et qui ſur tout m'eſt ſouuerain plaiſir
C'eſt que d'autant qu'il me plaiſt ie luy plais,
(Amour la grace à toy)
Dont en ce monde ay mon total deſir
En bon eſpoir d'auoir en l'autre paix:
Par ceſte entiere foy
Que ie luy tiens: Dieu ainſi que ie croy
De ſes hautz biens me fera iouiſſante.
   Qui dames chantera &c.

Ceſte chançon auecques les œillades de la dame les aſſeura plus que
ia mais

iamais, ne luy ayans oncques ouy dire telle ryme, ny autre de contentement. Parquoy tellement les espierent le soir mesme, qu'ilz le virend entrer en la chambre de Sardenie, & attendirent que Galinde en sortit pour
les tuer tous deux ensemble, sans que le bruit s'en leuast par le chasteau.
Or crocheterent ilz la serrure, qu'ilz ne purent faire si quoyement que
Rogel ne les sentist, qui soudain saute hors du lit, & enueloppant son
manteau autour du bras, prend son espée & s'en va à l'encontre de ceux
qui desia estoient dedans la chambre, & luy disoient: ça ça galland nous
venons vous monstrer comme à ieune aprenty que la douceur d'amour
a tousiours quelque degoust amer sur la fin. Rogel sans respódre les chargea & para tellement de son espée, que finalement l'vn d'vn coup en la
iambe, & l'autre d'vn en la gorge y laisserent les vies . Ce que voyant Sardenie (qui toute tremblant s'estoit mussée en la ruelle du lit) vient alors,
& est d'auis sans en mener autre noise de les ietter par la fenestre hors du
chasteau, & prend leurs espées qu'elle trempe en leur sang, puis Rogel les
traine & iette dehors & leurs espées aussi. A Galinde quand elle vint luy
firent estendre vn tapis par terre, pour cacher l'effusion du sang, dont elle fut fort espouenté, mais Sardenie luy narra l'accident. L'endemain tous
ceux du chasteau furent trop estonnez des deux corps qu'on trouua dehors, & n'en sceurent penser autre occasion que de quelque debat qu'ilz
auroient eu l'vn contre l'autre. Le iour venu Rogel voulut partir de là,
mais Sardenie le retint souz couleur de ne faire soupeçonner quelque cho
se de ce fait. Parquoy l'endemain print congé d'elle: qui le supplia (pleurant & souspirant) de ne la mettre en oubly, veu le gage qu'elle luy auoit
liuré de bonne souuenance . Ce qu'il luy promit, & alla gaigner vn port
distant de six lieuës, ou il entra en vne nef marchande qui tiroit en Guindaye, & vogua trois iours par bonace, qui changea au quatrieme, & les
porta en vne Isle que vous entendrez cy apres.

Comme le prince Falanges d'A-

stre arriua en vne Isle ou il fut en extreme danger, & de l'e-
strange secours qui luy suruint.

Chapitre   LXX.

Le gen-

LE gentil prince Falanges depuis qu'il partit de Colcos, paſſa quelques iours auãt que d'arriuer en vne tresbelle Iſle : en laquelle il deſcendit auec aucuns des ſiens, & tout ce iour ſe refraiſchit de la marine. Mais l'endemain au matin print ſes armes & mõta à cheual ne menant quand & luy qu'vn eſcuyer, cõmandant à ſes gens de l'attendre là iuſques à ce qu'ilz ſceuſſent de ſes nouuelles. Ainſi s'en va & gueres n'eut cheuauché qu'il rencontre vn vieillard muet labourant la terre : à qui il s'enquiert du nom de la contrée, lequel luy fit ſigne qu'il ſe retiraſt de belle heure, parce qu'au chaſteau prochain on empriſonnoit & tuoit tous ceux qui eſtoient trouuez. Ce que le prince oyant, aſſez (dit il) auons entendu de charge d'honneur pour ne retourner arriere. Si paſſe outre, & enuiron deux heures de ſoleil approche d'vn grand & fort chaſteau ceint de foſſez cõblez d'eau à fond de cuue, duquel à l'heure la porte eſtoit fermée. Parquoy va hurter à vn gros marteau de fer qui y pendoit : & au ſon vient vn valet luy demãdant qui il eſtoit & qu'il vouloit. Ie ſuis (dit il) vn cheualier eſtrange qui veux ſçauoir la raiſon des rançonnemens & voleries qui ſe font icy. Lors le garçon : attendez donc & on la vous viendra faire entendre par effect. Le prince s'eſloigne vn peu & incontinent ſe monſtre vn gean à la feneſtre fort braue de repreſentation, qui le ſemond d'entrer dedans s'il vouloit eſtre logé en paix & amour, ſinon qu'il ſailliroit dehors pour le chaſtier de ſa folle curioſité. A quoy le prince : Gean ie ſuis excuſé d'entrer en lieu ou la force s'exerce, informé par l'exemple de ceux que tenez leans ſouz telle ſeureté. Puis que tu as ſi grand peur (reſpond le gean) de t'emmurer ſans t'oſter la clef des champs, ie te vois promptement rendre bon conte de ce que demandes. A-

des. Adonc se retire & gueres ne tarde à sortir armé de toutes pieces sur
vn grand roncin: crollant vne grosse lance, & dit en sortant: Rendz toy
chetif si quiers sauuer ta vie, car ta mort est au bout de ce boys. Le prince
ne s'amuse à luy respondre, ains couche sa lance, & se vienent rencontrer fausant leurs escuz, & esclattant contre les harnois par telle impetuosité que les cheuaux auec leurs maistres tombent par terre. Falanges qui
estoit leger tost se releue l'espée au poin allant vers son ennemy qui s'e-
stoit leué à peine, toutesfoys l'attendoit son coustelas en main. Si deme-
nent entre eux vn tresfurieux combat, qui n'eust gueres duré du costé du
prince si par vitesse & dexterité il n'eut euade les pesans coups du gean, à
l'entour duquel il voltigeoit comme vn coursier contre vn roncin. Dequoy le mastin demy forcené iettoit la fumée espoisse par les nazeaux
qui le couuroit tout. Ce qu'apperceuant l'autre gean de la fenestre du por
tail, fait sortir vn nombre de lances & de salades, leur escriant qu'ilz le
missent à mort sans auoir mercy de sa vie. Falanges voyant la bonne seureté qu'ilz luy gardoient, iette les yeux de toutes parts & auise vn haut
rocher duquel l'entrée estoit fort estroitte, lequel il gaigne & en deffend
fierement la porte aux cheualiers & vilains qui le vindrent assaillir, dont
nul n'y vint baiser le babouyn qui s'en peust vanter au retour: car le premier qui approchoit seruoit de paué au seil de l'huys. Le gean n'y pouuoit entrer pour sa grosse masse de chair, mais les vilains luy tiroient de
leurs arcz tant de flesches qu'il en estoit tout herissonné: & voyans qu'ilz
y proffitoient peu commençoient à escheler le dos du roc pour l'assom-
mer du haut à coups de pierres & de trait. Or estoit fait à l'heure de l'ex-
celent prince Falanges, si Dieu ne luy eust enuoyé à point nommé vn secours inesperé, c'est à sçauoir de la braue Alastraxerée sa femme, que le
mesme vent (auquel elle s'estoit exposée) auoit porté en pareille rade que
son mary, & estoit arriuée le matin peu apres le partement du prince: lequel ayant entendu par les gens de sa nau, sans arrest desloge accompagnée de ses douze cheualiers, & trouua le muet qui les mist au chemin du
chasteau: duquel approchant rencontra l'escuyer de son mary piquant à
bride abatue pour amener quelque secours de la nef. Si l'arreste tout es-
pleuré, & encores plus esbahy du mistere de la suruenuë de celle qu'il recognut à l'escu: à qui il dit: A à ma dame, hastez-vous de secourir mon-
seigneur le prince si le voulez voir en vie! Elle fort troublée de ce langage donne des esperons à son destrier, tellement qu'elle arriue iustement
à l'heure que les vilains essayoient à gaigner le dessus du rocher. Mais elle fut de loin descouuerte par la guette du chasteau, dont sortirent plus
de trente bourguinottes suyuies de plusieurs halebardes & casquetz d'a-
cier: en sorte qu'il n'estoit demeuré en la forteresse que l'autre gean acheuant de s'armer. Celuy qui estoit sorty l'apperceuât prend vne lance pour
la soustenir, laquelle il rompt, & elle la sienne pareillement. Ses douze
cheualiers ioignent ceux du gean desquelz ilz firent vn merueilleux car-

V   nage

nage:mais en fin estans si peu contre tant furent tous miserablement tail-
lez en pieces.En quelle extase pensez vous que tumba le bon prince re-
cognoissant sa loyalle espouse venuë tant à propos, quand plus il n'esperoit la voir?Outre ce qu'il s'esbahissoit des armes plus admirables qu'on-
ques-mais, estant transportée de fureur non acoustumée à cause du pris
pour lequel elle combatoit : car elle rembarroit le gean vaillamment, &
si auoit à se garentir des villains qui l'enuahissoient de tous costez, & à la
fin luy occirent son cheual.Ce qu'elle sentant donna à celuy du gean entre les aureilles qui cheut quand & le sien . Or estoit alors en danger extreme, si son loyal espoux ne fust soudain sorty à la recousse, qui luy dit:
A' à vraye amye bien pert comme m'auez aymé en la vie quand me venez tenir compagnie en la mort, de laquelle ie ne voy pas que puissions
huy eschaper.Monsieur (respond) aumoins attremperons nous leur victoire par bonne effusion de leur sang . Adonc auoient les vilains releué
leur diable de maistre qui vint charger ceste braue couple, tant qu'il les
contraignit de regaigner leur roc . A l'entrée duquel la princesse trouua
vn cheualier qui luy defendoit le pas,qu'elle abbatit du premier coup à ses
piedz.Si entre le prince & elle s'auáçant apres:le gean la saisit par le bord
de la cuirace pour la tirer arriere, à qui Falanges aualle le bras dont il la
tenoit, & elle luy redouble sur la teste qu'elle luy fend iusques aux yeux.
A la cheute du gean ses gens ietterent vne huée montant iusques au ciel,
& tant tirerent de leurs arcs que les deux amants en combatoient à l'ombre ausquelz les arcs gisans en leurs armes seruoient de barriere à la porte du rocher . Mais possible ne leur estoit de plus gueres durer , si Dieu
n'eust fait vn second miracle à leur faueur: c'est à sçauoir du prince Rogel
de qui la nef arriua au mesme riuage,ayant perdu la routte de Guindaye
voire à l'instant que l'escuyer du prince venoit reclamer ses cheualiers
pour son secours : de qui il entendit l'affaire auquel son maistre estoit.
Dont il descend incontinent en terre & monte sur son destrier allant au
galop apres sa guide. A tant approche le chasteau à l'heure que les vilains
vouloient comme deuant pour la seconde foys gaigner le haut du roc.Et
ensemble l'autre gean desmesuré sailloit du chasteau la lance au poing:
lequel Rogel apperceuant le va ioindre auant qu'il eust passé le pont, &
l'attaignit si droit dedans le ventre qu'il trebuscha tout embroché en terre, d'ou onques puis ne releua . Ft apres ce coup retournoit arriere, s'il
n'eust ouy des voix d'enhaut luy escrians : bon cheualier entrez ceans &
fermez apres vous , car vous ne trouuerez homme qui destourbier vous
face, puis nous deliurez & vous donnerons ayde . Il leua la veuë en haut
& vid plusieurs personnes es fenestres treillissées de fer : entre lesquelles
recogneut l'emperiere Niquée & le prince Florisel.Aussi estoit ce l'Isle de
Gazen en laquelle ilz auoient esté pris par la ruse qui cy dessus a esté de-
chifrée amplement.Parquoy se iette soudain à pied & entre au chasteau,
en la sale duquel trouua la duchesse de Gazen auec ses damoyselles qui
s'en

s'en voulurent fuyr en le voyant, estimans que tout fust perdu puis que
ceux de dehors estoient ia dedans. Mais Rogel l'arresta, luy commandant de luy liurer promptement les clefz des chambres ou les prisonniers
estoient, ce qu'elle refusoit & ne vouloit faire, sans les menaces de mort
qui luy fit, luy mettant l'espée pres de la gorge. Ainsi par force le mene
au lieu ou Florisel, Anastarax, Filisel de Montespin, & le Roy de Lace-
demonie estoient ensemble, qui n'auoient pour compagnie que Busando & Darinel pour les resiouïr. Le gentil Rogel pensant à l'affaire si vrgent ne fit autre recognoissance à son propre pere, leur disant : messieurs
il n'est saison de deuiser, ne parlementer, allon en diligence secourir le
prince Falanges d'Astre, & son Alastraxerée qui sont assiegez outrageusement. Chacun d'eux fut prompt à y entendre, & se pouruoir de harnois parmy le chasteau. Lors sortirent cinq ensemble qui en valoient vn
cent: crians à l'approcher : fuyez mastins, fuyez canaille, voz trahisons
& malheuretez auront icy leur dernier metz. Ce disans, se fourrent parmy eux ny faisans moindre boucherie que lyons affamez entre brebis.
Falanges & sa vaillante compagne d'armes aufsi bien que de lict, voyans
ce propice secours, en regratient le haut Dieu, & se maintiennent sur
leurs deffences, n'ayant plus vigueur en eux que de parer aux coups. Desia estoient depeschez ceux de la nef du prince que l'escuyer auoit amenez,
comme qui eust ietté vne paille en vne fournaise ardente, veu le grand
nombre de gens de qui ilz furent enuahiz de pres & de loing. Mais quand
ilz eussent esté encores autant, ilz n'eussent eu le bout de sept telz person-
nages que ceux cy : desquelz la charge non attendue tant les estonna a-
uec la mort des deux geans leurs seigneurs, que voyans desia la moytié
d'eux emmy le champ, & la furie incroyable des cinq suruenuz (qu'ilz
tenoient plus pour diables qu'hommes charnelz, ioint qu'ilz craignoient
qu'il en deust tousiours venir ainsi d'autres à la file) les principaux d'entre eux commencerent à mettre les armes ius, & les genoux en terre, se
rendans à la mercy des seigneurs: lesquelz (ne sçachans moins soy vaincre eux mesmes & leur ire, que de faire leurs ennemys) les receurent à mi-
sericorde, souz fermés de n'exercer iamais cest estat de briganderie. Long
seroit à vous reciter par le menu les cheres & accollées de ces seigneurs:
specialement le plaisir qu'eut Florisel d'auoir veu tel commencement de
cheualerie en Rogel son filz. Aufsi d'Anastarax & Filisel qui se donnerent à cognoistre au prince Falanges & à sa femme. De là s'en vont ensem
ble au chasteau pour deliurer leurs dames Niquée, Siluie, & les deux belles pucelles Leonide & Anaxare.

V ii　　　Comme

Comme Rogel de Grece s'ena-

moura de la belle Leonide. Et Filisel de Montespin d'Anaxare.
Et comme l'emperiere laissa à la duchesse de Gazen
son Isle, la faisant battiser, & tous les
habitans d'icelle.

Chapitre   LXXI.

Enuz au chasteau, ilz eurent de la duchesse les clefz de la chambre ou leurs dames estoient, vn peu plus humainement qu'elle n'auoit baillé les premieres. Là fut la recharge des baisers & embrassemens, qui ne furent entre telz parens & amys sans maintes larmes d'œil. Et elle s'adressans à remercier le prince Falanges, qui auoit fait l'ouuerture de leur deliurance : ce n'est à moy (dit il) que la deuez, ains à ce cheualier blanc la deuons aussi nous mesmes (monstrant le gentil Rogel)qui bien se peut vanter d'auoir auiourd'huy obtenu autant glorieuse victoire que nul de ses ancestres . Rogel respondit que peu y eust monté sa iournée sans ceux qu'il auoit mené quand & luy . Et apres auoir fait la reuerence à l'emperiere & aux autres dames, arresta son œil & son cuœur en Leonide, qui luy sembla bien la plus accomplie en beauté & bonne grace qu'il eust onques veuë. Moins n'en auint à ce coup mesmes à Filisel à l'endroit de la pucelle Anaxare, laquelle de ce iour il fit maistresse de sa liberté entiere : entrans ces deux ieunes princes en nouuelles prisons de celles qu'ilz deliuroient d'autres vieilles . Grand plaisir prindrent les suruenans,principalement Alastrax erée à contempler l'enfant Fortunie qu'elle saysit entre ses bras, la baisant & benissant, & luy souhaittant meilleure fin de vie & plus heureuse que n'auoit esté sa naissance . Quand elle l'eut laissée, la petite se remet à iouër auec la nabotte, ne se soucians gueres de leurs affaires. Apres les caresses & bienuenuës on donna ordre à appareiller les playes des naürez, mesmement de Falanges & sa compagne qui trop plus l'estoient que les autres. Les dames faisoiét deuoir de les seruir & traitter de tout ce qui se pouoit trouuer leans, voire de leur donner recreation durant le temps de leur guerison . A ceste occasion Niquée mettoit Busando en diuers propoz d'amourettes, & Siluie son Darinel,qui estoit chose tresplaisante à ouïr. Ma dame(respondit Darinel)ó que i'eusse souffert en ceste prison par la priuatió de vostre diuine veuë, sans le reconfort que ie receuois de la visitation de Ximiaque qui me la representoit au naturel. A quoy elle leur respondoit,qu'autant de bien auroit receu d'eux quand elle ne pouoit entretenir le prince Florisel, trouuant en Busando & luy sa vraye ymage. La petite fortunie

couroit

couroit parmy la chambre, à qui la nabote faiſoit quelquefoys de ſi laides grimaces, que de paour elle s'enfuyoit cacher au giron de l'emperiere. Voylà (dit Darinel) les gracieuſes œillades qui nous bruſlent les entrailles. Ce ſont (dit Buſando) les vrays dardz de Cupido. A quoy elle reſpondoit : que pour eux ne pouoient faillir à eſtre telz, ſelon le pied la forme : & les ſeigneurs & dames en ryoient trop. Ouy pour Buſando, dit Darinel : qui luy replique, qu'il ſe defende luy meſmes ſans charger ſur luy, & qu'il n'eſtoit pas Mardochée. Ie le ſçay bien (dit Darinel) car il s'en fault plus de deux aunes de bonne meſure : mais au contraire ce n'eſt pas à moy que te dois comparer en gloire de hautes penſées, qui ay aquis tant d'honneur entrant en ſon enfer, ou n'oſa entrer le plus hardy prince du monde. Quoy qu'il en ſoit (reſpond il) ie ne prends point de gouſt à tes gaudiſſeries qui retumbent en trop bon lieu. Comment (dit Darinel) es-tu marry que lon blaſonne tes amours, puis qu'il n'en deplaiſt à ma dame l'emperiere? Tout beau (dit Siluie alors pour les mettre d'accord) mõ bel amy Darinel, vous traittez Buſando vn peu rudement : auſsi que ce n'eſt la raiſon de dechifrer ſi clerement les affections des dames mariées. A quoy il s'excuſa qu'il penſoit eſtre permis es perſonnes dont les mariz ſont hors de danger d'auoir mal à la teſte. Buſando ſe ſentant piqué, & ta beauté(dit il) nous donne elle point pareille aſſeurance que la mienne? Non(reſpond il)d'autant que par vnion d'amour ie ſuis conuerty en elle. Vrayement, dit Buſando, encores ſeroit ſon mary plus aſſeuré de tous ſi elle eſtoit ſemblablement conuertie & transformée en toy. La compagnie rit fort de ce mot. Dont Darinel rechargea pour ne demeurer vaincu, le priant de conter en conſcience que c'eſtoit qu'il pouoit auoir veu en ſa maiſtreſſe, pour eſtimer qu'elle abbaiſſaſt tant ſa grãdeur, & qu'il deuſt tant eſleuer ſa petiteſſe. Autant (reſpond) que tu veis en ma dame Siluie. Adonc eſtoient en termes de s'empoigner au poil, quand Ximiaque ſe mit entre deux, leur diſant qu'ilz n'entraſſent en ſi gros debat pour l'amour d'elle, & qu'elle choyſiroit celuy qui plus ſeroit à ſon gré. Ces railleries ioyeuſes faiſoient ſouuét paſſer le temps aux malades, qui au bout de douze iours furent ſains de leurs playes, pour les baumes artificielz qui leur furent appliquez, de pres ſecondans le naturel, deſquelz ces grandes princeſſes n'alloiét iamais deſgarnies. Adonc l'emperiere s'auiſa d'aller viſiter la ducheſſe de Gazen leur hoſteſſe qui s'eſtoit touſiours tenuë cloſe à part pour demener ſon deuil auecq' ſes femmes. Les autres dames la ſuyuirent ſans aucun des ſeigneurs, pour ne luy refraiſchir ſes douleurs par la veuë de ceux qui en eſtoient cauſe. Ce fut pitié d'ouïr les criz qu'elle fit à leur entrée. Que tardez vous (diſoit à l'emperiere) à me liurer à mort, puis que m'auez priuée de tout mon bien & ma ioye? Que puis-ie plus voir en ce monde qui me reconforte, ſinon vn autre filz que fortune a exempté de ceſte rencontre, le reſeruant à quelque pire? Ma dame ie ſçay bien que vous ay fait tort, mais le zele naïf me forçoit à exercer ceſte

V iij　　　vengence

vengence fur vous & les voftres pour le duc Brabon mon filz &plufieurs
autres de mon lignage occis par leurs mains. La paffion m'a aueuglée,
mais confiderez qu'il eftoit bien en moy de vous faire beaucoup pis que
n'ay fait. Toutes les dames eurent les cueurs attendriz de compaffion de
la ducheffe qui hors celle inimitié s'eftoit monftrée enuers elles trefde-
bonnaire & courtoife fans rien efpargner de bon traittement pour leurs
perfonnes. Parquoy l'emperiere luy refpondit: Ducheffe, nous ne fommes pas venuë icy pour vous donner ennuy, ains pour vous confoler, &
vous faire toufiours mieux cognoiftre quelz nous fommes. L'accident
paffé ne fe peut reuoquer, le temps, amoins, vous en oftera la fouuenance & douleur, fi par cueur vertueux ne le preuenez: Ou plus ny a de remede, c'eft fimpleffe d'arrefter fa penfée & foy contrifter. Au fort ceux
que deplorez font morts combatans vaillamment, & les noftres les ont
deffaitz en iufte guerre, qui font fortunes aufquelles tous bons cheualiers
font fugetz, & autant en pend à l'œil à ceux qui ont efté victorieux quäd
la chance tournera. Noz inimitiez il faut abolis, enfeuelir en oubly perpetuel: & fi le faittes & en requerez les feigneurs, ie me fais forte qu'ilz
vous traitteront bien, vous laiffant dame paifible de voftre Ifle, & vous
receuant & voftre ieune filz en leur amytié & protection. La pauure prin
ceffe oyant cefte confolation accolla les genoux de l'emperiere fans pouuoir dire vn feul mot de remerciement. Parquoy l'emperiere manda à
l'inftant les feigneurs, qui vindrent pareillement confoler la ducheffe, &
l'affeurer qu'il ne luy feroit tollu vn feul pied de toutes fes terres & fei-
gneuries: dont on commença à s'efiouïr communement par le chafteau:
& la ducheffe de la en auant mangea auecques les princeffes, efquelles elle ficha autant d'amour que parauant leur auoit porté de haine & rancu-
ne mortelle: voire & fon filz Bazaran qui furuint en ce lieu deuint feruiteur affectionné de la maifon imperiale de Grece, & toute leur race con-
fequemment. Tandis que ces affaires fe manyoient les deux nouueaux
amans Rogel & Filifel, entendoient bien à d'autres, toufiours coftoyans
leurs maiftreffes & preftz à les feruir & obeïr en tout ce qu'ilz pourroient
penfer qui leur vint à gré. Le ieu fe demena quelques iours du coin de
l'œil feulement, fi d'auenture aux rencontres ne fe iettoit quelque parol-
lette à la trauerfe, iufques à ce que les naïrez furent debout, & que la com
pagnie apres foupper s'alla pourmener par les iardins, ou chacun ne faillit à mener la fienne fouz le bras. Dont Rogel print vne allée à part pour
fa carriere, ne voulant perdre cefte occafion de defcouurir fon cueur à
Leonide: mais quand il voulut entrer en propos le fang luy fuyt du vifage, & deuint pafle comme vn trefpaffé. Ce qu'apperceuant la princeffe
luy demanda quel mal foudain l'auoit faify. Dequoy luy trefayfe qu'elle luy auoit fait ouuerture (d'autant qu'il n'y a rien en tel cas plus difficile que le commencement) luy dit: Ma dame vous auez beaucoup
fait maintenant pourmoy, car i'eftois deuenu muet par tranfport de mon
efperit

esperit. Elle qui coniectura assez que ce pouoit estre(toutesfoys le dissimu
lant (respondit: que le mal deuoit estre grand qui faisoit ainsi perdre la
parolle. A quoy Rogel: Ma dame c'est vn mal de fort estrange nature &
tant meslé de bien que ie crains de l'auoir mal nommé: mais tel qu'il est il
procede de si noble source que ie ne delibere iamais me mirer en autre
fonteine, non plus que Narcisus en celle ou sa vie print fin. Vray est que
n'ay pas en moy la hardiesse de la vous exprimer pour le peu de merite
que i'ay d'en approcher seulement non pas y boire & puiser. Ma ieunesse m'en retire qui n'a encores donné temps ne lieu à mon vouloir de sortir en lumiere: mais si tant vous plaisoit luy auancer de guerdon que de
me receuoir pour vostre cheualier, la faueur de ce haut nom me fera esuer
tuer en sorte que ce tiltre ne vous tournera à deshonneur. Leonide ayant
ouy sa harengue luy respondit d'vne grand' froideur. Monsieur ie croy
qu'ayez adressé vostre pensée au lieu que me declairez comme à celuy qui
par faute de prudence meure fust mieux pour succomber à voz assaux: ou
que vous esbatez à la mode des autres à m'entretenir de cest honeste propos. Ie sçay qui vous estes & comme meritez beaucoup selon l'esperance
que forme vostre aprentissage. Pourtant me pardonnerez si ie ne vous
rend responce conforme à vostre desir, considerant vostre aage qui peult
encores conceuoir apprehensions legeres: aussi tost passées que venuës.
Et si vostre affection est telle que me voulez faire croire, elle n'empirera
point au meurir, ains s'enforcera plustost. Ce pendant si elle est autant
vertueuse & honneste que vehemente, ie vous prie la dissimuler, & n'en
mettre pas d'auantage en euidence soit par fait ou par dit. Rogel ne fut
gueres content de sa responce: & luy repliqua qu'il auoit & auroit toute
sa vie l'honeur d'elle aussi cher que le sien propre: & qu'il desiroit sçauoir
sa volunté en intention d'amour & societé perdurable par le lien de mariage. En quoy elle luy clouit la bouche, disant qu'elle n'auoit encores
pour son aage volunté d'y entédre: & que la saison venuë c'estoit propos
à communiquer à ses pere & mere: le suppliant de le supprimer ou differer iusques à temps plus opportun & conuenable. D'autre costé se pour-
menoient semblablement Filisel de Montespin & la belle Anaxare, à qui
il ne sceut faire entendre sa passion de bouche, tant le cueur estoit serré,
quand la langue cuidoit iouër son rolle. Seulement l'entretint de menuz
deuis de iardinages, luy serrant le bras aucunesfoys auec vn souspir langoureux, & au bout de l'allée fichant ses yeux sur elle longuement sans
mot sonner. Qui luy fit assez sentir ce qu'il ne luy pouoit dire, dont elle
demeura de sa part fort contente, luy portant volunté reciproque, combien qu'elle le couurist sagement en sa contenance. Vray est que depuis
luy & Rogel eurent quelques autres parlemens auecques leurs dames sur
le voyage de leur retour en Constantinople(ou ilz entrerent(apres le ba-
tisement de la duchesse, de son filz, & de tous ceux de l'Isle) mais ilz en
rapporterent tous aussi maigre responce que la premiere.

V iiii   Comme.

Comme Galtazire conta à Da-

raïde l'auenture pour laquelle elle l'emmenoit : & comme elles ar-
riuerent au royaume de Teſſalie, ou elle deliura vn
cheualier des mains de deux damoyſelles.

Chapitre   **LXXII.**

Araïde apres auoir nauigué quelques iours auec Galtazire & ſa compagnie, ſe prin à enquerir d'elle quelle part elle la menoit, & pour quelle ocaſion. A qui elle declaira tout de point en point en ceſte maniere. Sçachez ma damoyſelle que vous venez pour vn cas de la
plus eſtrange fortune dont ouïſsiez iamais parler. C'eſt
qu'au royaume de Teſſalie y a vne Royne veſue à qui n'eſt demeuré de
ſon mary qu'vne ſeule fille de merueilleuſe beauté nommée Artifire; laquelle

quelle a efté requife en mariage par vn gean ieune & braue qui fe tient en
vn fort chafteau fur la crouppe d'vne montaigne es confins de la Teffalie. Et ce gean ha fa mere vieille & fort experte es artz magiques, qui repaire en vne caue ou lon ne peult entrer que par ce chafteau que fon filz
garde, voire à l'entrée d'icelle y a deux rochers feruans de deux tours naturelles, entre lefquelz loge & repaire vne hideufe & horrible befte nommée Caualyon, d'autant qu'elle ha la tefte, crin, & encollure d'vn vray
cheual, & le corps, bras & iambes d'homme : auec lefquelz il en a encores autant d'autres femblables à ceux d'vn lyon, armez de fi fortz ongles
& fi trenchans qu'il n'y a chofe fi dure qu'ilz ne tranfpercent : & quand
il court, s'ayde de tous fes huit membres, tellement qu'il deuance les tigres de viftelle. D'auantage il eft fi haut, qu'eftant fur fes piedz n'y a gean
qu'il ne furpalle d'vne brafle, & eft couuert d'efcailles en forme de poif-
fon dures & fortes merueilleufemét. Or fi fa façon & corpulence eft bien
eftrange, trop plus l'eft encores fa naiffance : car il eft engendré de cefte
vieille & d'vn autre gean fon propre filz qui eft defia mort. Et croyons
que Dieu le mit fur terre en forme fi monftrueufe pour l'exemple de l'hor
reur de ce peché. Son frere qui eft au iourd'huy viuant ha (comme vous
ay commencé à dire) demandé à femme la belle Artifire à la Royne fa
mere, laquelle (n'en ayant volunté aucune) s'excufoit par belles parolles
& delayoit toufiours le temps d'y auifer. A tant arriue en Teffalie vn
cheualier extreme en valeur, & non moindre en beauté, appellé Rofafar filz du duc de Sauoye, & neueu du Roy de la grand' Turquie, lequel
deuint amoureux d'Artifire & elle pareillement de luy. Ce qui vint à
la cognoiffance de la Royne qui le trouua bon & les maria enfemble.
Quand les nouuelles vindrent au gean Gadalon feigneur de ce chafteau
du mont il cuyda forcener & enrager, & en ietta de fi horribles & efpouentables criz & hurlemens que cefte vieille forciere Gregafte les entendit de fa caue (car d'y aller n'y a ordre à caufe du Caualyon, qui ne co-
gnoift perfonne que fa mere qui le penfe & nourrit) fi luy fit refponce
que bien le vengeroit & qu'il n'en print autre foucy ne melançolie en fa
tefte : & la malheureufe à executé fa promeffe en vne piteufe façon. Vn
iour que le beau Rofafar & la ieune Royne Artifire eftoient feuletz en
leur chambre prenans le deduit des amans en grand foulas, foudain leur
fut auis qu'ilz auoient la poitrine ouuerte, & que leur cueur vouloit fortir par la : parquoy l'vn eftouppe le paffage à l'autre de fa main droitte,
& des bras gauches fe tiennent embraffez, & les bouches iointes enfemble : fur lefquelles decoulent les groffes larmes des yeux, s'entreprians
d'ofter la main de deuant la playe à fin que le cueur faille qu'ilz fentent
bondir querant yffue. Et eft chofe de trop grand' pitié d'ouïr les triftes
propos qu'ilz fe tiennent l'vn à l'autre, defirans vne brieue mort pour e-
uiter ce long & cruel martire. Mais depuis que ce iour les eufmes veuz &
ouyz nul n'a fceu entrer en la chábre ou le fort eft auenu, que lon appelle
en noftre

en nostre païs magique ligature, quand on empesche par charmes l'assemblée charnelle de deux coniointz. Car en leur chambre sourdit vne chaleur embrasée comme d'vne fournaise ardente, que nul viuant pourroit endurer. Bien void on au dessus de l'huys en vn tableau d'ambre tel escriteau.

Nin guuno podra aqui entrar
Ni despues dalle salida
Sino el que en pena de amar
Tuuicre maior herida

Nul ne presume auoir icy entrée:
Ne de donner aux deux amans yssuë
Qui n'a d'amour plus grand peine conceuë
Et de grief coup l'ame plus penetrée.

Voylà le piteux discours de l'affaire, pour lequel ie vous meine: vous auertissant que la vieille regente (qui en meurt sur le pied) a ainsi enuoyé plusieurs autres damoyselles en diuerses côtrées pour tirer cheualiers qui entreprennent ceste auenture, nous accôpagnant d'hommes anciens pour le respect de nostre honneur, & toutes vestues en deuil, tant celles qui vont dehors que le reste de la cour. Et le fier Gandalon non content de ce que la fausse diablesse sa mere a fait pour luy, pille destrousse, & enleue en son chasteau tout ce qu'il peut de gens & de biens du plat païs. Reste à vous, ma damoyselle, d'auiser à subiuguer le gean, pour tirer de luy le remede de ce miserable ensorcellement: auquel si vous failliez ie tiens le fait hors de toute esperance. Daraïde demeura fort esbahie de ceste estrange conte, & conuoiteuse de voir ces deux ieunes princes en tel estat, interroge Galtazire si on ne leur auoit point demandé (les voyant si naürez) ce qu'ilz sentoient. Si auons, dit elle, mais ilz ne respondent rien: bien oyôs vne partie de leurs plaintes tant douloureuses qu'il n'y a cueur qui n'en attendrisse de pitié & fonde en larmes. Ilz sont leans assis l'vn pres de l'autre en deux chaires de drap d'or souz vn riche poisle de cramoysi. Mais la regente ma maistresse a fait clorre la tour ou est leur chambre, afin de n'entendre plus de leurs lamentables propos, qui ne luy font que rengreger la douleur amere qu'elle en porte. I'ay grande volunté de les voir (dit Daraïde) pour la prendre & conceuoir plus grande à les venger. Dequoy i'ay ferme confiance en la playe mortelle que ma damé Diane m'a emprainte au cueur, non pas en la poitrine seulement à laquelle ie suis seure que nul amant n'en a de pareille, luy deffaillant telle excellence d'obget qui cause la mienne. I'en ay bien opinion (respond Galtazire) & dieu vous y vueille fauoriser par sa grace. Lors voyant que Daraïde s'estonna vn peu de ce langage, la pria luy pardonner dequoy elle ne luy auoit osé plustost confesser qu'elle estoit chrestienne de peur

de le

de le degouſter de l'affaire qui ſe preſente pour gens de loy & creance
contraire. A quoy Daraïde : M'amie celà ne peult deſtourner le bon office & ſecours qu'on doit rendre à chacun . Sur ces propos vindrent à ſa-
luër le port, & incontinent Daraïde deſcendit en terre pour enuie quelle auoit de haſter la deliurance qu'elle auoit empriſe des deux amans: veu
meſmemét que Roſafar luy appartenoit de parenté comme filz de Flore-
lus d'Auſtriche, & heritier auſsi du duché de Sauoye Parquoy ſe met ſans
delay au chemin de la maiſtreſſe cité de Teſſalie : auquel elle entendoit
comme pluſieurs des autres damoyſelles de la royne auoient amené pluſieurs champions qui tous auoient eſté deffaitz par le gean . Pource les
gens qui voyoient paſſer Daraïde tant belle & ſi bien formée en la compagnie de Galtazire : Hee dieu diſoient quellé pitié de mener ceſte excellente creature à la boucherie apres les autres . Or auant qu'arriuer en la
ville (approchans d'vne foreſt) ouyrent la voix d'vn homme ſoy complaignant & criant hautement : ſe tirerent celle part, & trouuerent que
c'eſtoit vn cheualier nud, lyé à vn cheſne que deux ieunes damoyſelles
fouëttoient à grandz ſions d'arbres verdz & ployans, & ny alloient de
main morte: car il y auoit ia perdu ſa peau, comme le ſerpent ſa deſpouille, & eſtoit tout en ſang . Quand Moncan vid ceſte bourrelerie: Dieu de
paradis (dit il) & que feroient elles à nous pauures vieillardz puis qu'elles
traittent ainſi ce beau ieune homme? ſi au verd, que ſeroit ce au ſec ? Elles eſtoient ſi ententiues à leur beſongne que la compagnie fut tout aupres d'elles ſans qu'elles la viſſent. Et Daraïde commença à leur demáder
d'ou venoit ceſte nouuelle cruauté aux douces pucelles . Qui luy reſpondirent en riant: que c'eſtoit pour le chaſtiment d'vn malfaitteur, & exemple à tous autres. Daraïde continuant à s'enquerir quel crime il auoit có-
mis l'vne reſpond, que c'eſtoit vn faux & deſloyal cheualier qui auoit fait
la cour à elle & à l'autre (qui ſa couſine eſtoit) faiſant entendre & iurant
à chacune qu'il l'aymoit ſouuerainement & vniquement : & ſouz ceſte
couleur les auoit toutes deux reduittes au point, en leur promettant mariage . Ce que ſçachant n'a gueres l'vne de l'autre fiſmes le complot de le
conuier à ce iour de venir paſſer le temps en ce boys, ou nous l'auons endormy apres boire en noſtre giron : puis lyé piedz & mains & acouſtré
tel que le voyez : & n'en partira ſans nous faire ſerment de ne nous pourchaſſer iamais de la ſatisfaction qu'auons priſe ſur luy ſelon ſa deſſerte.
Vrayement (dit alors Daraïde) ſi ainſi eſt il auoit merité punition: & s'a-
dreſſant au patient : Or prenez la peine en patience des mains de celles
de qui auez receu la ioye . Qui reſpond (en rechignant) maudit ſoit la
ioye qui tourne en tel deſplaiſir & tourment. Vous ne diſiez pas celà (dit
la plus affetée) quád vous iouïſsiez du fruit de voſtre plaiſir: ains que dieu
n'auoit pas plus de gloire en ſon ciel : & que vous ſembloit y eſtre tenant
vn ange entre voz bras : Ie ne penſois pas lors (dit il) que deuſsiez deuenir diableſſe contre moy . C'eſt voſtre deſloyauté (replique l'autre damoyſelle)

moyſelle) mauuais cheualier, qui corrompt noſtre naturel debonnaire. Comment, dit le cheualier, ſuis-ie pour ce cas mis au reng des chetifz, veu qu'Amadis de Grece & Floriſel de Niquée n'en ont perdu leur reputation, & Galaor ſur tous eux. Adonc la pluſgrande dit: Si nous tenions icy Amadis de Grece il n'auroit ne pis ne mieux que vous, pour la vengence de Lucelle, & Floriſel pour celle de ſon Helene. Car quant à Galaor nous ne trouuons occaſion de le blaſmer de ce qu'il a fait comme cheualier errant en toutes les occurrences qui luy ont eſté offertes: la honte en redonde ſur les dames non pas ſur luy, qui ne fit iamais profeſsion de loyauté, & ainſi n'a trompé perſonne. Pourtant cheualiers (dit elle) ie vous prie pourſuyuez voſtre chemin & nous laiſſez executer noſtre iuſtice. Adonc le cheualier les ſupplie de le tirer des mains de celles qui ne ſe peuuent ſouler de ſon ſang. Et Daraïde leur remonſtre qu'elles ont cauſe de ſe contenter : à quoy à grandes prieres elles conſentirent à la fin ſouz condition du ſerment de ne les rechercher. Et dirent à Daraïde qu'elles luy donnoient pouoir de l'abſoudre en vertu de la penitence precedéte: toutesfoys qu'il ne ſe haſtaſt de le deſlier qu'elles ne fuſſent montées. Et elles donnent du fouët à leurs palefrois, & s'eſlongnerent pendant qu'on delye le pauure cheualier, & que Barbaran & Moncan luy ſeruent de valetz de chambre à le veſtir : car de harnois il ne le put ſouffrir à cauſe de ſes cicatrices & le trouſſa deuant luy remerciant la compagnie qui tant de bien luy auoit fait. Laquelle d'autre coſté tire le chemin deuiſant de ceſte iuſtice de femmes, que Galtazire louoit & approuuoit grandement diſant que ſi toutes en faiſoient ainſi, tous les hommes ne feroiét pas tout ce qu'ilz font. La nuyt les ſurprint pres d'vn chaſteau diſtant de quatre lieuës de la cité (à cauſe de l'amuſement qu'ilz auoient eu en ce boys) ou ilz furent bien logez & ſeruiz.

Comme Daraïde fut receuë de la

royne de Teſſalie, laquelle apres auoir veu les deux princes enchantez, s'achemina vers le chaſteau.

Chapitre   LXXIII.

'Endemain Daraïde dit à Galtazire qu'elle vouloit entrer en la ville en ſes habitz, puis qu'ilz en eſtoient ſi pres qu'ilz ne pourroient tomber en danger ſur le chemin. Si s'acouſtra en parure de Nymphe fort richement, puis monte ſur vn fier deſtrier enharnaché de meſme ſa robe, & les deux vieillardz Barbaran & Moncan portoient ſon eſcu & ſa lance, & quelques Eſcuyers de ce chaſteau ſon

ſteau ſon harnois. Ceux de la cité qui la virend paſſer furent esbahiz de
ſa beauté, & demandoient à quelqu'vn de la trouppe qui elle eſtoit. Et
oyant que c'eſtoit Daraïde née au monde pour la plus parfaitte dame en
beauté & valeur, venant eſprouuer la liberté de leur prince & princeſſe,
la recommandoient à Dieu deuotement. Ainſi paſſa elle (louée & benie
de tout le peuple) iuſques au palais de la Royne, ou elle fut deſcendue par
les deux anciens cheualiers: & Galtazire monta en diligence en la chambre de la Royne pour l'auertir du ſecours qu'elle luy amenoit, qui eſtoit
Daraïde la nourriture de la princeſſe Diane traittée d'elle & de la Royne
ſa mere comme leur propre ſeur ou fille : & en prouëſſe eſtoit vrayement
vne autre Alaſtraxerée, ayant vaincu en camp cloz le tant fameux Galtazar de Barberouſſe, & fait tant d'armes ſur le chemin que c'eſtoit choſe
incroyable. Bref qu'elle ſe reſiouïſt, car s'il y auoit remede en ſon affaire
par humaine vertu elle l'auoit amené. Sur ces entrefaittes voicy entrer
Daraïde, ſuyuie de grand nombre de cheualiers que tous elle paſſoit de
la teſte : qui mit la Royne en grande admiration de ſa taille & beauté.
Dont ſe leua de ſon ſiege pour la receuoir, voulant honorer celle qui venoit expoſer ſa vie pour ſon ayde, & qui eſtoit douées de ſi bonnes parties. Daraïde s'agenouilla deuant elle luy requerant les mains, que la
Royne ne luy voulut bailler, ains la leue debout & l'embraſſe diſant: Ma
belle damoyſelle Dieu vous doint bon ſuccez à la ioye que mon cueur
conçoit de voſtre venuë. I'ay confiance qu'ainſi le fera, reſpond Daraïde.
Lors la Royne la mene ſoir aupres d'elle, à qui elle dit: Ma dame vous ſçauez l'occaſion de mon arriuée: c'eſt à ſçauoir la deliurance du prince Roſafar, & de voſtre fille Artifire : pource vous ſupplie me faire mener au
pluſtoſt la part ou ilz ſont. A quoy elle luy reſpondit qu'il faloit diſner,
& apres elle meſme l'y feroit compagnie. Mais Daraïde repliqua du peu
de temps qui luy eſtoit prefix & limité par la Royne Sidonie: auſsi (dit
en ſouzriant) ma dame ie ſouffrirois trop en ſi longue abſence de ma
déeſſe Diane, & ne voudriez tant eſloigner le bien de celle qui pourchaſſe le voſtre car apres diſner ſuis deliberée d'aller droit au chaſteau du
mont. La Royne s'y accorde & la prend par la main la menant en la tour
des martirs, ainſi l'auoit on baptiſée. Venuz à la porte de la chambre Daraïde veid les deux amans veſtuz de drap d'or: Roſafar la teſte nue blonde & creſpe: & Artifire ayant ſur ſes cheueux dorez vn cercle enrichy de
mainte pierrerie : & luy ſemblerent tous deux fort beaux & de bonne
grace. Dont il ſentit grieue douleur de les voir en ceſt eſtat, s'entreregardans la main côtre la poitrine l'vn de l'autre, comme Galtazire luy auoit
raconté. Adonc leut l'eſcriture du tableau qui eſtoit ſur la porte, puis
print congé de la Royne pour y entrer, qui luy dit : En bonne heure ma
bonne amye puiſsiez vous faire ce à quoy tant de preud'hommes ont fail
ly: mais i'ay grand doute de voſtre perſonne, veu la chaleur de leans que
ne pouons quaſi endurer d'icy. Lors Daraïde : Ma dame, à qui les dieux

X   veulent

veulent ayder nul ne peut nuyre: & luy laſchant la main auec vne grande reuerence, entre ſur le ſeuil de l'huys, & dit (au raport de Galerſis le
croniqueur (feu qui embraſes mon ame par trop plus grande vehemence, procedant de la beauté de ma dame Diane, monſtre maintenant la
ſeigneurie que tu tiens ſur toutes autres flammes, à fin que par ta ſouue-
raineté mon corps ſoit preſerué du preſent ſacrifice. Ce dit, marche à
grand pas auec vne haute contenance, & luy fut auis qu'il eſtoit au lieu
le plus fraiz du monde. Ce que moins ne ſentit la Royne & les autres qui
regardoient de la porte: parquoy elle entra diſant: qu'aſſez voyoit au
premier bien que Daraïde luy apreſtoit, occaſion de bon preſage du plus
qui pourroit auenir par ſon moyen. Adonc ouyrent enſemble les propos
douloureux des deux amans, s'entreprians l'vn l'autre d'oſter la main de
la fente par ou ſon cueur vouloit paſſer: diſant Roſafar: Làs amye ſi vous
m'aymez ne me retenez plus longuement en ceſte mortelle angoiſſe, &
ouurez la porte à mon ame, ou tant vous la faittes hurter. Helas amy (reſpondoit Artifire) ſi voſtre amour eſt telle que touſiours m'auez fait entendre, commencez le premier à me faire le bien que tant deſirez pour
vous, afin que paſſant deuant ie ne meure que d'vne mort ſans voir la voſtre. Apres ce piteux debat ſe taiſoient vn eſpace, puis recommençoient
ceſte meſme requeſte en autres termes, ſans rien reſpondre à Daraïde de
choſe qu'elle leur demandaſt. A ceſte cauſe (dit à la Royne qui pleuroit
tendrement) ma dame, la compaſsion que i'ay de ces deux princes me
chaſſe hors d'icy, tant pour ne les pouoir voir plus longuement que pour
diligemment pourchaſſer leur remede. Elle ne pouant parler de deſtreſſe
la prend par la main, & ſortent enſemble hors de la chambre, en laquelle reuint la precedente chaleur, que ceux qui alloient apres ſentirent treſbien. Daraïde en allant vſa de grandz raiſons de conſolation à la Royne, qui conceut grande eſperance de bonne fin par ſi heureux commencement. A tant trouuerent les tables couuertes & diſnerent. Puis dit Daraïde qu'elle vouloit partir incontinent. En quoy la Royne la pria, que
ſi Dieu luy faiſoit grace de vaincre le gean, elle ſe deſiſtaſt de paſſer plus
auant dedans le chaſteau à cauſe du Caualyon. Et elle reſpondit qu'elle
eſſayeroit à faire ce qui ſeroit neceſſaire pour la liberté de ſes enfans, &
qu'il ne luy faloit qu'vne guide qui la menaſt au chaſteau du mont. A
quoy s'offrit Galtazire, remonſtrant qu'elle qui auoit eu la peine de l'a-
mener ne deuoit eſtre fraudée des gantz des bonnes nouuelles de la glorieuſe victoire qu'elle eſperoit. Autant en dirent les deux vieillardz, à qui
la Royne en ſceut bon gré: & ainſi prend Daraïde congé de la Royne
(qui l'accolla & baiſa doucement) & des principaux de la cour prians
Dieu enforcer & vigorer ſon bras, pour executer la deliurance de leurs
ſeigneurs.

Comme

Comme Daraïde combatit con-

tre le gean du chasteau du mont, & contre le fier & cruel
Caualyon, & qu'elle en fut l'issue.

Chapitre   LXXIIII.

E chasteau du mont estoit distant de la ville de dix
grosses lieuës. Pourtant Daraïde surprise de la nuit
logea à vne lieuë pres : ou quand elle fut couchée se
mit en oraison, priant Dieu luy daigner ottroyer pareille victoire contre le Caualyon qu'il auoit au Roy
Amadis contre l'Endriague: car il estoit resolu de l'assaillir s'il venoit au dessus du gean : & le redoutoit fort pour le rapport
de sa grandeur & fierté outrageuse. Le reste de la nuit elle passa en la
contemplation de sa maistresse Diane, & en regret d'estre si long temps
bannie de sa veuë, tellement que chacun iour de son absence luy duroit
mille ans. L'aube se monstrant au ciel elle se fit armer de toutes pieces, &
cheuaucha auec sa suitte iusques à deux traitz d'arbaleste pres du chasteau : alors dit à ses damoyselles : Mes amyes si ceste auenture donne fin
à ma vie, ie vous prie de porter mon cueur à la duchesse Lardenie, pour
le presenter à celle à qui il est, auec le secret que ie luy ay communiqué.
Elles plorans respondirent que les dieux luy en enuoyroient meilleure
issue. Adonc les embrasse tous & toutes qui demeurent en ce lieu attendans la fortune. Et elle pend son escu au col, & prend sa lance : si s'en va
vers le chasteau par vne profonde &estroitte vallée à l'heure que le soleil
descouuroit sa luysante face sur la terre. Aupres du portail trouua vn pi-
lier de marbre ou pendoit vn cor à vne chayne de fer, lequel elle sonne
trois fois, ayant leué la veuë de son armet. Dont auise soudain vn vilain
en vne carchiere, qui l'ayant veuë se retire incontinent. Et peu apres furent ouuertes les portes du chasteau, d'ou sortit vn grand & desmesuré
gean sur vn cheual de mesme : lequel luy dit d'vne voix espouentable:
Ne t'en suy pas vile creature, car il faut que compares la folie que tu as
faitte de m'auoir esueillé. Puis que tu en as peur (dit Daraïde) il vaut
mieux que me mettes dedans pour t'en asseurer. Entre (dit il) car ce sera
la moytié fait de te tenir en prison, ou ie te liureray plus de tourment que
par la mort. Elle ne s'en fit gueres prier, & il rentre pareillement, puis on
ferme les portes. Quand elle se veid dedans la premiere court (qui ample
& spacieuse estoit)luy commença à dire: Gadalon rend moy les prisonniers que tu tiens ceans à tort : & m'enseigne le moyen de la deliurance
du roy Rosafar & de la royne Artifire & ie te quitte de ce combat. Le
gean cuyda enrager de ceste offre, dont il getta vn cry qui retentit ius-

X ii   ques au

ques au bout du chasteau, en respondant : chetiue chose garde toy de la responce que ta sottie requiert. Alors broche contre elle, & elle contre luy, rompans chacun sur l'escu de son homme : puis reuienent les brancz d'acier aux poings, desquelz ilz meinent vn dur & dangereux conflit: mais s'estoit merueille d'y voir l'adresse de Daraïde à volter son cheual deça,delà,à l'vne & l'autre main:tellement qu'elle donnoit tant de coups au gean à descouuert qu'elle vouloit, qui pour la pesanteur de luy & de son roncin nevoltigeoit non plus qu'vn pilier.Ce ieu dura cnuiron demy heure sans que Gadalon sceust assener vn seul coup à droit sur Daraïde, qui luy en tira tant entre les fortes lames de la cuirace que l'hóme & che-ual estoient tous peints & coulourez de sang. Si est ce qu'elle ne se put du tout garentir qu'elle ne receut de luy quelque horió qui ne portoit point si peu qu'il n'entamast & harnois & la viue chair. Toutesfoys Dieu qui la tenoit en sa garde la preserua de playe dangereuse comme bien besoin luy fut : au moyen que le gean se sentant faillir de cueur par la grande ef-fusion de son sang, reclama ses gens qui regardoient le combat des gale-ries,d'ou en accourut plus de vingt à son cry, les vns auec iauelines, les autres garniz de haches ou d'arcz: mais il ne sceurent y arriuer de si bon-ne heure que le grand mastin n'eut pris la fuitte par vne porte qui alloit vers le logis du Caualyon, la ou il cuydoit que Daraïde n'auroit la har-diesse de le suyure.Ce que neantmoins elle fit & apperceut bien tost le fu-rieux animal qui voloit quasi cóme vn oyseau vers eux(pour les criz qu'il auoit entendu de ce costé) couuert de fumée qui luy sortoit des nazeaux comme d'vne nue . Elle s'esmerueilla de la force & puissance de la beste, & eust bien voulu estre plus fresche & mieux en aleine pour se presenter contre elle, pensant auoir ensemble affaire au gean & à elle. Or en auint beaucoup mieux qu'elle n'esperoit:au moyen que le Caualyon qui(com-me dit est)ne cognoissoit autre que sa nourrice, s'adressa au premier qu'il rencontra,qui futGadalon mesme:lequel empoignât de ses mains d'hom me, despeçoit de ses pattes de lyon, quand Daraïde voyant ce bon se-cours inesperé descend de cheual pour mieux exploitter besongne. Et a-pres auoir reclamé sa dame Diane (cóme la chose du monde par sa beau-té extreme plus contraire à la deformité de ce monstre) s'adresse l'espée au poing au Caualyon qui desmembroit à plaisir le gean & son cheual. Parquoy auisant que tout son effort consistoit en ses pattes de lyon, luy en trenche vne par la premiere iointure, qui luy causa si grieue douleur que du hurlement qu'il en ietta fit resonner les prochains rocz & vallées en sorte que Galtazire & sa compagnie l'entendirent : qui s'escria à ioin-tes mains:Bon dieu ayez pitié de la plus belle & vaillante dame de la ter-re, que ie pense estre ores en la meslée auec l'horrible Caualyon . Or ne laissa il pour ce coup sa prise ou il estoit ia acharné, donnant loisir à Da-raïde de redoubler autre coup qu'elle luy deschargea à deux mains de son espée entre ses deux grandz oreilles : mais ce fut en vain , car elle re-

boucha

bouscha sur ses dures escailles nomplus ne moins que si elle eust donné
sur vne enclume. Toutesfoys la beste sentât ce chamaillis luy rue vn coup
de pied de derriere si violent qu'elle iette Daraïde par terre toute estour-
die : qui se releua soudain (tant estoit viue) & considerant que son espée
faisoit si peu sur ses escailles, luy tire vn estoc de toute sa force au ventre
ou elle auise qu'il n'y auoit que du poil, tellement qu'elle l'y fourre dedans iusques à la croix. L'animal feru a mort tourne vers elle & la saisit
de ses mains d'homme pour en faire telle boucherie que de Gadalon &
son cheual qui estoient la par pieces : mais la vertu luy faillit, estant son
cueur transpercé, dont il lascha la prise, & tumba mort sur Daraïde, que
sans le harnois il eut acrauantée de son poix. Beaucoup de peine elle eut
à soy tirer de dessouz, tant l'auoit soullée de sa lourde cheute. Et aussi
tost qu'elle fut debout & eut regardé l'estrange monstre, & le carnage
qu'il auoit fait deuant luy, & son destrier mesme qui de frayeur & horreur auoit le crin herissé, & s'estât desbridé ne faisoit que hannir & bondir: adonc met les genoux en terre, & les yeux leuez vers le ciel, remercie le seigneur de l'auoir deliuré de deux telz perilz tant à son honneur
& sauueté. Puis allant tirer son espée hors du ventre du Caualyon le sang
en sortit à gros bouillons qui dura longuement,& en taignit tout Daraïde. Lors cuydant estre en quelque repos, voicy arriuer la vieille geante
à cause des criz & rugissemens qu'elle auoit ouïz de son filz,qui sembloit
formée & composée d'escorces d'arbres, tant estoit seche & haue: grande
elle estoit & vestue de peaux de bestes, fors que les bras & iambes qui e-
stoient nudz. Elle alloit toute descheuelée & meslée, ressemblant vne
droitte Proserpine ou furie d'enfer : & quand elle auisa le gean tout des-
membré, & le Caualyon gisant mort aupres,se deschirc le visage à beaux
ongles, & arrache ses cheueux gris, brayant : O' force sans per, comme
vous puis-ie voir morte & demeurer viue ? ó fortune quel tour me iouës
tu de me móstrer mes enfans occiz par vne si petite & vile chose? ó dieux
iniustes qui tel outrage me faittes. A l'heure Daraïde l'approche & luy
dit : Femme c'est simplesse de plaindre & gemir ce qui est irreparable:
or vous conuiét penser de vous mesmes que n'en aurez pas moins qu'eux
si tout maintenant ne me donnez le moyen de deliurer le roy & la royne
de Tessalie du torment ou les auez plongez. Non,non (dit la vieille) mal
heureuse creature, tu n'eschapperas pas de mes artz comme tu as fait des
mains de mes infortunez enfans. Ce dit, s'enfuit d'ou elle estoit venuë, &
entre en vne bouche de caue obscure & horrible. Daraïde la suyt à grand
peine,tant pour le faiz de ses armes,que pour le trauail de ce iour. Toutesfois pésant que c'estoit le plus fort de son affaire que tant elle desiroit mener à fin,se recómandant à Dieu entre apres la geante en ce trou,pres duquel elle void la loge du Caualyon toute tendue de peaux de diuerses
bestes prises es prochains boys & montagnes.En ceste caue on ne voyoid
nomplus que de nuyt, & si tost qu'elle y eut mis le pied ouyt des coups

X iii   comme

comme d'artillerie assez pour intimider les plus hardiz . Mais celle qui estimoit estre matiere de magnanimité plus grande la ou y a plus d'occasion de perdre le courage, va la dedans à taston suyuant vne paroy qui à la fin la conduit en vne chambre taillée dedans le roc, ou n'y auoit aucune clarté que celle qui sortoit des yeux de la geante comme de deux chandelles , laquelle estoit assise en vne chaire au milieu de la chambre lamentant ses enfans , ayant ses liures tout à l'entour d'elle . Trop fut esbahie la vieille quand elle apperceut Daraïde si pres d'elle, qu'elle n'estimoit pouoir auoir le cueur de passer par l'horreur des tenebres de sa caue auec l'espouentable bruit & tintamarre qu'y si faisoit . Si desloge de vitesse & Daraïde apres, suyuant tousiours le mur de la main pas à pas: tellement qu'elle trouue vn petit huys & vn escallier de pierre par lequel elle paruient en haut en vne belle platte forme descouuerte de tous costez, soustenuë de douze gros pilliers de marbre : Là y auoit deux statues composées & forgées par certain artifice, du tout rapportans à la semblance naturelle de Rosafar & d'Artifire, lesquelles auoient les poitrines transpercées d'vne espée dont le pommeau estoit d'vn fin rubis, & la poignée d'esmeraude, & la gayne d'vne estoffe incogneuë, le tout de pris inestimable . Vne autre effigie semblable à la vieille geante donnoit le coup de ceste espée, tenant en l'autre main vn tableau d'airin ou estoit engraué.

Gregaste garde des statues transpercées à appresté l'espée sans per pour celuy qui nasquit sans pareil en vertu. C'est pour celuy que le destin heureux feroit monter en ce lieu si possible estoit à force humaine de passer à trauers ce fort deffendu par la puissance de mes enfans & subtilité de mes artz : lors gaigneroit le branc precieux, & le tireroit à sa grand' gloire & allegeance des deux royaux amans, qui autrement recouurer ne la pourront.

Daraïde ayant leu & entendu l'escrit en receut grand' ioye: Si se prend à contempler la beauté de la gaine,& adonc suruient la vieille geante qui la vient harper au corps, esperant la precipiter quant & elle du haut en bas. Dequoy Daraïde se doutant eut grand peine à se deslier des bras de la forciere qui encores roide estoit: toutesfoys à la fin la renuerse par terre: laquelle voyant tous ses moyens luy faillir, ne desirant mourir par la main du plusgrand ennemy qu'elle eut au monde , se iette en bas ou elle tumba en plus de mille pieces. Lors Daraïde va aux ymages & en tira l'espée, qui fit leuer vn tel bruit & si terrible qu'on l'ouit à dix lieuës à la ronde , mesme en la cité ou il n'y eut personne qui ne cheut de frayeur à la renuerse. A mesme instant sortit de la chambre ou estoient les amans enchantez, vn gros tourbillon de flambe comme vn esclair de tounerre, qui alla ceindre toute la ville à l'entour , courant en forme de comette. Puis se deffit,& adonc les amans reuindrent en leur premier sens, & tous ceux qui estoient tombez pareillemét & Daraïde aussi: laquelle se trouua la riche espée en vne main , & la gayne en l'autre : dequoy trop fiere

descend

deſcend & retourne au chaſteau ou la canaille s'eſtoit tenuë quoye de peur du Caualyon, eſtonnée de ce qu'elle oyoit comme ſi ce fuſſent viſions. Et voyant reuenir Daraïde victorieuſe & toute ſanglante, luy coururent ſus, mais à leur grand meſchef, pour les horribles coups qu'elle donnoit de la nouuelle eſpée, telz que quiconque en receuoit n'auoit plus beſoin de myre. Apres qu'il en eut deffait la moytié, l'autre ſe rendit à ſa mercy, qu'il receut d'auſsi grand clemence qu'il auoit monſtré de force à les vaincre: toutesfoys auecques telle aſſeurance d'eux que le cas requiert. Puis ſe ſentant laſſe & vn peu naürée(comme vous a eſté dit)commande à deux du chaſteau d'aller faire venir ſa compagnie. Ce pendant s'aſsied ſur les degrez d'vn perron, repoſant ſa teſte ſur ſes mains apuyées ſur ſon eſpée. Galtazire & les autres receuans ce mandement y accoururent quaſi comme folz & inſenſez de ioye. A l'arriuée elle leur cuyda tourner en grand triſteſſe la trouuans ainſi couuerte de ſang: mais voyant le grand nombre des mortz emmy la court, & la gayeté dont elle les recueilloit, s'aſſeurerent qu'elle eſtoit hors de danger. Si leur dit qu'elle auoit meſtier de repos & de quelque appareil pour ſes playes, qui luy fut appliqué preſentement en vne belle chambre, ou ilz la coucherent ſur vn bon lit. Et la laiſſant repoſer vont voir le Caualyon, qui leur fit ſi grand peur qu'ilz ne l'oſoient approcher tout mort qu'il eſtoit. Galtazire retourne diligemment vers Daraïde auec gratulation de ſa glorieuſe victoire: luy demandant congé d'en aller porter les premieres nouuelles à la Royne. Ce que Daraïde luy accorda, l'aſſeurát(à cauſe de l'eſcrit du tableau)qu'elle trouueroit la cour en meilleur eſtat qu'ilz ne l'auoient laiſſée. Ainſi part la damoyſelle laiſſant Daraïde à ſe guerir & refaire: qui manda des l'heure qu'on allaſt eſcorcher le môſtrueux animal & emplir de paille pour l'enuoyer à ſa dame Diane, en qui repoſoient toutes ſes penſées, & tendoient tous ſes faitz comme à ſon but vnique: ne ſongeant iour & nuit qu'a recouurer la felicité de ſa diuine veuë. Apres donna ordre que tous les priſonniers qui leans eſtoient fuſſent deliurez, leſquelz luy en vindrent tous rendre graces.

Comme Roſafar & Artifire eſtãs

deſenchantez allerent voir Daraïde au chaſteau des Rochers.

Chapitre　　　　LXXV.

LE roy Rofafar & la royne Artifire fe trouuans deliurez du douloureux charme s'embrafferent ainfi qu'ilz e-ftoient & baiferent mille foys efpandans aufsi chaudes larmes de lyeffe, qu'ilz auoient au parauant de douleur. Et apres auoir efté quelque efpace ainfi rauiz & tranfportez, commença Rofafar à dire à fa dame : ma grand' amye que i'eftime maintenant heureux ce mal qui me fait goufter vn fi fauoureux bien. Que pleuft à Dieu nous liurer vn autre charme qui nous tint ainfi perpetuellement l'vn auec l'autre, fans diftraction de cefte fouueraine ioye. A quoy elle refpondit : Mon cher amy le grand bien que ie reçoy de ce mal eft d'auoir cogneu la franchife & integrité de voftre cueur, fans qu'ayez eu faute de cognoiffance du mien. Mais ie vous prie de n'empefcher ma langue d'auantage à vous declairer ce que mon ame prend plus grand plaifir à penfer feule, & ma bouche à iouïr & goufter. La vieille Royne furuint fur ces entrefaittes qui rompit leurs propos, & les vint accoller tous deux enfemble, difant maintes chofes folles & ridicules par excez de ioye. Elle leur baifoit la face, & eux les mains. Et tant de feigneurs & dames furuindrent de la ville à leur gratuler cefte ioyeufe deliurance auec tant de fonneurs & inftrumens, qu'ilz firent paffer & oublier l'heure de foupper. Or eftoit bien mynuit quand Galtazire arriue en grand hafte, ayant changé de deux palefrois en chemin. Trop ne fut efmerueillée de voir tant de luminaire par la cité, tant de feuz d'allegreffe, tát de mufique & melodie au palais, comme celle qui bien en fçauoit la caufe. Et quand on la vid venir en fi grand' diligence chacun couroit apres pour entendre les nouuelles qu'elle aportoit. Grád plaifir fut aux feigneurs & dames de la voir arriuer : & elle leur alla baifer les

fer les mains, fuppliant faire impofer filence pour entendre le difcours
de fon embaffade. Chacun fe tint aufsi coy que s'il n'y euft perfonne &
elle parla en cefte maniere. Monfeigneur & mes dames ie vous vien annoncer la forme de la deliurance dont vous iouïffez, fans fçauoir comme
elle vous eft auenuë : c'eft à fçauoir par la belle & vaillante Daraïde fans
per, qui arriua au chafteau des Rochz, à l'heure que le foleil defcouuroit
fa gaye face à la terre pour la ioye fpeciale de Teffalie. Car fur le mydi
qu'entendiftes icy le bruit & le fon terrible, le gean & le monftre Caualyon eftoient mortz par fa main. Et à l'heure que fuftes defenchantez &
reduitz en voftre premier eftat la geáte Gregafte eftoit depefchée, & l'efpée heureufe tirée hors des corps des ftatues de voftre reprefentation
ainfi que la victorieufe Daraïde m'a raconté : qui en reuint tant teinte &
vermeille de fang que nous en fufmes tous troublez de prime veuë. Mais
ie vous puis affeurer qu'elle n'a bleffure dangereufe, & eft là demeurée
pour vn peu fe refraifchir. Ce que ie vous dy du gean Gadalon & du Caualyon, vous en pouez affeurer par moy, comme par celle qui les a veuz
gifans & meurdriz de fes propres yeux. L'afsiftance fut fi eftonnée de ce
recit, que Galerfis dit qu'il fe leua vne voix commune remerciant le grád
Dieu qui tant auoit mis de deité en vne creature humaine, voire & par
grande admiration cefte affemblée de peuple debonda de là & fans delay
iffit de la ville comme vne procefsion toute nuyt pour aller voir cefte
merueille incroyable. Le roy & les deux roynes delibererent d'y aller
l'endemain puis qu'elle ne pouoit venir, mais ilz n'y arriuerent qu'au
foir, & vn peuple infiny y fut auant eux qui alloit droit baifer les mains
à Daraïde, & apres voir le gean & le Caualyon, duquel ilz s'eftonnerent
grandement voyant tant fa chair que fa defpouille. Mais quand Daraïde
fceut la venuë de Rofafar elle fe leua, & habilla fort mignonnement & à
leur arriuée fortit en vne fale ioignant à fa chambre : à qui elle caufa gran
de admiration de fa beauté iointe à fi grand' proëffe. Elle s'humilia fort
deuant eux, & fa magefté naturelle ne les contraignit moins à luy rendre
de reuerence. Si s'embrafferent tresaffectueufement, puis allerent enfemble en fa chambre, ou, quand ilz furent afsis, elle leur dit : Meffeigneurs
vous m'auez fait tort d'auoir pris la peine de venir icy : c'eftoit à moy de
vous aller rendre conte de mon fuccez. A quoy le roy Rofafar : Gentile
Daraïde ce nous eft grand foulagemét de vous tenir fi pres de nous pour
cognoiftre voftre perfection admirable que tous les princes du monde
deüroient rechercher à voir des plus lointaines regiós de la terre. Or me
fens-ie (dit lors Daraïde) en difpofition pour vous accompagner en la
cité quand il vous plaira. La Royne blanche ne le voulut confentir, difant qu'ilz eftoient bien tenuz de pourchaffer fon repos, veu le trauail
qu'elle auoit pris pour eux, tant à leur bien & auantage. Ce pendant elle
ietta fa veuë fur Artifire qui luy fembla d'excélece rare, & qui par la fouuenance de fa dame Diane luy tira les groffes larmes de l'œil. Ce qui la
meut

meut à luy dire qu'on la mettoit en mesayse & qu'elle sentoit quelque angoisse de ses playes. A quoy, respondit Daraïde, que du mal qu'elle auoit
senty le corps n'en souffroit rien, ains l'ame seule, par la remembrance
que sa beauté luy causoit de sa Diane. Grande doit estre la sienne, dit Artifire, qui à peu faire tel effort en la vostre estant fille comme elle. Telle,
respond Daraïde, que ie n'en ose parler de peur d'en offenser la grandeur
par l'imperfection de ma louange: car les dieux ont mis en elle comme en
la Pandore tous leurs dons & graces, l'esleuant en ce monde pour vn miroër & exemple de leur diuinité. Làs ma souueraine déesse de qui la contemplation seule me soustient en vie: allegeant tous mes maux & ennuys,
ie ne crains (disoit en souspirant) sinon que Venus ialouse de vous comme Psiché ne nous liure beaucoup de trauerses & tormens. Les seigneurs
la voyant en si profonde ymagination, l'en diuertirent par autres propos ioyeux, & cõmanderent qu'on couurist pour le soupper en sa chambre, d'ou ilz ne luy permirent de sortir de trois iours l'y faisans tousiours
bonne compagnie. Apres soupper ilz allerent voir le Caualyon, dont ilz
furent fort esbahis de la figure, & de la vaillance de celle qui l'auoit peu
deffaire. A laquelle au retour en vindrent donner grandz louanges : luy
disant Rosafar, qu'elle auoit tant fait pour eux & exposé sa personne en
tel hazard, qu'elle pouoit faire estat de tout ce qui estoit en leur puissance comme de son propre, les ayant restituez en estat, sans lequel tous leurs
biens & delices leur estoient vains & inutiles . Dequoy elle les remercia
humblement: disant, que le seruice qu'elle leur auoit fait estoit deu à toutes personnes de leur estoffe par ceux qui maintenoient cheualerie : &
qu'elle ne meritoit recõpense de l'office qu'elle auoit presté selon son deuoir. Aussi quand ilz furent retournez ensemble en la cité, & qu'elle print
congé d'eux ne voulut rié accepter de tous les riches presens qu'ilz luy offrirent. Mais quatre ou cinq iours auant son partement auoit enuoyé à sa
dame Diane la despouille du Caualyon, dont Galtazire & les deux vieillardz auoient pris la charge & conduitte. Et elle peu apres s'embarqua en
mer tirant la routte de Guindaye, ayant laissé grand regret d'elle au partir de Tessalie, dont le Roy la vint accompagner iusques à l'embarque-
ment. Or la laissons voguer pleine de desir de reuoir sa souueraine maistresse, pour retourner à l'Empereur Amadis de Grece.

Comme l'empereur Amadis de

Grece, & la princesse Lucelle vindrent trouuer le roy Lucidor: Et du songe qu'eut l'Empereur, qui le fit departir d'elle & aller en la queste de Niquée.

Chapitre   L X X V I.

En grand'

EN grand ioye & consolation alloit l'Empereur Amadis auecques sa chere Lucelle, esperant si tost qu'il seroit en France de cõsommer leur mariage. Celà les entretint tout le voyage en douce conuersation, tant qu'ilz arriuerent à vn port Françoys, auquel ilz prindrent terre, & s'acheminerent droit à la grand' ville de Paris ou le Roy estoit : lequel sçachant leur venuë sortit au deuant d'eux & les receut en grand liesse, comme la raison vouloit. Si les mena en son palais royal ou il les festoya tresmagnificquement. Chacun y fit bonne chere fors la princesse Lucelle, estant en grande perplexité pour la foy de mariage qu'elle auoit iurée à l'Empereur, lequel au contraire en sentoit grand ioye en son cueur, combien que de tout ce iour il n'en entama aucun propos. Mais quand chacun se fut retiré la nuit en sa chambre, en son premier somme luy sembla qu'ainsi qu'il alloit espouser Lucelle, l'emperiere Niquée se presentoit, qui luy chantoit ceste leçon en grãd colere. Amadis, Amadis, & qu'est cecy que vous allez faire, est-ce la façon en ce cas de conter ainsi sans son hoste, & de prendre vne seconde femme, la premiere viuant encores ? Est-ce la recompense de l'amour loyalle que vous ay portée, & du grief martire que ie souffre de vostre absence ? Au moins si n'auez autre respect à vostre Niquée, regardez l'offence qu'allez commettre contre Dieu. Il luy fut auis à l'heure, qu'il la vouloit accoller la larme à l'œil, mais qu'elle luy tourna visage comme fort courroucée, dont il luy commença à dire : Helàs, ma dame, ne tenez ceste rigueur à celuy qui n'eut iamais attenté cest affaire sans l'opiniõ qu'il auoit que fussiez morte. Vous en deuiez (dit elle) auoir plus certaine asseurance si folle amour ne vous eust aueuglé & transporté. Ce dit, elle disparut, & il demeura

meùra si penetré & outré qu'il s'esueilla en sursaut, resolu par ceste vision
que sa Niquée viuoit encores, & qu'il ne cesseroit de la chercher tant qu'il
l'eut trouuée : aussi qu'il romproit le fil qu'il auoit ourdy & tramé auecques Lucelle: pour ne faire tort à vn coup à deux telles dames: desquelles
il portoit tant d'obligation d'amytié qui l'astringnoit à fidelité & loyauté pareille. Plus il ne put durer sur sa plume & se leua & promena par la
chambre, affublé seulement d'vn manteau de nuit, bastissant le discours
qu'il auoit à faire auecques Lucelle, pour partir de là le iour mesme. Si s'en
alla le matin au leuer de la royne Leonorie sa seur, laquelle il pria de man
der la princesse : qui y vint incontinent fort triste & pensiue, estimant
que ce fust pour mettre fin aux noces, de luy tant desirées, & d'elle non.
Elle venuë il la prend par la main & la tire à part en vn coin de la chambre, ou ilz s'asirend l'vn aupres l'autre, & il luy commença ceste harengue : Ma treschere dame vous n'estes du tout ignorante de la puissance
ce d'amour : à laquelle les plus sages du monde n'ont iamais sceu resister.
C'est à luy le blasme du pourchas trop importun dont ie puis iusques icy
auoir vsé en vostre endroit, auec l'excuse legitime que me peut donner
la singularité de vostre obiet qui faisoit impression en moy si veheméte.
Mais d'autant que des personnes grandes (telz qu'à pleu à Dieu nous faire) tous les faitz doiuent estre exemplaires, conduitz & reiglez par raison : i'ay par icelle combatu & refrené mon affection si violente enuers
vous, en considerant le tort que i'estois prest de vous faire, vous espou-
sant sans autre certitude du deces de l'emperiere Niquée dont auiendroit
grand scandale & trouble au cas qu'elle se trouuast pleine de vie. Pource
ay arresté de vous remercier, & ensemble quitter & descharger de la promesse que m'auez faitte, qui maintenant estoit presté à accomplir. Ce
sera pour vous faire cognoistre l'iniure que faisiez à vostre Amadis de
vous defier de sa vertu, & de presumer en luy vilannie qui onques n'y repaira. Voylà ce que i'auois à vous dire, pour prendre congé de vous,
& vous deliurer du pesant fais que bien vous voyois porter de ce fait cy
comme esloigné de vostre volunté & accordé bon gré mal gré à mon
instante poursuitte. Lucelle fut autant esbahye de ce propos que iamais
auoit esté, oyant tout le contraire de ce qu'elle attendoit veu leurs parolles & conuenances precedentes : & comme rauie d'aise de ce coup ainsi rompu à son souhait, respondit à l'empereur: Monsieur si tous voz faitz
n'auoient tousiours esté admirables, i'aurois à ceste heure grande occasion de m'esmerueiller du propos qu'ores m'auez tenu : auquel me semble qu'auez autant d'hóneur qu'en toutes les victoires dont vostre renom
vole par l'vniuers. Car es autres conflitz vous auez vaincu les plus vaillans du monde, & en cestuy auez surmonté Amadis de Grece vaincueur
de tous les humains. Et quant à moy trop plus m'auez rendue vostre
que parauant, & plus contente & satisfaitte d'auoir assis mon cueur en
lieu si prudent, constant & vertueux. On parle de gens qui iadis se sont

lancez

lancez en feu ardent pour quelque fin glorieuſe, mais vous eſtant embra-
ſé en viue flamme d'amour à nulle autre ſeconde, l'eſtaignez d'vne façon
trop eſtrange & quaſi incroyable, monſtrant que ne la ſentez nomplus
que les trois enfans hebrieux qui chantoient en la fournaiſe. Que vous
puis-ie dire d'auantage? ſinon qu'en ce cas vous monſtrez autant ſage
qu'on vous a cogneu preux & vaillant. Dequoy pour mó regard ne vous
ſçaurois rendre graces ſuffiſantes. Or allez mon loyal amy voguer en la
mer amoureuſe, & le dieu d'icelle vous y doint bon vent. Penſez que na-
uiguerez deſormais entre deux nortz, que quand l'vn apparoiſtra, vous
perdrez l'autre: voſtre Niquée eſt l'Artique, & moy l'Antartique: ſi vous
la trouuez, vous me perdrez : & ſi elle eſt perdue, me trouuerez la plus
voſtre que fut iamais amante. Amadis fut fort content du contentement
qu'il vid que ſa chere Lucelle conceut de ſa reſolution : luy repliquant:
que ſi aucun honneur y auoit en ceſt affaire, elle ſeule le meritoit tout, qui
par ſa conſtante honneſteté auoit abbatu ſes aſſaux & attrempé ſes enflambez deſirs, que dieu auoit depuis inſpirez & rengez en meilleure
voye. Ainſi finirent leur deuis, au grand regret de tous deux, pour le brief
departement qui s'alloit faire, que toutesfoys ilz diſſimulerent, parant de
l'eſcu d'honneur aux coups mortelz de l'amour. Adonc s'en allerent chez
la Royne qui eſtoit preſte de ſortir de ſa chambre. A laquelle l'Empereur
declaira le vouloir qu'il auoit de partir, puis qu'il leur auoit rendu Lucelle a port de ſalut, tellement qu'il ne fut poſſible à Leonorie ſa ſeur de l'arreſter plus que ce iour, luy ayant fait entendre le ſoucy continuël qu'il a-
uoit de ſa chere Niquée, de laquelle il retournoit à la queſte, qui luy a-
uoit eſté deſtournée par l'heureux recouurement de la princeſſe. Le Roy
qui ne l'oſoit retenir d'auantage, craignant faire tort à ſes deſſeins, le conduit l'endemain plus d'vne lieuë. Et ainſi s'en alla au grand regret de ſa
bonne ſeur qu'elle n'en pouoit iouïr plus longuement, & à trop plus grád
de la princeſſe Lucelle, qui ne luy ſceut deſſerrer vn ſeul mot, & ne luy
dit à dieu que des mains iointes aux ſiennes, & de l'œil baignant en piteuſes larmes. Or s'en va il accompagné de ſa ſeule Finiſtée, laiſſant encores là le gean Mandroc, à qui Lucidor fit de grans dons : puis il ſe retira en ſon chaſteau ou la belle geante Gadaleſe ſe femme l'attendoit en
grand deuotion.

Comme l'empereur Amadis &

Finiſtée aborderent en vne Iſle ou ilz ſeiournerent long temps &
de l'eſtrange auenture qui leur y auint.

Chapitre   LXXVIII.

                                            Y   L'Empe-

'Empereur party de Paris auec son escuyere Finistée, gangna la mer & cheuaucha long temps sur la riue. Puis vn iour voyant vne barque de pescheur s'auisa & dit à sa damoyselle qu'il luy prenoit enuie de soy mettre sur mer, & de s'abandonner à la mercy des vens pour attendre telle fortune que Dieu luy voudroit enuoyer pour punition de ses offences. Ce qu'il luy disoit pour l'auertir du party qu'elle auroit à prendre, ou de le suyure, ou de le laisser. Mais elle luy respondit, que tant que sa compagnie luy seroit agreable, elle ne partiroit iamais d'auec luy, si la mort ne l'en separoit. Dequoy il fut tresayse, pour le seruice cordial qu'elle luy faisoit & reconfort en ses ennuys: luy disant qu'il en estoit tresioyeux, & que depuis qu'il l'auoit rencontrée il ne tenoit vie que d'elle. Si entrerent en la barque, qu'elle paya au double, de l'argent dont la Royne Leonorie l'auoit bien garnie. Et ainsi s'en vont comme le vent les pousse, non sans grand' frayeur de Finistée pour les vagues qui quelquefoys les iettoient çà & là: tant qu'ilz aborderent au bout de quinze iours en vne Isle, auec telle impetuosité que leur vaisseau se mit en maintes pieces. Toutesfoys Amadis se sauua & Finistée, & leurs montures aussi. Dequoy ilz remercierent Dieu & monterent à cheual pour aller cognoistre en quelle terre ilz estoient descenduz mais ilz la trouuerent toute deserte sans y voir vne seule personne qui leur en querellast le dommaine. Parquoy s'en reuiennent au lieu d'ou ilz estoient partiz: ou l'Empereur fit resolution de vaquer à oraison & faire penitence, iusques à ce qu'il pleust à Dieu de le tirer de là, ou de ce monde: car il voyoit bien que ceste contrée estoit fort esquartée en mer, & peu hantée des nauigateurs, veu la desolation du païs, ioint que leur barque estoit rompuë, qui les priuoit de toute esperance d'en pouoir sortir. Finistée qui n'auoit autre but en sa vie ny autre contentement que d'estre tousiours pres de celuy que son ame pensoit, contemploit, & adoroit iour & nuit, luy dit qu'elle estoit toute disposée à mener telle vie auecques luy, qui ne luy pouoit estre dure ne grieue veu quelle y auoit son tout sans aucun regret de chose qui fust au demeurant du monde. Et qu'assez il se pouoit asseurer d'elle quant à concupiscence deshonneste, veu la compagnie qu'elle luy auoit fait iusques là sans aucun signe de vilennie. Amadis s'esiouit grandement du bon cueur de sa damoyselle qui luy allegeoit fort le sien en se complaignant à elle de ses amours & raisonnant souuent comme si sa Lucelle ou Niquée eussent esté presentes. Ceste determination donques faitte entre eux, ilz se mirent à commencer mesnage: Amadis de son espée acoustre vne loge entre des arbres: elle auec vn fusil allume du feu & amasse des fueilles seches pour leur couche & du boys pour leur cuysine, qui fut des fruitz qu'ilz trouuerét en quelques arbres, & des oyseaux que l'Empereur tuoit d'vn arc qu'il fit, duquel il s'esbatoit apres qu'il auoit acheué sa deuotion. Or deuez entendre qu'ilz menerent lon-

guement

guement enfemble cefte auftere & fainte vie: tant qu'vn iour fe pourmenant vn peu au loin au pourchas de leurs viures, Finiftée rencontra vn
fruit de grand faueur qu'elle aporta à Amadis, comme Eue la pomme à
Adam:duquel quand ilz eurent bien banqueté, ilz eurent le cerueau auffi faify & enyuré que s'ilz euffent beu d'autant des plus forts & fumeux
vins du monde. Tellement qu'ilz commencerent à rire & gaudir & s'en-
tredire fornettes, voire pafferent fi auant qu'ilz fe baifent & accollent, iettans finablement le froc aux orties . Que vous diray-ie d'auantage? tant
dura le vin, tant la fefte, qui fut enuiron vn moys que ce fruit de vie fournit leur table. Dieu fçait fi Finiftée eftoit lors contente, iouïffant du bien
que feulement elle n'auoit iamais ofé efperer, & s'il luy depleut quand
cefte douce pitance leur faillit . Bien eft vray que tous deux auoient perdu l'entendement, & eftoient comme noyez en vne oubliance & mefco-
gnoiffance de foy-mefme : En forte que l'Empereur ne penfoit & ne fe
fouuenoit eftre Amadis de Grece, & aufsi peu fe recognoiffoit Finiftée.
Ce fut le beau du ieu quand le ventre enfla à la damoyfelle:car ilz eftime-
rent que ce fut de quelque maladie pour auoir trop mangé de ce fruit, au
moyen qu'il ne leur fouuenoit de chofe qu'ilz euffent faitte durant cefte
nourriture & yuraifon. Puis en terme naturel qu'elle fentit mouuoir l'enfant y eut bien des admirations des deux coftez : Amadis fe fondant en
Philofophie qu'elle auroit conceu de quelque vent qui engroffe les iu-
mens en Efpagne. Encores plus beaucoup y en eut quand l'enfant vint à
naiftre, portant en la poitrine la marque de l'efpée ardente comme Amadis. O dieu (dit alors) quel miracle monftres-tu icy à tes pauures feruiteurs
folitaires? Bien faut (difoit à l'acouchée) que cecy foit procedé de la vertu de l'ymagination afsidue de voftre amour enuers moy, que les medecins dient caufer d'eftranges & prodigieux effetz en nature. Somme l'Em
pereur la gouuerna & traitta fort amiablement en fa gefine, comme il y
eftoit bien tenu : & efleuerent l'enfant foigneufement, qui eftoit beau à
merueilles : auquel le bon pere ignorant paffoit le temps apres fes prieres
& oraifons . Finiftée en eftoit toute affottée le voyant reffembler à celuy
que tant elle aymoit, & le nommerent Silues du defert, à raifon du lieu
de fa naiffance . Lequel creut toufiours en beauté quand & l'aage, & feruit de grand deduit à l'Empereur tandis qu'ilz furent en cefte Ifle: la ou
pendant qu'ilz acheuent leur temps deftiné, retournerons à l'emperiere
Niquée qu'auons laiffée en la compagnie des princes fes bien aymez, finglant en haute mer.

Y ii

Comme la nef en laquelle estoit

l'emperiere Niquée, & les autres princes fut iettée par tempeste
en l'Isle incogneuë : & des estranges merueilles qui
leur apparurent auant que la voir.

Chapitre   LXXVIII.

A nef en laquelle voguoit l'emperiere Niquée auecques Florisel & les autres seigneurs & dames, nauiga
par bonace ne sçay quáts iours, puis leur suruint la tormente qui en dura bien huit: au bout desquelz les lança en certain quartier de mer qui sembloit tout plein
d'escueilz, rocz, bancs, & abismes. Parquoy craignans
en vn endroit de l'aborder les mariniers ietterent la sonde pour sçauoir la
profondeur de l'eau qu'ilz ne trouuerent que d'enuiron huit brasses, a-
donc calerent voile de peur que le vent ne les allast eschouër en quelque
banc & ietterent les ancres & surgirent la, attendans changement de téps
pour en sortir. Estans ainsi à l'ancre sans voir autre chose que ciel & mer
s'ennuyoient grandement quand ilz furent tout esbahis d'ouïr vn grand
nombre d'instrumens de musique sonnans tresmelodieusement : qui les
attira tous au bord du nauire du costé ou l'armonie s'entendoit:& virent
la mer escumer en cest endroit à grosses ondes, puis leur apparurent infinies belles Seraines chantans d'vne douceur incroyable, qui estoient
belles pucelles depuis le nombril en haut, & tout le bas en poisson. Ayás
cessé leurs accords elles s'escarmoucherét sur l'eau, les vnes courans deça,
les autres

les autres de là de viſteſſe de vrays dauphins, & s'entrecroiſans en guiſe
du ieu des barres. Apres auoir bien couru s'eſleuerent en l'air en forme
d'oyſeaux & degoiſerent leurs ramages les plus delicieux & plaiſans que
iamais roſsignolz & linottes degorgerent parmy les boys. Adonc au lieu
d'ou elles eſtoient leuées apparut vne fort belle groſſe tour, & peu à peu
ſen deſcouurirent quelques autres moindres, qui toutes enſemble rendoient la forme d'vn tresbeau chaſteau : duquel leur ſembla ſortir vne
grande trouppe qu'ilz cognurent à l'approcher eſtre dragons volans, qui
commencerent à batre la mer de queuës & dælles ſi furieuſement que les
ondes en regorgeoient hautement, & à la fin toute la place qu'ilz occu-
poient ſe môſtra vne belle Iſle, & les dragons conuertiz en beaux arbres.
Du port de laquelle virent incontinent partir vne galere tendue & tapiſſée de draps de ſoye, & conduitte à la rame par douze filles de bonne yo-
glie, toutes veſtues de fine eſcarlatte, & en pouppe ſeoit vn venerable
vieillard, les cheueux & barbe blancz comme neige paré de veloux bleu,
qu'ilz cogneurent bien toſt eſtre le ſage Alquif. Adonc dit Floriſel, ne
vous fiez iamais en moy ſi nous ne ſommes arriuez en l'Iſle incognuë qui
ſe cache & deſcouure à la ſeule volunté d'Vrgande la meſcogneuë. Auſsi
eſtoit il vray & les ſages les y auoient attirez pour les raiſons qui ſe dirôt
cy apres: leſquelz auoient induit le ſonge a la princeſſe Alaſtraxerée, qui
l'amena au ſecours de Falanges ſon mary : pareillement leuerent la tempeſte qui porta Floriſel à leur ayde pour la deliurâce de l'emperiere & des
autres princes & dames. Ce que ces grandz magiciens n'auoient ceſſé de
baſtir par leurs artz & ſciences, depuis qu'ilz eurent tranſporté le roy A-
madis & Oriane, ſongeans continuëllement à la conſeruation de ceſte
treſilluſtre & excelléte maiſon. Il n'eſt poſsible d'exprimer la ioye qu'eut
ceſte noble compagnie, recognoiſſant leur bon amy Alquif, lequel entra en leur nau & voulu baiſer les mains à l'emperiere & à toutes autres
princéſſes & ſeigneurs, mais ilz ne luy ſouffrirent, ains l'embraſſerét tous
par grand amour, louans dieu de ſi heureuſe rencontre. Or quand il s'a-
dreſſa à Rogel fort esbahy de ſa beauté ſinguliere, luy demanda s'il le
tiendroit pas en tel lieu que ſes peres. Mon bon ſeigneur (reſpondit) ie
ſuis obligé par eux à vous coucher en eſtat du meilleur amy que nous
ayons, & à vous honorer comme vn des premiers hommes du monde.
Autant en demáda le vieillard à Filiſel. Leonide, & Anaxare: de laquelle
il dit au prince Falanges que dedans peu de temps il tombroit en ſes lacs
ſans preiudice toutesfoys des amours de ma dame Alaſtraxerée. Mon
bon amy (reſpond le prince) il ne faut attendre iour n'y heure : tant ie ſuis
deſia ſeruiteur de ſa bonne grace. Dequoy la pucelle rougit, diſant qu'ilz
luy faiſoient plus d'honneur qu'elle ne pouoit meriter. La compagnie fut
fort esbahie de ce propos, ne ſçachant quel ſens y donner : mais gueres ne
tarda à eſtre verifié & entendu. Apres print Alquif la petite Fortunie entre ſes bras, qui lors auoit bien huit ans, car autant fut ſa mere en priſon,

Y iii   diſant

difant: Mignonne feconde Diane en naiffance, & fans premiere en beauté, puis que Fortune vous a battifée de fon nom, vous iouïrez d'elle fans
luy eftre fugette, ains tout ployera fouz voftre excellence. Ce qu'il difoit
à caufe de fa perfection nópareille qui fubiugua par amour toùs les cheualiers de fon temps, fans en fentir onques vne feule eftincelle d'affection
d'autant qu'elle faifoit fon conte, puis que Dieu l'auoit crée & formée
plus belle que nul autre, qu'elle ne vouloit laiffer fouiller cefte parcelle
de deité aux mains humaines. Parquoy voua & confacra fa virginité à
Dieu & fe rendit en religion vn peu fur l'aage, à caufe que fes parés ne luy
voulurent pluftoft permettre, pour l'honneur que la Grece receuoit par
fon moyen, eftant peuplée des meilleurs cheualiers de tous païs, venans
prefenter leur feruice à fa beauté. La petite leur donna plaifir s'effrayant
de fa figure vieille & chenuë, & tendant les bras à l'emperiere qu'elle ac-
colloit & baifoit, puis tournoit la face vers Alquif, foudain fe cachoit au
fein de fa mere. Alors dit le bon vieillard aux feigneurs, qu'il les prioit
de venir au chafteau, à caufe qu'Vrgande pour fon indifpofition ne leur
pouoir faire la reuerence. A quoy ilz s'accorderent trefvoluntiers. Si
entrerent en la galere pour prendre terre, & trouuerent le chafteau de
tresbelle architecture, auec le plaifir des groffes fonteines piffans en la
maiftreffe court. Alquif les mena par vne fale en la chambre d'Vrgande
qui eftoit au lit fort pafle & deffaitte par longue maladie: & receut fi
grand aife de leur venuë qu'elle fut long temps fans pouoir parler. En fin
apres les amiaples embraffemens on leur apporta des fieges à l'entour du
lit, & elle leur dit: Làs mes bons feigneurs & dames comme vous pourrois-ie fuffifamment remercier du bien & honneur que me faittes que ie
vous aye peu voir encores cefte foys auant ma mort? Or viene maintenant quand elle voudra, car mon ame partira tout-allegée, & penfe bien
eftre en voye de faluation, voyant icy mon lit tant circuy & enuironné
d'anges: qui me donnent vne gloire me faifant quafi auant-goufter celle
que i'efpere au ciel. Adonc faififfant l'emperiere d'vne main, & la petite Fortunie de l'autre leur dit: Ma dame ne pouant ores iouïr du corps
de monfeigneur l'Empereur, vous menez quand & vous fon ame: car elle l'eft fans point de faute cóme la plus belle creature qui onques nafquit,
aufsi du plus beau & vaillant prince qui fut iamais ne fera. Et ne defplaife
à tous les feigneurs du monde de cefte iufte preference de l'incomparable Amadis de Grece. Nous en receuons plus de gloire que d'enuie refpond Falanges: mais Florifel & fon filz mefme n'en furent gueres contens, combien qu'ilz n'en monftraffent le femblant. Lors Vrgande fe
tourne vers Alaftraxerée, difant: Ma dame il y a auiourd'huy au monde vne feconde Alaftraxerée en beauté & valeur portant nom de Daraïde, à qui vous eftes comparée par tous ceux qui la voyoient: & vons dy
que ne recouurerez ce qu'auez perdu iufques à ce que Daraïde ayt perdu
fon nom, laiffant toute fa gloire en la main d'Agefilá: mais trop luy cou-
ftera de

stera de son sang à gaigner ceste victoire. La compagnie fut grandement
esmerueillée de ces parolles, ayant desia cognoissance des faitz de Daraïde, laquelle ilz entendoient deuoir estre vaincuë par Agesilan. Les
deux princesses auoient la larme à l'œil pour la memoire qu'elle leur a-
uoit refraischie, à l'vne de son mary, à l'autre de son filz: à qui elle dit en
continüant: Mes dames resiouïssez vous d'autant que les grands affaires
rapportent les grands honneurs. Et sçachez vous Rogel de Grece cheualier bien fortuné, per de la Daraïde sans autre per, que par vostre accou-
plemét la parfaitte espouse sera esmaillée du vermillon du precieux sang
de Grece : dont la gloire de voz pensées par tel martire sera exaltée. Plus
esbahis encores furent tous de ce propos que de l'autre, & iugeoient le
mariage de Rogel auec Daraïde. Et telles autres proseties chanterent les
sages à tous les seigneurs & dames de la compagnie, qui trop longues se-
roient à reciter, sans toutesfoys leur en ouurir l'intelligence : disans que
l'ordonnance du cours fatal est communiquée à peu, demeurant la dispo
sition en la main diuine. Apres ce deuis il fut heure de soupper, qui fut
tressomptueux & delicieux, estant ceste trouppe esleuë, seruie par belles
filles & en sales qui leur estoient magnifiquement appareillées. De sorte que point ne leur ennuyoit en ce lieu, & y seiournerent en grand soulas l'espace d'vn moys : leurs donnans les sages des passetemps nompareilz que vous deduiray presentement.

Comme Alquif & Vrgande mon

strerent aux princes & princesses dedans le miroer de la tour de
leur chasteau vne plaisante auenture lors aue-
nant en l'Isle de Guindaye.

### Chapitre	LXXIX.

Yans ces princes & dames esté en l'Isle incognuë desia
huit iours, Alquif & sa bonne femme pour leur faire
euiter ennuy leur preparerent vn singulier esbat: mais
auant que leur liurer il leur dit, estans assemblez pres
du lit d'Vrgande. Messeigneurs & dames vous auez eu
quelque cognoissance par le passé, de la volunté qu'a-
uons ma femme & moy disposée à vous faire seruice : laquelle augmen-
tant de iour en iour nous a induit à chercher par noz arts depuis huit ans
en ça le moyen de vous prolonger les vies outre le cómun cours des hommes : & tant y auons pené & trauaillé ne laissant ny oubliant en contrée
qui soit, pierre ny herbe, beste, ou oyseau, ne mineral seruant à cest effet. Or pour le vous donner à entendre, vous sçauez que le temps qui tout

Y iiii	fait,

fait, tout deffait semblablement : contre lequel auons dreſſé noſtre artillerie de bains & eſlectuaires dont il vous faudra vſer, & il vous conſer-
ueront iuſques au bout prefix & limité de Dieu à chacun comme en fleur
& vigueur de trente ans. Ce que nous donnerons à tous ceux de voſtre lignage: voire & à ceux & celles qui y prendront alliance de mariage iouï-
ront de pareil priuilege : c'eſt à ſçauoir qu'au cas qu'ilz ne deuſſent viure
que quarante ou cinquante ans, à cauſe de la corruption qui s'engendre
es humeurs du corps par pluſieurs excez ou inconueniens de maladies, le
remede par nous inuenté (appellé la liqueur aurée & diuine) purgera tellement toute ceſte ſuperfluité ou putrefaction qu'ilz viüront cent ans ou
plus, & en verdeur d'aage, combien que celà n'empeſchera la blancheur
de la barbe & cheueux en ſa ſaiſon. D'auantage nous auec la royne d'Argenes ayans retiré & trâſporté le roy Amadis & la royne Oriane en lieu
preſeruatif de leur fin, & conſiderant que pour la retarder il nous les con
uenoit tenir touſiours enchantez & comme en vn continuël ſomme : qui
priuoit leurs parens & amys du fruit de leur tant vtile & honorable compagnie: & eux pareillement du plaiſir de la conuerſation de leurs deſcendans. A ceſte cauſe auons quiz par long eſtude & trouué le ſecret de les
conſeruer auec toutes ces commoditez tant deſirables. Vray eſt que leur
deſenchantement ne ſera preſent, ains reſerué au dernier de la race que
tous cognoiſſez (& ietta l'œil ſur Rogel de Grece) auecques ſa nouuelle
amye qui n'eſt pas loin d'icy. Du ſurplus vous me pardonnerez ſi ie ne
vous deuiſe plus amplement, pource que les deſtinées fatales nous ſont
defendues à deſcouurir. Rogel oyant ce propos en conceut vn merueilleux contentement, qu'il diſſimula le plus qu'il luy fut poſſible, meſmement ſentant la communication de ceſt honneur tomber ſur ſa Leonide,
à laquelle la couleur en monta auviſage, quelque peine qu'elle print à cacher l'affection extreme qu'elle luy portoit. Or apres ces diſcours profe-
tiques Alquif les conuia à venir voir le ſecret cabinet de la tour qui leur
auoit eſté fermé iuſques à ce iour, Auquel ilz virent vne groſſe pomme
ronde aſsiſe ſur vne colonne eſtant d'vne certaine matiere luyſante qui
rendoit les ymages comme vn miroer. A l'entour y auoit vne ceinture
de banc, ou il les fit tous aſſeoir, & qu'ilz verroient en la boule quelque
auenture occurrant par le monde, car ilz ny voyoient ſeulement que ce
que bon ſembloit à Alquif. Adonc chacun d'eux deſirant voir ceſte merueille, iette l'œil curieuſement ſur la pomme, & voyent comme le cheualier du Fenix & celluy à l'eſcritteau eſtans partiz de la cour de la royne
Sidonie, en intention de roder l'Iſle de Guindaye pour eſprouuer les a-
uentures & aquerir los & pris, entrent en vne plaiſante foreſt, demeurans
leurs eſcuyers fort loing derriere, à cauſe qu'ilz voyoient leurs maiſtres
prendre plaiſir à deuiſer ſeulz. Si rencontrent vn cheualier ſouz vn arbre
armé de toutes pieces fors du heaume ſur lequel il auoit la teſte appuyée,
eſtant couché ſur le doz pour cueillir la freſcheur à l'ombre, & tenoit par

les reſnes

les refnes vn cheual fort las . Eux approchans de luy le faluërent, & luy
eux : puis luy demanderent qu'il faifoit la : i'atten , dit il, les cheualiers
errans à paffer, pour les auertir d'vne tresbelle auenture qui n'eft pas loin
d'icy. Ilz le prient de la leur enfeigner. Et luy qui eftoit gracieux & courtois leur refpond, qu'il feroit plus pour eux, car il leur feruiroit de guide
parce que c'eftoit en lieu deftourné ou ilz fe pourroient efgarer, & qu'en
chemin il leur raconteroit que c'eftoit . Il nous faudroit vn peu attendre
noz efcuyers (dit Florarlan) de peur qu'ilz ne nous perdent . L'autre refpond qu'il n'auroit pas loyfir, mais qu'apres leur auoir monftré le lieu
les remettoit en chemin ou ilz les trouueroient . A quoy eux s'accordans
il les meine par la foreft en vn deftour, & ilz le prient de leur dechifrer
le cas . C'eft, dit il (leur monftrant defia le logis fitué au mylieu d'vne
prayrie, ou y auoit vne petite porte & vne fenestre au deffus fort haute)
que ceux qui montent en la chambre dont voyez la feneftre, ilz fçauent
le fecret du cueur de tous ceux qui font en leur compagnie . Vrayement
dit Artaxerxes, onques n'ouy parler de plus belle auëture. Affeurez vous
qu'il eft ainfi (dit le cheualier) & bien toft en cognoiftrez la verité. Ainfi arriuerent à la tourelle, & il s'offre à tenir leurs cheuaux tandis qu'ilz
yroient la, d'autant que quant à luy fouuentesfoys auoit efprouué l'auenture . Eux allans à la bonne foy, defcendent incontinent & le remercient
de la peine qu'il vouloit prendre . Si entrent en la tour & par vn efcalier
montent en la haute chambre . Le cheualier fi toft qu'il les vid dedans
met pied à terre & va fermer la porte du logis fur eux d'vn verrouil qui
eftoit dehors, puis remonte fur vn de leurs cheuaux & meine l'autre en
bride. Adonc appelle à haute voix ceux qui eftoient en la chambre s'entreregardans comme iouans à l'esbahy, & mirent la tefte à la feneftre au
cry qu'ilz ouïrent. Aufquelz dit le cheualier : Meffieurs fçauez vous pas
defia bien ce que ie vous auois promis que fçauriez ? Et Florarlan luy refpond : qu'il voudroit bien fçauoir pourquoy il auoit pris fon cheual en
laiffant le fien . Ie le vous diray (replique l'autre) à fin que ne vous plaignez de moy que vous euffe failly de parolle. Vous deuez entendre qu'e-
ftes montez la haut comme gens mal auifez defirans voir chofes impof-
fibles, & ie vous y ay adreffez pour auoir voz cheuaux qui me fembloiét
beaucoup meilleurs que le mien. Ainfi voyez vous comme auez apris ma
penfée & celle l'vn de l'autre . Eux bien fafchez d'eftre tellement trompez & abufez luy dirent qu'ilz penfoient bien que ce qu'il en auoit fait
eftoit par gayeté de cueur. Ouy (dit il) & pour vous donner vne trouffe
& affiner les fins . A ce mot ilz cognurent que c'eftoit le fraudeur : & Artaxerxes fort courroucé luy dit : Paillard fi ie te puis tenir entre mes
mains ie te feray payer à vn coup toutes tes fraudes & trahifons . Ie fuis
aufsi affeuré (refpond le fraudeur) que ne me tiendrez maintenant comme ie tien & emmene voftre cheual, & que le mien (tant bien eft ftillé)
viendra apres . Mais en troque ie vous donne en cefte tour à chacun vne
place

place de morte paye : car c'eſt raiſon que ſoyez traittez ſelon l'vſance de
la terre ou vous eſtes appartenant au fraudeur. Ce dit s'en va auecques ces
cheuaux : & ilz le rappellent à gorge deployée. Parquoy reuient à eux
leur diſant qu'ilz auoient iuſte occaſion de le rehucher d'autant qu'il ne
leur auoit du tout accomply ſa promeſſe, c'eſt à ſçauoir de leur monſtrer
la voye pour ne perdre leurs eſcuyers, qui eſt de les mener touſiours quãt
& eux, ſans plus les laiſſer derriere. Toutesfoys ne laiſſez pas à les reclamer, parce que s'ilz ſont auſsi legers & volages que leurs maiſtres ilz ont
æſles pour venir au reclam. Or demeurez en mall'auenture puis qu'elle
eſtoit neceſſaire à la mienne bonne. Ainſi deloge le bourdeur, & les deux
cheualiers demeurent eſtonnez regardans l'vn l'autre. Mais en fin auec
tout leur ennuy ne ſe purent tenir de rire : diſant Florarlan : Par dieu mon
compagnon il eſt quaſi bien employé que ſoyons ainſi gabbez & deceuz
d'auoir creu vne ſi grand folie : ce chaſtiment nous rendra deſormais plus
diſcretz & moins credules. Puis luy monſtrant la belle veuë du païs : &
que nous faut il en ce lieu de ſi plaiſante ſituation ? c'eſt (reſpond A taxerxes) grand viande pour noſtre ſoupper. Or dit Florarlan : Ie ſuis d'a-
uis qu'vſions du conſeil de noſtre ennemy meſme, en appellant noz eſcuyers à haut cry, attendu que la voix retentira par le boys & ne ſommes
pas ſi loing du chemin qu'elle ne porte bien iuſques la : ou pour le moins
qu'ilz ne l'entédent s'ilz s'eſcartent tant ſoit peu deça pour nous chercher
Lors appellent leurs eſcuyers par leurs noms, & quand l'vn ceſſe l'autre
recommence : tellement qu'à ceſte huée vindrent force beſtes paiſſans en
ce boys, que lon clamoit ainſi ordinairement pour leur bailler quelque
paſture. Dequoy Florarlan ſe print fort à rire, diſant à ſon compagnon
voylà pas bien dequoy viure, & vous auez peur que terre vous faille ? A-
pres ilz continuërent tellement à hucher que leurs gens en ouïrent le ſon
& y accoururent, fort eſmerueillez de les voir nicher la haut. Si leur ouurent la porte & ilz deſcédent & leur en font le conte, maudiſſans le diable de fraudeur. Lequel ſe preſenta à eux ſur le chemin eſtans montez ſur
les roncins de leurs eſcuyers qu'ilz portoient en crouppe : Mes bons ſeigneurs, dit il, d'aſſez loin, i'eſtois venu voir ſi par quelque ruſe pourrois
auoir les cheuaux de voz eſcuyers, par ce que les voſtres ne font que hannir de regret. Artaxerxes creuoit de deſpit qu'il ne pouoit auoir la raiſon du galand, qui voltigeoit pres d'eux monté à l'auátage & ſur le leur :
a qui il dit, que puis qu'ilz ne luy vouloient faire ceſte liberalité des roncins, les commandoit à dieu auec leurs damoyſelles crouppieres. Eux ſans
rien luy reſpondre, de deuil gaignent l'hoſtel du foreſtier, qui leur fit
bonne chere de ce qu'il eut, pendant que l'vn de leurs eſcuyers retourna
vers la Royne luy porter ces nouuelles (dont elle rit merueilleuſement)
la requerant de deux autres cheuaux qu'elle leur enuoya voluntiers, leſquelz arriuez, allerent continüans leur entrepriſe par l'Iſle. Moins auſsi
n'en rirent les princes & princeſſes qui tout cecy voyoiét au miroer d'Alquif,

quiſ, lequel prierent de leur monſtrer la Diane dont il eſtoit ſi grand
bruit de beauté par le monde : laquelle ilz virent accompagnée de la ducheſſe & marquiſe en contenance fort triſte pour l'abſence de ſa Daraïde
toutesfoys la iugerent telle que la renommée portoit ſans receuoir comparaiſon d'autre quelconque. Et de ſa perfection furent tous leurs deuiz
du ſoupper qui fut auec Vrgande, & apres ſe retirerent pour repoſer en
leurs chambres.

Comme les ſages monſtrerȇt en-

core aux princes & dames dedans le miroer de la tour vne au-
tre plaiſante auenture de l'Iſle de Guindaye.

Chapitre   LXXX.

En grand

EN grand foulas eſtoient les ſeigneurs & dames en l'Iſle incogneuë auec Alquif & Vrgande: & pendant quelle ſe renforçoit de ſa longue maladie, il mettoit peine de donner de iour en iours nouueau paſſetemps à la compagnie, afin qu'il ne leur ennuyaſt en ce lieu, ou il leur conuenoit attendre la parfaitte conualeſcence d'Vrgande qui leur dreſſoit vn voyage. A ceſte cauſe le ſage les voulut mener de rechef en la tour du miroer pour leur y monſtrer quelque autre plaiſante auenture, auenant en l'Iſle meſme de Guindaye. Mais auant leur demanda s'ilz pourroient paſſer vne nuyt ſans dormir pour prendre ceſt esbat: ce qu'ilz luy promirent voluntiers, diſans que ce ſeroit au danger que ceux qui ne pourroient veiller en perdroient leur part. Parquoy vn ſoir apres ſoupper les meine au ſecret cabinet de la tour, ou ilz s'aſſirent comme deuant, & virent au miroer ce qui s'enſuit. Vous auez deſia entendu comme la damoyſelle Galtazire partit de Teſſalie accompagnée des deux vieillardz Barbaran & Moncan portans à Diane vne lettre de ſa Daraïde auec le preſent du Gaualyon. Or arriuerent par bontemps en vn port de l'Iſle de Guindaye, enuiron trois iournées loin de la cité ou la royne eſtoit. Si monterent les vieillardz armez ſur leur cheuaux, & Galtazire ſur ſon palefroy, menans l'horrible beſte en vn chariot, qui par le chemin eſpouentoit tous ceux qui la voyoient. Auint que comme en cheuauchant ilz deuiſoiét du bon tour que leur auoit ioué le fraudeur à l'autre voyage: & Moncan diſant que celà leur auoit ſerui d'vne leçon pour ne croyre pas vne autre foys de leger: Surquoy la damoyſelle aiouſtoit que ce ſeroit trop grand'honte à eux de faire pis, que le chien eſchaudé ne retournant à la cuyſine. Sur ces propos entrerent en vne foreſt ou ilz apperceurent vn cheualier & deux damoyſelles ſouz vn arbre acheuans de monter à cheual, leſquelz furent grandement eſmerueïllez de l'eſtrangeté de ceſt animal, & le cheualier apres auoir vn peu parlé à elles (comme de conſeil) ſaluë courtoiſemét la compagnie qui luy rendit ſon ſalut: & s'enquiert de la forme de ceſte auenture, qui luy fut rancontée de point en point. C'eſt vne dame trop admirable que ceſte Daraïde (dit le cheualier) la preuue que vous en portez. Puis ayant entendu qu'ilz l'alloient preſenter à la princeſſe Diane, leur demanda s'il leur feroit ennuy de leur y faire compagnie auec ſes deux ſeurs, diſant qu'il y alloit pour deffier vn cheualier à outrance qui luy detenoit s'amye, & luy auoit fait iurer par force (le ſurprenant à ſon auantage) de ne decouurir ſa face d'vn an à autres qu'à ſes deux ſeurs. Ce vous eſt vne tresfacheuſe ſugetion, dit Galtazire: mais bien pire, dit Moncan, de luy auoir tollu ſes amours. Vous dittes bien vray (reſpond il) & en ſuis en tel martire qu'à peu que ie n'en ſors hors du ſens, d'autant que n'en puis auoir raiſon que par ce ſeul moyen de combat mortel, ou il faudra qu'il en couſte la vie à l'vn ou à l'autre. Ce pendant ie n'ay autre remede à mon tourment que d'eſtre touſiours en

compa-

compagnie recreatiue pour me diſtraire de ceſte triſte penſée. Galtazire luy dit qu’elle eſtoit fort ioyeuſe de ſi bonne rencontre, & s’eſtudioit à le conſoler de ceſt infortune d’amour, comme celle qui gracieuſe eſtoit & bien apriſe. Si s’en vont enſemble, & Barbaran & Moncan s’accoſtent des deux damoyſelles demeurant vn peu derriere pour mieux offrir leur ſeruice & conter à loyſir leur petit affaire : car ilz eſtoient gays & verdz vieillardz, & trouuoient ces deux pucelles tresbelles à leur gré & de fort bonne grace. Leſquelles leur rendoient bien leur change, diſans qu’il ne leur ſembloit pas raiſonnable de donner leur amour (elles ſi ieunes) à hommes vieux & chenuz, & que ce n’eſtoit bille pareille. A quoy Moncan reſpondoit, qu’elles ſe trompoient de les eſtimer telz, à cauſe que c’eſtoit le naturel de leur païs d’eſtre ainſi gris en l’aage de trente cinq ans & moins. C’eſt vne mauuaiſe proprieté de contrée (dit l’vne) trop mieux vaudroit auoir le poil noir en la vieilleſſe que le blanc en ieuneſſe. Qu’il ſoit ainſi comme ie vous dy, replique Moncan, vous le cognoiſtrez par experience, ſi me voulez ceſte nuit enteriner ma requeſte. I’en croyrois bien quelque choſe (dit l’autre pucelle) veu voz propos amoureux, qui ne peuuent bonnement ſortir que d’vn cueur gaillard de chalureux maſle. Certes (pourſuyt Moncan) vous parlez en femme d’eſperit, & deuez penſer quand nous ſerions vn peu d’aage que telz ſont plus ſages & plus loyaux amans qu’vn tas de ieune auolez. Or(dit elle) ie me’accorde d’eſtre voſtre amye, au cas que ma compagne veuille autant de bien à voſtre compagnon. Laquelle luy reſpondit d’en faire tout ce qu’elle voudroit. Dequoy Barbaran le remerciant, elle luy dit qu’il le meritoit: ceſt donques, dit il, d’autant que ie vous adreſſe mon ſeruice plus voluntiers qu’à nul autre. Puis que nous voylà tous d’accord (dit Moncan) ne reſte mes damoyſelles qu’à auiſer le lieu & le moyen comme nous pourrons ceſte nuit deuiſer enſemble en priuauté. A quoy la premiere : nous approchons d’vn chaſteau qui eſt à noſtre frere ou nous ſommes tenues de court & fort ſugettes par vne vieille mere que nous auons: qui nous garde ſi eſtroittement que ie ne puis penſer comme il ſoit poſſible, ſinon par vne voye trop difficile & hazardeuſe. Barbaran diſant que c’eſtoit tout vn, & qu’elle ne fiſt qu’ordóner par quelle voye & qu’ilz l’executeroient hardiment. Elle declaire que leur chambre eſtoit la plus haute du chaſteau qui reſpondoit ſur la porte: parquoy s’ilz auoient le courage de l’en treprendre elles leur ietteroient vne corde & ainſi les tireroient à mont: & qu’il faudroit quand chacun ſe retireroit pour repoſer qu’ilz ſortiſſent tous deux hors la porte. A quoy s’offrans deliberément: maintenant cómence ie à croire (dit la ſeconde) la complexion de voſtre region, tant ie vous voy bruſques & prompts à l’eſperon. S’il faloit (continuë Barbaran qui s’eſchaufoit en ſon harnois) deſcendre aux bas enfers nous ne craindrions rien pour iouir de telles beautez : comment donques refuſerions nous de monter au ciel pour habiter en la gloire de telz anges ? Elles re-

Z   pliquans

pliquans que bien les y tireroient s'ilz ne poiſent trop: reſpódirent qu'ilz
ſe ſentoient voler de ioye, & qu'ilz ſe deſarmeroient pour eſtre plus legers. Le complot ainſi fait, elles furent d'opinió de piquer pour attaindre
leur frere, afin d'oſter tout ſoupeçon : lequel ne faillit pas de preſenter le
logis à eux & Galtazire quand ilz en furent pres, leur remonſtrant que la
nuit eſtoit prochaine, & ne trouueroient logis à ſept ou huit lieuës de là
La vieille dame les recueillit & feſtoya honorablement, & les deux filles
ſeruirent à ſoupper. Apres lequel (eſtant chacun retiré en ſa chambre) les
vieillardz qui auoient la puce en l'oreille, ne s'endormirent pas, ains diſoit Barbaran : Allon, allon monter en noſtre paradis, car ie ſuis feru au
cueur de l'amour de ceſte fillette, qui outre ſa beaute & gente grace, me
ſemble fort ſage & auiſée. Si eſt ce qu'elles le monſtrerent aſſez mal (reſpond Moncan) de liurer la fleur de leur ieuneſſe à telz vieux rocards
que nous. Laiſſon celà (replique l'autre) & conſiderez le peu de ſemblant
qu'elles ont monſtré au ſeruice de la table, de l'amour qu'elles nous portent: car la diſſimulation qui s'en fait deuant les gens & fiction eſt ſigne
de merueilleuſe affection : vous ſuffiſe qu'vne bonne nuit s'apreſte pour
nous. Ouy & nompas pour elles (reſpond Moncan) ſi l'extremité de leur
amour ne ſupplée la faute de noſtre aage. En telles riſées ſentans que tous
dormoit au chaſteau, s'en vont les braues amoureux au lieu aſsigné : ou
Moncan voyant les damoyſelles en haut à la feneſtre & la corde auallée
qui roide & ferme eſtoit) ſe mit incontinent en chauſſes & gippon, puis
ſe lya de la corde par deſſouz les bras, & leur dit qu'elles tiraſſent. Ie vous
laiſſe à penſer le plaiſir qu'auoient lors les princes & princeſſes qui regardoient au miroer d'Alquif, & en quel deſir ilz attendoient l'iſſue de ceſte
menée, quand ilz virent ſoudain le galland guindé en haut(cóme on dit
de Virgile en la corbeille) que les filles faignoient de tirer à grand peine.
Et le tenant au deſſus du premier eſtage nouërent la corde à l'entredeux
de la cloiſon des feneſtres, luy diſant à voix baſſe que ne ſçauoient à quoy
il tenoit, mais poſſible ne leur eſtoit de le tirer plus haut : & qu'il faloit
eſſayer ſi mieux tireroient ſon compagnon à fin qu'apres il leur aydaſt à
le monter. Dequoy Barbaran(qui deſia eſtoit en pourpoint) ne ſe fit gueres prier, ayant peur que la nuit leur fuſt trop courte à l'accompliſſement
de leur deſir. A qui elles ietterent vne autre corde, & quand l'eurent eſleué à la meſme hauteur de Moncan, attacherent la corde ſemblablement,
leur diſans qu'elles auoient entendu quelque bruit, & craignoient que ce
fuſt leur frere : mais qu'ilz euſſent vn peu de patience & elles retourne-
roient auſsi toſt. Adonc elles ſe retirent : & ces deux mignons de cou-
chette ſe voyans ainſi en l'air, l'vn commença à dire que ſon eſperit luy
diſoit qu'ilz en auoient d'vne. Pleuſt à dieu (reſpond l'autre) qu'il n'y eut
que l'eſperit intereſſé, & que le corps ne fuſt point en ce beau ſpectacle.
Nous en auons d'vne, ce dittes vous, ouy bien de deux : car il nous faut
aſſeurer que c'eſt le meſme ruſtre qui nous embla noz cheuaux, qui nous
fait ceſte

fait ceste iolye recharge. Pourquoy se cachoit il le visage ? sinon de peur
que le recogneussions?Il vaut mieux que nous laissions choir(dit Barbaran) aussi bié nous sera il quelque malheureux tour de son mestier, & serons descriez le matin comme saulce monnoye.Rien,rien(respond Mon
can)les fautes d'amour portent tousiours leurs excuses , ioint qu'il consi-
derera que si nous auons failly & offencé, nous en auons desia souffert la
punition par ceste amende honorable : aussi que noz amoureuses cha-
leurs auront esté refroidies & attrempées par la fraischeur de la nuit . Sur
ces entrefaittes voicy reuenir les filles à la fenestre,disans qu'elles leur alloient bailler compagnie propre & sortable : & soudain deualerent le
Caualyon & le pendirent entre eux deux . Puis virent saillir deux pages
portans deux torches,& le fraudeur apres qui leur escria . Dea messieurs
est-ce la façon de gens de bien , en recompense du bon traittement que
vous ay fait, d'escheler ainsi mon chasteau, & vouloir violer mes seurs?
Et puis vous estes plaintz que vous auois trompez & deceuz à la fonteine
dont vous sy boire pour raieunir , & monstrez icy euidemment l'effet
d'icelle en l'emprise d'amour sentant sa ieunesse frisque & gaillarde . Or
pour l'amour que portez à Daraïde, & l'honneur que ie luy veux & desire, i'ay mis ceste beste pour ses armes sur la porte de mon chasteau, ausquelles vous deux de chacû costé seruirez de sauuages à les tenir:si mieux
n'aymez le prendre de moy comme de chasseur qui pend les hures &
peaux de bestes qu'il ha prises . Les deux vieillardz de honte ne luy sceurent rien respondre : lequel retiré , les deux pucelles reuindrent les gaudir & railler sans tirer d'eux vn seul mot . Et sur le point du iour sortirent
tous ceux du chasteau dançans, chantans, & s'entretenans par les mains,
dont le fraudeur marchoit le premier . A l'heure commença Galtazire à
s'esueiller,de qui les pauures amans penduz craignoient plus la reproche
que le reste de leur mal . Car quand elle sceut la fortune par les valetz
qu'elle menoit, elle cuyda forcener de deuil , maudissant les folz vieillardz & soymesme de les auoir amenez. Et fut encores le pis quand de sa
fenestre elle entendit les propos que le fraudeur leur tenoit, apres qu'il
eut bien dancé & balé: qu'ilz les estimoit bien niez & prestz à voler pour
chapon qui le leur presenteroit . Dequoy Moncan enrageoit , priant
de plustost luy liurer la mort que telle vergoigne: laquelle il respondit
leur estre assez prochaine par cours de nature sans l'auancer autrement:
& que ce seroit grand dommage de priuer les dames de si ioliz & coints
amoureux, voire si alaigres & dispostz que les piedz ne leur touchoient
point en terre. Lors auisant Galtazire (qui les regardoit de mauuais œil)
luy escrie comme il auoit descouuert les amours de ses deux cheualiers,
& ne restoit plus qu'a elle d'y prester consentement . A quoy elle luy respondit, qu'il deuoit penser que telle moquerie s'adressoit à Daraïde qui
luy en feroit rendre bon conte: il s'excusa d'autre costé que c'estoit pour
la seruir & honorer ses armes . Sur ces entrefaittes arriue là vn cheua-

Z ii

lier de

lier de belle taille & bien monté que Barbaran requiert par l'ordre de
cheualerie de les deliurer de ce mauuais traittement, dont ilz luy firent
en brief le discours. Parquoy il en pria instamment le fraudeur, qui estoit
rentré dans son chasteau le voyant venir & tous ses gens apres luy, & e-
stoit soudain monté en vne chambre regardant celle part. Mais il ne luy
respondit que chançons: & l'auisant noir comme vn more, luy dit entre
autres choses, qu'il estoit trop different du blanc pour y mettre le moyen
d'appointemét. Dont l'autre irrité le semond de saillir aux champs pour
voir s'il auoit autant d'effet que de parolle. Et le fraudeur luy dit qu'il
eust patience de l'attendre, ce qu'il fit plus d'vne grosse heure, disant aux
vieillardz qu'il n'esperoit plus qu'il deust sortir. Qui luy respódirent que
c'estoit la coustume de ce paillard de n'vser que de mensonges & trahisons, & qu'il feroit œuure trop meritoire d'en purger & nettoyer le païs
Adonc il se monstra à la fenestre & s'excusa de l'auoir cuydé oublier en
desiunant, ioint qu'il l'auoit auerty d'auoir patience telle que doit quiconque assiege vne place. En quoy le cheualier s'apperceuant certainement de sa moquerie, pique & va trouuer quelques païsans à qui il fait
apporter des eschelles qu'ilz vouloit asseoir au pied du mur, si le fraudeur
ne les eust eschaudez de lessiue bouillant. Toutesfoys il ne rompit pourtant l'obstination du cheualier, qui leur commanda de metre le feu à la
porte qui fut estaint par l'abondance de l'eau qu'on ietta de dedans, &
eux repoussez à coups de pierres, & d'autre iect & trait. Et n'y auoit ordre d'entrer leans sans les valetz de Galtazire, qui voyans tous les seruiteurs du chasteau empeschez à la deffence sur le mur, vindrent ouurir la
porte & mirent le cheualiers dedans : mais le fraudeur se retira au plus
fort de la tour qui fermoit à gros huis de fer : auquel le cheualier s'escria
que s'il ne deualloit les deux vieillardz, il mettroit le feu au chasteau. Ce
qui effraya la vieille dame à qui le cas touchoit, dautant que le chasteau
luy appartenoit, auquel elle receuoit le fraudeur, fauorisant ses fraudes
& tromperies. Si lascha les cordes, & eux descenduz reprindrent leurs
armes & cheuaux, s'en allans de la auec le cheualier au grand desplaisir
de leur bon hoste.

Comme estans les sages partiz de

leur Isle quand & les princes, furent lancez en vne autre par tempeste, ou l'emperiere Niquée eut vne fort estrange rencontre.

Chapitre   **LXXXI.**

Apres

APres que les princes eurent veu la plaisante fortune des vieillardz, descendirent en grand risée & se tetirerent en leurs chambres pour recompenser la nuitée en reposant iusques à grand iour. Peu de iours apres estant Vrgande en bonne disposition pour faire voyage ilz entrerent tous auec Alquif & elle, en vne nef faitte & equippée de main de maistre, garnie de chambres, garderobes & cabinetz : en sorte qu'il y auoit presque toutes les pieces de logis requises à la commodité & vsage d'vn grand seigneur : & par dehors (à ceux qui la voyoient vogant en mer) sembloit vn chasteau accompagné de plusieurs tours. En ceste nauigation les sages leur firent raser la coste de l'Isle ou estoient enchantez le grand roy Amadis & la royne Oriane, qui deuoient (comme vous a esté dit) estre resueillez par Rogel de Grece & la belle Leonide. Dequoy Alquif leur toucha quelque mot couuertement qu'ilz entendirent à peu pres par le propos des iours precedens. Là ilz se rafraischirent vn peu du trauail de la marine : puis rembarquerent & firent voile par bon temps huit iours durans, au bout desquelz se leua vne tormente qui fort les estonna, mesmement les dames, quelque asseurance que les sages leur sceussent promettre : & coururent fortune trois iours, tant qu'ilz furent iettez en la baye d'vne Isle : en laquelle ilz prindrent terre à grand ioye : & Alquif leur y fit dresser vn riche pauillon, auecques litz & tables. Or auint que l'Emperiere Niquée tenant sa petite Fortunie par la main s'alla pourmener le long d'vn gros canal d'eau, se voulant escarter de la trouppe pour vaquer à oraison, & pour gouuerner seule ses tristes pensées de l'absence de son cher Amadis de Grece. Et si loing marcha resuant prfoondement qu'elle trouua vne croix, & au pied d'icelle vid en

Z iii

homme

homme eſtendu dormant de fort ſommeil,& aupres de luy vn petit gar-
çonnet couché ſe iouant tout ſeul de menuz cailloux, qui luy ſembla fort
beau & de grace iolye. A qui elle demande qui eſtoit ce perſonnage: c'eſt
mon pere (dit il) & continüoit ſon ieu, quand elle l'interroge de rechef
comme il ſe nommoit,dequoy l'enfant ſe riant luy reſpond:& vous ay-ie
pas dit que c'eſt mon pere? lequel auiſant la petite Fortunie court à elle
l'embraſſer, & elle luy, comme s'ilz ſe fuſſent cogneuz de longue main,
s'entrefaiſans vne grand chere . Ce qui donna plaiſir merueilleux à Niquée : à qui la façon du riz de l'enfant liüra vn ſurſaut au cueur de ſon A-
madis qui l'auoit tout tel. Et tandis que Silues ſe iouoit auec la fillette &
luy taſtoit ſa robe de ſoye par merueille, & ſes autres beaux affiquetz &
dorures, l'emperiere approche du giſant qui tant eſtoit defiguré & bleſme par ennuy & mauuais traittement : & ſi mal en ordre de ſa veſture
qu'il ne luy fut aiſé à recognoiſtre. Touteſfoys pour la doute que le trait
des lineamens luy donna, le regarda ententiuement : & pour s'en aſſurer
luy ouure l'habillement du deuant de la poitrine,ou elle apperçoit la fameuſe marque de l'ardente eſpée : qui luy fit perdre toute vigueur en ſe
laiſſant tumber la teſte deſſus luy : puis à chef de piece retourne à ſoy &
le baiſe & accolle, diſant : Hé dieu quelle merueille eſt cecy? eſt ce ſonge
ou fantome ce que ie voy & ie tiens? eſt.ce quelque illuſion d'eſperitz, ou
mon vray & fidelle eſpoux , la fleur des princes & cheualiers du monde,
mon Amadis de Grece? Helas quelle couleur au pris de ſa naturelle,quelz
habitz royaux ? car il n'auoit qu'vne pauure cazaque d'eſcarlatte toute
vſée & pendant par lambeaux . Tant embraſſa la bonne emperiere celuy
qui dormoit, & tant de plaintes & clameurs fit ſur luy qu'il s'eſueilla en
colere ſentant la bouche de ſa chere eſpouſe contre la ſienne, la repouſ-
ſant de ſes mains rudement, diſant encores tout endormy : A a Finiſtée
& quel tour eſt cecy? vous eſtes vous gardée ſi honneſtement auecques
moy iuſques icy pour vous oublier ſi tard à me commencer ceſte vilenie,
me faiſant tort & à ma chere Niquée & à vous meſmes? Lors l'emperiere luy dit (bien aiſe du teſmoignage qu'elle oyoit de ſa loyauté ſans fain-
tiſe)Làs mon amy parfait reiettez vous ainſi voſtre loyalle compagne ne
me cognoiſſez vous plus? Si fay vrayement (reſpond il les yeux encores
mal ouuers) pour la plus fauce & peruerſe damoyſelle de la terre: & vous
retirez à coup ſi ne voulez mourir de ma main preſentement . Ce langage plaiſoit fort à Niquée, & ſe nommant à luy il commence à la regarder autant esbahy ou plus que ſi vn ange luy fuſt apparu du ciel. Dieu
immortel (ſ'eſcrie) ou ſuis-ie, dors-ie, ou ſi ie veille ? vueilles par ta grace
me preſeruer de viſion & tentation cóme il t'a pleu iuſques à ceſte heure.
Adonc l'emperiere : Mon treſcher amy ie ſuis voſtre Niquée n'en ayez
doute, auſſi eſmerueillé de vous auoir trouué icy, que vous de moy.
L'empereur la recognoiſt, eſtonné de la rencontre pour l'eſtrangeté du
lieu(tel qu'il vous a eſté dechifré)ſi luy tend les bras au col & la baiſe ſans

bouger

bouger l'vn ne l'autre d'vne grand piece, arrosans leurs visages de chaudes larmes. Puis se retirans pour rendre à l'œil le bien qu'il perdoit pendant le plaisir de la bouche, Niquée recommençé contemplant ses longs
cheueux & barbe meslez & espais, son teint bazané, sa pauure & chetiue
parure: Helàs amy faut il qu'ayez tant enduré pour moy miserable? Faut
il que le monde ait souffert eclipse de tel soleil à l'occasion de moy comme lune obscure? Helas amy ie voy comme estes testonné, fardé, & reue-
stu pompeusement pour entretenir les amours nouuelles qu'auez faittes
en mon absence. O prince vnique tant en affection & fidelité enuers les
dames qu'en vertu & prouësse entre les hommes. O cors pasle & maigre
que bien monstrez qu'auiez laissé vostre amé en moy, oubliant ses offi-
ces en vous. Ma treschere dame (respond l'Empereur) ie n'ay fait chose
pour vous à quoy ie ne fusse obligé & à plus, en recognoissance de vostre
amour incomparable. Mais ie vous prie me dire la maniere comme auez
esté transportée en ceste Isle deserte, tant eslognée des grandes routes de
la mer. Ce qu'elle luy narra brieuement, dont il fut trop esbahy, desirant aller trouuer la noble trouppe arriuée auec elle. Et en se leuant sur
les genoux rendit graces à Dieu du present reconfort qu'il luy auoit enuoyé si loing de son esperance. Puis demanda à Niquée qui estoit ceste
belle petite fille. C'est (dit elle) le gage que me laissastes à nostre dure departie. Adonc se leue & la va prendre entre ses bras, la baisant plus
de cent foys & la petite effrayée de sa barbe horrible & face tant haslée
& deffaitte, le repoussoit d'vne main, se cachant les yeux de l'autre.
Dequoy se prindrent fort à rire: & la remettant à terre elle s'en và incontinent retrouuer le petit Silues. De qui Niquée demanda pareillement à l'Empereur qui il estoit. Qui luy respondit qu'elle le sçauroit bien
tost, & que le discours en estoit trop long pour auoir la patience de le faire auant que d'aller trouuer la compagnie que tant il desiroit à voir. Or y
alloient ensemble portant chacun leur enfant, quád Finistée suruint pour
auertir l'Empereur de disner, bien estonnée de la dame de si haute apparence qu'elle auise auecques luy. Amadis à sa venuë luy tend les bras, disant à sa Niquée: Ma bonne amye voicy celle qui m'a tousiours suyuy,
seruy & consolé depuis que suis entré en vostre queste: & luy raconta
lors en brief les accidens de sa peregrination, la deliurance de sa Lucelle,
& l'arriuée en ce lieu inhabité en intétion d'y achéuer ses iours en pleurs
& prieres, menant le deuil d'elle qu'il tenoit pour morte. Et ie croy (dit il)
que pieç'a le fusse moymesme, sans le soulas & confort qu'ay receu de ceste bonne & sage damoyselle: en laquelle vous puis iurer par la foy que ie
vous doy, que ie n'ay onques veu ne cogneu acte indigne de l'hóneur d'v-
ne fille chaste & pudique: & est celle à qui ie cuydois parler quand vous
ay premierement sentie pres de moy. L'emperiere ayant entendu de luy
la forme de son acointance & deuotion amoureuse & sainte, la va em-
brasser par grande amytié & compassion en ses penaillons delabrez luy

Z iiii　　disant

difant qu'elle ne pouoit moins faire pour elle que de l'accoller royne de Thebes auec le congé de l'Empereur: qui l'eut autant agreable que chofe qu'elle eut iamais faitte pour luy. Or s'en vôt enfemble vers les feigneurs & dames, qui trop eftoient esbahis de la longue demeure de l'emperiere & l'alloient chercher, fi les fages ne les euffent affeurez de fon retour foudain, auec les plus eftranges & meilleures nouuelles qu'ilz pourroient penfer. Et quand ilz la choyfirent venant auec vn perfonnage fi mal en point & renfort de fuite furent fort esbahis. Mais toft les recogneut Falanges à l'approcher à fon marcher & fa taille, nonobftant le deguifemét du vifage. Et luy au deuant: tout tranfporté d'aife qu'il ne peut mot fonner. Florifel ne demeura gueres derriere, ne Rogel & Filifel apres: l'vn l'embraffe, les autres luy baifent les mains. Puis les dames fe prefenterent qu'il baife amoureufement: fort refiouy de la belle Leonide & Anaxare. Et apres ceux qui luy touchoient du fang, plus grand ioye n'euft fceu receuoir que de la veuë d'Alquif & Vrgande, qu'il accolla affectueufement difant: O mes fecondz pere & mere, comme me pourray-ie aquitter de tout ce que ie vous doy, qui ne m'auez iamais laiffé fans fecours en mes perilz extremes? Encore croy-ie qu'il y ait de voftre main en cefte tant eftrange & heureufe rencontre. Ce que les fages confefferent & auoir efmeu la tempefte expres pour les ietter en ce lieu deftourné. Or ne fut queftion que de reueftir l'Empereur & Finiftée qu'ilz faluërent humblement fçachât qui elle eftoit & le reng qu'elle tenoit par le don nouueau de l'Emperiere. De laquelle Amadis leur fit le difcours ample à l'iffue du repas. fans y omettre la naiffance incroyable du petit Silues, qu'il protefta eftre conceu miraculeufement par Finiftée, fans ayde d'homme: iurant qu'en toute l'Ifle n'auoient trouué corps de creature humaine viuant, & que luy & elle n'auoient autrement vefcu que feroit le frere auec la feur: parquoy attribuoit ce cas merueilleux à la puiffance de l'ymagination, tefmoin la marque que l'enfant mefme en portoit. Adonc le mit fur la table & leur monftra le fein de l'ardente efpée à fon eftomac, & quelque efcriture deffouz qu'il n'auoit fceu lire. Dequoy toute la trouppe pria les fages, qui y trouuerent. SILVES DV DESERT, FILZ D'AMADIS DE GRECE ET DE FINISTE'E, SANS VICE NY OFFENCE DE L'VN NE DE L'AVTRE. La merueille du fait redoubla par ce tefmoignage, que les fages confermerent eftre veritable, fans toutesfoys leur declairer pour l'heure le moyen comme il eftoit auenu. Si feiournerent en ce lieu vne femaine entiere en toute lieffe & deduit dont ilz fe pouoient auifer, comme il eft naturel apres vne fi longue & grieue trifteffe. Puis par ordonnance de leurs fages guides rentrerent en leur vaiffeau pour regaigner l'Ifle qu'ilz auoiét doublée en leur prime routte: la ou vous a efté dit que le grand roy Amadis & Oriane deuoient eftre defenchantez par ce beau ieune per fauorifé des aftres: comme cy apres vous fera deduit amplement.

Comme

Comme Galtazire arriua en la

ville de Guindaye, & presenta à Diane la lettre de Daraïde & le Caualyon.

Chapitre   LXXXII.

Epuis que le cheualier noir & Galtazire auecques ces vieillardz eurent regaigné leur chemin, elle ne se put tenir de les rudoyer des maintes parolles & arguer de legereté indigne de leur aage. A quoy mot ne luy respondoient, tellement auoient la langue cousuë de honte & plus long sermon leur eust fait la bonne damoyselle, si le cheualier n'eust appaisé sa colere par la satisfaction qu'elle deuoit prendre de leur repentance, aisée à lire en leurs contenances. Lors elle le pria de vouloir dire son nom : qui respondit estre Lazar de Tarsis filz du roy Fulurtin, venu en queste de l'Empereur Amadis de Grece, a qui il desiroit faire seruice comme par obligation hereditaire du roy son pere. Aussi estoit vray qu'il venoit de Trapezonde, ou ne l'ayant trouué, s'estoit acheminé vers Guindaye pour le bruit qui couroit des auentures estranges de l'Isle, esperant y sçauoir quelques nouuelles de luy. Galtazire le remercie de tant qu'il auoit fait pour elle, en remettant plus-grande recognoissance à Daraïde à qui le cas touchoit. Lazar desia abruué de sa renommée, pria la damoyselle de luy racóter tout le fait du Caualyon dont il demeura grandement esbahy. Mais voyant la damoyselle cointe & iolye, ne fut si niez qu'il ne luy fist vn peu la cour en chemin. A quoy elle souzriant luy rendit bien son change : disant qu'elle le pensoit n'auoir garde du coup, d'autant que l'archer Amour ne pourroit en luy viser au blanc (par ioyeuse rencontre sur la noire couleur. Dequoy il rit de bon cueur: & en tel deuis cheminerent iusques à la ville, ou la foule de la menuë gent fut si grande pour voir cest estrange animal qu'a peine pouoient ilz passer par les rues. Et auisans que c'estoit la damoyselle & les vieillardz qui auoient emmené Daraïde, plusieurs coururent annoncer à la Royne les nouuelles de leur venuë, laquelle à l'heure estoit à receuoir le roy de Frigie au nom de Rogel de Grece, auec le mandement qui vous a esté exposé cy dessus. Ce qu'ayant fait, au rapport de l'arriuée de Galtazire, oyant le tumulte du peuple se mit incontinent à vne fenestre d'ou elle entendit les criz populaires : *Viue, viue nostre Daraïde, qui sçait telz monstres subiuguer.* Alors veid arriuer le chariot ou la beste estoit, dót elle fut trop espouentée : & si haut s'esleua le bruit des citoyens qu'il fut senty du palais de Diane, laquelle ne se put tenir de dire : O Iupiter & qu'elle ioye m'enuoyez vous si c'est que ma Daraïde soit venuë ? Ma dame (dit

me (dit la duchesse Lardenie) enuoyez sans tarder quelqu'vne vers la
royne pour entendre que c'est au certain. Aussi tost le commande à vne
de ses damoyselles, à qui Sidonie respondit n'en sçauoir encores nomplus
qu'elle. Et à l'instant môte Galtazire au palais (les portes fermées au peuple) qui presenta Lazar, comme filz du roy de Tarsis, de Saba & Arabie
(non sans mention du grand plaisir qu'il leur auoit fait) lequel la Royne
honora grandement. Puis voulut entendre l'embassade de l'estrangere,
qui luy dit n'auoir charge de l'exposer qu'en la presence de la princesse
Diane. De ce pas Sidonie l'y meine (laissant au duc Alfarc Lazar à entretenir) ou apres les reuerences deuës, elle baise son paquet & le presente à
Diane, qui l'ouurit & leut incontinent deuant sa mere, non sans ce que
Lardenie apperceut en elle quelque esmotion. A qui la messagere s'a-
quitta des recommandations affectueuses de Daraïde, & à la marquise
pareillement puis ouyrent le recit de sa lettre.

Lettre de Daraïde à la princesse Diane.

Ma dame, ne souffrant moins en

vostre absence par la distance des lieux entre vous & moy, que la Diane
celeste par l'obstacle de la terre entre le soleil & elle : mon ame priuée à
l'œil du bien de vostre veuë commande à la main de luy donner ceste allegeance. Vray est que par vehemente impression elle a tousiours vostre
ymage diuine comme presente, non moins que ceux qui voyoient leur
figure deuât eux rebatue en l'air par debilité des yeux. Mais tandis qu'elle est logée en ce corps ne se peut bônement contenter d'ymaginer la vostre en esprit simplement, pour le desir à quoy son hoste l'attire de iouïr
pareillement de son semblable. Làs ce n'est merueille s'il est affamé du
plaisir que ses sens reçoiuent de la perfection du vostre, en contemplant
ceste beauté plus qu'humaine, oyant ceste voix sucrée, & quelquefoys
touchant par honneur ses souëues & delicates mains. Car il cueille en celà
les pures fleurs de volupté, & ma pauure ame seule se pique aux espines,
portant toutes les passions de l'appetit embrasé du surplus, & de la patien
ce du retardement de son attente. Mais c'est pitié de mes tristes discours à
raison que la fin de la langueur du corps en ceste absence, me seroit commencement de plus grief mal de l'ame en vostre presence : de laquelle
m'estant hardiment approchée souz opinion de Diane, m'y suis trouuée
deceuë en vne terrestre Venus : ainsi que Dido huma l'aleine feruente &
venimeuse de Cupido souz la semblance d'Iulus. Aussi trop y a de conuenance pour abuser les mieux voyans, non seulement l'amant aueugle:
car l'arc que portez & lés flesches i'estimois estre pour exploit sur les bestes sauuages, quand i'en ay senty le trait au trauers de mon cueur : qui le
me fait recognoistre emprunté du petit dieu côme de vostre filz. Me sentant par

tant par vous tranſmué de ma frâchiſe en ſeruage, ie l'attribuois à la deité de Diane, qui moins n'auroit fait d'Aɛteon & de maintz autres : mais ie
cognois que ce changement de mon eſtre procede de la puiſſance de celuy qui a reduit Iupiter meſme en mainte forme de beſtes. Ores le prie
(ayant egard qu'ainſi ſuis voſtre priſonniere par dol & ſurpriſe, non par
iuſte guerre & ouuerte) de retourner le ſer de voſtre trait contre vous
meſmes, par vne playe ſecondant celle de Mars : & ſi contre le loup vous
faiſiez pauois de mon cueur ioint de ſi pres au voſtre qu'il viſe au trait fiché parmy le mien comme à ſa broche, l'enfonçant ſi auant que le voſtre
en ſoit vniment enferré. Finalement, ie vous ſupplie, ma dame, me pardonner le tort que pourrois auoir fait à voſtre chaſteté ſeuere par mon
eſcrit amoureux, vous aſſeurant que trop plus ie m'en fais de commettre
mes ardentes penſées à la froide plume.

Les parolles de Daraïde n'entre-

rent moins auant au cueur de Diane que le ceau en la cire molle, tellemét
que toute ſa diſſimulation n'eut aſſez de vertu pour empeſcher le ſang
de luy teindre par foys la face, & par fois l'apaſlir à ſa retraitte aux pointz
de quelque crainte. Ce que pour mieux couurir ſadreſſe à Galtazire diſant, que Daraïde ne luy eſcriuoit rien de nouueau, ne continüant que
ces deuis acouſtumez d'amour : que voluntiers elle s'eſtoit remiſe à elle
du demeurant. Sçachez ma dame (dit la damoyſelle) que le point plus
important de ma charge eſt contenu en la lettre : toutesfoys quant aux
autres nouuelles, elle a vaincu en moins de trois heures le fier gean du
chaſteau du mont, & tous ſes gens : puis la beſte eſpouentable Caualyon
de qui elle vous enuoye par moy la deſpouille. Et apres a deliuré le Roy
Roſafar & la royne Artiſire du plus cruel & douloureux enchantement
dont il fut iamais memoire, gaignant l'entrée de la caue de la geante Ga-
dalaſte, & la plus precieuſe eſpée qui fut onques veuë. Mais à vous dire
quand nous fuſmes entrez apres ſes combatz au lieu ou eſtoit le carnage,
& la trouuaſmes toute couuerte de ſang aſſiſe ſur vn degré le chef appuyé ſur le pommeau de ſon eſpée, nous la tinſmes pour auſſi bien morte que les corps giſans à l'entour d'elle : mais elle eſt en bonne diſpoſition
ſans playe aucune perilleuſe, & noz bons princes luy tiennét compagnie
en ce chaſteau : d'ou elle fait conte de partir dedans peu de iours pour venir chercher gueriſon de la naürure de voſtre beauté qui plus l'afflige que
celle des glaiues trenchans. Diane deſuoyoit ſouuent ſa contenance au
recit de Galtazire, & la royne meſme & les autres damoyſelles preſentes
en ſentoient grande alteration de ioye & de douleur ſelon les parties des
hazardz & iſſues. Mais la belle princeſſe ne ſe contenta pas de ſi brief &
maigre rapport de la meſſagere, la requerant inſtamment luy en faire
plus

plus ample difcours, qu'elle rompoit fouuent par diuerfes demandes:
combien elle auoit de playes, & en quelz endroitz de fon corps, de quelle profondeur & largeur, auec vn amortiffement de couleur, comme fi
elle les euft receuës en fa perfonne. Si luy dit en fin de conte: ma chere a-
mye, ie ne fçay quelle recópenfe nous vous puifsions faire fuffifante pour
les bonnes nouuelles que nous apportez de ma Daraïde, dequoy ie fupplie ma dame de m'aquiter. A quoy Galtazire, outre ce que fuis trop
heureufe de faire feruice à la Royne & à vous ma dame, ie demeure encore obligée à la vaillante Daraïde de ce qu'elle a fait pour ma maiftreffe
par voftre congé & permifsion. Lors Sidonie: Damoyfelle, vous dittes
ce que modeftie vous aprend, & à nous touche de faire ce que vertu nous
encharge: comme elle accomplit de fait, luy donnant fi riches prefens
qu'elle eut occafion de s'en louër. Or la meine la Royne en fon palais,
par vne feneftre duquel elle luy fit expofer au peuple (la amaffé entour
l'animal) toute l'hiftoire ainfi que l'auez entendue, qui luy prefta filence
aufsi coy que s'il n'y euft eu perfonne, pleurans tous de ioye & crians:
Gloire & honneur à l'vnique Daraïde: Puis chargerent la fiere defpouille fur leurs efpaules (les trompettes marchans deuant) & la porterent en
pompe par toutes les rues de la cité, les dames fe mettans aux feneftres,
louans & beniffans la gentile damoyfelle qui reduyfoit le los de leur fe-
xe à lequilibre des hommes, tellement qu'euffiez iugé ce peuple forme-
né de lieffe. Mais bien autre excez en fentoit la belle Diane, à qui fort a-
uoit tardé que la Royne fe retiraft pour en degorger fon cueur à Lardenie, & en deuifer tefte à tefte. Si l'empoigne incontinent par la main, &
s'en vont en vn fecret pauillon du iardin, ou elles s'afsient fus l'herbe, &
Diane commence: Certes Lardenie ma bien aymée fi l'amour que ie portois à Daraïde comme fille, n'eftoit moderée & attrempée en moy par
la cognoiffance de fon eftat viril, ie ne croy pas que ne fortiffe hors de
mon fens par le rapport de fes bonnes nouuelles. Comment (dit Lardenie) ma dame pouez vous bien refifter aux effortz de celuy à qui les terribles geans cedent, & les plus efpouentables monftres de la terre? veu que
cognoiffez par vous mefmes que les forces de la beauté (telle que la fienne) abbat toutes les autres, comme voyez fes armes quafi pendues deuant
l'autel de la voftre. Non non, il n'y a icy pres de nous autres tefmoins que
les arbres muetz, mais ne cuidez pas me perfuader de vous vne vertu fi
auftere, ne me faire fi grue que ne vous eftimiez bié heureufe de l'amour
d'vn fi excellét prince qui vous adore en telle deuotion. A à ma dame, les
dieux n'ont mis en la perfonne d'Agefilan moins de grace à conquerir
les pucelles que de vigueur a dompter les cheualiers. A qui Diane: ducheffe m'amye nous auons ceft auantage fur les hómes qu'en leurs batailles le plus fort l'emporte felon la verdeur des corps: & au conflit de noz
pafsions gifans en l'ame, nulle n'eft vaincue que de fon gré & pure volun
té. Parquoy affeurez vous Lardenie que ie n'efpere me rendre en ce cas

comme

comme le commun des femmes par lacheté & faute de cueur, puis qu'il
eſt en ma main de le faire ou non : bien pourra Ageſilan par ſa beauté
priuer Diane de vie par le martire de ſon amour, mais d'integrité nul ne
pourroit. Adonc Lardenic : Ma dame c'eſt vn abus de ſe confier en liberté de vouloir ſus l'amour, lequel a triumphé des dieux & des hommes,
bref domine toute nature brute & raiſonnable. Auſsi peu eſt poſsible à
l'eſperit humain de ſouſtenir ſes aſſaux, qu'il eſt au corps de repouſſer la
mort tant l'vn eſt ſemblable à l'autre, pource les peintres mettent à tous
deux le dard ineuitable à la main : la mort eſt paſle, & telle eſt la couleur
des amans, leſquelz auſsi ſ'amortiſſent & euanouïſſent cent fois le iour
par diſtraction de l'ame d'auec le corps, qui ſeroit entiere & finale n'e-
ſtoit l'immortalité de ſon ſuget. Amour outre ſes fleches eſt armé de
flambeaux & qui eſt la choſe en ce monde que la violence du feu ne con-
ſume ? ioint que le tendre cueur des royalles pucelles eſt meſche plus aiſée à embraſer de ceſte ardeur, comme vous peut eſtre cler par l'exemple
de tant de Roynes, Emperieres, & hautes dames qui viues ont eſté bru-
lées de ce brandon. Parquoy ma dame pardonnez moy ſi en ce cas ie n'ai
iouſte foy à voz ditz, que vous l'aymez moins en ceſte cognoiſſance de
ſon vray eſtat, & il me ſemble, que pour maintenir & exalter voſtre
honneur voulez tant abbatre & confondre mon ſens & iugement. Alors
Diane (luy iettant en riant les bras au col) croyez moy (dit, Lardenie à
confeſſer ce qui en eſt, que ie n'ayme en rien moins Ageſilan que Daraïde, mais ie me diſpoſe (veu mon deſaſtre conditionnant mes noces ſur la
victoire impoſsible du prince Floriſel) de ſuyure l'exemple de la déeſſe de
mon nom en virginité perpetuelle, & en ce dur courage reboucher les
traitz aguz de voſtre archerot, car pour mary pourroit Ageſilan eſtre
receuable, mais d'amy Diane n'en peut cognoiſtre: toutesfoys ſoit la parolle qui m'eſt eſchapée, enſeuelie au ſecret de voſtre cueur, que luy ou
autre n'en vouſiſt faire ſon proffit. La ducheſſe adonc, craignant eſtre
trop importune en la defenſe de l'abſent qu'elle aymoit ſingulierement,
reſpondit entre deux & as, qu'il ne luy conuenoit recommander ce ſilence, mais qu'elle ne pourroit qu'alleger ſon ennuy en le cõmunicant ainſi à perſonne fidelle. Or dit Diane (voyant arriuer quelques damoyſelles de la Royne) metton fin à ce propos, vous aſſeurant que ne puis eſtre
ſi ingrate que ne vueille plus de bien à Ageſilan qu'a gentilhomme du
monde, à cauſe de l'amour vehemente qu'il me porte, voire trop plus i'en
ſouffre que luy, eſtant contrainte de tenir ce feu cloz en ma poitrine, auquel il donne air & l'euapore par l'ouuerture qu'il en fait en ces demon-
ſtrations. Lors ſ'embatent ſur elles les filles qui luy apportoient la peau
du Caualyon, dont elle fut fort eſpouentée, auec l'accroiſſement de l'eſtime de Daraïde qu'elle ne nommoit plus ſienne ſi hardiment que ſou-
loit par crainte qui ſuit voluntiers amour de pres. Si commanda qu'on
l'allaſt pendre au comble de la tour de Febus, comme en lieu digne du

Aa   conque-

conquerant : en faueur duquel elle retint Galtazire à foupper auec elle, pour luy ouïr dechiffrer par le menu l'eftat & contenance de Daraïde en cefte abfence : qui luy conta comme elle n'auoit que fon nom continuël-lement à la bouche, & fembloit toute outrée d'affection : que la royne fa maiftreffe & fa fille en eftoient meruicilleufement esbahies : & elle leur difoit n'eftre pas la premiere fille amoureufe d'autre, & que Sapho la li-rique l'auoit efté d'Amytone & Atthis, & que fa nation y eftoit plus fugette que les autres, pour le cueur viril que mefme elle moftroit au ma-niment des armes. Quant à moy i'en fuis plus eftonnée que toutes (di-foit Galtazire) a raifon du long téps qu'ay conuerfé auec elle en ce voya-ge : car fur les chemins elle me recitoit fes faueurs : difant : Làs m'amye quel heur penfez-vous que ce m'eftoit de l'accompagner à la chaffe, ou le vent luy leuoit aucunesfoys la cotte, defcouurant à nud l'iuoyre poly de fes membres ? aucunesfoys les branches des arbres luy arrachoient la coiffe de foye & fes cheueux dorez volletoient fur fes efpaules. Mais que vy ie vn iour quand elle fe voulut baigner en la fonteine de fon verger ? à l'vne bailla fon arc & fa trouffe(la marquife la deueftit : la ducheffe luy treffa fa cheuelure : & adonc me plaignant de n'eftre employée comme les autres, en fouzriant me commanda d'approcher & luy efpandre l'eau fur la part haute ou l'onde ne touchoit. En bonne foy (difoit) mon œil fut fi efperdu en regardant ce col d'albaftre, ce fein releué de boulles ge-melles, que ie verfois l'eau auec le vafe de porcelaine à plus d'vn pied loing de fes efpaules, dont elle & toutes fes belles nymphes eurent bon ieu : mais quand en repuifant fouuent ie miray à trauers de la claire eau la part depuis la ceinture en bas comme vne ymage de marbre blanc de-dans vn criftal, ie fus foudainement furprife de telle pafsion auec refolu-tion de nerfz que ie tombay en la fonteine la tefte la premiere, dequoy toute la trouppe fe cuida pafmer de rire. Celà n'eft rien (difoit elle) au pris de l'heur que i'ay fenty plufieurfoys de fa bouche contre la mienne quand Amour me liüroit fi durs affaux en fa prefence que le cueur me failloit, & elle efmeuë à pitié me donnoit telz baifers que la chafte déef-fe Diane à Apollo fon frere : & croy en verité que mon ame eftoit defia au bout de mes leüres prefte à partir, fi elle ne l'euft arreftée & cloz le paf-fage par les fiennes m'infpirant vne douce chaleur d'haleine qui me re-mettoit l'ame & la vie au corps. Diane prefta bóne audience à ce difcours & fentit fi chaude alarme du petit dieu par la fouuenance des extremi-tez amoureufes de fon Agefilan qu'elle ne put manger, & les tables le-uées print la damoyfelle eftrangere par la main, luy demandant à part quelz auoient efté les dernies propos de Daraïde à la departie. A quoy Galtazire: Sçachez, ma dame, qu'elle me chargea affectueufement de vous fupplier de fa part vouloir tant faire pour elle que ne chaffer aux grandes beftes iufques à fa venuë, ou elle ne craindroit aucun danger pour vous comme difpofée à faire targe de fon corps deuant le voftre : vous priant

de paffer

de paſſer le temps en ſon abſence à la courſe des lieüres ou dains & à la
volerie, d'autant que voz tendres forces ne ſont à hazarder à ſi furieux a-
nimaux, de peur qu'il ne vous en preine comme au bel Adonis dechiré
par les deffences du cruel ſanglier. Làs (diſoit) ie ſuis touſiours en trance
& tremeur qu'il ne luy meſauienne piquant à bride abatuë par quelque
eſtoc faiſant trebucher ſon cheual en dãger de luy fouller quelque membre ou teindre la terre de ſon ſang precieux, ou que quelque branche ne
luy froiſſe le viſage, ou vn cerf eſchauffé ne la hurte de ſes ramures. Diane fort eſmeuë des doutes & ſoucis amoureux de ſa Daraïde, promit à
Galtazire d'ainſi le faire. A tant nous tairons vn peu d'elle pour expoſer
les auentures qui ce pendant auindrent à ſon cher amant.

Comme Daraïde partye du roy-
aume de Teſſalie, fut par fortunal lancée au royaume de Gal-
dap, & de ce qui l'y auint.

Chapitre   LXXXIII.

N grande lieſſe ſortit Daraïde du païs de Teſſalie &
beaucoup pluſtoſt que les cirurgiens n'eſperoient, tant
eut l'ame de force à auancer la gueriſon du corps (par
la vehemence du deſir de voir ſa belle maiſtreſſe) aug-
mentant toutes ſes vertuz & puiſſances. Or s'eſtant miſe ſus mer l'eut quelque iour aſſez propice, & apres le
vent ſe tourna en Ponant de telle furie qu'il les rengea en neceſſité pour

Aa ii   leur

leur remede de defaire les œuures mortes, & pour tout gouuernement ne
tédre que la voile de trinquet. Ceft orage les agita l'efpace de quinze iours
& à la fin les ietta en vne contrée qui en ce temps eftoit nommée Galdap,
en laquelle ilz prindrent port à grand'ioye, & y eut tant de l'apareil du
nauire à reffaire, que pour tout radouber & calfretter, & le fournir & e-
quipper de tout ce qui eftoit neceffaire, ne leur faloit moins d'vne femaine. Daraïde delibera d'employer ce temps à voir le païs ou fortune les a-
uoit portez. Si monte à cheual armée de toutes pieces & fes damoyfelles
fur leurs palefrois, garnies l'vne de fon luth, & l'autre de fes acouftremés.
Deux iours fe promena fans auenture digne de recit, & au troifime decou
ure vne groffe ville, & à vne demye lieuë pres vne fort belle fonteine au
milieu d'vne touffe de boys, ou elle auife vn pauillon tendu fur quatre arbres pour piliers. A l'approcher elle veid qu'il eftoit de fatin broché & vn
riche lit dedans, duquel fe comméçoit à leuer vne dame bien femblant de
haute guife, entourée de douze damoyfelles veftues de fine efcarlate à bro
derie d'or, chacune d'elles tenant vne couple d'efpagneulz, & autres petitz
chiens, eftant leurs haquenées liées es arbres prochains. Daraïde fut esbahie de la rencontre, & fort eftima la beauté de la dame à qui on affubla
vn manteau de la façon des autres, fors qu'il eftoit de veloux cramoyfi.
Elle ne fut moins eftonnée de la venuë de Daraïde & de fa grace finguliere & port feigneurial : qui luy dit apres tel falut que fon eftat fembloit
requerir : Ma dame ie vous fupplie comme perfonne eftrangere me vouloir dire qui vous eftes, & pourquoy logez en ce lieu, à fin que ne faille
à vous rendre l'honneur que meritez. A quoy elle refpondit : Cheualier
puis que m'en priez fi courtoyfement, raifon veut que le vous die. Sçachez donc que fuis Salderne royne de Galdap qui prendz ainfi le deduit
de chaffe aux chiens courans, & y fuis tellement adonnée que la nuit
fouuent m'y furprend, & ie la paffe ou ie me trouue. Or ay fatisfait à voftre demande, fi vous prie de partir incontinent d'icy, de peur que le roy
mon mary ne vous y furpreigne, car tout le monde enfemble ne vous ga-
rentiroit pas : parce qu'il ne veult que ie fois en compagnie d'homme
quelconques s'il n'y eft luy mefme, & ne me baille que ce nombre de femmes pour ma fuitte. Or a il eu auertiffement du lieu ou i'ay anuité, &
ne peut gueres tarder à eftre icy : mais nous ferons ce foir en la ville, ou
vous nous pourrez trouuer, & feray trefaife de vous cognoiftre & parler
à vous plus à loyfir, pour la bonne opinion que voftre phifionomie me
donne de vous. Ce qu'elle difoit eftant frappée au cueur de la veuë de
Daraïde, qui luy refpond : ma dame ie feray voftre commandement,
combien qu'il me femble que le Roy vous traitte indignement pour vne
fi haute dame, da vous tenir ainfi fouz bride contre le droit de voftre liberté : & eft cefte vfance trop rude & barbare, non receuë es regions po-
licées & ciuiles de faire de l'efpoufe & compagne fa ferue & efclaue. La
royne auoit l'oreille fort ouuerte à ce propos quád le roy Galinides (ve-

ftu d'vne

ſtu d'vne cazaque de chaſſe de la meſme eſtoffe & ouurage que la robe
de la Royne)ſuruient, accompagné d'vne douzaine de gentilzhommes:
auſquelz (trouuant ſa femme deuiſant auec vn cheualier) tout furieux
commande à coup de le tailler en pieces . Si l'enuahirent promptement
ceux qui eſtoient mieux en point d'armes, & Daraïde les reçoit d'vne
façon non veuë ny vſitée en leurs païs, eſcarmouchant ſi dextrement
qu'elle auoit donné dix coups auant qu'en receuoir vn, voltigeant puis
ça puis là, & chargeant ſouuent les plus elognez & qui moins s'en doutoient . Deſforte que ia y auoit maintes teſtes abatues, & bras & iambes
ſemées ſus l'herbe, quand Galinides s'approche courroucé de la mort de
ſes gens, eſcriant qu'il ſe rendiſt & il luy donneroit la vie à cauſe de ſa
prouëſſe. Dequoy Daraïde ne fit conte, ayant eu autresfoys de trop plus
dangereux ennemys en barbe, eſtans la pluſpart de ceux qui reſtoient
ſans autres armes que les eſpées & boucliers.Parquoy le Roy depeſche vn
laquais pour faire venir du ſecours de la ville, & ce pendant encourage
ſes gens le plus qu'il luy eſt poſsible, faiſant aux vns ietter pierres,aux autres darder boys, tellement qu'il conuint à Daraïde s'aller adoſſer contre
le pauillon de la royne,ou ilz n'oſerent plus rien lancer à cauſe d'elle,dõt
ilz furent contraintz de ioindre plus pres à leur grand dommage, car elle ne tiroit gueres coup qu'il ne leur portaſt perte de quelque membre,&
ſe fourroit aucunesfoys parmy eux,comme vn lyon enragé en vn trouppeau de brebis . La bonne royne trembloit toute de peur qu'elle auoit
pour le cheualier eſtranger, tant ſa beauté l'auoit ſoudain conquiſe, &
conſiderant qu'il n'eſtoit force humaine qui peuſt à la fin reſiſter à ceux
qu'on auoit mandez, crie à Daraïde qu'il ſe mette à ſa mercy ou c'eſt fait
de ſa vie, & que ſe rendant à elle, l'aſſeuroit du Roy ſon mary, qui n'a-
uoit ſur luy(comme eſtranger)iuſte occaſion de mal talent. Le roy ſi ac-
cordant, Daraïde preſente ſa bonne eſpée à la royne,& la veuë de ſon armet hauſſée, luy dit : Ma dame ie me rends en voſtre priſon, pour vous
faire cognoiſtre combien a plus de puiſſance la courtoyſie des dames que
l'effort des hommes. Laquelle le voyant en la viue couleur (que le combat luy auoit enrichie) en fut eſpriſe outre meſure, & reſpondit : Certes
cheualier ie tiens à grand honneur d'auoir obtenu de vous ce à quoy le
Roy & ſes gentilzhommes ont failly . Qui adonc mit pied en terre, s'e-
merueillãt tant luy que tous ſes gens de la beauté de Daraïde,non moins
que de ſa vaillance. A tant reſpond à la Royne, que (pour luy faire entendre le tort qu'auoit eu le Roy de la commander à occire ſans l'auoir
ouye, & pourquoy s'eſtoit plus voluntiers renduë à ſa mercy) elle eſtoit
damoyſelle non cheualier, & ſon nom Daraïde, & le plus beau de ſes titres, LA VAINCVE DE DIANE, comme paroiſſoit à ſon eſcu.A ce mot a-
uint vne fort eſtrange choſe,en ce que le Roy qui tant auoit ouy renom-
mer Daraïde,la voyant deuant luy accomplie de telles perfections, en fut
à l'inſtant rauy extremement,comme ſa femme eſtoit de ſon coſté,qui ne

Aa　iii　　　ſe pou-

se pouoit perſuader qu'elle peut eſtre fille . Ainſi couuroient leur amour,
l'vn de peur de l'autre: & le Roy s'acoſte de Daraïde, diſant qu'il ſe tenit
bien fier de telle priſonniere, dont le bruit voloit ſi grand par le monde.
Lors fit enleuer de là les mortz & naürez, mandant à ſes officiers qu'il y
vouloit ſoupper auec la royne & Daraïde pour la plaiſance du lieu : ce
qu'ilz firent en grande paſſion les deux vers noſtre pucelle.

Du roy Galinides de Galdap a-

moureux de Daraïde, iuſques à en perdre le ſens.

Chapitre   LXXXIIII.

E Roy (en attendant le ſoupper) pria Daraïde d'oſter
ſon harnois, & s'acouſtrer de ſes habillemens propres:
en quoy elle luy voulut bien complaire en eſpoir d'ob
tenir de luy en bref ſa deliurance . Si ſe tira à quartier
ou ſe fit deſarmer, puis reueſtir d'vne robe de ſatin violet par ſes damoyſelles, deliant ſes blondz cheueux &
mettant vn riche chapeau de pierrerie ſur ſon chef, & ſa precieuſe eſpée
pendue en eſcharpe à la Sarmatique : & ainſi s'alla preſenter au Roy, qui
tout tranſporté luy dit : Quoy Daraïde, auez vous meſtier d'autres armes pour conquerir les cheualiers , que de celles que ie voy preſentemét?
O¹ dieux ſouuerains, qu'elles deux extremitez de beauté & de force vous
auez cy logées enſemble . Trop poiſa à Daraïde ce langage auec la contenance du Roy , voyant qu'il la tenoit pour damoyſelle , & eſtoit feru
de ſon amour, qui pourroit eſtre cauſe de luy retarder le congé de ſon
partement . Salderne de ſa part ne prenoit moindre plaiſir à la voir en
ceſt habit, eſtimant qu'elle ſe deguiſaſt ainſi à cautelle . A tant s'aſſiend
eux trois à table ou ilz furent ſeruiz plantureuſement : mais ſçachez que
tout du long du repas le Roy & la royne ne flechirent les yeux de deſſus
Daraïde : qui de ſon coſté ietta maintes œillades ſus Salderne pour la
ſouuenance que les parties de ſa beaute luy cauſoient de Diane, diſcou-
rant en ſon eſperit en quoy elle luy reſembloit, & en quoy elle defailloit
de ſa comparaiſon . Non ſans quelques piteux ſouſpirs tirez cóme à pou-
lie du fond de l'eſtomac, que la pauure royne prenoit à ſon auantage au
moyen du regard qu'elle auoit fiché ſur elle. La nuit venuë, Galinides fit
mettre ſix flambeaux de cire blanche en autant de chandeliers d'argent a
l'entour de la fonteine, ou il ſe va ſoir auec ſa femme & Daraïde, laquelle il pria ſoy reſiouïr comme en païs d'amis ſans vſer d'eſtrangeté aucune
& de ſonner du luth pour euiter melancolie : ce qu'elle fait ſi mignonnement, aydant l'inſtrument de la gorge & touchant vn lay ſi lamentable

accompa-

accompagné de gefte douloureux, que tous trois fondoient en larmes, combien que meuz de diuerfes caufes. Le Roy & la royne auoient leurs oreilles cóme pendues au cordes du luth, à qui fembloit voir & ouïr chofes plus diuines qu'humaines. De façon que Galinides tranfporté extremement fe pofe de genoux deuant elle exclamant: O' d'éeffes Venus & Pallas pardonnez moy fi ie porte l'honneur & veneration que ie vous doy à celle pucelle en qui vous auez voz graces fi largement infufes: puis luy impofant nom formé des deux deitez, ie t'adore (dit il) terreftre Palla-venus, te fuppliant exaucer d'orenauant mes veux & accorder mes deuotes requeftes. Daraïde en eftoit toute honteufe, & fe vouloit leuer de la place, mais force luy fut d'en receuoir autant de Salderne par le commandement du Roy, qui toutesfoys ne luy fut pas fi grief qu'au refte de la trouppe, qui apres elle adora pareillement la nouuelle déeffe. Ce qu'il auoit propofé d'ordonner & publier par tout fon royaume fi fortune trop auerfe ne luy euft rompu fon deffein. Or allerent l'endemain à la cité, ou le Roy la logea treshonorablement en fon palais, luy baillant gardes iour & nuit comme à la Royne, dequoy elle menoit grand deuil en fon cueur pour le deftourbier qu'elle voyoit s'apprefter à fon tant defiré voyage: car tout du long du iour elle eftoit coftoyée & careffée de Galinides & de Salderne, tellemét que l'vn empefchoit les menées & entreprife de l'autre: qui eftoit caufe de donner à leur feu fecret efpace & moyen de croiftre & s'allumer de plus en plus. Elle portoit bien autant d'ennuy qu'eux en fon cueur à l'occafion de fa prifon, qui luy faifoit ietter de piteux regretz de fa Diane, & parler aucunesfoys a elle deuant eux comme fi elle fuft la prefente. Celà entretenoit d'autant plus la royne en opinion que Daraïde fuft homme, ne voyant raifon de croire qu'eftant femme elle en euft aymé fi ardemment vn' autre. Ainfi font le feigneur & la dame plongez en merueilleufe angoiffe: tellement que la nuit eftans couchez en vne mefme chambre (felon la couftume qu'il auoit euë de la tenir toufiours de pres) fi Galinides penfant en Palla-venus perdoit tout repos. Salderne d'autre cofté eftoit en continuëlle inquietude: ce que le Roy eftimoit luy proceder de ialoufie conceuë fur l'eftrangere, la iugeant par luy mefme à l'exemple de celle dont il auoit parauant efté fi tourmété. Surquoy exclame Galerfis le croniqueur: O malheureufe paffion ainçois rage de ialoufie, que les ignorans cuident fortir d'amour, ainfi que du feu la cendre, & le fuiure naturellement comme l'ombre le corps: voyez icy que le fondement eftoit peu ferme & folide, qu'vne veuë foudaine d'autre obiet à demolly en vn moment & fait fondre comme la nege au foleil. Vray ne peut on dire auoir efté l'amour de Galinides, que l'on void fi peu durable, ains ourdir la toile de l'affeçtion de la royne autre part adreffée. Car, quelle amitié parfaitte pouons nous fonder en defiance? qu'eft ce qui donne plus d'occafion d'offence que la deffence? Ainfi plus appete le malade ce qui luy eft prohibé & interdit: ainfi

A iiii   le chele cheual courageux quád on luy tient la bride trop roide fouuent prend le mordz au dents & fe met à la courfe laquelle il ceffe en luy lafchant vn peu le frein . A tant finirons le difcours de Galerfis, pour vous deduire celuy qu'en fit la royne à Daraïde, ayant le iour enfuyuant gaigné l'op-portunité de parler a elle, s'eftant le Roy fur le matin endormy de laffeté iufques à haute heure : & elle defcendit en la fale fi toft qu'il luy fut ra-porté par vne damoyfelle qui en auoit charge, que Daraïde y eftoit, de qui(apres les bons iours)print la main de la fienne tremblante & la pour-meine deux ou trois tours auec mains propos, puis l'arrefte en vne fene-ftre regardant fur vne fort belle riuiere, & luy cõmençe à dire : Seigneur cheualier, ie fuis telle en grandeur d'eftat & en dons de nature, que ne vous penfe faire tort de vous prier me defcouurir la verité de voftre eftre car des l'heure premiere que vous vey à mon pauillon, ie fu efprife de vo-ftre amour fans remede : & quand rendiftes voftre corps en ma prifon, i'enfermay mon cueur en la voftre . Si ne puis croire que force de femme peuft iamais faire les armes que i'ay veuës de vous contre noz cheualiers: ne que fufsiez tant naürée de la beauté d'vne dame fi l'eftiez vous mefme, pource vous requiers n'en deguifer plus rien à celle qui vous ouure & ma-nifefte fon cueur totalement : l'enuahie qui vous fut faitte à tort au bois, vous porte feur tefmoignage du traittement foupeçonneux de mon ma-ry.Vous feul aufsi eftes vray iuge comme il n'a tenu à luy que ie n'aye efté par vous femme vuiotée: qui me conuie(fi i'ay quelque cueur)a en pour-chaffer ma reuenche. Daraïde fut fort esbahie de la parolle de la Royne, combien qu'elle euft defia veu quelques fignes de cefte volunté: parquoy deliberée (nonobftant qu'elle la veift douée de grande perfectió) de gar-der fa loyauté pure & entiere à fa Diane, luy refpondit : ma dame ie ne fenty iamais occafion de me plaindre de nature (qui m'a créée telle) que maintenant qu'vn tel heur m'eft offert de fi haute main fans que i'aye puiffance de l'accepter : mais ayant egard à voftre grandeur & à ma baf-fe qualité, i'ay doute que m'vfiez de ces termes par deffus mon merite, pour me tenter & effayer ma conftance, confideré qu'auez vn roy mary vous aymant fi extraordinairement qu'a peine vous croit ou il vous void dont il vous tient en foigneufe garde, comme les chofes plus precieufes font ferrées fouz plufieurs clefz. S'il a quelque foupeçon fur vous, c'eft d'autant qu'il tient le ioyau fi cher & precieux que fouffrir ne pourroit qu'vn autre y eut part . Vray eft que cefte cage & ces fers de contrerolle efueillant vn defir naturel de s'affranchir , mais la vertu & fageffe d'vne dame peut eftaindre telz inftinctz, tant pour le refpet de la foy iurée, que pour crainte du blafme qui en peut enfuyuir : car fi vous faittes amy qui foit de voftre contrée danger y a qu'il faille en fa conduitte ou en fa taci-turnité : fi vous adreffez à vn eftranger, vous baftiffez vn edifice leger & non durable, que le premier vent propice emportera par mers lointaines. Ie ne louë pourtant les façons des facheux mariz qui tiennent fi eftroitte-

ment

ment leurs femmes par leurs vmbrages, se fians plus en serfz ou serues
commises à les espier & garder qu'en elles mesmes, & croy que ce soit vn
maigre moyen pour faire ou maintenir vne preude femme par force.
Bien y parut à Argus pourueu de cent yeux à la garde d'Io, qu'amour
trompa qui ne voyoit goutte. Bien parut à la belle Danaé enclose en vne
tour de brouze, la ou entra l'amant par les goutieres. Plus on conuoitte
naturellement ce dont la iouïssance nous est plus empeschée, & fait on
communement moins de conte de tout ce qui est en abandon. L'appetit
de franchise naist auecques nous que tant plus qu'on nous reserre, plus
voulons elargir & estendre: Mais de pourchasser amy à cause du mauuais
& rude traittement du mary, ce seroit en lieu de se venger accroistre sa
honte, & faire le tour du fol qui ne pouant offencer son ennemy tourne
ses armes contre soy mesme. Quoy qu'il soit de mon vouloir, ma dame, si
est ce force d'excuser en ce mon impuissance : vous asseurát en recognoissance du grand honneur qu'il vous a pleu me faire, de vous seruir perpetuellement des armes que les dieux m'ont mises aux mains. La royne es-
pluchant la responce de Daraïde par le menu ne se pensa esconduitte, per-
sistant en ferme opinion que c'estoit vn cheualier, ioint qu'il luy debatoit vn peu la franchise des dames, au contraire du propos qu'il en auoit
entamé au boys. Si luy replique, que l'offre qu'elle luy faisoit estoit de
toute seureté sans aguet ny embusche, & luy en donneroit telle cognoissance qu'il desireroit: pource ostast hardimét son masque en son endroit,
qu'elle tiendroit secret à iamais, pour en iouïr seule secrettement. Alors
suruint le Roy pour disner, qui ne se deffia en rien de sa femme, l'estimant
estre auec vn' autre, toutesfoys luy oste Daraïde, à qui il monstre infinis
signes d'amour demesure, iusques à tant qu'ilz se mirent à table, ou il la
seruit de bon escuyer trenchant, sans manger aucunement & boire que
bien peu, tant auoit le cueur saisi de pasion. Parquoy ne pouant plus differer de faire entendre sa pensée (les tables leuées) la tira à part sur vn lit
verd, ou il luy dit : Ma déesse Palla-venus ie remercie les dieux de vous
auoir apporté en mes païs, comme le plus grád bien qu'ilz m'eussent sceu
departir : car ie veux que sçachez que i'ardz tout vif d'vne flambe attisée
par vostre veuë, qui me consumera en cendre si ne l'estaignez bien tost
par vostre grace & pitié : ce que faisant, faittes ensemble estat de la coronne de Galdap, comme desia posée sur vostre chef: celle qui l'a, en por-
tera le nóm accoustumé, & vous en iouïrez de l'effet & autorité totale.
Daraïde ne fut gueres contente de ceste harengue, qui luy estoit vn dur
acrochement & arrest de son nauigage: pource luy en cuidant du tout a-
bolir la fantasie, respód: qu'elle ne peut croire (veu l'amour extreme qu'il
portoit à la Royne, comme aussi son excellence meritoit) qu'il luy vou-
sist faire vn tel tort pour vne estrangere incognuë, & sa captiue: que de sa
part elle ne consentiroit iamais de son gré à tel outrage enuers elle en la
main de qui elle s'estoit renduë. Quant à la contrainte (que comme tiran

il pour-

il pourroit exercer)que l'vſage des armes , qu'elle auoit accouſtumé pour
la deffence de ſa vie,elle ſçauroit bien exploiter au point d'honneur,à l'i-
mitation de la Romaine Lucreſſe: ſinon en tant qu'icelle ſe tua apres l'iniure receuë, & elle la preuiendroit voluntairement. Ce dit ſe leue d'aupres
de luy,qui n'en bougea du iour par debilité de ſes mébres quaſi deſtituez
de la vigueur de l'ame affoiblie de ce dur refuz,tellement qu'il y conuint
le ſoir dreſſer ſon lit, car ſon ſoupper fut auſsi ſobre que le diſner auoit e-
ſté,&plus ne ſe paiſſoit que de l'armonie du luth & chantde Palla-venus,
à qui ſouuent il tendoit les mains ioíntes,auſsi muet & immobile qu'vne
ſtatuë. Le iour ſuyuát & l'autre encores il continüa ceſte rigoureuſe diette & abſtinence, ſans prendre aucun repos nuit ne iour, dont fut ſon cerueau tant mat & attenué(auec deſeſpoir de ſon deſir)que ſon ſens ſe troubla, & ſe mit à faire tant de folies & grimaces hydeuſes qu'on l'enferma
en vne chábre ne ſortant plus autre parolle de ſa bouche que , A à cruelle
Palla-venus,mercy Palla-venus: parquoy Daraïde fut treſdólente,de ne
luy auoir decouuert ſon ſexe auant l'incóuenient,qui eut eſté remede in-
fallible de ſa frenaiſie. Salderne auſsi n'en fut pas ſans ennuy pour le fais
du gouuernement qui luy retumboit ſur les bras: toutesfoys ſe reconfortoit en l'auantage qu'elle gaignoit ſur Daraïde (l'encombre de ſon mary
tollu)à qui elle fit treſeſtroitte compagnie,eſperant que la continuë l'em-
porteroit à la rencontre (comme on dit) de l'heure du berger.

Des tours d'extreme affeƈtion

dont vſa la royne Salderne à Daraïde.

Chapitre   **LXXXV.**

Yez icy vrays amans, & conſiderez les eſtranges miracles du dieu d'amour, qui priue d'entendement le
roy de Galdap, au parauant treſſage prince, comme au
contraire ſouuát aguiſe & affine les plus gros & lourdz
eſperiz. Voyez comme il enhardit vne dame (craintiue
par nature & honteuſe) à porter parolle d'amour, qui
deüroit troubler à eſcouter d'vn autre : voire la renge à vn eſtranger, la
faiſant rechercher en luy & demaſquer le perſonnage qu'il cachoit & cou
uroit ſi ſoigneuſement & dextrement. Voyez comme ce dieu pour plus
monſtrer la grandeur de ſon empire, exerce voluntiers ſa tyrannie ſur les
pluſgrandz ſeigneurs, à fin de tollir aux moindres tout courage de deſo-
beïſſance & rebellion. Car, eſtant le miſerable Galinides par amour trop
indiſcrette, premierement tormenté de ialouſie de ſa femme, & puis
tourne en fureur par Daraïde, preſta opportunité à la royne de pourſuyure ſa volunté amoureuſe : laquelle ordonna plus eſtroittes gardes à Daraïde nuit & iour que le Roy n'auoit fait, de peur qu'elle ne luy eſchap-
paſt, & ne mangeoit iamais ſans elle, & l'alloit voir en ſa chambre preſ-
ques à toutes les heures du iour. Dont Daraïde portoit plus grand ennuy qu'on ne pourroit exprimer, ſe voyant ſi long temps bannie du lieu
ou eſtoit le treſor de ſon cueur. Helàs (diſoit) ma lune en quelles tenebres ſuis-ie logée, eſtant ainſi eſlognée des rayons de voſtre diuin regard?
comme les fruitz de la terre ne proſperent ne prouffitent ſans la faueur
du ſoleil, ainſi ie me cheſme & chagrine tant en voſtre abſence que ne la
puis faire longue, ſi Dieu n'y met bien toſt la main. Telles plaintes faiſoit ſeule à par ſoy : & quand Salderne venoit pour luy continüer ſes re-
queſtes deſordonnées elle luy reſpondoit touſiours qu'elle perdoit temps
de la requerir de choſe impoſſible, & qu'elle eſtoit ornée de telz dons de
beauté qu'il n'y auoit loy que ſes attraitz ne puſſent inciter à vouloir
rompre, ne tant grand prince qui ne s'eſtimaſt treſheureux de ſi haute
fortune. Penſeriez vous (diſoit) ma dame qu'vn homme naturel peuſt
refuſer vne telle eſmorce de volupté ? & qu'vn bon cueur failliſt à l'occaſion de telle gloire ? mais puis qu'ainſi eſt que ne puis en rien ſatisfaire à
voſtre deſir, iugez par vous meſme le tort que me tenez de m'empriſon-
ner icy, en me priuant de la veuë de ce que i'ayme, plus qu'autre ſçauroit
iamais aymer. La Royne oyant ces parolles ne ſçauoit bonnement qu'en
croire, & ſi ne luy pouoit entrer du tout en la fantaſie : parquoy ſ'auiſa
d'enuoyer ſecrettement à vne magicienne pour en ſçauoir la pure verité:
à qui elle eſcrit vne lettre afin de n'euenter en public ce dont elle vouloit
iouir en priué ſouz couuerture de l'opinion commune, qu'elle eſtoit damoyſelle. La deuine ſuyuant ſes artz luy fit reſponce conforme à ſon ſouhait, dont elle fut la plus reſiouye femme du monde : & des l'heure fit
loger Daraïde plus pres de ſa chambre, & la nuit alors que chacun repoſoit ſe leue, prend la plus riche de ſes chemiſes ouurée de fil d'or & perfu-
mée ſe

méc, se peignant & attiffant ses passefillons auec vn coffion de soye fort
chargé de pierrerie: iette sur ses espaules vn manteau de satin cramoysi
fourré de martres seblines, bref prenant du miroer tout le conseil de son
auantage . Ainsi atournée par soin & curiosité sur l'excellence naïue de
sa personne (assez pour esmouuoir vn Narcissus, ou Hypolite, & tous
les austeres & reuesches philosophes abhorrens les œuures de nature)
commande à sa plus sealle damoyselle de prendre vn torchis, & s'en va
surprendre Daraïde en son lit. Laquelle veillant lors en sa Diane fut fort
esbahie & desplaisante de voir venir Salderne à telle heure : qui s'assied
en vne chaire aupres du cheuet, rendant par sa beauté & parure plusgrand
lustre que les lumieres de la chambre . A tant commence ce propos: Daraïde pardonnez moy si i'oublie la courtoisie accoustumée, à vous rompre maintenant vostre repos, mesurant l'effort de l'amour que ie vous
porte à l'aune de celle que dittes auoir occupée en autre endroit. Et en cela iugez l'extremité de la mienne qui depece le voyle de ma grandeur,
expose mon honneur en danger , & humilie enuers vous ma hautesse.
Vostre deguisement ne vous peut plus excuser, m'estant descouuert par le
moyen des intelligences diuines , ausquelles rien n'est caché ny obscur.
Adonc luy iette vn bras nud blanc & poly dans le lit sur sa poitrine, disant: Gentil cheualier ouurez l'oreille à celle qui vous prie de ce dôt tout
autre seroit fortuné de la prier, dressez vostre œil vers celle de qui le seul
regard deüroit suffire à vous vaincre : & elle vous iure par les dieux sou-
uerains que si voulez tourner vers elle ce cueur qu'elle sent battre souz sa
main , elle mettra en la vostre tout ce que tenoit le Roy son mary. Ne
veuillez dôc par vostre refus inhumain la reduire en telle fureur que luy
(ou desia vostre cruauté l'auoye) ainçois la deliurez de ce peril par doux
ottroy auec tel auantage de seigneurie & richesse . Daraïde trop courroucée d'estre pressée & importunée outre mesure , luy repousse la main,
soy tournant sur l'autre costé auec vn gros soupir, sans luy respondre vn
seul mot, tant estoit confuse de son estre manifesté par inuocation . Parquoy Salderne merueilleusement troublée de sa dureté, s'approche de
luy par la ruelle plorant sur son visage, & recharge encores: Helas beau
cheualiers ces chaudes goutes tumbans de mes yeux ne feront elles point
eschauffer la glace de vostre cueur? auront elles moins d'effet sur ceste face delicate que l'eau cômune sur la dure pierre qu'elle caue? La royne le
voyant muet, & faire le sourd à ses gracieuses prieres, a recours aux menaces, disant: Dont Daraïde auray-ie à boyre ceste honte sans confort
d'vne seule parolle? Et ie vous proteste que si ne me receuez es lyens de
vostre amytié, ie vous mettray en vne autre prison qui me végera de ceste indignité, & vous fera resentir vostre faute. Alors Daraïde: Nulle pri-
son(ma dame)ne puis sentir par dessus celle ou ie suis enserré long temps
a : nulle mort peut craindre de vous qui a sa vie bien loin. Ie suis cheualier, ie le confesse, & si ne vous ay menty de m'auouër damoyselle,

d'autant

d'autant que tout ce qui peut estre de viril en moy est dedié à vne, & fait
propre à elle, tellement que ce qui me reste est vrayement feminin,
n'ayant nomplus de puissance d'homme enuers les autres dames, que si
i'estoys femme vraye. Puis ie suis en telle sorte ioint & vny de cueur à elle, que comme le sion enté en vn arbre ne prend vie, & ne porte fruit que
de luy, aussi suis-ie tellement planté en ma dame Diane que ne puis estre
autre chose que ce qu'elle est. Ainsi toutes les œuures que ie fais qu'on
estime miennes sont d'elle, de qui ie reçoy toute ma vertu : car sa beauté
m'a rauy & transporté en elle, dont ie ne viz ma propre vie, & ne prends
plus sustance que de la sienne : pource ne puis rien faire que par son influence, & ne puis penser qu'en sa perfection : finalement de moy ne peut
aucun fruit estre produit qui ne procede de sa racine. Quel ordre y a il
donc (ma dame) de conuertir en vous mes faitz ou pensées? La royne par
ceste responce estoit en voye de desespoir, & en danger de suyure le train
de son mary, si amour ne luy eust accreu le courage & forgé quelque e-
sperance de rompre ceste fermeté obstinée par plus obstinée importunité, pensant qu'a la longue il n'y a place tenable. A tant luy redouble de
plus aspres assaux que les premiers, pendant que sa damoyselle faisoit le
guet à l'huis : car elle se iette sur le lit aupres de luy, l'embrassant de rechef, toute tremblant d'ardeur, & luy dit encores: Helàs Daraïde si mon
desastre garde ceste fonteine ou ne puis estancher ma soif, au moins di-
minüez vostre rigueur iusques à tant de clemence que i'en ais quelques
gouttes sur la langue pour estaindre vn peu le brazier qu'auez allumé en
moy. Puis qu'il n'y a lieu en vous de mary ne d'amy, au fort receuez moy
pres de vous comme amye. Lors se renuerse sur luy, & le baise delicatement, l'estraignant de ses bras par vne demy rage, si fort que Daraïde en
souffroit beaucoup : mais il ne pouoit refuser ce peu à celle qui l'aymoit
tant, laquelle le manioit dessouz les draps & luy redoubloit les baisers
secz, moettes, en maintes manieres, cuydant par ce moyen appaiser son
mal qui plus en empiroit. Or continüa Salderne ceste visitation plusieurs
nuitz, au grand ennuy de Daraïde, qui toutesfoys ayant quelque compassion du martire dont il estoit cause, luy rendoit aucunesfoys le baiser:
la suppliant de soy deporter de tel remede qui augmente la maladie, &
remonstrant que le souuerain seroit de choisir quelque beau gentilhomme du royaume, d'autant que les sages estimoient qu'vne Venus tuë l'autre, mais c'estoit en vain, & elle en tiroit iour & nuit le plaisir qu'elle
pouoit de la parolle, de la veuë, & au plus du baiser, esperant tousiours
qu'a vne bonne heure le feu se pourroit mettre aux estouppes. A ceste
fin s'estudioit plus que iamais à se parer, crespillonner & façonner en toute gorgiaseté pour luy plaire. Ce qui eut esté impossible à tout autre que
luy d'euiter, qui en magnanimité & constance n'auoit per que le grand
roy Amadis, & qui en la place que Salderne taschoit à occuper, trop
grande ymage tenoit nichée, sans qu'il peust suruenir autre deïté plus

Bb　　forte

forte pour l'en deloger. O rare fermeté d'homme & loyauté : ô tiers miracle de Cupido en mefme lieu & obget. La Royne voyant par l'efpace
de quinze iours fon propos immuable, & le feu mis en fa playe par l'attouchement de ce qui plus y eftoit contagieux, print nouueau confeil de
la tenter par rudeffe, & l'enferma en vne tour clofe de grille de fer, fans
qu'elle veift plus perfonne que celle qui luy portoit à manger. Dequoy
fut Daraïde vn peu allegée, pour la crainte qu'elle auoit de tumber (par
quelque mouuemét gliffant) en la foffe de l'offence de dieu, & de fa maiftreffe, laquelle inuoquoit inceffamment, & deuifoit à elle comme fi euft
efté en ce lieu. Ce que Salderne oyoit aucunesfoys fans fe monftrer, & receuoit de ceft emprifonnement beaucoup de douleur, mais Daraïde en
fouffroit d'auantage à caufe de l'elognement de fa Diane.

Comme le roy de Gelde auerty

de la forcenerie du roy de Galdap, entra en fes païs à groffe armée : & du danger ou eftoit la royne & fon royau-
me, fans le fecours de Daraïde.

Chapitre   **LXXXVI.**

E bruit courut par toutes les contrées circonuoyfines
de Galdap, comme Galinides eftoit tumbé en frenefie
& deuenu fol & infenfé par amour : furquoy le roy de
Gelde print occafion d'enuahir le Royaume ainfi priué de chef, ne faifant conte des Galdapois qui fe met-
troient en defence, fuffent ilz lyons fouz la conduitte
d'vne

d'vne cheüre. Ce roy eſtoit fier & braue gean de la race des Ciclopes qui
n'ont qu'vn œil au front, & auoit vn frere qui de gueres ne l'empiroit:
auquel il donne la charge de ſon armée, & il vient à l'impouruču ancrer
en vn port ou lon ne ſe doutoit aucunement de leur venuë. Chaudement
les Geldiens debarquent, dont partie court & pille tout le plat païs, ſans
rien oublier de la rigueur de guerre mortelle: à bruler, ſaccager, & tuer
tout ce qui ſe rencontra hors des forts. Le grand oſt ne fut pluſtoſt venu
qu'il eut vaincu & pris portz & villes, tant les habitans perdirent courage en ſi ſoudaine ſurpriſe. Les npuuelles en furent incontinent portées à
la royne Silderne, qui toutesfoys n'arriuerent gueres auant l'embaſſade
Geldienne, ſignifians enſemble à la pauure princeſſe le degaſt & deſtruction de ſes terres, & la volunté du roy Ciclop, faiſant eſtat de ſon lit en
amour gaye. Ce pendát marchoit touſiours le gean à banniere deployée
ne ſe trouuant ville ne fortereſſe qui luy oſaſt reſiſter pour l'exemple de
cruauté qu'il donna de quelque place, ou y eut vn vieil preud'homme deliberant de ſoy defendre, mais abandonné par la laſcheté de ſes ſoldatz
qui tous paſſerent par le feu & l'eſpée. Parquoy tous les autres chaſteaux
& bourgs ſe rendirent de peur de ſemblable meſchef: les capitaines des
vns ouurans les portes voluntairement par faute de cueur, les autres par
corruption d'argent: aucuns vaillans hommes par la foibleſſe des lieux
mal fortifiez & muniz au cueur du royaume, ſouz la ſeureté qu'on auoit
des frontieres: qui ſont inconueniens ordinaires auenans en region mal
gouuernée, en neceſsité non preueuë, ſouz capitaines ayans l'auarice plus
que leur deuoir en recommandation. Brief, le gean paſſa auec la croye
qu'iſi marquant ſes logis iuſques à la veuë de la maiſtreſſe ville, ou reſi-
doit la Royne: laquelle eſpouentée de ſi eſtrauge infortune, auoit commandé à deux ducz ſes vaſſaux de faire le plus grand & ſoudain amas de
gens, que l'vrgence du cas requeroit: mais ce ne put eſtre ſi toſt que le
Geldien n'euſt loyſir d'aſsieger la ville & ſoy camper à demye lieuë: faiſant ſes auenuës pour approcher ſes belins ou moutons, vignes, & autres
engins de batterie de ce temps la: d'autant que ſon frere ayant recogneu
la place, vid que la muraille eſtoit hors d'eſchelle, & que beſoin luy ſeroit de faire breſche: car il s'aſſeuroit que la meilleure gent de guerre de
Galdap ſe ſeroit retirée pres de la royne, & que ſelon la preuue qu'ilz a-
uoient fait autresfoys de leur hardieſſe ilz eſtoiét pour ſouſtenir iuſques
à la mort. Les deux ducz n'auoient pas pris autre reſolution auec vn nó-
bre de ſoldatz aguerris, qui enhardirent le reſte du peuple craintif. Si
donnerent ordre à remparer aux endroitz les plus foibles & ſuſpectz,
ruïner les edifices des faux-bourgs, de peur que l'ennemy ne s'en preua-
luſt: faire dedans pauezades, parapectz, manteletz, vn terrain ſeruant
d'eſpaule à couurir le portail: en quoy ilz n'eſpargnerent la peine de la
tourbe des païſans & manouuriers de la cité: & comme deliberez d'attendre la fortune du ſiege, mirent dehors ſecrettement par vne nuit les

Bb ii   bouches

bouches inutiles des vieilles gens, femmes , enfans, & malades. La royne
renuoya bien toſt l'embaſſadeur Geldien auec reſponce de preferer la
mort honneſte à l'amour deshonneſte de ſon ennemy, qui ſomma le iour
meſme la ville par vn heraut de ſe rendre à luy comme à Roy & ſeigneur
droicturier, leur offrant fort humain traittement, & decharge de pluſieurs tribuz dont ilz eſtoient vexez & rançonnez. Ce qu'il ne faiſoit ſans
pretexte de quelque droit & motif coulouré de ceſte guerre (comme eſt
aiſé à bons fonteniers de trouuer eau en terre apparent ſeche) ioint que
les principaux fondemens des empires giſent aux armes. Les ducz reſpo-
dirent pour la royne, que le Geldien chalangeoit terre non ſienne, en
quoy les Galdapois eſperoient les dieux fauorables à la iuſtice de leur
querelle : & que s'ilz auoient emporté quelques fortz ſur leurs gens e-
ſtonnez de leur arriuée non attenduë, ilz ne guerpiroient pourtant la cité capitale, ſuffiſante à les acculer & arreſter . Dequoy le frere du roy irrité vint en ſon pauillon, le priant de ſe repoſer ſur luy de tout, & qu'il
luy liureroit dedans trois iours la belle Silderne entre ſes bras, & le cou-
ronneroit roy de Galdap . De la va faire afuſter toute ſon artillerie vers
la partie de la muraille qu'il entédit de quelques priſonniers eſtre la plus
foible : qui eſtoit telle & en ſi grand nombre que la multitude de la ville
nourrie en longue paix en fut grandement eſtonnée, regardant des cre-
neaux les champs d'alentour ayans changé la plaiſante verdure en vne
ſplendeur de harnois eſtincelans au ſoleil, eſtant la plaine couuerte de
trefz, tentes, & gens, tant que leur veuë ſe pouoit eſtendre . L'endemain
le frere du roy de Gelde enuoya vn trompette à vne des portes, ſignifiant
qu'il vouloit parler aux ducz pour leur offrir côditions raiſonnables, leſquelles s'ilz refuſoient il leur en faudroit en brief ſouffrir de trop pires,
& paſſer par la diſcretion des vaincueurs . Mais les ducz reſpondirent au
trompette qu'il ſe retiraſt legerement, & que ville qui parlamentoit e-
ſtoit à demy renduë. De ce fut aigry d'auantage le frere & lieutenant du
roy qui fit battre la muraille ſi furieuſement par ſes engins qu'il en abbatit vn pan large de plus de cinquante pas: car ilz iettoient des pierres dont
dix hommes n'euſſent ſceu ſouſleuer la moindre . Ceux de dedans faiſ-
ſoient leur deuoir de remparer aux dommages, & de les offencer pareillement de leurs machines. Les deux chefz diſpoſoient leurs gens es tours
& quartiers des murs, icy moins, & la plus ſelon le beſoin : en vn lieu les
archers, en l'autre arbaleſtriers, deça les fondiers . Les ennemys conti-
nuënt à battre, tant qu'ilz ruïnent vne groſſe tour à rez de chauſſée, laquelle combla tellement le foſſé que les Geldiens pouoient venir aux
mains ſans beaucoup monter : Dequoy ilz eleuerent vne huée à leur mode iuſqu'au ciel, comme faiſant feſte de victoire ia gaignée : & incontinent les bandes ordonnées pour l'aſſaut delogent comme vne volée d'e-
ſtourneaux en vne vigne meure, qui furent repouſſées viucment à coups
de trait, & de iet, & ceux qui plus pres approcherent du mur echaudez
de leſsi-

de lefsiue bouillante, les autres fricaffez par maintz artifices de feux, potz fulfurez, cercles de poix & refines. Tous ces dangers n'empefcherent quelques foldatz de venir donner coups d'efpées, pour l'efperance du pris que le Ciclop fit publier à fon de trompe pour celuy qui premier monteroit fur le rempar: mais l'effort des affaillans fut vain pour ce iour, par la vaillance des defendans. Les ducz ordonnent ce qui eft à faire, comme mafsifz de terre auec force poutres & pieces de boys à boucher la brefche, la nuit font la ronde, vifitent corps de garde & fentinelles: Leur bonne royne ne bougeoit des temples à faire facrifices & immolations, fuppliât fes dieux de tenir en leur protection & fauuegarde le bon droit qu'ilz ont eftably au monde, & fi en rien elle les auroit offencez foy contenter de la fatisfaction des tourmentz & angoiffes d'amour qu'elle fouffroit par Daraïde. Daraïde oyant le bruit & tumulte de l'affaut, entendit de fes gardes que c'eftoit, auec grand ennuy du peril de la royne, à qui elle ne pouuoit(fans ingratitude)ne porter quelque bon vouloir reciproque. aufsi en fentit enfemble quelque efiouïffance pour l'efpoir qu'elle auoit de trouuer moyé par cefte guerre d'efchapper de fes mains, & s'aller rendre aux tant defirées de fa Diane. Au tiers iour l'affaut fut trop plus afpre que le premier, pendant lequel, le roy indigné de la refiftence, fit battre d'vn autre cofté & tenir les efchelles preftes pour les dreffer fi toft qu'on auroit demoly leur furhauteur de muraille. Ce qui mit la ville en grand danger, eftans tous les gens de guerre rengez à la brefche & le populaire trouble en tel affaire à eux non accouftumé. Toutesfoys l'vn des ducz y alla & rallia ce qu'il put des plus forts: qui fouftindrent l'effort des ennemys par l'auantage du lieu, iufques à ce que la nuit les contraignit à fonner la retraitte. Adonc cogneurent les ducz le peril imminét, & affem blerent le confeil des capitaines, pour auifer de l'ordre & remede qui s'y pourroit donner: ou les gens de guerre s'offrirent à tenir bon, moyennant qu'on fuft affeuré de quelques trouppes d'elite de bourgeois pour les feconder & refraifchir à l'affaut. Les principaux des iufticiers & marchans vferent d'autre langage, remonftrans par la viue reprefentation du danger, qu'il eftoit meilleur entendre d'heure à quelque accord que de s'obftiner en vain contre vne telle force: veu le peu de defence qu'ilz auoient (dont partie eftoient defia bleffez & trauaillez) veu que s'ilz differoient d'auantage, le refte de la muraille iroit par terre à la premiere batterie, & y viendroient les Geldiens auec le rempliffage de fafcines la lance fur la cuiffe, dont à la fin (quelque vertu qui fuft en eux) ilz ne pourroient durer fi peu contre tant, & feroient tous mis à feu & à fang par l'ire du cruel gean: que leur roy ne valoit mieux que mort en l'eftat ou il eftoit, & quand ilz auroient rembarré celuy de Gelde, tous les iours auroient à fouftenir nouuelle puiffance d'autres princes voyfins. Sur cefte diuerfité d'opinions la royne fut mandée, qui loua premierement & remercia tous fes fugetz du deuoir qu'ilz auoient fait à fa defence, qui e-

Bb iii   ftoit la

ſtoit la leur meſme, que s'ilz perſeueroient encore quelques iours, feroiét
perdre toute eſperáce à leurs ennemys, leſquelz verroient ſe retraire bien
toſt à leur honte, & alors on recouureroit les autres places pluſtoſt qu'on
ne les auoit perduës. Que ceux qui parloient d'appointement, luy ſembloient excuſables par la timidité naturelle es gens non experimentez
& vſitez aux armes. Qu'au temps du bon ſens du roy ſon mary, ilz n'a-
uoient redouté aucun de leurs voyſins, maintenant confeſſeroient que
tout ceſt honneur ne dependoit que de leur ſeul ſeigneur, qui leur procedoit d'vne trop grande ignorance & ſimpleſſe : car quant à la conduitte,
elle la cognoiſſoit ſi bonne des ducz qui leur commandoient, qu'ilz n'a-
uoient occaſion de s'en plaindre ne mal contenter, & que ſi la preſence
du prince les animoit, elle prendroit pluſtoſt les armes comme Tomiris,
en eſpoir de defaire auſsi bien le Ciclop, qu'elle Cirus. Au fort s'il y en
auoit de ſi laſches que rien ne les puſt aſſeurer, que mieux ſeroit qu'ilz
vuydaſſent d'heure pour aller prendre le party qu'ilz conſeilloient aux
autres, ſans infecter le reſte des gens de bien par leur couardie, comme on
couppe vn membre yſtiomené de peur qu'il ne corrompe le reſte du
corps. Que ſi ſans ſortir, ilz continuoient telz propos, elle feroit infor-
mer ſi diligemment des auteurs, que l'auarice ſeroit decouuerte de ceux,
qui font porter la parolle aux innocens dont ilz attendent le proffit, par
les traffiques, & intelligences qu'ilz ont es terres prochaines. Les Galdapois furent grandement reconfortez de la harengue de Silderne, &
crierent tous d'vne voix : *Viue la royne, pour la conronne de qui nous n'e-*
ſpargnerons noz vies. Au quatrieſme iour l'aſſaut recommença plus vif
& furieux que parauant, qui fut treſvaillamment ſouſtenu par ceux de
la cité : mais le ieune gean enflambé de cholere pour les ſiens qu'il voyoit
trebucher des eſchelles, & renuerſer dans les foſſez, court le branc d'a-
cier au poing ſur ſes gens meſmes, dont il abbat les premiers fuyans à
ſes piedz, tellement que les pauures ſoldatz entre le marteau & l'enclume
choyſiſſent de deux craintes la moindre, & retournent viſage contre les
Galdapois : luy meſme oſte l'enſeigne à celuy qui la portoit, & la va fi-
cher ſur le rempar. Adonc fut ſuiuy par les Geldiens, tant de honte, que
de peur de ſes menaces, qui cuyderent bien ce coup forcer leurs ennemys :
& eſtoit fait de ceux de dedans ſi la terre (par fortune) ne luy euſt failly
ſouz le pied, qui le bouleuerſa dans le foſſé à vn bout de la breſche. Vous
euſsiez veu lors ce fier gean ſouflant, eſcumát, & ſe veautrant en la bourbe comme vn ſanglier, dont il fut tiré à chef de piece par quelques ſoldatz : & adonc enragé plus que iamais, reuient à la breſche, & detranche
les premiers qu'il rencontre, puis gaigne terre ſuiuy des Geldiens, tant
que le duc ancien luy vient faire teſte, qui reſiſta longuement, mais à la
fin il luy decharge vn tel coup ſur l'armet qu'il luy fait ſaillir la ceruelle.
Alors huent les Geldiens cognoiſſans le duc à ſes armes, & les Galdapois
demy eſperduz tiennent piteux ſilence, quád on court le dire à la royne
eſtant

eſtant lors auecques Daraïde, qui la prioit ſe ſeruir d'elle en ſi important affaire : mais elle craignoit de l'expoſer en tel hazard, l'ayant plus
chere que ſon propre royaume. Toutesfoys à ceſte nouuelle cria Daraïde: Et quoy ma dame m'aymez vous tant, pour laiſſer la porte ouuerte
au gean qui vous vient rauir, & m'emmener captiue ? Si tire l'eſpée du
coſté du ſoldat qui les auertiſſoit de la mort du duc, & paſſe à trauers ſes
gardes qui la ſuyuent en lieu de la retenir : & la Royne confuſe d'effroy
luy enuoye ſa bonne eſpée, & ſon harnois, dont elle fut veſtuë emmy la
rue, encourageant tous ceux qu'elle voyoit, de mettre toute peur arriere
& l'accompagner. Ce qu'ilz font, ne voyant autre refuge à leurs vies, &
Daraïde ſe fait guider à la breſche, ou arriuant elle trouue les Geldiens
deſia deſcendans le rempar. Alors d'vne halebarde ſe fait faire place &
ne demeure Geldien debout deuant elle. Si crie (Diane) & s'adreſſe au
gean qu'elle void faire horrible maſſacre de Galdapois, auquel d'vn reuers elle couppa les iarretz, & il cheut ſoudain de ſon long, le ſang luy
ſaillant à gros bouillons comme l'eau d'vn ſourgeon de fonteine. A ſa
cheute s'eleua vn haut cry de citoyens, reclamans tous, Daraïde, Daraïde, & reprenans cueur ceux qui l'auoient quaſi perdu repouſſent les Geldiens vers les foſſez. Mais bien vous puis dire qu'ilz n'oſoient encores approcher du ieune gean de tant que ſon cimeterre ſe pouuoit eſtendre, lequel ſes gens emporterent à force en leur camp, ou il ne fut gueres ſans
rendre l'ame par la grãde effuſion de ſon ſang. Toute la menuë gent conceut tant de hardieſſe par le bruit des prouëſſes de Daraïde, & de la cheute du gean, qu'ilz vindrent au ſecours des ſoldatz auec telles armes que la
fureur met aux mains, en ſorte que par l'ayde de Daraïde ilz rechaſſerent
les Geldiens, & les menerent battans iuſques à leurs trenchées. Elle donna ordre au guet de la nuit & s'en alla au palais de Silderne, ſuyuie du peu
ple non moins que ſi elle fuſt leur propre Royne, laquelle luy fit par deſſus tous vne chere incroyable. Or pour le faire court, l'endemain elle fut
d'auis d'aller reſueiller le Cyclop des le matin à l'heure que moins s'en
douteroit à cauſe de l'aſſaut du iour precedant. Dequoy la Royne luy
laiſſa toute diſpoſition & puiſſance, luy ayant Daraïde remonſtré qu'il
eſtoit neceſſaire pour ſon repos final d'auoir encores la teſte de l'autre
gean : à quoy elle ne faillit point, allant droit à ſon pauillon, & auertiſſant ſes gens de ne s'arreſter en autre lieu quelconque. Le Cyclop n'eut
loyſir que de s'habiller, & prendre vne maſſuë de fer: de laquelle il aſſom
ma les deux premiers Galdapois qui entrerent en ſon pauillon eſperans
le ſurprendre dormant : car autrement n'euſſent oſé penſer de luy donner le bon iour de ſi pres. Daraïde luy adroiſſa aux iambes comme à ſon
frere les voyant nuës, leſquelles luy faucha pareillement: & à ſa cheute ſe
ſaiſit incontinent de la lourde maſſe. Puis aux principaux de ſa trouppe
liura le preſent de la groſſe hure pour porter à la royne, & s'en alla à la
derobée rendre au boys, ou elle auoit premierement rencontré la royne,

Bb iiii   ayant

ayant commandé à ſes damoyſelles de s'y trouuer ſecrettement. La royne
fut treſioyeuſe de ce don, qui la deliuroit de la ſeruitude de ſes ennemys:
mais la douleur qu'elle ſentit de l'abſéce de Daraïde emportoit ceſte ioye
au contrepois de la balance, laquelle elle fit ſuyure, mais en vain, car elle
auoit piqué ſi roide tout le iour, & la nuit ſans repos prendre, que gaigné
auoit le royaume de Gandil, ou elle & ſes damoyſelles deſcendirent en
vne eſpoiſſe foreſt & ſe coucherent ſur l'herbe attachant leurs cheuaux
aux arbres. Grãd fut le regret de Salderne quãd elle veid Daraïde perduë
pour elle, de ſorte qu'elle en tumba en pareille folie & troublement de
ſens que ſon mary: mais vn ſage philoſophe les guerit tous deux, & remit
en bon entendemét. qui depuis (conſiderant la perte de ce qu'ilz aymoiét
eſtre hors d'eſperance) ſe reconcilierent en parfaitte amytié enſemble. Et
Galinides non content de l'execution de la victoire faicte ſur les Geldiens par le ieune duc iuſques à les chaſſer hors de ſes païs, entra en grand'
puiſſance dedans le royaume de Gelde, qu'il ſoumeit en deux moys à ſon
obeïſſance, les prenant aux retz qu'ilz luy auoient tenduz. A tant nous
tairons d'eux afin de pourſuyure ce que depuis auint à Daraïde.

De l'auenture de Daraïde en che-

min depuis qu'elle fut hors du royaume de Galdap.

Chapitre.   **LXXXVII.**

Daraïde

Araïde accompagnée de ſes damoyſelles exploittoit chemin iour & nuit pour gaigner le port ou ſa nef la deuoit attendre : quand le ſoleil luy failloit, vſant de la conduitte de la lune, vers laquelle en cheuauchant elle leuoit les yeux & diſoit: O' déeſſe celeſte, benigne guide par les tenebres des amoureux larrecins, fauoriſez de voſtre lumiere le voyage de celuy qui vous adore ſur tous les humains en voſtre ymage de la Diane de Guindaye. Laquelle (ainſi que vous receuez en voſtre corps luyſant tous les dons & vertuz des eſtoilles du ciel) auſſi eſt vn vray receuil & treſor de toutes les beautez & graces mortelles: qui ſeule euſt ſuffy, pour patron & exemple au peintre Xcuſis au lieu des neuf dames de Crotone. Làs trop elle vous reſſemble à mon gré, d'autant que voſtre proprieté eſt froide, ſon honneſteté eſt tant glacée que les plus ardentz flambeaux d'amour s'i eſtaindroient: vous auez domination ſur toute l'humeur des elemens : helàs comme les miennes ſont agitées en diuers flus & reflus par elle, & comme ie ſens ſon influence dans la moëlle de mes os. Au fort rien ne me ſeront tous les maux & tormens qu'ay à ſouffrir pour elle, moyennant qu'en fin i'en aye telle faueur que de vous(ó déeſſe) receut voſtre Endimion . Ses damoyſelles qui l'eſcoutoient, auoient grande compaſsion de ſon amour, & ſentant leurs palefrois recrus, l'auertirent de ne meſurer ſa traitte à l'aune de ſon deſir, ains auoir egard à la portée des cheuaux, qui quitteroiét bien toſt ſon ſeruice ſi elle continüoit à les piquer ainſi en amoureux. Daraïde qui penſoit bien ailleurs, s'accorda à leur auis, & tournerent bride au logis d'vn foreſtier, ou elles deployerent vaillammét leur appetit ſur vn quartier de cheüreul. L'endemain matin partirent de là pour aller trouuer leur vaiſſeau, & gueres n'eurent cheminé que rencontrerent deux damoy ſelles ſur leurs haquenées demenant fort grand deuil. Lors Daraïde s'enquerant de l'occaſion: A à(dit l'vne) ſeigneur cheualier, la plus gráde laſcheté qui fut iamais commiſe : Icy pres meurt malheureuſement le meilleur cheualier que viſmes onques, ſur qui eſtoit ſorty d'vn chaſteau vn autre fort grand & puiſſant lequel ceſtuy a mené à outrance, puis ſont failliz vingt corſeletz auecques haches & iauelines qui luy ont d'abordée occiz ſon cheual, & en fuſt deſia autant de luy s'il n'euſt gaigné vne vieille maſure ou il leur tient eſtail, & l'auons laiſſé là, n'ayans le cueur de voir meurdrir ſi meſchamment vn tel preud'homme, comme le commandoit vne damoyſelle par vne feneſtre du chaſteau. Daraïde (deſirant ſecourir les oppreſſez) pique incontinent celle part à toute bride & ſes damoyſelles apres au gallop: les autres pareillement rebrouſſent le chemin qu'elles eſtoient venuës, eſperant beaucoup de la taille & contenance de Daraïde. Qui à l'iſſuë de la foreſt choiſit les combatans & eſperonne plus viuement, criant à l'aprocher : trahiſtres paillardz retirez les mains de deſſus ce bon cheualier, dequoy ilz ne firent conte, & il l'apperçoit faiſant
deuoir

deuoir d'homme de bien, en ayant trois à ſes piedz ne remuans plus bras
ne iambes : & las de la longueur du combat ne ſe ſouſtenoit plus que ſur
les genoux : de ſorte que ſans la venuë de Daraïde il ne pouoit plus gué-
res durer. Qui de ſa lance couche le premier par terre, & du choc du cheual en renuerſe deux : puis au retour, de la hante rompuë leur decharge
telz horions, que le plus roide en baiſa ſa grand mere. Adonc craignant
qu'ilz ne tiraſſent à ſon deſtrier, deſcend legerement, & le tronçon ietté,
met la main à ſa bonne eſpée (qu'il nommoit Teſſale) de laquelle il trencha le bras net pres du coude à celuy qui plus eſtoit acharné ſur le preu-
d'homme : le bras tumba ſur l'herbe, & le manchot deſcoche de douleur
craignant par plus attendre perdre le reſte : car l'acier de ceſte eſpée e-
ſtoit de ſi fine trempe (auec la verdeur des nerſz qui la manioient) qu'elle fendoit & perçoit les hauberts & mailles de fer, auſsi facilement que ſi
ce fuſſent eſcorces d'arbres. Peu ſe ſoucia Daraïde de ſuyure ſe fuyart,
ains s'adreſſe aux autres comme vn loup affamé en vn trouppeau de brebis, ne tirant coup à droit dont elle ne tuë ou mehaygne ſon homme. Le
pauure cheualier (iaçoit que naüré & trauaillé à l'extremité) s'euertua
pour ayder à celuy qui luy ſauuoit la vie, s'attachant au premier ou ſa for
ce le put porter, auquel il donna des rouges iartieres. Et Daraïde y ouura
de telle furie, qu'en peu d'heure ioncha la place des corps de plus de la
moytié de ſes ennemys : ſurquoy le reſte prit auis d'euader de viſteſſe, ſi
Daraïde ne les euſt ſuiuis de ſi pres, que les derniers ne paſſerent iamais
plus outre, ains choyſirent la place pour ſepulcre ou elle les attaignit. Les
mieux courans gaignerent franchiſe au chaſteau ſans oublier de tirer la
porte apres eux. Lors Daraïde retourne arriere vers le pauure cheualier,
que le cueur ſeul trainoit de loin apres luy : & à l'heure meſme arriuerent
ſes eſcuyers, & les damoyſelles eſtrangeres trop esbahies de ſa vaillance.
Le cheualier qu'elle auoit ſecouru ſe couche adonc ſur l'herbe & recognoiſſant Daraïde (qui pour prendre air hauſſa la lumiere de ſon armet)
commence à s'eſcrier : O' Iupiter ! quelle grace me fais-tu apres le trauail
de Mars, de planter deuant moy tout ce que ie deſirois en ce monde ! Daraïde ne pouuant péſer qui eſtoit le perſonnage tant reſiouy de ſa rencon
tre, met pied à terre & s'aſsied, pres de luy, qui de rechef exclame : He
Daraïde que ie tiens mes peines heureuſes aquerans telle fin à mon ſouhait. Ce diſant luy iette les bras au col & les damoyſelles luy delacent le
heaume, dont Daraïde le cogneut pour Galtazar de Barberouſſe, qui luy
dit s'eſtre mis en ſa queſte ſuyuant ſa promeſſe, adonc elle l'embraſſe, diſant : Gentil ſeigneur trop m'obligez de voz labeurs, ie remercie les dieux
de m'auoir donné le moyen de ſecourir celuy à qui i'eſtois cauſe d'encombre. A l'inſtant les femmes le deſarment, & bandent ſes playes à leur
pouoir : apres il monte ſur vn des cheuaux de ſes ennemys, prenans enſemble le chemin de l'hoſtel d'vn gentilhomme dont il eſtoit party le
matin auec ſes deux freres qui auoient pris (cóme il racontoit à Daraïde)

deux

deux autres voyes par accord de ſoy rendre tous au cinquieme iour au
meſme lieu pour rendre conte de leur auenture. La dame du chaſteau
(tant qu'ilz la purent ouïr) ne ceſſa de vomir ſus eux toutes les iniures &
maudiçons qu'vne cholere de femme peut forger. & quand elle les eut
perduz de veuë paſſa vn cheualier venant d'autre coſté, qu'elle aiure ſur
l'ordre de cheualerie de la venger du tort qu'auoit receu de deux faux
cheualiers qui s'en alloient la part qu'elle luy monſtra, promettant luy
enuoyer ſecours pour amender ſon outrage. Le cheualier qui la creut luy
proteſte y faire ſon plein deuoir, & elle depeſche auſſi toſt trois des ſiens
qui eſtoient ſains & entiers pour aller à ſon ayde.

De la vie amoureuſe que menoit

Garaye en l'Iſle de Lemnos auec la royne Cleofile.

Chapitre   LXXXVIII.

Andis que Daraïde s'achemine au retour vers ſa Dia-
ne, i'ay à vous dire en quel eſtat viuoit ſa compagne
Garaye auecques la royne Cleofile: laquelle arriuée
en ſon Iſle de Lénos fut grandement feſtoyée par ſes ſu
getz, faiſant part de tous honneurs & deduitz à ſon
cher dom Arlanges, iaçoit qu'en plus grand reſpect &
eſtrangeté qu'auant la cognoiſſance de ſon eſtre. Dequoy il ne ſe pouuoit bonnement contenter en ſon eſperit, & ſe retirant quelque heure du
iour à

iour à l'efcart pour gouuerner fes menuës penfées, s'arguoit luy mefme
de couardie, & que (veu la ieuneffe de la royne & la fienne) le defir ne
pouoit eftre que mutuël & femblable, mais que les dames (par la honte
que nature leur a baillées pour garde de leur virginité) aymoient mieux
eftre à demy rauies par force de l'amy que de confeffer iamais la dette, &
defferrer vn ouy à plat d'entre leurs dents. Ie luy diray (difcouroit à part
luy) que de mon affection elle n'a occafion de douter, que ma race n'eft
indigne de la fienne, que fi i'euffe voulu m'allaitter de fimple veuë de
beauté fans autre contentement, ie n'euffe quitté la prefence de Diane
pour la fienne, fi elle me vouloit ainfi laiffer languir & bruler à petit feu,
que i'aurois plus cher (auec fon congé) de pourchaffer ailleurs ma bonne auenture : neantmoins auoit bien refolu en foy de ne prendre ce congé quand elle luy voudroit donner. Et vn iour qu'il l'a veid en plus gaye
contenance que de couftume, propofa luy deduire au long tout fon di-
cours, & comméça: Ma dame, ie fouffre tant pour l'amour que vous porte, que ne me fens pouoir plus gueres viure fans voftre reconfort. A quoy
la belle royne luy refpondit en foufpirant: mon amy chacun fent fon
mal, & croy que voftre peine & langueur n'eft pas egale à la mienne. Ce
mot troubla tellement l'efperit de dom Arlanges (qui auoit bafty fa harengue contre vn refus) que toutes fes remonftrances auant pourpenfées
s'en allerent en fumée: & cefte parolle luy creua le cueur de forte que la
langue ferrée de pafsion perdit fon office à repliquer. Parquoy toute fon
entente fut dorenauant à la feruir & honorer, & luy complaire en tout,
iufqu'à vn foir qu'apres foupper il l'a menoit fouz le bras pourmener au
riuage de l'Ifle, verd & mol de mouce : là ou regardans enfemble la mer
tempeftueufe, il luy dit de rechef: Sçauez vous, ma dame, pourquoy les
poëtes on dit que Venus eftoit née en la mer? A quoy, elle refpondant a-
uoir entendu de quelque fage que ce fuft à caufe que l'humeur eft matiere
de generation: Non non (dit dom Arlanges) c'eft pource que rien ne reffemble mieux à l'amour que le nauigage : qui fut occafion à vn gentil efperit de peindre Cupido (fe trouuant en danger d'eftre noyé des larmes
de quelques amans) de fe foir fur fon carquois comme barque, fichant au
mylieu vn de fes traitz pour maft, tendant pour voile fon bandeau (auec
fa corde pour vergue) qu'il empliffoit de fes foufpirs en lieu de ventz, &
pour auirons vfoit de deux autres fleches. Car (ma dame) difoit il, ceux
qui bien ayment, trop cognoiffent les tempeftes d'amour femblables à
celles de la mer : les refuz & defdains font les vens contraires, & les craintes, defpitz, ialoufies, & autres penfées fafcheufes, font les vagues impe-
tueufes. La raifon y a aufsi peu de puiffance que le tymon en la nef en téps
de fortunal & orage. Les pauures mariniers fe refiouïffent voyans au haut
de la lune apres la tourmente flamboyer Caftor & Pollux, aufsi me tiendrois heureux, apres les tenebres de mes ennuys & angoiffes, de voir vn
efclair de voftre pitié & mercy. A quoy Cleofile : Ie croy Arlanges que
l'amour

l'amour peut auoir quelque conformité à la mer, mais c'eſt à l'aymer vul-
gaire plein d'amer, de ceux qui s'y laiſſent precipiter ſans frein ne bride,
fuyuant l'amour aueugle qui ne donne lieu à raiſon ny conſeil nomplus
que ceux qui tendent à quelque port faiſans voile ſans egard de temps, &
choiſiſſans les rumbz à la boline pour la routte battuë. Ce n'eſt merueille
ſi telles gens ſont deſuoyez du point ou ilz aſpirent & s'ilz eſcouënt en
quelque banc, ou font naufrage contre vn rocher. Adonc Arlanges: l'a-
mour que blaſmez comme aueugle (ma dame) eſt loué d'eſtre nud, dautant qu'il ne peut viure couuert de trop longue diſſimulation, autrement
ſes penſées ſeroient telles que le cypres, hautes (cóme les miennes en voſtre endroit) mais ſteriles & infructueuſes. Pource contraint ſuis (apres y
auoir bien penſé & contrepenſé) de vous declairer que ie m'en vois mou-
rant ſans voſtre ſoudaine mercy: tant mon ame eſt affamée de la delicieu
ſe viande (que les dieux appellent ambroſie) dont mon œil & mes autres
ſens fleurent l'odeur continuëlle eſtant touſiours ſi pres de vous . Alors
Cleofile de face fort troublée: l'auois (Arláges) eſtimé iuſques icy, que voſtre deſir fuſt fondé ſur toute honneſteté, dont m'eſtonne grandement
quelle occaſion ma vie vous ait depuis pu dóner de changer propos à me
machiner tel eſclandre & tache à ma renommée, que toute l'eau de ceſte
mer ne pourroit lauer n'y effacer. Sçachez que ie vous aymois ſinceremét
& en eſperance de noces, laquelle me tranchez maintenát par ceſte indignité, conſiderát quel eſt le but de voſtre vouloir, auquel ceux qui viſent
(ainſi que vous) venaŋs au deſſus de leur intention brutale, raſſaſient tout
leur appetit: & leur affection s'eſtaint & meurt en la iouïſſance . Bien eſt
eſblouy voſtre entendement, bien aueuglé voſtre amour que m'auez pal-
lié de ſi fainte diſcretion, prenant la cargue ſi longue pour m'attraire en
voz aguetz. Làs ie loüe les dieux de me les auoir decouuertz temprement
auant que i'y ſois tombée, comme l'auois pourgetté (Arlanges) de requerir le grand roy Amadis de noſtre mariage: & i'euſſe pris, ainçois eſté priſ-
ſe par vn amoureux (pour mary) de ceux qu'on meine deux à deux à la
foire, qui baſtiſſoit toute ſon amour ſus vne roſé de volupté toſt ſechée.
Ce diſant, tourne court au chemin de ſon palais, ſe demeſlant du bras dót
Arlanges la ſoulageoit: & apres auoir fait cinq ou ſix pas en ſilence, luy
recharge: Ie n'auray plus opinion (Arlanges) que la conionction puiſſe
iamais auenir de nous deux que i'auois eſperée, d'autant que ma foy eſt
obligée à ce grand roy qui me voulant pouruoir dignement ne choiſira
le perſonnage hors de ſon ſang, lequel en cecy vous deſmentez trop en
forlignant de l'honneſteté & loyauté grecque . Car ie tendois de ma part
à vne amytié parfaitte & eternelle (comme ſont les eſperitz qui s'en lient
& embraſent) & vous, tirant à ie ne ſçay quel plaiſir du corps, ceſſeriez
d'affection au plus à la premiere maladie ou à la vieilleſſe terniſſant &
fletriſſant ceſte fleur qui maintenant paiſt & recrée voſtre veuë . Ie vous
puis aſſeurer qu'à ce propos Arlanges fut merueilleuſement effrayé &
Cc   ſi la

ſi la royne ne l'euſt auant laſché elle euſt ſenty vn nouueau tremblement
de tous ſes membres, & marcha vne longue pauſe ſans parler, puis reſpondit: Si ie ne cognoiſſois, ma dame, voſtre bonté accouſtumée (qui
ne voudroit condäner vn criminel ſans l'ouïr) ie ſerois en telle trance de
ceſte parolle, que celuy à qui on a prononcé l'arreſt de ſa mort. Mais ie
vous prie, ma dame, d'examiner mon fait plus patiemmét, & ſi ne voyez
mon amour net comme la perle orientale, cler plus qu'vne ſource d'eau
criſtaline, ſans bourbe & ordure quelconque, alors l'exillez pour malfaitteur, reiettez le comme faux, foullez le aux piedz comme ord & ſan-
geux. Premier, le temps qui deſnuë toutes choſes cachées, pourroit il en
voſtre preſence aſsidué auoir maintenu en moy l'hypocriſie malicieuſe
que m'impoſez, d'auoir tant enduré de ſoif ſans boire, eſtant ſi pres de la
fonteine de ma vie, voire ſans en auoir encores oſé requerir vne goutte?
Tant de conſtance, tant de patience ne peut auoir la volunté ſouillée que
m'imputez qui n'eſt refrainte de raiſon aucune, ains bruſle & ard à l'inſtant qu'elle ſent le feu, non moins que la natte ou il ſe prend & vole de
loing. L'amytié qui me rend voſtre, bruſle en la froideur de voſtre integrité, à la forme du canfre en l'eau, & tant y bruſlera que vous viurez,
comme la meſche autant que dure ſon huille. Car, ma dame, ceux de qui
l'amour paſſe quand & la fruition, ſont gens d'eſperit volage, qui ne deſiroient que ceſte legere conqueſte & deſpouille: & eſtans ainſi paruenuz
à leur fin, retirent le pied de la poudre pour varier ça & là en reprenát a-
petit par changemét, à la mode du bon glouton qui de tout gouſte. Mais
ceux que fortune adreſſe à celles qui vous reſſemblent, ſont trop loing de
ce remuement de menage, par ce que leur affection eſt née au ciel ſans e-
ſtre en la diſpoſition des hommes de la laiſſer nomplus que de la prédre:
les ames ſont eſpriſes entr'elles que l'approchemét des corps ne peut aſ-
ſouuir, la ſource en eſt immortelle qui ne peut tarir, d'autant que ce fait
giſt en contentement eternel, qui fait oublier aux ſens leur folle conuoy-
tiſe. Au contraire eſt des ſottes & ignorantes, eſquelles l'amy trouue &
void en vn coup tout ce qui y eſt, elles ne pouuans rien fournir d'arriere
boutique, ains deployans tout leur treſor à la premiere monſtre de leur
perſonne. Les ſages, vertueuſes, & bien apriſes, ont tant de reſerue & d'eſ-
pargne de grace, courtoyſie & prudence, que par leur cómunication priuée on y cognoiſt encore plus qu'on n'auoit ſceu ymaginer: tellemét que
le deſir de l'amy eſt allaitté & entretenu par eſpoir de cognoiſſance (cóme
touſiours nouuelle) de ſes perfectiós infinies. Cómét (ma dame) ne ſçauez
vous pas que le premier motif d'amytié procede de la veuë? & qu'apres
l'œil, mille penſées volent par la fantaſie qui allument d'auantage noſtre
deſir? en ſorte, que tendans à iouïr de plus en plus de la beauté, volons
laiſſer l'ombre, & de tous noz ſens embraſſer la realle verité. Et quant au
chágemét, il ne peut túber en moy enuers vous, à cauſe que ſommes nez
en telle proportió & cóuenance l'vn auec l'autre qu'Arláge ne ſçauroit ay-

mer

mer autre que la royne Cleofile, & elle ne pourroit trouuer plus vray a-
mant & propre à son destin qu'Arlanges. Parquoy estans si semblables
de corps & d'ames se ioignent en vnion pafaitte, quasi de deux en vn, que
les anciens ont appellé homfenin, qu'il n'est possible que chose du monde puisse iamais separer ne desioindre. La royne estima fort en ce discours
l'esperit du ieune prince qui n'oublioit en son besoin à se seruir de la nour
riture & instruction d'Athenes: & comme ilz approchoient du palais (ou
la compagnie se rallioit pres d'eux) elle luy dit comme vn peu rappaisée:
Arlanges, ie ne sçaurois (quand tout est dit) prédre en mauuaise part l'affection que vous me portez, que toute grand dame seroit heureuse de receuoir de telle personne que vous. Aussi vostre sexe vous donne loy de
pourchasser voz auentures, & le nostre nous enioint au contraire de nous
tenir sur noz gardes, & d'estoupper noz oreilles comme le serpent contre
le charme de vostre doux chant. Au fort si vostre amour est tant ferme
& constante, soit doncques ceste requeste respitée iusques à l'asseurance
que pourrons auoir l'vn de l'autre par la main du grand roy Amadis, qui
n'est frein ne bride de contrainte ennuyeuse, à ceux qui n'ont enuie de
changer ou varier. Ce mot resiouit grandement Arlanges, l'enhardissant
de dire encores: Ma dame vous me comblez d'heur & felicité par ceste
haute parolle, en laquelle git la somme de mon souhait: mais elle n'apporte point de delay à l'effet de vraye amour, seulement conserue l'honneur en public quand on la veut demener sans secret ne couuerture. Plus
vous diray, que l'amour (à qui bien l'entend) apres qu'il a tiré aux amans
les traitz dorez de son arc ne veut qu'ilz soient liez que de sa corde. Il est
de la loy de nature, qui à cause de son antiquité & prééminence ne veut e-
stre bridée par celle des hômes. Employez (respond Cleofile vn peu ren-
frongnée) ces menuz propos en voz gayes ieunesses, & croyrez les dames
de ce climat aussi glorieuses en chasteté que les princes de vostre sang en
loyauté. Adonc entrerent en la sale ou ilz s'asirent & le vin de collation
fut apporté, mais la royne ne but à Arlanges, comme elle souloit, & si
ne voulust qu'il la vint entretenir à son coucher ne leuer comme auoit
de coustume: Dequoy il conceut telle melancolie que toute la nuit ne cli-
gna l'œil pour dormir, faisant tant de regretz de ce deuis trop hardy &
auantageux que la plus dure pucelle du monde eust eu pitié d'ouïr sa
repentance.

Du moyen de reconciliation &

appointement de dom Arlanges auec la royne Cleofile.

Chapitre   **LXXXIX.**

Leofile continüa quelques iours ce mauuais visage à dom Arláges qui luy fut tresgrieue punition de son audace, se voyant autant loin de son bien qu'il auoit auát pensé d'en estre pres: car la royne parloit fort peu à luy & non que de propos communs, sans autre faueur ne familiarité qu'au plus estrange homme d'Inde. Toutesfoys apres auoir porté si long temps en son cueur ce pesant fardeau, vn iour qu'il veid la royne se pourmener seule en vne allée de son parc, ses damoyselles s'amusans à faire bouquetz & chapeaux de fleurs, il prend occasion de luy en porter vn fait de sa main, tout de roses muscades, & en le presentant luy dit(voyant qu'elle l'en remercioit maigrement) ma dame lequel trouuez vous meilleur de parler ou mourir ? telle pourroit estre la parolle(respond Cleofile)qu'il vaudroit mieux à l'homme de bien mourir de cent morts que la delascher. Ie le sens fort bien (dit Arlanges)mais amour trop puissant me l'a tirée malgre moy du fond du cueur donnez luy en la faute. A quoy elle replique : qui fait enuis ce qu'il ne doit, est en danger de frequente rencheute : Amour n'est a encoulper de rien, ains celuy qui en abuse : pource qu'il est tel qu'on le fait, de soy ne bon ne mauuais : s'il tumbe en vn esperit fol, c'est vne rage : si en vn sage & auisé, c'est vn aise conduit par raison . Alors dom Arlanges : Ma dame le cueur me creueroit si ne le degorgeois, à vous dire : qu'au cas que le dedans rapporte au dehors ie me voy du tout banny de vostre grace, & cest exil me tournera en vraye mort naturelle : parce que l'amour qui parauant estoit en nous deux , retumbe maintenant toute sur moy, qui m'est vn fais importable, veu que me sentois de la mienne seule chargé outre mes forces. Cleofile regardoit le prince ententiuement, & pour re-

sponce

sponce luy dit qu'il estoit heure d'aller disner, dont il demeura en grande
perplexité. Ainsi retourne la royne au palais ou lon auoit desia couuert
& mangea fort melancholiquement, monstrant vne face sombre & morne, & passant ce repas sans aucun deuis & le soupper pareillement. L'endemain alla à l'assemblée en la forest prochaine, ou fut rencôtré vn grâd
lyon qu'Arlâges(mettant soudain pied à terre) enferra du premier coup
d'espieu, dequoy les veneurs luy donnoient grand los au disner, que Cleo
file attribua plus à la fortune de la beste qui se presenta de flan plustost
que de pis. Le prince considerant la continüation de sa defaueur en estoit
sur espines & sepassionnoit redoutant merueilleusement l'issuë. Les tables leuées il s'escarta vn peu en vn fort buisson pour en faire ses plaintes
à son ayse. Le iour estoit chaut côme au plus haut de l'esté pres des cani-
culiers qui empescha la royne de chasser si tost, & alla cercher auec deux
de ses plus familieres damoyselles, vn ombrage pour reposer vn peu à la
fraischeur, lequel elle choisit aupres du buisson ou d'auenture estoit dôm
Arlanges, & oppressée de sommeil dit à ses filles qu'elles se pourueussent
de reposoir quelque part la entour. Gueres ne fut là qu'elle entédit la voix
douloureuse de son cheualier disant: A à amour! en quoy t'ay-ie offencé
pour me traitter si cruellement? es-tu pas d'estrange nature de tormenter
& martirer si duremét ceux qui te celent & retiennét au clos de leurs poitrines? & s'ilz t'en mettent hors pour te dôner air les salarier de desdains,
refus & elognemét du bien qu'ilz auoient approché. Amour si c'est pour
essayer la constance de tes sugetz, la mienne n'est elle point assez esprouuée par la longueur du temps? Si c'est pour mieux faire sauourer le succre
de ton ambrosie par l'amertume de tes entrées & premiers metz, ceste
cy est si grâde qu'elle pourroit tant hebetter le goust du palais qu'il n'au
roit plus vertu de sentir la douceur de ta celeste viande. Ie ne dy pas que
l'appetit ne s'eueille, par ieune & abstinence, mais tant peut on endurer
de faim que les boyaux restroississent & que l'appetit se perd par trop attendre. Apres ce discours il fut assez longue pause sans parler, ains gemis-
soit & souspiroit tendrement, puis recômença: Amour ie recognois mon
crime d'auoir osé vser de ce langàge amoureux à dame si chaste, bien me
deuois contenter de sa bonne chere, de ses propos amiables, de son doux
regard brief du simple bel accueil en attendant à sa discretion le don de
gracieux ottroy. A à fauce lâgue que tu affliges tout le reste du corps par
ton forfait, d'auoir ainsi vomy à la volée ce qui valoit mieux teu que dit:
ores te troncirois voluntiers entre mes dents si n'esperois que peusses encores par améde honorable enuers elle reparer ta faute, & rendre vn iour
à ce las corpsquelque plaisir en loyer du mal que luy fais maintenât souffrir: Et dieu quel mal? d'estre priué de tout le bien que ie receuois de son
œil riant, de sa bouche d'or, de sa main prenant la mienne. Car de dame
mieux emparlée & mieux moriginée, ie croy qu'il n'é soit point, & ne fut
ne sera iamais. Se vante Diane de sa beauté, Cleofile nê luy en doit gue-

Cc iii　　res,

res, face cas de sa blancheur effaçant la nege, la couleur brune de ma royne la vaut bien nuée de vermeil qui n'est tant fade ne mignarde: le soy du
corps elle a gresle & aussi rond que s'il fut fait au tour: vne disposition si
gaye qu'il semble (Amour) que sois attaché au bout de tous ses membres
& que tu danses & ïouës en tous ses gestes & mouuemés. Car elle ha vne
grace parfaitte, vne certaine bienseance en tout ce qu'elle fait & dit (qui
n'a point de nom) laqueile enrichit tousiours de moytié la beauté ou elle
se rencontre, & ou y en auroit quelque defaut le couure par sa splendeur
diuine: tellement que ie croy que Venus vostre mere ne soit autre que la
grace, ou que ce soit sa compagne vnique . Et qui ne periroit par la veuë
de tel Basilic ? qui ne s'eblouïroit a la lueur de ce soleil ? Cleofile prenoit
grand plaisir à escouter de ses propres oreilles la vehemente affection de
dom Arlanges qu'elle n'estimoit pas fainte en lieu ou ne se doutoit d'aucun tesmoin, & ouït qu'il acheua en ceste sorte: Somme (Amour) tu sçais
que ma maladie est extreme qui m'a contraint suyuant le conseil des medecins d'vser de remede perilleux : voire elle est incurable & mortelle
sans brief secours. Adóc se teut Arlanges auec vn long souspir, & la royne se retira sans mener bruit , & estant assez elognée demáda les cheuaux
pour aller à la chasse rongeant à par soy les piteux propos de dom Arlanges, & quel ordre elle y donneroit. Les cors & trompes des piqueurs son-
nerent, & les meutes des chiens retentirent par le boys: qui firent à coup
leuer le prince de son buisson & se renger pres de sa chere maistresse qu'il
n'abandonna oncques de peur du danger des bestes furieuses. Car bien
tost fut vn grand cerf elancé par les chiens apres lequel la Royne se met à
course de cheual qui fut suyuie selon que chacun fut bien ou mieux monté . Or l'estoit elle à l'auantage & brosse seule parmy le boys : mais Arlanges qui la suyuoit tousiours de l'œil veid qu'elle tira à main gauche,
combien qu'on ouït glapir les chiens d'autre costé : parquoy laisse passer
les damoyselles & les veneurs , puis tourna au chemin de Cleofile qu'il
suiuit aux esclotz du palefroy au plus desuoyable endroit de la forest : &
allant le pas pour l'espier sans estre senty, arriua à l'heure que d'assez loin
il la veid descendre, & alors luy mesme en fait autant attachant son cheual à vn chesne, en luy lyant la langue de peur de hannir . Puis la va approcher sans bruit à costé iusques à vn gros arbre: don il la void couchée
sus l'herbe en lien fort dru & espais faisant cheuet de son manteau d'escarlatte souz sa teste: elle s'estoit trouuée apesantie pour le sommeil qu'elle auoit diuerty & repoussé en oyant les regretz de son amant, ioint la
tristesse qu'elle en auoit cócuë, comme celle qui (nonobstant sa rigueur
& dissimulation) ne luy deuoit rien de retour . Gueres ne fut là sans exclamer piteusement, honneur, honneur faux meurdrier des pucelles en
quel estat m'as-tu reduitte de me faire liurer la guerre à celuy en qui gist
ma paix de me cópofer en toute rudesse de contenance & mauuaise chere
contre celuy sans qui ne la puis iamais faire bonne ? Helàs que ie sens de
destresse

deſtreſſe pour celle que luy voy endurer, & que ie crains qu'il me laiſſe &
quitte n'eſperant plus trouuer d'amour en moy. Amour, ie l'ay bien deſ-
ſeruy, mais pardonne moy & me garde de ſi grief encombre. Ie croy
(veu ſon bon eſperit)qu'il aura bien apperceu à ma maniere que i'ay peine à luy dóner peine, & que ma fiction eſt affection meſme. O' quel plaiſir ſentit Arlanges de la repentance de s'amye &de la part qu'elle portoit
de ceſt ennuy: combien de foys il eut enuie de l'aller reconforter voyant
qu'elle fondoit en larmes & diſoit: Làs s'il m'auoit fait tort, ſa penitence
a eſté dure & longue, auecques preuue certaine de ſa vraye amytié (O'
quelle ſatisfaction luy ſembla recceuoir par ce mot de tout ſon tourment)
& qu'il plaida en ſoy pour & contre s'il ſe monſtreroit ou s'il ne bouge-
roit de l'embuſche iuſques à la fin . Mais l'excellence de la princeſſe auec
l'opportunité du lieu le pouſſerent hors de là & l'attirerent iuſques à elle,
à qui il dit comme ſuruenant à l'heure: Ma dame i'ay tant routté le boys
çà & là que vous ay trouuée, craignant que ſeule ne fuſſiez en quelque
peril des beſtes. Elle fut fort eſtonnée de celuy qui la ſurprenoit honteuſe de doute qu'il euſt ouy ſa franche confeſſion. Lequel ſe met à genoux
deuant elle le chef enclin, diſant à mains iointes : Làs, me dame mercy
vous requiers de l'offence que vous ay commiſe, imitez les dieux en clemence, deſquelz vous tenez tant d'autres parties de vertu, ou me donnez congé de m'en aller ſi loin que plus ne ſoit nouuelle de moy: car poſſible ne m'eſt de viure encor vn ſeul iour en voſtre preſence, & ſouſtenir
ceſte face tant terrible & mal animée contre moy pour trop vous aymer,
& de moins vous aymer iamais ne ſeroit en ma puiſſance. Cleofile voyát
celuy qu'elle aymoit plus que ſoymeſme humilié, tremblant deuant elle,
la larme à l'œil, ne put pas reſpondre a l'inſtant que de pareilles larmes
auec vne frequence de poulz comme par accez de fieûre . Si le releue &
fait ſoir ſur le tapis mol de verdure aupres d'elle, luy diſant d'vne voix
foible rompuë de menuz ſanglotz : Ie vous fay iuge Arlanges, ſi eſtant
telle que ie ſuis n'ay eu raiſon de vous dire ce que i'ay dit. A quoy il reſpond: Ie confeſſe que c'eſt moy qui ay failly, & me preſente à voſtre mi-
ſericorde:en ſigne de laquelle(ma dame)vous requier vn baiſer quand &
quant il s'auance pour le prendre, l'approchant à ſoy d'vn bras nonobſtant quelque petite defence.Il tint ce baiſer long n'ayant pouuoir de ſoy
retirer du lieu ou giſoit ſon cueur, puis elle le repouſſa doucement, & ſe
maintindrent long temps regardant l'vn l'autre. Lors il ſayſit ſes blanches mains les ſerrant & eſtraignant entre les ſiennes : Lors ſouſpirs ſail-
loient des deux bouches longs & drus : les cueurs leurs battoient comme
s'ilz euſſent voulu ſortir de leurs poitrines pour ſe ioindre enſemble : le
ſang montoit aux viſages, puis les laiſſoit paſles & decoulourez. Ainſi
furent vne heure ſans parler, Arlanges retournant au baiſer, puis ſe retirant pour repaiſtre la veuë, comme ſi les yeux fuſſent ialoux de la bouche, remaniant par fois les mains de celle qui eſtoit demy morte: en ſorte

Cc iiii   que tous

que tous leurs sens transportez & esperduz donnerent place aux ames de s'vnir par le moyen du corps, demeurans chacun mort en soy & vif en l'autre, quasi yures de la liqueur de volupté (nommée nectar des dieux) quasi fondans de douceur comme au feu la cyre, quasi rauiz en extase, s'embrassans d'vne ardeur gloute, comme s'ilz eussent voulu estre tous entiers l'vn en l'autre, & par ce moyen iouïssans du souuerain bien de ce monde, lequel les vrays amans seulz cognoissent. & comme l'imperfection de ceste masse enuelope les esperitz, tellement qu'vne part prenant plaisir priue l'autre des rayons d'amour, ainsi que le soleil eschaufant & enluminât la terre en vn endroit & hemisphere laisse l'autre en froideur & obscurité: A eux autrement auint & non en façon bestialle, ains estoiét leurs sens corporelz comme serfz endormis, pendant que les ames maistresses s'entrecherent & visitent au plus pres que leurs prisons permettent. Or en telle pasmoison sçauent les nymphes Hamadriades seules ce qui auint aux deux amans en ce lieu du boys: dequoy eux mesmes (estans lors euanouys) ne se souuindrét pour en sçauoir apres parler ne tesmoigner. Dont sçachent ceux qui de telz deduitz ont cognoissance & memoire, qu'oncques ne furent en telles noces, ains qu'en leur festin amoureux ont esté seruiz de gros metz & entremetz, & de glan pour blé, dont ilz se saoullent souuent & lassent, la repentance suyuant de pres le fait. Telz rompent la parolle par le baiser, & le baiser par elle mesme, la veuë par l'attouchement & au contraire, sans que leurs sens s'assouuissent iamais iusques à gouster l'heur du rauissement, d'autant que la splendeur de la deïté d'Amour ne peut enfoncer en estoffe si grossiere, ainsi que la chaleur du soleil perce peu auant la terre espoisse & dure. A tant se leuerent de là Arlanges & Cleofile comme s'eueillans d'vn profond sommeil ou ilz auoient esté enuiron deux heures sans qu'il leur semblast y auoir demeuré vn quart. Si vont reprendre leurs cheuaux & retrouuer ensemble la trouppe des veneurs qui rapportoient le cerf sur vn chariot ayant esté à tous la iournée d'heureuse rencontre. La royne renforça deslors à Arlanges son estrangeté auant commencée, qui s'en recompensa bien en priué deux iours apres la surprenant seule endormie au plus secret lieu de ses vergers. Dequoy au resueil toute farouche entra en plainte & cholere contre luy, disant: Helàs Arlanges qu'elle trahison m'auez vous faitte de me derober ainsi ce que vous ne tout le monde ne me sçauroit plus restituer? A à grand roy Amadis si ie vous ay failly de parolle vostre race mesme en est cause, qui m'a volle par larrecin ce que de bon gré ie n'eusse iamais consenty. Làs chetiue que ie me sens decheuë de ce que i'estois, qui plus ne se peut restaurer: ayant perdu la precieuse coronne de virginité. Làs Diane (à qui ie cedois mal voluntiers) quel auantage ores as-tu sur moy par la modestie de ta moins audacieuse Daraide. A quoy dõ Arlanges: Ne me blasmez (ma dame) de chose que i'aye faitte icy, estant si troublé d'aise que ne sçay bonnement que ie suis, ne que ie

fais ne

fais, ne penſe, ſinon que nageant au torrent d'Amour ie tends à ancrer au
port de ſalut (qui git en vous) ou eſt le repos de tous mes labeurs. Ce diſant ioüe des mains ſur elle, qui le prie de ſe contenter de la langue à dire ce qu'il voudroit, & du bien de s'entreuoir & d'eſtre l'vn pres de l'autre
(comme elle meſme eſtoit ſatisfaitte) ſans vſer d'approche plus cruelle, &
qu'en amytié honneſte, ou les eſperitz iouïſſent de la veuë & parolle, le
ſurplus n'eſt à rien conté: mais il ne fut pas en luy de tant ſoy commãder:
& apres, luy dit que c'eſtoient les arres du mariage futur duquel ilz ſe deuoient aſſeurer puis qu'il dependoit de l'auis du roy Amadis qui de ſang
luy eſtoit ſi proche. Ainſi la reconforta le gentil prince à ſon pouuoir, &
depuis continüa tant à eſpier ſes retraittes qu'il eut occaſion d'en rymer
vne chançon qu'il chantavn iour eſtant prié de ſonner du luth en ſa preſence, deguiſant vn peu les noms ſeulement.

CHANSON D'ARLANGES.

Arlang par foy, trauaux & larmes,
Liura telz aſſaux & alarmes
A Clyo, que de ſon dur cueur,
Par temps amollit la rigueur.

Et qui euſt eſté la cruelle,
Voyant mourir l'amy fidelle,
Qui ſa vie n'euſt rachetté,
Fuſt ce au pris de ſa chaſteté?

Ce fut au ſecret cabinet
D'vn delicieux iardinet
Que coſtoyoit vn cler ruiſſeau,
D'vne viue & argentin' eau.

D'autre coſté le verd bocage
Le couuroit de ſon frais ombrage:
Dont les oyſeaux au bruit & ſon
De l'onde, accordoient leur chançon.

La terre eſtoit là par fleur mainte
D'odeur pleine & de couleur painte
Mais tout effaçoit vne roſe
Qui par Amour y fut ecloſe.

Arlang trouua Clyo s'amye
Sus l'herbette moll' endormie
De qui ſes yeux tant ſe repurent
Que du tout eblouys en furent.

Elle tiroit ſouſpirs diuers
Teſmoins de ſes deſirs couuers,
Et dormant reclamoit par fois,

Arlang, Arlang de foible voix.
Ce mot le fait à terre fondre,
Ou d'vn baiſer luy va reſpondre
Decouurant la blanche poitrine,
D'ou ſortit vn' odeur diuine.

Son beau ſein doucement vndoye
Comm' au riuage la mer quoye,
Comm' vndoye vn champ de haut blé,
Par le vent battu & ſouflé.

Clyo s'eueille au baiſer prendre,
Qui n'eſt pas ingrate à le rendre,
Entr'ouurant l'œil dont elle voit
Celuy à qui ſeul le deuoit.

Tandis que la vermeille bouche
Des amãs l'vne l'autre touche:
Les eſpritz ſont confus enſemble
Tant corps de pres à corps s'aſſemble.

Les deux ames ne ſont plus qu'vne
Spirans vne haleine commune,
Et ſont par vnion d'eſpritz,
Les membres de fureur eſpris.

Car l'ame d'Arlang au corps entre
De Clyo iuſques en ſon centre:
Et l'ame de'elle en luy ſe range
Pour à la ſienne faire eſchange.

A chacune ſemble plus beau
Que le ſien, ce logis nouueau

Et luy

Et luy plaiſt y faire demeure
Quoy que viuant là, en ſoy meure.
  Las quand falut l'ame rauie
Reprendre ſa premiere vie,
Que ſa naturelle maiſon
Luy ſembla horrible priſon?
  Vrays amoureux ſeulz vous ſçauez

(Qui de ce miel gouſté auez)
Comme vne double voluuté
S'vnit confite en volupté.
  Venus(de qui tiens ma victoire)
Pour en conſacrer la memoire,
le pendz à l'autel de ton temple
Vn cueur iumeau des deux exemple.

Grande ioye ſentit Cleofile en ſon cueur de ce ſecret diſcours de ſes a-mours, qui peu à peu s'apriuoiſerent & furent maintenuës par accord des deux parties en diuers lieux deſtournez, ſans toutesfoys que perſonne en euſt cognoiſſance ne doute quelconque, au moyen du bon ordre qu'ilz donnoient à la conduitte de leur affaire : ioint qu'on n'en pouuoit auoir mauuaiſe opinion veu l'eſperance du mariage. Or allerent pluſieurs foys (ſouz couuerture de la chaſſe) au lieu de la foreſt ou auoit eſté la naiſſan-ce de leur ſoulas, & y entaillerent les deux noms de la chançon es arbres prochains, entrelacez de mille lacqz d'amours , qui prindrent telle croiſ-ſance auec le bois cóme leur affection augmenta touſiours quand & l'aa-ge iuſques au dernier ſouſpir de leur vie. A tant les laiſſe Galerſis le cro-niqueur en cet aiſe à leur ſingulier contentement, pour vous raconter au douzieme liure enſuiuant, la peine que ſouffroit Diane d'autre coſté par ialouſie de la longue abſence de ſa Daraïde, & qu'elle fut la fin de leurs a-mours, & pareillement de celle de Rogel de Grece & de la belle Leoni-de, auec maintes auentures plus eſtranges & entrepriſes d'armes plus hau-tes que toutes les precedentes, au pourchas des mariages de ces excellen-tes princeſſes . Deſquelz ie quitte le pinceau à plus heureux peintre que moy, qui aura cogneu par effet & cueilly le fruit de pareille iouïſſance de ſon deſir : laquelle couſte trop à tant penſer & exprimer, à celuy qui y a-ſpire quaſi hors d'haleine en foyble & tardiue eſperance.

Fin de l'Onzieme liure d'Amadis de Gaule: imprimé à Paris par
Eſtienne Groulleau, demourant en la rue Neuue noſtre
Dame à l'enſeigne ſaint Iean Baptiſte.